普通高等教育"十一五"国家级规划教材

普通高等教育农业部"十二五"规划教材

高等农林教育"十三五"规划教材

管理学原理

第2版

张正河　杨为民　主编

中国农业大学出版社
·北京·

内 容 简 介

本书以经典管理职能和管理创新为主线，将中国传统优秀的管理思想和西方成熟的管理理论融为一体。从基本概念、基本理论、基本技能与方法等诸多方面对管理学进行诠释，内容包括管理理论的演化过程、管理者及管理基本职能、战略管理、创新管理及管理信息系统等，尽可能地结合现实问题进行分析，并配有相关的自学案例，以达到学以致用的目的。

图书在版编目(CIP)数据

管理学原理/张正河，杨为民主编. —2版. —北京：中国农业大学出版社，2017.11
ISBN 978-7-5655-1926-0

Ⅰ.①管… Ⅱ.①张… ②杨… Ⅲ.①管理学-高等学校-教材 Ⅳ.①C93

中国版本图书馆CIP数据核字(2017)第260552号

书　　名　管理学原理　第2版
作　　者　张正河　杨为民　主编

策划编辑　张秀环　　**责任编辑**　张秀环
封面设计　郑　川
出版发行　中国农业大学出版社
社　　址　北京市海淀区圆明园西路2号　　**邮政编码**　100193
电　　话　发行部 010-62818525，8625　　读者服务部 010-62732336
编辑部 010-62732617，2618　　出　版　部 010-62733440
网　　址　http://www.cau.edu.cn/caup　　**E-mail** cbsszs @ cau.edu.cn
经　　销　新华书店
印　　刷　北京时代华都印刷有限公司
版　　次　2018年1月第2版　2018年1月第1次印刷
规　　格　787×1 092　16开本　21.25印张　530千字
定　　价　56.00元

第2版编写人员

主　编　张正河　杨为民

副主编　王广斌　余国新　唐华仓　翟建宏

编　者　（按姓氏拼音排序）

洪如玲（中国农业大学）
陆　娟（中国农业大学）
栾　玲（中国农业大学）
马　威（中国农业大学）
宋默西（中国农业大学）
唐华仓（河南农业大学）
王广斌（山西农业大学）
杨为民（北京农学院）
余国新（新疆农业大学）
翟建宏（北京吉利大学）
张再杰（贵州财经大学）
张正河（中国农业大学）
赵　敏（山西农业大学）

第1版编写人员

主　编　张正河　陆　娟

副主编　王广斌　唐华仓　杨为民　包庆丰

编　者　（按姓氏拼音排序）

包庆丰（内蒙古农业大学）

陆　娟（中国农业大学）

任淑荣（河南农业大学）

唐华仓（河南农业大学）

王广斌（山西农业大学）

杨为民（北京农学院）

张正河（中国农业大学）

第 2 版前言

“管理学原理”是经济管理类专业的核心课，是重要的管理基础理论。经过修订的农业部“十二五”规划教材，以全国普通高等教育“十一五”国家级规划教材为基础，将经典管理理论与管理学发展实践有机链接，满足本科教育对管理学教学的实际需求。

“管理学原理”是人类社会发展的产物，是人们在社会管理、企业管理等诸多实践中的经验总结，是一种管理精髓的提炼。在这部教材中，我们既可以了解管理从经验到科学的发展脉络，也可以在浩瀚的中国管理思想中畅游，体味西方管理理论的严谨、欣赏中国古典文学和经典论著中所闪烁的管理光辉。管理学是科学的，它反映的是在实践中升华的管理规律，不以人的意志为转移；管理是艺术的，不同的主客体动机行为及环境会产生不同的效果；同时，它也是发展的，面对纷繁的世界、知识爆炸的信息时代，特别是现实生活和工作中不断出现的新问题，不仅对管理学提出新的希冀，也是新的挑战。所以，管理学原理是在应用中发展，在发展中创新！

全书共分 9 章，主要阐述了管理学的发展历程、管理学基本教义、管理者及管理基本职能、管理原理等，从基本概念、基本理论、基本技能与方法等诸多方面对管理学进行诠释，并尽可能地结合现实问题进行分析，以达到学以致用的目的。

本书编写具体分工是：第 1 章，张正河、翟建宏；第 2 章，唐华仓；第 3 章，余国新；第 4 章，赵敏；第 5 章，陆娟、翟建宏；第 6 章，王广斌、赵敏；第 7 章，张正河、张再杰；第 8 章，余国新；第 9 章，杨为民。马威、栾玲、洪如玲、宋默西为中国农业大学教学团队提出具体教学应用建议。本书在编写修订过程中参考了许多学者的研究成果以及多部管理学教材，在此，对各位学者及作者的精彩论述表示由衷敬意！对于由于疏漏而未能加以标注引用出处的深表歉意！

管理学是社会进步和人类社会发展的成果，随着对管理规律探索的不断深入，管理思想亦必将如红日东升喷薄而出，放射出璀璨的光芒！我们殷切希望与广大管理者一起，不断在应用中创新，为丰富管理学理论，探索出一条适合中国国情、具有中国特色的管理学理论体系而不懈努力！

本书编写肯定存在诸多不足，敬请各位同仁及读者批评指正！

本书编写组

2017 年秋于北京

第1版前言

本书为全国普通高等教育“十一五”国家级规划教材，是一部将传统理论与创新理论相结合的新作，主要满足本科生和研究生的管理学教学需要。

全书共分9章，详细阐述了管理的基本要义、管理理论的产生和发展、管理的主要职能，并对咨询策划、创新设计、战略管理、信息系统作了较为全面而实用的介绍，给出了管理学的基本理论、基本概念、基本技术和基本方法。本书始终贯穿了理论与实践相结合的原则，在体例编排上，每章的后面精心安排了思考题、案例及案例讨论题，便于读者学习、记忆和进一步研究。

本书编写的具体分工是：第1章，陆娟；第2章，唐华仓；第3章，任淑荣；第4章，王广斌；第5章，陆娟；第6章，王广斌；第7章，张正河，包庆丰；第8章，包庆丰；第9章，杨为民。句芳、程爱华等做了大量的辅助性工作，最后由中国农业大学张正河教授和陆娟教授负责全书的统稿。

本书适合作为大学本科教育和研究生教育的教材，也可作为MBA、MPA同等学力研究生及管理者的培训教材与自学用书。

在本书的修订过程中，借鉴参考了大量论著、教材、论文等文献资料，在此，向相关作者及单位表示衷心的感谢。

管理学作为一门科学，理论发展非常快；管理学作为一门艺术，具有很强的文化、地域、时代和个体的差异性，变化多端，精彩纷呈。社会经济的飞速发展，赋予了管理者更大的职责，我们虽然竭尽全力想为读者奉献最新的理论成果和最实用的操作方法，但仍存不足，欢迎广大读者给予指正。

本书编写组

2007年6月28日于北京

目　　录

1 管理与管理者

◈本章学习要点：

1. 了解什么是管理学，包括其概念、特征及性质。
2. 重点掌握管理的职能。
3. 知道管理者角色以及管理者应具备的基本技能。
4. 掌握管理的原则与方法。

1.1 管理及其基本特征

1.1.1 管理的概念

管理（management）作为人类社会协作劳动和共同生活的产物，其实践活动和人类历史一样悠久。自从人们开始形成群体去实现个人无法达到的目标以来，管理活动就成为协调个人努力必不可少的因素了。随着生产力的发展和人类社会的进步，生产和社会分工的细化和协作程度不断加深，社会政治结构日益复杂，管理活动逐步趋向于专业化、科学化，并广泛渗透到社会生活的各个领域，尽管管理活动由来已久，但关于管理的定义，至今仍未得到统一。长期以来，许多中外学者从不同的研究角度出发，对管理作出了不同的解释，其中较有代表性的有以下 4 种。

（1）管理就是协调

管理是由一个或者更多的人来协调他人活动，以便收到个人单独活动所不能收到的效果而进行的活动。这种观点认为，管理是通过协调他人的活动达到组织的目标。该观点的出发点为：在社会中人们之所以形成各式各样的组织和集团，这是由于集体劳动所能取得的效果是个人劳动无法取得的，或者仅能在很小的规模上很长的时间内取得。中国的长城、埃及的金字塔、美国的阿波罗登月计划等，无一不是成千上万人协作劳动的杰作。

（2）管理就是为了特定的目的而实行的计划、组织、指挥、协调和控制

这种观点以管理的职能为基础定义了管理。这是由现代管理理论的创始人、法国实业家法约尔（Henry Fayol）于 1916 年提出的。

（3）管理就是决策

这是由美国管理学家赫伯特·西蒙（Herbert A. Simon）提出的。该观点认为，决策贯穿于管理的全过程和所有方面；组织是由一些决策者所构成的系统；任何工作都必须经过这一系列的决策才能完成。如果决策错误，执行得越好，所造成的危害就越大。因此，任何一项组织

工作的成败归根结底取决于决策的好坏。所以,管理就是决策。

(4)管理就是领导

该观点认为,任何组织都有一定的结构,而在结构的各个关键点上是不同的职位,占据这些职位的是一些具有特殊才能或品质的人,这些人被称之为领导者。组织中的一切有目的的活动都是在不同层次领导者的领导之下进行的,组织活动是否有效,取决于这些领导者个人领导活动的有效性。所以,管理就是领导。

管理一词还有许多定义,综合这些定义,以便能够较为全面地概括管理这一概念,本书采用下面的定义。

管理,就是管理者在特定的环境下,通过计划、组织、领导和控制等环节来协调组织所拥有的资源,以期更好地达成组织目标的过程。

1.1.2 管理的基本特征

为了更全面地理解管理的概念,我们可以从以下 6 个方面来进一步把握管理的一些基本特征。

(1)管理是以管理者为主体进行的活动

管理者是在管理中指挥和领导他人活动的人们,他们构成了管理活动的主体。在现代条件下,管理主体呈现多样性的特点,包括国家的统治者、政府的领导者、生产资料的所有者以及由他们以各种形式委托的代理人,也包括各种非政府的公共组织的领导者。管理主体可以是以个人形式存在的领导者,也可以是以集体形式出现的决策者和领导者。

(2)管理活动是在特定的环境约束下进行的

任何组织都存在于一定的内外部环境之中,并受到环境的约束。所谓外部环境,主要是组织面对的自然环境和社会环境。自然环境如自然资源状况、气候和地理状况等;社会环境则包括特定的社会文化、制度、法律和政策等。所谓内部环境,是组织内部的状况,包括组织性质、组织制度、人员状况、组织技术水平等。

(3)管理采用的措施是计划、组织、领导和控制这 4 项基本活动

这 4 项活动又被称为管理的四大基本职能。所谓职能是指人、事物或机构应有的作用。管理的职能是管理者在管理过程中的各种基本活动及其功能。每个管理者工作时都是在执行这些职能中的一个或几个。

(4)管理是为实现组织目标服务的

管理活动具有目标性,其目标是实现组织的目标。管理的目标是管理的出发点和归宿,因此管理活动都是围绕着管理的目标而进行和展开的。尽管具体的管理活动会具有不同的目标,但为了实现特定的目标却是一切管理活动的共性。

(5)管理需要有效地协调和配置组织资源

特定管理目标的实现,需要有效资源的支撑,这就要求管理者在可能的范围内协调和配置组织资源,以保证管理目标的实现。管理者需要和配置的组织资源,既包括人力、物力、财力、组织等方面的资源,也包括机会、时间、信息等方面的资源。

(6)管理是一个过程

管理是一个包含多阶段、多项工作的综合过程。管理以其目标为出发点和终点，以有效配置组织资源为实现管理目标的支撑，以四大基本职能为实现管理目标的环节和措施。因此，管理是在特定的目标引导下，由计划、组织、领导和控制这样一系列相互关联、连续进行的活动构成的一个过程。

1.2 管理的职能与性质

1.2.1 管理的职能

在管理活动和管理学研究发展的不同阶段，人们对于管理基本职能的确定和划分具有不同的看法。20 世纪初期法国工业学家亨利·法约尔(Henry Fayol)提出，所有的管理者都履行以下 5 种管理职能：计划、组织、指挥、协调、控制；20 世纪 50 年代美国管理学家哈罗德·孔茨(Harold Koontz)和西里尔·奥唐奈(Cyril O'Donnell)提出计划、组织、人事、领导、控制 5 项职能；除此以外，还有 7 项职能等观点，如美国的古利克在 20 世纪 30 年代提出管理职能包括计划、组织、指挥、控制、协调、人事、沟通等。

总之，由于不同时期、不同学者对于管理职能研究的侧重点不同，形成了对管理职能多种不同的理解。有的学者重视管理中人的主动性和创造性，因此在管理职能中加入了激励和人事职能；有的学者强调决策对于管理的意义，在管理职能中单列了决策职能；也有的学者看重管理的创新，并把它作为管理的基本职能之一。概括起来看，有关管理职能划分的代表性学者及其观点见表 1-1。

表 1-1 有关管理职能划分的代表性学者及其观点

年份	学者	管理职能的划分										
		计划	组织	指挥	协调	控制	激励	人事	调集资源	沟通	决策	创新
1916	法约尔	★	★	★	★	★						
1935	戴维斯	★	★			★						
1937	古利克	★	★	★	★	★		★		★		
1947	布朗	★	★	★		★			★			
1947	布莱克	★			★	★	★					
1949	厄威克	★	★			★						
1951	纽曼	★	★	★	★							
1955	孔茨和奥唐奈	★	★	★		★		★				
1964	艾伦	★	★			★						
1964	梅西	★	★			★		★			★	
1964	米尔	★	★			★	★			★	★	
1966	希克斯	★	★			★	★			★		★
1970	海曼和斯考特	★	★			★	★	★				
1972	特里	★	★			★	★					

现阶段关于管理职能比较流行的观点是将其简化为4个基本职能:计划、组织、领导、控制,见图1-1。

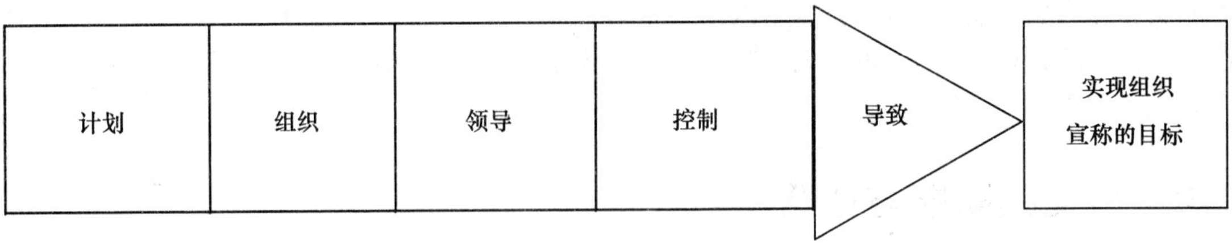

图1-1　管理职能

(1)计划(planning)

由于组织的存在是为了实现某些目标,因此就需要设计组织要实现的目标和实现目标的方案,这就是管理的计划职能应做的工作。计划是管理的首要职能,管理活动从计划工作开始。具体来说,计划工作主要包括评估机会和确定目标,分析测量条件、环境和资源,制定实现目标的备选行动方案,比较分析不同的行动方案,选择方案,根据实际情况调整计划等。

计划可以是针对整个组织、单个单位和每个人;计划可以是长期的(5年以上),也可以是短期的(几天到几周);可以是一般性的(如通过开发新产品获利润)或非常具体的(如下个月次品率降低10%)。

(2)组织(organizing)

计划的实施要靠其他人的合作。组织工作正是从人类对合作需要产生的。一个组织不是一群随机的人碰在一起,而是为实现其成员个人无法实现的一定目标而建立的。也就是说,组织是由两个或两个以上的个人为了实现共同的目标组合而成的有机整体。组织是一群人的集合,组织的成员只有按照一定的方式相互合作,共同努力,组织才能形成整体力量,以完成单独个人力量的简单总和所不能完成的各项活动,实现不同于个人目标的组织总体目标。而要使一个组织完成这一使命,管理者就应根据工作的要求和人员的特点,设计岗位,通过授权与分工,将适当的人安排在适当的岗位上,用制度规定各个成员的职责和上下左右的相互关系,形成一个有机的组织结构,使整个组织协调地运转。这就是管理的组织职能。

组织目标决定着组织结构的具体形式和特点。例如,政府、企业、学校、医院、军队、教会、政党等由于其各自的目标不同,其组织结构形式、特点均不相同。而组织工作的状况又很大程度上决定着这些组织各自的工作效率和活力。组织职能是管理活动的根本职能,是其他一切管理活动的保证和依托。组织职能也是一个动态的过程,随着管理条件和环境的变化,组织结构必须相应地进行变革和调整。

(3)领导(leading)

计划与组织工作做好以后,如果没有人来领导组织内的成员,也很难达成组织目标。这是因为配备在组织机构各种岗位上的人员,由于各自的个人目标、需求、偏好、性格、素质、价值观及工作职责和掌握信息量等方面存在很大差异,在相互合作中必然会产生各种矛盾和冲突,而组织目标的实现要依靠全体成员的努力,因此必须有领导者来指导和协调组织成员的思想与行为,激励每个成员自觉为实现组织目标共同努力。这就是管理的领导职能。领导职能的基本内容包括激励、沟通、协调、奖励、处罚、示范等。

领导职能是一门非常奥妙的艺术，它贯穿于整个管理过程中。它是管理过程中活的灵魂，是集中体现管理者素质和管理能力的活动，是实现管理效率和效果的关键，因此领导职能常常被人们认为是管理的核心环节。

(4)控制(controlling)

周全的计划、严密的组织和出众的领导，并不能确保组织目标的实现。这是因为，人们在执行计划的过程中，常常由于受到各种因素的干扰，使实践活动偏离原来的计划。为了保证组织目标及为此而制订的计划得以实现，管理者必须根据由计划衍生而来的控制标准对组织各项实践活动的进展情况进行检查，发现偏差后，分析原因，并及时采取有效的纠偏措施。这就是管理的控制职能。控制职能是管理过程的监视器和调节器，控制不仅是对以前组织活动情况的检查和总结，而且可能要求某时点以后对组织业务活动进行局部甚至全局的调整。因此，控制是整个管理过程的重要链条。它对于管理过程的顺利进行具有重要的保证作用。难怪有人说，没有控制就没有管理。有的学者在强调控制必要性时还特别指出，控制与信任并不对立，管理中可能有不信任的控制，但绝不存在没有控制的信任。

以上是管理的 4 种基本职能，它们分别重点回答了一个组织要做什么，怎么做，靠什么做，以及做得怎么样等基本问题。这 4 种职能都有自己独特的表现形式：计划职能通过计划的形式表现出来；组织职能以组织结构设计和人员配备表现出来；领导职能通过领导者与被领导者关系体现；控制职能通过对计划执行情况的信息反馈与纠偏措施表现出来。这些职能，从理论上来说，是按一定的时间顺序发生的，即先计划，后组织，再后领导，最后控制。然而，在实践中这种先后的工作逻辑并不绝对。这些管理职能不是截然分开的独立活动，它们往往相互融合，同时进行。

没有计划便无法控制，没有控制也就无法积累制订计划的经验。人们往往在进行控制工作的同时，又需要编制新的计划或对原计划进行修改。同样，没有组织架构，便无法实施领导，而在实施领导的过程中，又可能反过来对组织进行调整。但就总体而言，每一项管理工作一般都是从计划开始经过组织、领导，到控制结束。总之，管理过程是一个各职能活动周而复始的循环过程。

1.2.2 管理的性质

(1)管理的两重性

企业生产过程是生产力和生产关系的统一体，对这个统一体的管理必然要同时体现构成统一体的两个方面的要求，既有由一定的生产力状态所决定的自然属性，又有由一定的生产关系所决定的社会属性。对任何其他组织的管理也是如此。也就是说，一方面，管理是人类社会生产分工和协作的产物，在许多个人以社会结合和协作形态进行的生产过程中，生产活动的联系、协作和有效进行，必然需要一个整体性的统一指挥的意志，需要遵从这一意志的统一管理和支配。由于人类的生产活动自始至终就是以社会协作的方式进行的，因此管理是与人类的生产活动相伴而生的活动。同时，管理也是社会公共生活的产物。人类自产生起，就是以社会方式共同生活的，在共同的社会生活中，具有个人所不能或者不愿承担的公共事务，这就形成了社会生活中公共事务和社会职能管理的需要，因此管理也是与人类的社会公共生活相伴而生的。管理的这种与社会生产和公共生活的相伴而生性,称为管理的自然属性。另一方面,作为一种社会活动,管理都是在特定的社会经济政治关系中进行的,因此管理的社会历史性质无疑是由不同社会中占统治地位的社会经济政治关系决定的。在资本主义社会,管理是在资本主义社会的经济政治关系中进行的,管理在协调社会生产的同时,更是为资本增值和剥削剩余价值服务的。在承担社会公共职能的同时,更是为维护资本的政治统治秩序服务的。而在社会主义社会,管理则是为全体劳动人民的经济政治利益服务的。管理的这种特殊性,使得管理具有特定的社会历史性质,具有特定的目标和价值取向,这就是管理的社会属性。管理的自然属性告诉我们,管理普遍存在于一切社会协作生产和社会公共生活的过程中,管理具有自身的一般规律,管理活动和方法具有可学习和借鉴性。管理的社会属性告诉我们,管理总是在一定生产关系下进行的,体现着一定的统治阶级的意志。所以,在学习西方管理理论时应有原则性,必须能够正确评价资本主义的管理理论、技术和方法,从中去其糟粕,取其精华。在研究之后要有选择地在实践中试用,并加以改造,使其适合我们的情况,这样才能把它吸收过来,成为我国管理科学体系的有机组成部分。

(2)管理的科学性与艺术性

管理实践是一门艺术,而指导这种实践活动的有条理的知识,被称为科学。

管理的科学性,是因为管理学具有客观性、实践性、理论系统性、真理性及发展性等科学的特点。其客观性体现在,管理学的研究对象是人类社会中各种组织的管理活动,它从客观实际出发,揭示管理活动的各种规律,这些规律是客观存在的,谁违反这些规律就必然遭到惩罚。其实践性体现在,管理学是在实践中产生并发展起来的一门科学,它所包含的知识都是人们多年来实践经验的总结,它的直接目的就是有效地去指导实践。管理学已形成一整套理论,它的许多原则都是经过了反复的检验才抽象出来的,这便是管理学的理论系统性与真理性。由于受到各方面条件的限制,管理学只能在管理实践中得到不断发展、充实和完善,因此管理学具有发展性。因此说,管理是一门科学,是指它以反映管理客观规律的管理理论和方法为指导,有一套分析问题、解决问题的科学的方法论。

管理的艺术性就是强调其实践性,没有实践则无所谓艺术。这就是说,仅凭停留在书本上的管理理论,或背诵原理和公式来进行管理活动是不能保证其成功的。主管人员必须在管理实践中发挥积极性、主动性和创造性,因地制宜地将管理知识与具体管理活动相结合,才能进行有效的管理。所以,管理的艺术性,就是强调管理活动除了要掌握一定的理论和方法外,还要有灵活运用这些知识和技能的技巧和诀窍。

从管理的科学性与艺术性可知,科学性是艺术性的基础,没有科学性,不存在艺术性。也就是说,有成效的管理艺术是以对它所依据的管理理论的理解为基础的。但与学了高等数学就能解微分方程不同,管理的专业训练不可能培训出“成品”的主管人员。因此,想要成为一个成功的管理者,应既注重管理基本理论的学习,又不忽视在实践中因地制宜地灵活运用。

1.3 管理者及其应具备的技能

1.3.1 管理者的类型与职责

管理者是一种概括性的称谓,从厂长到车间主任,从小生意人到跨国企业集团总裁都包括在内。

不同的管理者侧重于不同的活动，表现出不同的风格。造成这种差异的原因可能与管理者个性、背景和所受的培训等有关。不过，处于组织的不同层次，往往影响其重要职能和技能组成，从而形成不同类型的管理者：高层、中层和基层，如图 1-2 所示。

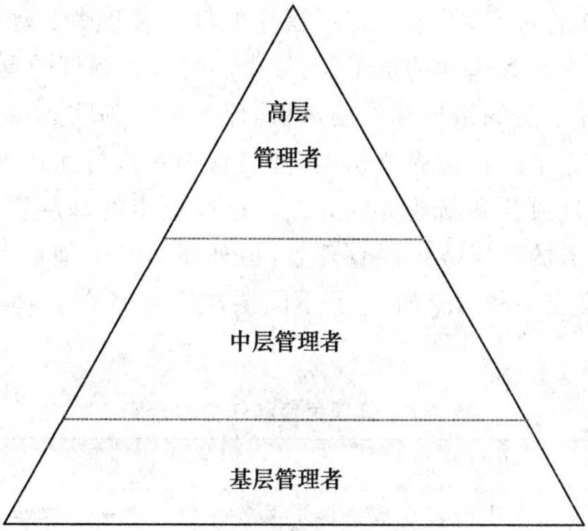

图 1-2 管理者的类型

(1)高层管理者

高层管理者是一个组织的高级执行者并负责全面的管理。一般高层管理者指的是战略管理者，关注长期问题并侧重于组织的生存、成长和总体有效性。

高层管理者不仅要把组织看作一个整体，还要将组织与外部环境联系起来。这种联系常常要求管理者与外部人员和组织密切合作。首席执行官(CEO)是大组织中的一种高层管理者类型，是企业的首席战略管理者。还包括首席运作总监(COO)、公司总裁、副总裁和高级执行委员会的成员以及高校的校长、副校长和其他处于或接近组织最高层位置的管理人员也属于高层管理者。

高层管理者的作用是通过制定战略和控制资源确定总体方向。作为领导者，他们必须创造一个为人们所认知和积极认同的组织目标。有效的高层领导者视人为组织最有价值的成员，并努力创造一个人们为组织积极工作并为属于它而自豪的环境。

(2)中层管理者

中层管理者位于高层管理者和基层管理者之间，有时被称为战术管理者，负责将战略管理者制定的总目标和计划转化为更具体的目标和活动。其主要职责是贯彻执行高层管理者所制定的重大决策、监督和协调基层管理者的工作。中层管理者通常享有部门或办事处主管、科室主管、地区经理、产品事业部经理或分公司经理等头衔。与高层管理者相比，中层管理者更注意日常的管理事务，在组织中起承上启下的作用。

中层管理者传统意义上的角色是作为高层和低层之间桥梁的管理控制者。中层管理者接受公司目标并将其分解为事业单位目标，将下面的事业单位计划集中起来供高层参考，作为内部沟通的“联系眼”，向下解释和传达高层的意图，向上反映和综合一线的信息。

现在中层管理者角色的变化需要他们不仅是管理控制者,而且还是其下属的成长教练。他们必须支持下属并训导他们,使其更具创新精神。中层管理者必须确保那些基层管理者能够保持长期战略目标与短期目标、需要马上行动的事情之间的平衡。

(3)基层管理者

基层管理者又称运作管理者,是监督组织运作的低层管理者。他们通常的头衔是工长或销售经理,直接面对组织内非管理性的员工,实施中层管理者制订的具体计划。

基层管理者传统上受上层的指导和控制,以确保其成功地实施支持公司战略的行动。但在优秀组织内,其作用扩大了。在优秀公司里,基层管理者执行作用变弱了,而对其创新和创造性的需要在增加,以实现成长和新业务的开发。这些杰出的基层管理者不仅被允许开展新业务,而且预期成为新业务的高层或中层管理者,另外还给予了他们一定的自由度、激励手段和必要的支持去开展新业务。表 1-2 描述了不同层次管理者在管理各个方面传统和变化的角色。

表 1-2　管理角色和任务的转变

	基层管理者	中层管理者	高层管理者
变化的角色	从运作执行者变成进取的企业家	从管理控制者到支持性教练	从资源分配者到机构领导者
基本价值观	在一线部门内通过专注于生产率、创新和成长实现业务绩效	通过支持和协调使大公司的优势体现到独立的一线部门中	在整个组织中创造一种方向、投入和挑战的气氛
关键活动	创造和抓住新的业务成长机会	人员开发和支持活动	在确定扩张机遇范围和绩效标准时挑战已有假设
	吸引、开发资源和能力	在单位内联合分散的知识、技能和最佳经验	建立一整套规范和价值观体系以支持合作和信任
	在部门内管理不断的绩效改进	协调短期绩效和长期战略间的矛盾	创立整个组织的目标和战略

资料来源:C·巴特莱特和 S·高莎.总经理的秘密:新管理角色的新个人能力.加州管理评论,总第 40 卷,1997 年秋季第一期,第 92-116 页.

所有管理者,不论他在组织中的哪一层次上,其工作性质和内容基本上是一样的,都包括计划、组织、领导和控制几个方面。不同层次管理者工作上的差别,不是职能本身不同,而在于各项管理职能履行的程度和重点不同。

如图 1-3 所示,高层管理者花在计划、组织和控制职能上的时间要比基层管理者多,而基层管理者花在领导职能上的时间要比高层管理者多。即便是就同一管理职能来说,不同层次管理者所从事的具体管理工作的内涵也并不完全相同。例如,就计划工作而言,高层管理者关心的是组织整体的长期战略规划,中层管理者偏重的是中期、内部的管理性计划,基层管理者则更侧重于短期的业务和作业计划。

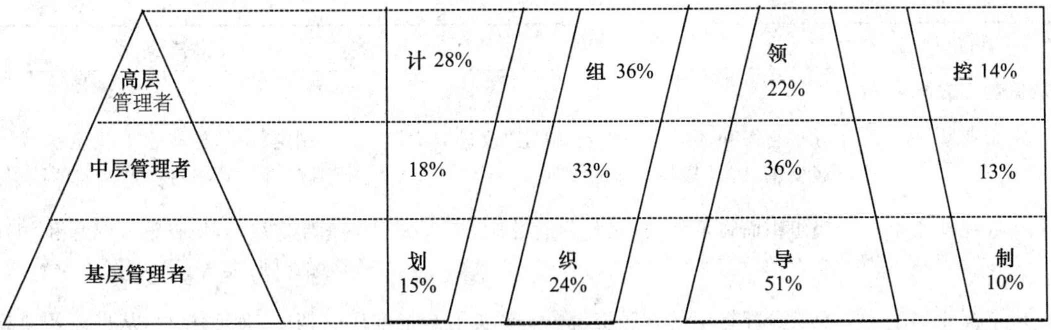

图 1-3 不同层次管理者花在每种职能上的时间分布

1.3.2 管理者角色与管理者应具备的技能

1.3.2.1 管理者角色

20 世纪 60 年代末期，加拿大管理学家亨利·明茨伯格(Henry Mintzberg)对 5 位总经理的工作进行了一项仔细的研究，在大量观察的基础上，明茨伯格提出了一个管理者究竟在做什么的分类纲要。明茨伯格的结论是，管理者扮演 10 种不同、但却是高度相关的角色。这 10 种角色可以进一步组合成 3 个方面：人际关系、信息传递和决策制定。如表 1-3 所示。

表 1-3 明茨伯格的管理者角色理论

角色	描述	特征活动
人际关系方面		
1. 挂名首脑	象征性的首脑，必须履行许多法律的或社会性的例行义务	迎接来访者，签署法律文件
2. 领导者	负责激励和动员下属，负责人员配备、培训和交往的职责	实际上从事所有的有下级参与的活动
3. 联络者	维护自行发展起来的外部接触和联系网络，向人们提供恩惠和信息	发感谢信，从事外部委员会工作，从事其他有外部人员参加的活动
信息传递方面		
4. 监听者	寻求和获取各种特定的信息(其中许多是即时的)，以便透彻地了解组织与环境；作为组织内部和外部信息的神经中枢	阅读期刊和报告，保持私人接触
5. 传播者	将从外部人员下级那里获得的信息传递给组织的其他成员——有些是关于事实的信息，有些是解释和综合组织的有影响的人物的各种价值观点	举行信息交流会，用打电话的方式传达信息
6. 发言人	向外界发布有关组织的计划、政策、行动、结果等信息；作为组织所在产业方面的专家	举行董事会议，向媒体发布信息

续表 1-3

角色	描述	特征活动
决策制定方面		
7. 企业家	寻求组织和环境中的机会,制定"改进方案"以发起变革,监督某些方案的策划	制定战略,检查会议决定执行情况,开发新项目
8. 混乱驾御者	当组织面临重大的、意外的动乱时,负责采取补救行动	制定战略,检查陷入混乱和危机的时期
9. 资源分配者	负责分配组织的各种资源——事实上是批准所有重要的组织决策	调度、询问、授权,从事涉及预算的各种活动,安排下级的工作
10. 谈判者	在主要的谈判中作为组织的代表	参与工会,进行合同谈判

资料来源:[美]斯蒂芬・罗宾斯著. 管理学. 4 版. 中国人民大学出版社,Prentice Hall 出版公司,1997 年版,第 9 页.

(1)人际关系角色(interpersonal roles)

指所有的管理者都要履行礼仪性和象征性的义务。当学院的院长在毕业典礼上颁发毕业文凭时,或者工厂领班带领一群高中学生参观工厂时,他们都在扮演挂名首脑的角色。此外,所有的管理者都具有领导者的角色,这个角色包括雇佣、培训、激励、惩戒雇员。管理者扮演的第三种角色是在人群中间充当联络员。明茨伯格把这种角色描述成与提供信息的来源接触,这些来源可能是组织内部或外部的个人或团体。销售经理从人事经理那里获得信息属于内部联络关系;当这位销售经理通过市场营销协会与其他公司的销售执行经理接触时,他就有了外部联络关系。

(2)信息角色(information roles)

指所有的管理者在某种程度上,都从外部的组织或机构接受和收集信息。典型的情况是:通过阅读杂志和与他人谈话来了解公众趣味的变化、竞争对手可能正打算干什么等。明茨伯格称此为监听者角色;管理者还起着向组织成员传递信息通道的作用,即扮演着传播者的角色;当他们代表组织向外界表态时,管理者是在扮演发言人的角色。

(3)决策角色(decision roles)

明茨伯格围绕制定决策又确定了 4 种角色:①作为企业家,管理者发起和监督那些将改进组织绩效的新项目;②作为混乱驾驭者,管理者采取纠正行动应付那些未预料到的问题;③作为资源分配者,管理者负有分配人力、物质和金融资源的责任;④当管理者为了自己组织的利益与其他团体议价和商定成交条件时,他们是在扮演谈判者的角色。

大量的后续研究试图检验明茨伯格的角色理论的有效性,这些研究涉及不同的组织和这些组织的不同的管理层次。研究证据一般都支持这样一种观点,即不论何种类型的组织和在组织的哪个层次上,管理者都扮演着相似的角色。但是,管理者角色的侧重点是随组织的等级层次变化的,特别是传播者、挂名首脑、谈判者、联络者和发言人角色,对于高层管理者要比低层管理者更重要;相反,领导者角色对于低层管理者,要比中、高层管理者更重要。

管理者角色的重要性在大、小企业中显著不同。一项比较研究表明,如图 1-4 所示,小企业管理者最重要的角色是发言人。小企业管理者要花大量的时间处理外部事务,如接待消费者，会晤银行家安排融资，寻求新的生意机会，以及促进变革；相反，大企业的管理者主要关心的是企业的内部事务（如怎样在组织单位间分配现有的资源等）。根据此项研究，企业家角色（寻求生意机会和规划变革的活动）对于大企业的管理者来说处于相对次要的地位。

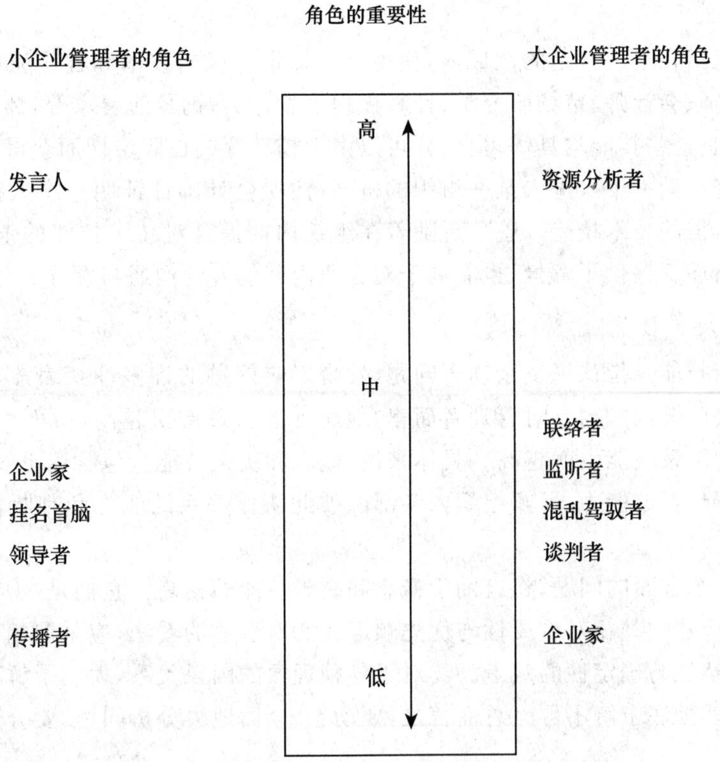

图 1-4　小企业和大企业中管理者角色的重要性

与大企业的管理者相比，小企业管理者更可能是一个多面手。他的工作综合了大公司总裁的活动和一线监工的日复一日的活动。不仅如此，在大企业，管理者从事的是结构化和正规性的工作，而在小企业，管理者从事的工作往往是非正规性的。计划不太可能是一种仔细协调的过程，组织结构的设计也不那么复杂，控制则更多地依靠直接巡视，而不像大企业那样依靠复杂的计算机化的监视系统。

总之，正如我们在组织的不同层次上所观察到的，管理者在小型组织和大型组织中从事着基本上相同的工作，区别仅在于程度和侧重不同，以及具体做法和花费的时间不同。

1.3.2.2　管理者应具备的技能

技能(skill)是指一种可以由后天学习而来的、并非天生的能力。管理技能能够帮助管理者做好其管理工作，也就是说，管理技能是为更好地做好管理工作准备的，它与管理者做些什么工作直接有关。由前面的管理者角色理论可知，管理者所做的工作可归纳为 10 种角色，组合成 3 个方面，这 3 个方面的工作是人际关系、信息传递和决策制定。相应地，管理者应具备的技能是人际和沟通技能、概念和决策技能。同时，任一组织的存在，都有其服务的专业领域，因此作为管理者还应具备一定的技术技能,以便与他所主管的组织内的专业技术人员进行有效的沟通,并对其所管辖的业务范围内的各项管理工作进行具体指导。因此,要使管理者的管理工作卓有成效,管理者必须具备以下3个方面的技能,它们是技术技能、概念和决策技能以及人际和沟通技能。

(1)技术技能

技术技能是指在某一特定的领域内,使用有关知识、方法、技术和程序完成具体任务的能力。例如,工程师、会计师、市场研究员、计算机程序设计员、钢琴演奏家等,都具备相应领域内的技术技能,而且这些技能均具体可见,并可以由学校教育或在职培训而获得。

技术技能有帮助一个人进入某一组织的机会,注册会计师证证明一个人拥有管理和理解组织财务资源所需的技术技能。管理者随着在组织内的提升对技术技能的依赖越来越少,但这些技能为其新职责提供了背景,也有利于对企业内其他人的沟通与领导。

(2)概念和决策技能

概念和决策技能是指认识复杂动态问题,发现影响问题的许多冲突因素并为组织和相关者的利益去解决问题的能力。对管理者而言,他所处的管理层次越高,所面对的问题越复杂,应具备的概念和决策技能也就越高。具体来说,概念和决策技能应包含以下3种能力:了解整个组织及其外部环境的能力、了解组织内各部门彼此协作关系的能力和判断各种不同形态管理问题的能力。

注意下列3个方面的问题,将有助于概念和决策技能的提高。它们是:①在互相冲突的目标或标准之间,应建立其相对重要性与优先顺序。②对事物的看法,应采取相对趋势与可能性的观点,而非必然性与确定性的观点。③对于各种现象的因果关系,大约了解其间的关系与变化程度即可,而非彻底了解不可。总而言之,要动态、全面地去分析问题,要分轻重缓急地去解决问题。

(3)人际和沟通技能

人际和沟通技能是指与人友好合作的能力,更确切地说,是指领导、激励、处理冲突以及与他人一同工作的能力。技术技能强调的是如何处理"事",而人际与沟通技能强调的是如何处理"人"。由于"人"是组织中最重要的资源,因此所有管理者,不管其位于何种管理层次(从总裁到工头),也不管其职务为何(生产、营销或财务)都应该具备人际和沟通技能。由于管理者必须与其他人接触,所以他们必须开发领导、激励和与周围人有效沟通的能力。对成功的管理事业而言,与不同类型的人相处愉快并交换信息的能力是不可缺少的。

上述3种技能是各个层次管理者都需要具备的,只是不同层次的管理者对这3个技能的要求程度有所区别。如图1-5所示,对基层管理人员来说,具备技术技能是最为重要的,具备人际和沟通技能在同下属的频繁交往中也非常有用,而概念和决策技能通常对基层主管们而言则显得不那么重要。在中层管理人员中,对技术技能的要求下降,而对概念和决策技能的要求上升,同时具备人际和沟通技能仍然很重要。而对高层管理人员而言,概念和决策技能、人际和沟通技能都特别重要,而对技术技能的要求相对来说则很低。可以这样假设,在大公司里,总经理们可以利用其下属们的技术技能。但是在小公司里,技术技能可能仍旧十分重要。

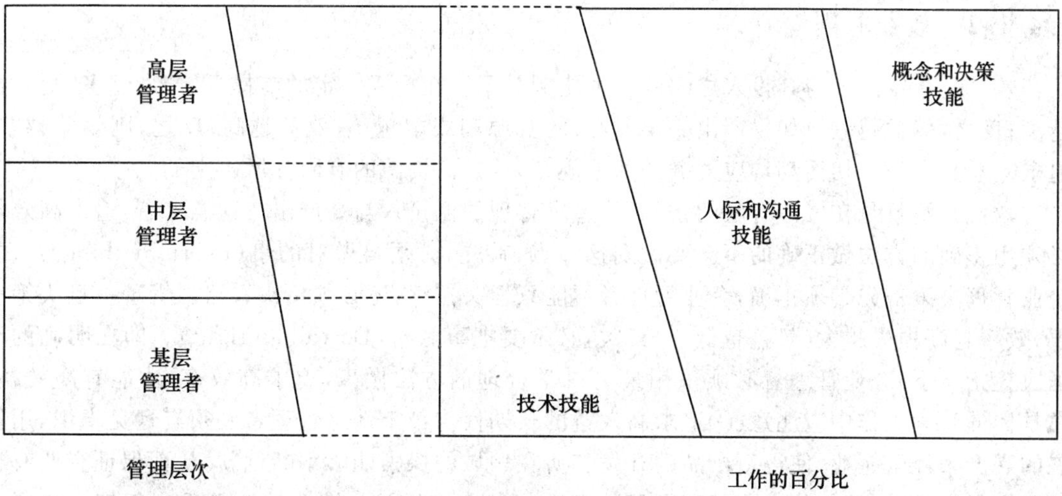

图 1-5 管理层次与管理技能

1.4 管理的原则与方法

1.4.1 管理的原则

原则是指人们在观察问题、处理问题或言论或行动时所依据的标准或准绳。管理原则是管理者在管理实践中必须遵循的基本规则,它是通过对管理工作的实质内容进行科学分析、总结而形成的,是观察管理现象、处理管理问题的思维尺度。管理原则主要包括:人本原则、效益原则、责任原则和系统原则。

1.4.1.1 人本原则

在管理活动中,最重要的、对管理效果起决定作用的因素是人。从事管理活动的主体是人,被管理者也是人。而且,在管理对象中其他诸要素的管理也都与人的参与不可分割。对财、物的管理必须通过人来完成,对时间的支配和信息的处理分析也必须由人来承担。总之,在管理对象的全部要素和管理的整个过程中都需要人去掌握和推动。

人本原则就是以人为中心的管理思想,注重人的思想、感情和需求,以激发人的主动性和创造性为根本,以调动人的积极性为主要目的。西方管理学曾把它表述为"3P"理论,即企业是以人为主体组成的(Of the people),企业是依靠人进行生产经营活动的(By the people),企业是为人的需要而进行生产的(For the people)。根据这一观点,人本原则就是"依靠人来管理""为了人来管理",人既是手段又是目的。"依靠人来管理"是指以"尊重人"为准绳,通过适度分权、行为激励等手段,使员工真正成为企业的主体,让员工参与有效管理。"为了人来管理"是指管理的根本目的是服务于人。这里的"人"分为两类,一类是存在于企业外部、企业通过提供的产品为之服务的用户,另一类"人"是指存在于企业内部、参与企业生产经营活动的人。"为了人来管理"对外就是为顾客提供优质产品和服务,对内就是为企业员工提供发展机会,使人性得到最完美发展。

1.4.1.2 效益原则

效益是有效产出与其投入之间的一种比例关系。在投入一定的前提下,产出越多,则效益越高;反之,效益越差。如果产出一定,投入的资源和成本越小,效益越高;反之,则效益越差。追求效益是人类一切活动均应遵循的基本规则,这是由资源的有限性所决定的。

效益原则就是在资源有限的条件下,追求管理的低投入与高产出。这意味着,追求高效益必须用正确的方法做正确的事。要做到这一点,首先,必须要做对的事(Do right things)。即企业管理决策首先必须正确,企业管理者不能只埋头拉车,还必须抬头看路。管理一旦决策失误,效率越高损失越大(效益越低)。其次,必须要把事做对(Do things right)。即在明确的正确决策指导下,企业管理者必须采用最为科学合理的方法做事,追求高效率,才能有高效益。在具体的管理工作中应注意:①追求高效益的长期性与稳定性。管理者必须有远见卓识,用发展的观念来经营企业,使得新产品的开发和所在领域的探索能够不断创新,从而保证企业有长期稳定的高效益,才能使企业得到长足的发展。②经济效益与社会效益并重。任何一个企业都是为了追求一定程度的盈利才进行投入产出活动的。所以,追求经济效益是企业的使命。但我们也不能无视社会效益,即不能为营利而损坏消费者利益、忽视环境保护等,要积极地、义不容辞地承担起应有的社会责任,创造更多的社会效益。

1.4.1.3 责任原则

管理是追求效益的过程,在这个过程中,要挖掘人的潜能,就必须正确处理好责、权、利与能力之间的关系。责任原则要求我们必须做到:责职明确,权职对等,奖惩分明。

(1)责职明确,就是在合理分工的基础上确定每个人的职位,明确规定各职位应担负的任务。

(2)权职对等,就是每个人的权力与责任必须匹配,职位设计和权限委授要合理。一定的人对所管的一定的工作能否做到完全负责,基本上取决于3个因素:权限、利益和能力。职责和权限、利益、能力之间的关系应遵守等边三角形定理,如图1-6所示。职责、权限、利益是三角形的3

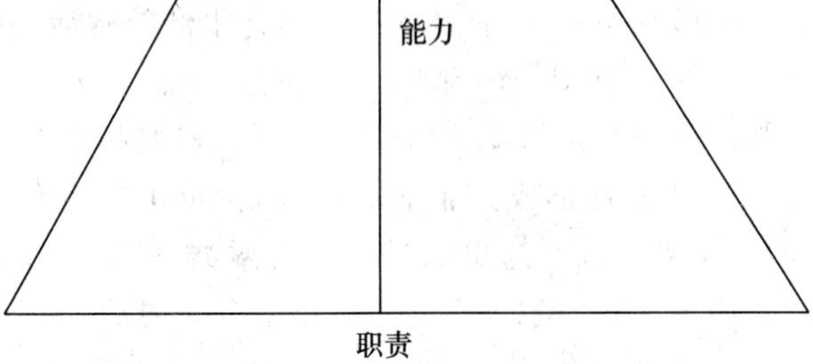

图1-6 责权利三角定理

个边，它们是相等的，能力是等边三角形的高，根据具体情况，它可以略小于职责。这样，就可使得工作富有挑战性，从而能促使管理者自觉地学习新知识，努力把自己的工作做得更好。

(3)奖惩分明，就是对每个人的工作表现及绩效给予公正而及时的奖惩。为此，企业必须建立健全的奖惩制度，明确工作绩效的考核标准，注意将物质奖励与精神奖励相结合。对于损害企业的不良行为也应给予及时而公正的惩罚，从而起到以少数人教育多数人的作用，强化管理的权威。

1.4.1.4 系统原则

系统是指由若干相互联系、相互作用的部分组成，在特定环境中具有特定功能的有机整体。系统的基本要素有：物质、能量、信息。物质是任何系统的基本构成元素之一，而运动则是物质存在的形式，物质通过运动产生能量；能量则为信息的传递提供了载体；信息运动保证了系统与外部以及与内部或系统内部各要素之间的相互联系和有序性。系统的基本类型有：自然系统、人造系统、封闭系统、开放系统、静态系统、动态系统。企业是一个人造的、开放的、动态的系统。系统具有集合性、目的性、相关性、整体性、层次性、适应性和动态性等基本特征。

系统原则就是将组织视作一个系统，运用系统理论的观点和方法去解决管理中的各种问题。系统原则强调整体性、动态性、开放性。要求管理者要从系统整体的角度协调组织各个部分之间的相互关系，使组织的局部服从组织的整体，使组织的要素功能服从组织的整体功能，通过发挥组织合力的作用，来实现组织的根本目标；要求组织通过不断地自我调整来适应外部环境，同时积极影响环境、改善环境，为组织发展创造更好的条件；要求组织要与外界进行物质、信息和能量的交换，这样才能使组织发展壮大。

1.4.2 管理的方法

管理方法(management approach)是管理者行使管理职能和实现管理任务的手段与途径的总称。从行使管理职能来看，方法是执行有关职能的手段；从实现管理任务来看，方法是协调分工、协作劳动和各种措施的总和。如果从管理主体和管理客体的关系来看，管理方法则是管理主体作用于管理客体的方式。总之，无论是行使管理职能，实现管理任务，或是维护管理主体和管理客体之间的联系，都必须借助于一定的管理方法。也可以说，没有方法就没有管理。

管理的具体方法是多种多样的，可以按照不同的特征进行分类。一般地，管理方法可分为行政方法、经济方法、法律方法、伦理方法和数学方法。

1.4.2.1 行政方法

(1)行政方法及其特点

行政方法(administrative approach)是指依靠管理机构的权威和管理者的权力，通过带有强制性的指令计划、命令、指示、规定以及规章制度等方式，直接对管理对象发生影响和作用的管理方法。

行政方法是最古老的管理方法之一，它的实质是通过组织中的职务和职位来进行管理。它特别强调职责、职权和职位，而并非个人的能力或特权。它的主要特点如下：

1)权威性。行政方法实施的基础是管理机构和管理者的权威。管理者权威越高，他所发出的指令被接受率就越高,管理的效果就越好。因此,提高各级领导的权威,是运用行政方法进行管理的前提,也是提高行政方法有效性的基础。

2)强制性。管理者或管理机构发出的命令、指示、规定、指令性计划、规章制度等,对管理对象来说,具有强制性。行政的强制性是由一系列的行政措施(如表扬、奖励、晋升、任务分配、工作调动及批评、记过、降级、撤职等处分直至开除等)作为保证来执行的。

3)层次性。行政方法是按行政管理层次进行管理的,它是纵向的、分层次的垂直管理。上级管下级、下级只服从直接上一级的管理,横向之间一般不发生管理关系,因而横向之间只存在协作关系。

4)指向性。行政方法是具体的,从行政命令发布的对象到命令的内容,都是针对某个组织、某些人或某件事作出的,因而具有明确的指向性。

5)稳定性。由于组织系统一般都具有严密的组织机构、统一的目标、统一的行动,以及强有力的调节和控制,对于外部因素的干扰具有较强的抵抗作用,所以,运用行政方法进行管理可以使组织具有较高的稳定性。

(2)行政方法的作用

行政方法的自身特性,决定了它具有其他方法所不可替代的作用。

1)有利于组织系统保持集中统一。一个组织高效运行,依赖于组织内部目标、意志和行动的统一。而行政方法有助于达到集中统一,从而能够迅速有力地贯彻上级的方针和政策,对全局活动实行有效的控制。

2)有利于管理职能的发挥。行政方法可以强化管理作用,便于发挥管理职能,使全局、各部门和各单位密切配合,前后衔接,并不断调整它们之间的进度和相互关系。

3)是实施其他各种管理方法的必要手段。在管理活动中,经济方法、法律方法、教育方法要发挥作用,必须经由行政系统的中介,才能具体地组织与贯彻实施。

4)便于处理特殊问题。行政方法指向明确,针对性强,它能及时地针对具体问题发出命令和指示,可以快刀斩乱麻,较好地处理特殊问题和管理活动中出现的新情况。

(3)行政方法的运用

1)注意选择和培养各级管理人才,特别注意选好各级领导者并提高他们各方面的素质。这是因为行政方法更多的是人治而非法治。行政方法的管理效果,基本上取决于处于管理中心地位的领导者的水平、能力和素质。所以,选择合适的领导者并不断加以培养提高,对搞好管理有重要作用。

2)必须有一个灵敏有效的信息管理系统。这是因为在行政方法中,领导者驾驭全局、统一指挥,要使领导者作出正确决策、避免指挥失误,必须及时获取组织内外的有用信息,这是其一;其二,上级要把行政命令、规定或指示迅速而准确地下达,还要把收集到的各种反馈信息和预测信息发送给下级领导层,供下级决策时使用。

3)注意权利和责任的统一。采用行政方法进行管理,要求不同的管理层次、岗位和个人,都能明确自己的工作目标和责任,同时授予相应的权利。有权必有责,权责应一致,以便有效地发挥行政管理方法的作用。

4)注意行政方法与其他管理方法的结合运用。由于行政方法的运用借助了职位的权力,因此,对行政下属来说有较强的约束力,较少遇到下属的抵制,这种特点可能使得上级在使用行政方法时忽视下属的正确意见和合理的要求，从而容易助长官僚主义作风，不利于充分调动各方面的积极性。所以，不可单纯依靠行政方法，要在客观规律的基础上，把行政方法和管理的其他方法，特别是经济方法有机地结合起来。

1.4.2.2 经济方法

(1)经济方法及其特点

经济方法(economic approach)是根据客观经济规律，运用各种经济手段，调节各种不同经济利益之间的关系，以获取较高的经济效益与社会效益的管理方法。这里所说的各种经济手段，主要包括价格、税收、信贷、利润、工资、利息、奖金、罚款等经济杠杆和价值工具，以及经济合同、经济责任制等制度。

经济方法的核心是围绕着物质利益，运用各种经济手段正确处理好国家、集体与劳动者个人三者之间的经济关系，最大限度地调动各方面的积极性、主动性、创造性和责任感，促进经济的发展与组织管理目标的实现。

经济方法的主要特点是，经济组织对下属单位或个人不进行直接的命令，而是按照客观经济规律的要求，运用经济手段，使他们从自身物质利益出发，自觉按经济规律办事，以保证组织目标的实现。具体有以下3个特点。

1)利益性与客观性。经济方法是通过利益机制引导被管理者去追求某种利益，间接影响被管理者行为的一种管理方法；利益性是经济方法的最重要的特性。然而，要使这种利益机制的引导准确有效，所制定和实施的经济方法必须符合客观经济规律的要求，因此，经济方法又必须具备客观性。只有这样，才能被人们所接受，并使该管理方法行之有效。

2)关联性与可调整性。经济方法中所使用的经济手段之间不但关系错综复杂，影响面宽，而且每一种经济手段的变化都会影响到社会多方面经济关系的连锁反应。有时它不仅会影响当前，而且会波及长远，产生一些难以预料的后果。这是经济方法的关联性。经济方法的可调整性则体现在：经济方法不仅可以针对不同的对象采取不同的手段，即使对于同一管理对象，在不同情况下，也可以采用不同方式来进行管理，以适应形势的发展，例如，在不同时期，出于促进经济发展的不同需要，可利用税收的增减分别鼓励与限制某一产业的发展，增减的幅度越大，作用越明显。

3)公开性与竞争性。采用经济方法是为了充分调动经济组织和个人的积极性，以促进生产的发展。所以，只有将各项经济技术指标公开，开展竞争，鼓励集体或个人去夺标，才能取得预期的效果。同时，为了对比、激励，采用经济方法以后的执行结果，也应是公开的。

(2)经济方法的作用

1)有利于调动被管理者的积极性和主动性。用经济方法进行管理，由于各管理层次在服从总目标的前提下，有了自己的具体目标，并拥有较多的自主权，同时也有了达到目标的相对独立的手段，这就有利于充分发挥其积极性、主动性和创造性，以保证目标的顺利实现。

2)有利于提高管理效率。采用经济方法，可使管理有较大的灵活性。各管理层次都可以根据变化了的情况，及时采取有效措施加以处理，不必事事都请示汇报，等候安排。同时也使各级管理人员的日常事务性工作大量减少，使管理效率得以提高。

3)有利于引导经济组织努力提高经济效益。在社会主义条件下，企业之间以及劳动者个人之间，都存在着劳动成果和物质利益的差别。采用经济方法，运用价格、税收、利润、工资、奖金等经济杠杆和经济手段，就能为衡量他们的工作成果提供客观标准，进而促使企业把工作重点转移到以提高经济效益为中心的轨道上来。每个劳动者，也从自身的物质利益出发，为提高效益而努力奋斗，推动企业改善经营管理，提高经济效益。

(3)经济方法的运用

1)注意兼顾国家、集体和劳动者个人三者利益的原则。在社会主义制度下，国家的利益代表了广大劳动人民的利益，一切经济活动都不能损害国家利益。企业作为独立的生产经营者，也有其自身独立的经济利益，同时它还代表着企业内职工的利益。每个劳动者也有自身的经济利益。国民财富归根到底是由千百万个基层组织提供的，由广大劳动者创造的，只有各个基层组织的生产经营搞好了，劳动者的收入增加了，国民经济才能得到相应的发展。因此，在用经济方法管理经济时，在确定具体办法和有关指标时，要处理好国家、经济组织和劳动者个人三者之间的利益关系。偏轻偏重哪一头，对经济的发展都将带来危害。

2)注意经济方法的综合运用和不断完善。既要发挥各种经济杠杆各自的作用，更要重视整体上的协调配合。如果忽视综合运用，孤立地运用单一杠杆，往往不能取得预期的效果。例如，价格杠杆对生产和消费同时有方向相反的调节作用。提高价格可以促进生产，但却抑制消费，但经济的快速发展需要的往往是供需两旺，因此仅凭单一的价格杠杆就难以奏效，必须综合运用各种经济杠杆。此外，随着经济的发展，经济方法的使用也应不断完善，只有这样，才能使经济方法的管理始终保持合理有效。

3)注意将经济方法和伦理方法有机结合起来。如果单纯运用经济方法，易导致讨价还价，"一切向钱看"的不良倾向，易助长本位主义和个人主义。因此，在运用经济方法的同时，必须结合伦理方法，提高职员的知识水平与思想修养，从而更能客观、正确地认识经济方法中所使用的种种经济手段，以达到自我激励之目的。

1.4.2.3 法律方法

(1)法律方法及其特点

法律方法(legal approach)是指国家根据广大人民群众的根本利益，通过各种法律、法令、条例和司法、仲裁工作，调整社会经济的总体活动和各企业、单位在微观活动中所发生的各种关系，以保证和促进社会经济发展的管理方法。法律，是由国家制定或认可的，体现统治阶级意志，以国家强制力保证实施的行为规则的总和，既包括国家正式颁布的法，也包括各级政府机构和各个管理系统所制定的具有法律效力的各种社会规范。法律、法规一般是由一系列单项的法律、法规所组成的，比如，国民经济管理总体方面的，有计划法、工业法、农业法、商业法、基本建设法、财政法等；用于工商管理活动的，有公司法、工业企业法、交通运输法、海商法等；在流通领域的管理方面，有商标法、价格管理法、外汇管理法、证券交易法等；在调整各地区、各部门企业，以及各单位之间的经济活动方面，有经济合同法；在资源和环境保护方面，有自然资源法、能源法、环境保护法等；在保护劳动者及其集体权益方面，有劳动法、专利法、版权法、创造发明法等；随着改革开放的继续和深入，还有中外合资经营企业法、外资企业法、对外贸易法、涉外税法、涉外金融法、涉外经济合同法等。

虽然法律方法与行政方法相比较，有某些类似之处，但法律方法比行政方法更为稳定，更具有权威性和强制性。用法律条文固定下来的东西便不能轻易变动，违法就要受到法律制裁，这是法律的严肃性。法律面前人人平等，使法律方法具有无差别性。法律方法的具体特性可归纳为以下几点。

1)稳定性。稳定性体现了法律的严肃性。由于法律和法规的制定必须严格地按照规定的程序进行，所以一旦制定和颁布出来后，就具有相对的稳定性，不可滥加修改。

2)无差异性。由于法律约束的对象是每个人，而不是某个具体的、特定的人，所以法律面前人人平等，法律在同样的情况下，可以反复多次使用，而不是仅使用一次，因而它具有无差异性。

3)规范性。法律和法规都是用极严格的语言，准确阐明一定的含义，并且只允许对它作出一种意义的解释。法律与法规之间不允许互相冲突，法规应服从法律，法律应服从宪法。法律的规范性表现在，它明确规定人们在一定条件下可以做什么和不可以做什么。

4)强制性。法律规范同其他社会道德规范不同，它是由国家强制实施的，所以具有强制性。运用法律方法来进行管理，实际上就是运用强制性来进行管理。法律方法的强制性与行政方法的强制性有所不同，行政方法的强制性主要是要求人们服从统一意志，统一原则，允许方法上有一定灵活性，且只适用于一定的管理对象。法律方法的强制性则是人人都必须遵守的行为准则，具有普遍的约束力。

(2)法律方法的作用

法律方法对于建立和健全科学的管理制度和管理方法具有十分重要的作用。

1)有利于保证必要的管理秩序。管理系统外部存在着各种社会经济关系，只有通过法律方法才能公正、合理、有效地加以调整，及时排除各种不利因素的影响，保证社会经济秩序的正常运行，为管理活动提供良好的外部环境。

2)有利于有效调节各种管理因素之间的关系。根据对象的不同特点和所给任务的不同，规定不同管理因素在整个管理活动中各自应尽的义务和应起的作用。这是管理的法律方法所具有的一定的自动调节功能。

3)有利于加强管理系统的稳定性。法律方法的运用，有助于使符合客观法律、行之有效的管理制度和管理方法用法律的形式规范化、条文化、固定化，使人们有章可循。严格执行这些制度和方法，管理系统便能自动有效运转。这样既可保证管理效率，又可节约管理者精力。

(3)法律方法的运用

1)对经济法律规范的制定必须符合客观事物的发展规律。这是因为，法律方法从本质上讲是通过上层建筑反作用于经济基础的管理方法。这里就有双重作用问题，既可以起促进作用，也可以起阻碍作用。如果各项法律和法规的制定和颁布符合客观规律的要求，就会促进社会、经济的发展；反之，也可能成为社会、经济发展的严重障碍。

2)要保持经济法律法规的稳定性和连续性，同时，应树立经济法律法规的权威性。只有保持经济法律法规的相对稳定性和连续性，才能取信于民；只有做到有法可依，有法必依，执法必严，违法必究，树立经济法律法规的权威性，才能保证法律方法作用的发挥。

3)注意各种法律法规的综合运用、相互配合，以及与其他管理方法的综合使用。在管理活动中，各种法规要综合运用、相互配合，因为任何组织的关系都是复杂的、多方面的。例如，在企业管理中，法律方法不仅要求企业掌握和运用“企业法”以及与企业生产经营活动直接相关的经济法律,而且也要掌握和运用民法赋予的权利和义务。另外,应注意法律方法并不能解决所有问题,它只能在有限的范围之内发挥作用。而在法律范围之外,还有各种大量的经济关系、社会关系需要用其他方法来管理和调整。所以,法律方法应该和管理的其他方法综合使用,才能最有效地达到管理目标。

1.4.2.4 伦理方法

(1)伦理方法及其特点

伦理是指人们处理相互关系时遵循的各种道德准则和规范。伦理学是关于道德问题的学说,是道德思想、道德观点的系统化、理论化。管理的伦理方法是通过社会舆论、习惯、良心、道德、理想等作用于人的深层心理,直接影响人的内部精神世界,以提高人的素质,充分发挥人的主观能动性,从而更好地执行管理职能的方法。

伦理方法(ethic approach),有人又称之为教育方法,它具有下列特点。

1)长期性。伦理教育是良好的思想品德与作风的形成过程,是世界观的确立过程,是文化知识的积累过程,是一个长期熏陶磨炼的过程。这些都需要较长的时间,而不是一朝一夕能做到的。

2)非直接性。从经济利益看,伦理方法并不是直接干预人的经济行动,也不直接干预经营单位经济利益的分析,而是作用于人的理性。通过提高人的综合素质,再作用于经济活动,是一种非直接的管理方法。

3)启发性。伦理方法不是强制,而是通过理性激励,启发人们自觉投向组织的目标并采取行动。

4)广泛性。伦理方法已广泛地用于管理的各个方面和各个环节,贯穿于管理过程的始终,并普惠于每个成员。

5)灵活性。伦理方法要因人、因时、因事而异,方式、方法要灵活。

(2)伦理方法的作用

1)有利于提高人的素质及各级组织的素质。伦理方法不仅可以提高人的政治思想素质、文化知识素质、专业水平素质等,而且还是各级组织适应新技术革命的需要,加快实现现代化进程,培养有理想、有道德、有文化、有纪律的劳动者的有效途径。

2)是其他管理方法发挥作用的先导与前提。因为其他任何管理方法的实施都离不开宣传教育启迪觉悟,通过教化能解决其他管理方法所不能解决的问题。

3)是激励人的动机,培养人的责任感和组织性、纪律性的重要工具。人的认识水平、文化技术水平一旦提高,正确的世界观一经确立,就会成为长期起作用的因素。

(3)伦理方法的运用

1)伦理教育内容的科学性。要尊重、培养、关心和爱护人,不能强加于人。要坚持从实际出发,适应需要,恰如其分地选择和安排教育内容。要排除粗制滥造、华而不实、违情悖理的东西。

2)伦理教育方式的多样性与艺术性。伦理教育要因人、因事、因时而异,适应不同的对象,采取多种多样的形式。伦理教育的具体形式则应讲究艺术性,尽量做到生动、活泼、形象、直观,以收到良好的效果,例如,既可以选择具有高道德标准的模范来影响大家,也可以通过对不良行为的曝光和对不良行为者的惩罚来对不良现象加以限制。当然，在形式的实际运用中，应注意采取“禁止”与“引导”相结合，以“引导”为主的办法。

1.4.2.5 数学方法

(1)数学方法及其特点

数学方法(mathematic approach)是指运用数据和数学公式，对经济组织的生产经营活动进行计算、测量、分析，执行管理职能的一种方法。当前运用较多的数学方法有：生产函数、线性规则、投入产出分析、网络方法、量本利分析、价值工程、模糊数学方法、图上作业法、表上作业法等。

数学方法的实质是要分析、掌握经济活动过程的数量关系，找出数量界限，使管理工作科学化。数学方法具有以下特点。

1)计量性。指数学方法的研究对象是生产经营活动的数量表现、数量关系和数量变化规律，使用的工具是数学公式和各种计量工具，其结果也是用数量来表示的。

2)严密性。指数学方法有严密的数据要求，有严密的计算程序和表达方式。

3)广泛性。指一切事物都有数量表现和数量界限，数学方法可广泛应用于管理的全过程及其各个方面。

4)先进性。指采用的手段越来越先进，各种数学方法越来越科学，并促进了电子计算机在管理中的广泛应用，也是管理现代化的一个重要标志。

(2)数学方法的作用

1)可以全面、深入、精确地了解经济组织的生产经营活动过程和外部环境状况，并进行科学预测。

2)可以寻找解决生产经营问题的最优方案，为正确决策提供数量依据。

3)可以及时而深入地了解生产经营过程中的各种数量表现，调节生产经营的正常进行。

4)可以通过实际与目标或考核标准的数量比较，及时进行有效控制，保证组织目标的实现。

(3)数学方法的运用

1)要以正确的经济理论和管理理论指导为前提。因为任何一种数学方法的运用，都是为了解决管理中的实际问题，有正确的管理理论指导才能设计出科学有效的数学模型或计量公式，否则不仅难以取得实际效果，还会引起混乱，误入迷途。

2)数学方法只是辅助管理决策的一种工具，它不能超越和代替管理工作本身。数学方法可以用来帮助人们计算经济利益的得与失，但不能代替人们对经济利益的选择；各种预测、优化模型等能为决策工作提供依据，但不能代替决策工作本身；一些原始数据或模型设计中的假设条件与实际情况也总会有一些差距，加之某些管理因素及外部条件会发生变化或具有非计量性，使数学方法也有其局限性。因此，一般应在定量分析的基础上与定性分析结合，以便作出更加正确的判断。

复习思考题

1.什么是管理？管理的基本特征是什么？

2. 管理者履行的职能是什么？如何理解明茨伯格描述的10种角色？
3. 为什么说管理是科学性与艺术性的统一？
4. 阐述管理的二重性。
5. 管理的方法有哪些？请关注其现实应用。
6. 学生是不是管理者？为什么？

【案例1-1】

快乐带来利润

在美丽而富饶的A国，有一个十分著名的J公司，它是一个在21个省拥有上千家分店的连锁机构，面对众多的员工，采取怎样的管理措施是有效的？这是每一个合格的管理者不得不面对和设法回答的问题。现在工作压力大、生活节奏快，要想快乐地工作绝非易事。因此，J公司包括几千名基层管理者在内都要认真了解到底员工最基本的诉求是什么？尽管，工作的本能之一是为了养家糊口，但是否只要增加工资收入，员工就会快乐起来？有句话叫做欲壑难填，工资究竟涨到什么程度员工才会“快乐”起来？显然，这不仅没有上限，恐怕随着成本增加，公司也承受不起。所以，公司十分重视员工的满意度，因为他们知道：只有员工满意并快乐地工作，才会使顾客满意，才会带来更多的利润。

由于任何事物都可以表述为一个函数，因此，公司把一年一度的员工满意度调查建立起一个函数关系，即员工满意与领导方式、福利、培训、沟通等诸多方面到底是一个什么关系？更进一步的是，哪些因素又与公司业绩有关？公司高层专门成立了一个研究小组，对这一有趣而又现实的问题进行调查分析。他们将所有人的相关调查数据与公司业绩进行相关性分析，再借助主成分分析法等计量分析工具，结合公司治理经验，得出了十分惊人的结果：公司员工的满意度并不在于工资待遇的高低，而在于人事管理、奖励、认可、领导力等一系列要素，尤其是反馈机制、人事管理以及多样的培训等方面成为使员工“快乐”起来的最有效元素，较好地印证了双因素激励理论。这一研究使公司高层把握了产生有效激励的方向，从而制定出具有针对性的“快乐法则”！快乐地生活与工作，让快乐成为公司盈利的最好“利器”。

(改编自[美]斯蒂芬·P·罗宾斯等著.毛蕴诗主译.管理学原理与实践.北京：机械工业出版社，2015：22.)

讨论题：

1. 你认为J公司的“快乐法则”可能会从哪些方面着手设计？为什么？
2. 在公司治理中，J公司高层的管理角色与管理职能是怎样的？
3. 你能尝试着列出使你快乐起来的函数关系吗？

【案例1-2】

“一加一”天然面粉的兴起

目前，农产品质量安全问题引起消费者高度重视。随着近年来农产品质量安全问题频繁曝光，消费者对食品的需求也从基本安全升级到了安全健康，而现阶段农产品加工品安全的主要问题之一就是食品添加剂过量。在河南，面粉加工企业有着得天独厚的优势，占据全国 1/4 的小麦产量，又是优质小麦主产区，在消费者消费需求升级的机遇下，如何抱团打造出全国知名的面粉品牌，让河南面粉行业统领全国的面粉市场话语权，这是亟待回答的问题。

"一加一"天然面粉董事长王刚在 2010 年度就发现了行业跟风追逐热门的现象，预测到面粉行业未来会出现的问题和面临的生存压力，看到了流通渠道和食品深加工企业未来的竞争非常惨烈，看准了家庭消费者对天然面粉的消费和可观的利润，率先在面粉行业开创了冷门之路。针对部分面粉行业存在一些靠规模追求销量、靠添加剂提高卖相的跟风现状，王刚开创了天然面粉，符合未来的发展趋势，得到了河南省消费者的高度认可。

因为中小企业本身资源不足，挂面、方便面等食品深加工企业竞争更加激烈，面粉行业根本没有多余的精力和资金涉足面粉以外的行业。能把面粉主营业务做好，本身就需要付出很大的心血和精力。如果大家都抱团做天然面粉的各个细分品牌，锁定各个冷门业务：天然馒头粉、天然面条粉、天然高筋粉、天然饺子粉等，避开同质化竞争，不再跟风模仿，又符合未来的发展趋势，价格和毛利都很可观，如果大家都能认识到这一点，抱团打造品牌，资源和渠道共享，将来代表河南形象的、改变河南经济现状的，一定是这一批的天然面粉品牌。

河南省"一加一"品牌天然面粉以满足消费者对食品质量安全需求为导向，通过先进的加工设备和检测手段打造天然品牌，促进企业获得盈利。该企业以"只减不加"为核心理念，竭力去除包括农残、重金属、真菌毒素等面粉中对人体有害的成分，严格控制小麦采购渠道，对入厂原粮、各类包装辅料及出厂的产成品做到批批检测和随机抽检，同时通过先进的工艺保证天然面粉的安全和健康，实现了所有面粉零添加和绝无添加剂残留的保证，高度契合了当前消费者对食品安全与健康的诉求，真正成为天然面粉的开创者、高端面粉的引跑者。截至 2016 年，"一加一"实现了河南省家庭面粉销量第一的成绩，占领 5 千克装（全省统一售价 35 元，毛利 40%以上）30 元以上价位段的 80%左右，同时还取得中南大区 5 千克面粉单品销量第一的佳绩。

讨论题：

1. 从管理上看，河南"一加一"品牌天然面粉是如何另辟蹊径的？
2. 如何理解该公司董事长的管理者职能？

2 管理学理论演进

◈本章学习要点：

1. 掌握管理学基本内容与特征。
2. 了解管理理论的发展历史。
3. 掌握具有代表性的西方古典管理理论。
4. 了解西方管理学派。
5. 了解中国古代管理思想的精髓。

2.1 管理学的内容和学科特征

2.1.1 管理学的研究对象

管理活动由来已久，但管理学作为一门学科的历史只有100多年。18世纪的工业革命使科学技术和社会生产力迅速提高，社会化大生产的复杂性使人们开始重视管理问题。20世纪初，美国的泰罗（Frederick Taylor）和法国的法约尔（Henri Fayol）分别出版了《科学管理原理》（Principles of Scientific Management）和《工业管理和一般管理》（General and Industrial Management），由此古典管理理论开始兴起。20世纪中叶是管理学发展的又一个黄金时代，1955年美国管理学家孔茨（Harold Koontz）出版了《管理学原理》，这部著作以后被更名为《管理学》。在当时，人们对管理学的理解还很不一致，孔茨在《管理学原理》第一版中说："管理学是一门不精确的科学"，"管理是一门科学，也是一种手段，还是一种艺术，是人们经常争论的问题。"法约尔和孔茨都侧重于研究管理职能，孔茨的《管理学》就是按管理职能确立的学科体系，这种体系对以后的研究者影响很大。50年代以后，管理学日渐兴盛，心理学家、社会学家、甚至工程师和数学家也加入到管理学研究的队伍中。这些研究者从各种角度和更广泛意义上探讨了管理问题。孔茨曾在1961年和1980年两次论述了"管理理论的丛林"，他认为80年代初管理学至少存在十几个学派。90年代以后，随着信息化、国际化的进程，管理学的发展更为迅速，人们提出了更多关于管理问题的新观点。

中国是一个文明古国，人们对管理的探索十分久远。中国古代的管理思想分散于政治、军事、经济和文化古籍之中，其研究重点是统治哲学和治理思想。由于资本主义生产方式在中国没有得到充分发展，因而中国近代并没有出现能与西方管理思想相媲美的管理理论。20世纪70年代末，中国开始进行经济体制改革，西方管理理论随后大量涌入中国。经过几十年的发展，中国已逐步形成了以现代西方管理理论为基础，同时结合了大量中国特点的管理学。

管理学是研究管理现象及其一般规律的科学。从其发展历史可以看出，管理学的研究对象首先是组织。虽然近几年人们常常把注意力集中在企业上,但实际上管理学适用于社会各类组织。人是构成组织的基本单位,管理学研究人的心理和行为特征、人在组织中从事生产和各种组织活动的方法、人在组织内部建立起的正式或非正式关系,以及由此形成的组织整体行为。管理学也从另一个角度研究组织,通过分析组织的目标,建立相应的机构、职权和制度,以此规范人的行为,维持组织的生存和发展。管理学研究涉及组织内部人、财、物、信息和生产、技术要素,以及外部社会、政治、经济、文化环境。从其演进过程看,管理学对组织的研究历经了古典组织理论、组织行为学、组织社会学、领导科学、组织文化研究等不同时期。

管理学的另一个研究对象是管理工作。管理工作是针对一定组织而展开的一系列管理活动。从科学管理理论、一般管理理论、行为科学,直到管理科学理论、决策理论、战略理论,人们都在试图了解管理活动的基本规律、管理工作应遵循的基本原则、管理的方法和技巧、管理职能和管理体系、管理与组织目标的关系、管理者素质和管理风格等。管理活动研究来源于管理实践,泰罗、法约尔等的工作都集中于此。职能是管理活动研究的重点,为此人们提出了计划、决策、组织、领导、指挥、沟通、激励、控制、协调等一系列职能,这些职能至今仍是一般管理学的主要线索。

管理学的研究对象还包括管理学自身的特性和规律,以及人们从历史角度对管理实践、管理思想和管理理论演变过程的研究。经过百余年的发展,管理学本身正逐步走向系统化,管理学涉及生产力、生产关系和上层建筑,它与经济科学、技术科学、心理学、数学、计算机科学等学科有密切联系。随着管理学日趋成熟,其自身的特点和规律性也将更加明显。

2.1.2 管理学的一般原理

原理是指某个学科或领域中具有普遍意义的、最基本的、可以作为其他规律基础的规律。当一个学科的基本原理被确立后,也就意味着这个学科建立起了一个基本的理论框架。管理学来源于实践,人们在总结管理经验的基础上,经过高度综合概括出了一些具有普遍性的规律。目前较为人们接受的管理学的一般原理有以下几个。

(1)人本原理

人本(human orientated)原理是指以人为本,以人为中心的管理。人既是管理的主体,同时又是管理的客体。人本原理强调人的主体特性,认为调动人的积极性、主动性和创造性是管理的核心。有效管理的关键是鼓励员工参与管理,只有这样才能使员工将个人利益与企业利益紧密结合,使员工为了共同目标而努力,最终实现企业工作的高效率。人本原理要求给人以尊重,企业在制定和实施有关政策、制度时,要充分认识员工的特点、需要和表现。人本原理强调管理为人服务,通过为员工创造良好的工作条件,使员工取得最大的工作成就,为企业创造最大效益。人本原理主张有效管理要遵循能级原则、动力原则和行为原则。所谓能级原则是指按人员的能力素质,恰当地安排其在组织中的位置,做到人尽其才、才尽其用。动力原则是指企业必须拥有和正确运用物质、精神、信息动力,以使管理活动能够有效地进行。行为原则是指运用行为科学方法,使员工个人行为与企业目标协调一致,最大限度地调动员工的积极性、主动性和创造性。

(2)系统原理

系统(system)是指由相互联系、相互作用的若干部分构成的具有特定功能的有机整体,其基本特性有集合性、目的性、相关性、整体性、层次性、适应性和动态性。系统原理就是将组织视作一个系统,运用系统理论的观点和方法去解决管理中的各种问题。系统原理要求管理者要从系统整体的角度协调组织各个部分之间的相互关系,使组织的局部服从组织的整体,使组织的要素功能服从组织的整体功能,通过发挥组织合力的作用,来实现组织的根本目标。组织与环境是相互依存、相互制约的。系统原理要求组织通过不断的自我调整来适应外部环境,同时积极影响环境、改善环境,为组织发展创造更好的条件。系统原理还强调组织的开放性,在管理过程中组织要与外界进行物质、信息和能量的交换,这样才能使组织发展壮大。

(3)循环原理

循环(circulating)是基于管理回路的持续不断的管理活动。管理机构由决策、执行、监督和反馈机构组成。管理活动是从决策中心发出命令,由执行机构进行实施,由监督机构监督执行情况,并通过反馈机构回馈执行的实际结果。决策、执行、监督和反馈机构互相联系、互相制约,构成了一个连续封闭的回路。管理活动要经由这个封闭回路进行,一个连续的计划、组织、指挥、协调和控制过程形成一个管理循环。管理循环周而复始地进行,推动着组织的各项工作,使组织不断向前发展。循环原理要求必须建立完整的、封闭的和通畅的管理回路,这是管理工作的基础。循环原理还要求按照管理循环的顺序推进工作,保证每个管理环节的工作质量和连续性。通过科学地制定每个管理环节的工作方法,以及在管理循环中最大限度地调动人们的积极性和创造性,来使组织最终获得最佳的管理效果。

(4)择优原理

择优(selecting for best)原理就是从组织的根本利益出发,对组织目标、发展途径、组织形式、管理制度和领导方式等诸多问题进行抉择。择优原理要求组织利益最大化。组织的根本利益是以最少的投入,创造最大的经济效益和社会效益。组织有自身的发展目标,有效管理就是要利用尽可能少的人、财、物和信息投入,使组织达到其发展目标。择优原理还要求管理决策科学化。决策过程涉及收集信息、制定方案、确定择优标准、选择方案和方案实施、控制等一系列工作,提高每个环节的科学化程度是保证组织决策正确性的重要途径。

(5)反馈原理

反馈(feedback)原理是指在任何管理过程中都需要有一个反馈过程。在管理系统中,要建立针对组织运行过程和组织外部的信息反馈渠道,管理决策输出的信息通过信息反馈渠道再回馈给决策者,以此对组织下一阶段的运行产生影响。随着管理活动的日趋复杂、管理所需的信息日趋增多,信息反馈可以从指挥系统中分离出来而成为一项独立活动,信息反馈渠道也可以演变成参谋、信息等职能系统。在组织职权链中,反馈原理要求在上下级之间建立起指令、反馈关系,一个完整的指挥过程以指令开始,以最终反馈结束。反馈还是控制组织活动的基本手段,通过不断反馈和修正偏差,保证组织活动按预定计划顺利进行。

(6)权变原理

权变(contingency)原理是指根据外部条件的变化,采用不同的解决问题方式。管理问题复杂多变,在多数情况下没有固定的、绝对的解决方法。解决管理问题要因地制宜、具体问题具体分析。在这里,管理理论是一种指导方法,而不是一种固定的、僵化的模式。管理活动追求解决问题的有效性,而非解决方法的最佳性。权变原理说明管理活动的实践性很强,是科学性与艺术性的统一。在管理理论中,权变理论占有重要地位,这种理论阐述了环境因素与人的行为、组织结构和领导方式的关系。权变理论认为普遍适用的有效的管理方法是不存在的，但依照一定规则人们还是能够找到解决问题的方法。权变理论继承了多种管理思想，是管理活动中的辩证法。

2.1.3 管理学的学科特征

管理学是一门新兴的、发展中的科学，与其他学科相比，它具有以下几个基本特征。

(1)管理学是一门交叉学科

管理是对一定组织条件下的人类活动所进行的计划、组织、指挥和协调，因此管理本身不能独立存在，它必须与相应的组织和组织活动相结合。组织有不同类型，其成员、社会功能和发展目标各有不同；人类活动也是多种多样的，每种活动有其自身的内在规律。管理要想取得成效，就必须对管理对象有深入了解，就必须接触管理对象所涉及的其他各门学科的知识。

人们解决管理问题需要借助于其他各门学科的知识。制订一项企业计划要触及市场、产品、生产、技术、财务、人员等许多方面，计划人员必须掌握营销学、应用技术、工艺学、会计学、组织学等专业理论，必须使用数学、统计学、预测方法、计划方法等基本手段，必须了解经济学、政治学、社会学等一般知识。计划人员通过综合运用这些知识，分析企业的状况，才能为企业发展指明方向。在很大程度上讲，管理学本身就是利用其他学科知识，解决管理问题的科学。

从起源上看，管理学脱胎于其他许多学科。科学管理理论来自对生产过程的分析，古典组织学深受政治、法律、军事思想的影响，人际关系理论最初是心理学理论，决策理论中充满经济学、运筹学思想，系统管理学派是系统理论的直接产物。管理学理论来自其他学科，但又不是某个单一学科的延续，它是对许多学科中的管理成分进行的提炼和综合。

管理学出现之后，反过来又对其他学科产生了影响。管理最直接地影响着企业经营和政府运行，以及医院、学校、军队的管理，同时对宏观经济、技术、信息知识管理有重要作用。管理学渗入到人类生活的各个领域，与诸多科学伴行发展。

管理学与其他学科有密切联系，同时又与其他学科相区别，具有相对独立性。管理学以组织为对象，研究人员和组织活动的规律性，着重探讨管理的过程、职能、制定和方法。其他学科的知识对管理学发展有很大作用，但不能代替管理学本身。

(2)管理学是一门应用学科

管理学为管理者提供管理理论、管理原则和管理方法，是实践性很强的应用学科。

管理学作为应用学科的首要表现是其实践性。管理学来自于实践。管理职能、管理原则等最初多是管理者对其管理经验的总结，他们以管理活动中的关键环节为管理职能，以成功管理的经验为管理原则，从而构造出管理活动的基本框架。在管理学研究中，例如作业研究、行为研究，试验是一种必不可少的手段，这使管理学能够更好地建立在实践基础之上。管理学是指导实践的科学。具体管理问题错综复杂，管理学并没有为具体管理问题准备现成的答案；管理者需要依据管理的基本原理，分析具体问题，解决具体问题，这样才能真正发挥管理学的作用。

其次，管理学具有不精确性。管理学是社会科学，它不能像数学、工程学那样用公式、定理描述规律，也没达到产品设计、技术开发那种精度。当今的管理学还多是对管理现象进行理性解释，为管理工作提供一般性的方法和指导。管理学的不精确性还来自管理问题的不确定性。

管理问题中包括大量社会、经济、文化、心理因素,这些因素导致了人们不能完全预知管理问题的结果。

再次,管理学还是一种管理艺术的指导。管理活动是科学性与艺术性的统一,管理学一方面要求管理者必须遵循管理的基本原理、基本规律;另一方面也要求管理者重视实践过程和积累管理经验,在管理中发挥主观能动性和创造性,灵活地解决具体问题。

(3)管理学是一门发展学科

管理学虽然经过上百年的发展,本身也形成了一整套理论体系,但它仍然是一门发展中的学科。在历经了20世纪初期、中叶两次发展高潮后,20世纪末管理学又进入了一个新的发展阶段。现代管理学从不同方面对管理理论进行着研究,在完善已有体系的同时,提出了许多新观点,使管理学进一步向纵深发展。

管理学发展的根本原因是社会、经济、技术的发展。管理活动是一种普遍存在的社会现象,社会进步为管理提出新问题,在解决这些新问题的同时管理学也将得到相应的发展。如果说管理学是工业时代的产物,那么人类步入信息化社会后,特别是经济全球化、市场国际化必然要求组织形式、管理思想作出相应调整。社会、经济、技术的发展也为管理学发展创造了条件。现代计算机技术、网络技术、信息技术的发展为信息处理、计划决策、组织沟通提供了先进手段,为组织走向扁平化、虚拟化提供了条件。

管理学作为一门新兴学科,自我完善、自我发展是一个长期过程。管理学曾从经济人假设发展到社会人假设,从单一的管理过程研究发展到全面的管理系统研究,从以定性分析为主的研究发展到定性、定量分析相结合的研究,从学派分化发展到各学派相互借鉴、相互融合。只有通过这些发展,管理学才能日臻成熟。

2.2 西方管理理论的演进

2.2.1 西方早期管理思想

18世纪到19世纪,工业革命使资本主义在西方最终得以确立,家庭手工工场逐步被大机器工业所代替。与工厂制相适应,西方早期的管理思想产生了。西方早期的管理思想凝结了西方思想成就和早期人们对工厂管理方式的探索。

欧洲曾在各个领域出现过一大批卓越的思想家、理论家,他们的研究对揭示社会、军事、经济、政治和文化的规律起到了重要的作用。管理是人类社会的一种普遍现象,虽然这些思想家、理论家并没有专门去研究管理,但他们的研究或多或少地涉及了管理问题。意大利思想家尼古拉·马基雅维利(Niccolo Machiavelli)在其所著的《君主论》中谈到了统治者管理国家、维护权力的基本方法;普鲁士军事理论家卡尔·冯·克劳斯威茨(Carl Von Clausewitz)在《战争论》里论述了军队管理;英国经济学家亚当·斯密(Adam Smith)在《国富论》中分析了国民财富的来源,阐述了劳动分工基本原理;英国空想社会主义者罗伯特·欧文(Robert Owen)在人事管理方面进行了大量研究。另外,大卫·李嘉图(David Ricardo)、詹姆斯·斯图亚特(James Stenart)、塞缪尔·纽曼(Samuel P. Newman)、约翰·斯图亚特·穆勒(John Stuart Mill)、艾尔弗雷德·马歇尔(Alfred Marshall)等对管理问题也有精辟论述。这些论述多分散在历史学、哲学、社会学、经济学和军事学著作中,虽然缺乏完整的理论体系,但它们为西方早期管理思想的产生提供了必不可少的素材。

从另一角度看,工业革命是西方早期管理思想产生的直接动因。1733 年英国人约翰·怀亚特发明了纺织机,标志着工业革命的开始。1765 年,瓦特改进了蒸汽机,随后机械化大生产遍及制造业、纺织业、采掘业、运输业等行业。19 世纪末,英、美、法、德、俄等国家先后完成了工业革命。机械化大生产与手工工场生产的组织方式截然不同,工业生产要求劳动分工和专业化,工人、机器、资本与物料之间需要进行配合。工业革命以后,管理问题开始大量出现,这促使人们在管理方面必须进行探索,以便工厂在生产组织、财务核算、劳资关系以及人员、设备、物资等方面建立一套有效的管理制度。这一时期的著名人物有查尔斯·巴贝奇(Charlers Babbage)、亨利·普尔(Henry Poor)、安德鲁·尤尔(Undrew Ure)等,他们在管理的职能、动作和时间研究、劳动分工与协作、工资制度、组织结构以及应用技术方法解决管理问题等方面作出了重大贡献。

西方早期管理思想的特点是管理更多地依赖经验,人们对管理原理、管理方法的认识还不够深入。在这方面最具代表性的是亚当·斯密和查尔斯·巴贝奇。

2.2.1.1 亚当·斯密

亚当·斯密(Adam Smith,1723—1790)是英国古典政治经济学家,对西方早期管理思想有重要影响。1723 年 6 月 5 日,斯密生于苏格兰法夫郡的卡柯尔迪。他在卡柯尔迪市立学校接受了启蒙教育,并以优异成绩进入格拉斯哥大学,之后又被推荐到牛津大学学习。1748 年他担任了爱丁堡大学讲师,在此期间开始形成他的学术思想。此后,他曾担任巴克勒公爵的家庭教师、苏格兰海关专员及苏格兰盐税专员、格拉斯哥大学校长等职务。1776 年斯密出版了他的经济学巨著《国富论》(The Wealth of Nations)。

《国富论》是西方思想史上的经典之作,是古典政治经济学的杰出代表,其中包含着斯密对管理思想的深刻阐述。斯密在《国富论》中提出:劳动是国民财富的真正来源,增加国民财富的途径在于增加生产性劳动的数量,以及对劳动者生产技能进行改良和提高,而其中生产力的改良更为根本。斯密的这种生产力改良的思想成为他日后研究管理问题的出发点。

为了改良生产力,斯密十分重视劳动分工的作用。他分析了劳动分工的经济效果,并提出了"生产合理化"的观念。斯密在《国富论》中曾以制针业为例说明了劳动分工的作用,他说:"如果工人各自独立工作,不专习一种特殊业务,那么他们不论是谁,绝对不可能一日制造二十枚针,说不定一天连一枚针也制造不出来。"但是通过合理分工和使用适当的机器,"10 个工人每日就可制成 48 000 枚针,即一人一日可制成 4 800 枚针。"

劳动分工之所以能大大提高生产效率,其原因在于:①每个工人的能力有差别,每个自然人的优势能力不尽相同;②将合适的人用在合适的位置上会产生事半功倍的效果;③劳动分工增加了每个工人的技术熟练程度;④劳动分工使工作转换时间大大节省;⑤发明的新机器可以帮助工人完成以前多个工人的劳动。

假设有木匠、铁匠和泥匠,三个工匠各造一座房子,有两种方式:其一是各建各的,每一工匠要干所有的工种;其二是合作建房,每人只干其中自己最拿手的工种。

第二种方式就是分工的效果:时间节约;质量提高;工具投资量减少。

表 2-1 用英国和葡萄牙的资料说明分工的效益。

表2-1　英国和葡萄牙生产效率资料

	英国	葡萄牙	生产效率比较（英国）	生产效率比值（葡萄牙）
生产麻布	100码/人年	50码/人年	100/50	50/100
生产酒	50桶/人年	100桶/人年	50/100	100/50

假定每国均有100人，在不分工时，各国生产自己所需要的麻布和酒，依据表2-1则有：

英国生产麻布＝100人/2×100＝5 000码
生产酒＝100人/2×50＝2 500桶
葡萄牙生产麻布＝100人/2×50＝2 500码
生产酒＝100人/2×100＝5 000桶

社会总财富为：

麻布＝7 500码　酒＝7 500桶

当两国进行分工贸易时，各国选择自己相对于他国具有生产优势的产品生产，则有：

英国将全部的100人用于生产麻布，麻布＝100人×100＝10 000码
葡萄牙将全部的100人用于生产酒，酒＝100人×100＝10 000桶

社会总财富为：

麻布＝10 000码　酒＝10 000桶

多出2 500码布和2 500桶酒，然后用自己生产效率高的产品换取生产效率低的产品，这样，在没有增加社会劳动力和提高劳动效率的前提下，增加了社会总财富，斯密认为分工有“变戏法”式的效果。

斯密的另一个重要贡献是“经济人”假设。他认为人们出于对财富的追求而从事经济活动，即是“经济人”。其原因是：第一，人们出于本能热衷于改良和提高。第二，为了实现和维持社会地位的需要，人们必须为追求财富从而不断地工作。人们关心的仅仅是自身利益，然而自身利益却要受到一只“看不见的手”的引导，使之受到他人利益的制约而最终使人们更加有效地促进社会利益。

斯密演绎出资本主义的两大要义：第一，“人人”都是自私的，每人都想比别人生活得更好，都想比过去生活得更好，法律保护私人财产，从这个意义上讲，每个人的行为主观上都是利己的；第二，“人人”都是自由平等的，行业的出入是自由的，竞争规则是优胜劣汰，客观上是利全社会的。

在这里，“人”可以是自然人，也可以是一个小组织，也可以是一个企业法人，也可以是一个省，一个国家。

此外，斯密还讲到管理中的控制和计算还本期问题。

斯密处于英国工业革命初期，他的思想为资产阶级确立支配地位提供了理论基础。

2.2.1.2 查尔斯·巴贝奇

查尔斯·巴贝奇(Charles Babbage,1792—1871)是英国数学家、发明家和科学管理的先驱。巴贝奇出生在一个富有的银行家家庭,后就读于英国剑桥大学。他在获得硕士学位后开始从事研究工作,24 岁时被选为英国皇家学会会员,1828 年到剑桥大学任数学教授。

19 世纪 20—30 年代巴贝奇设计出了差分机。差分机是一种手摇式数字计算机,它在当时是一种十分精巧复杂的装置。为了制造差分机,巴贝奇曾访问了英国和欧洲大陆许多工场和工厂,并且亲自设计图样和制造方法。对生产过程的考察使巴贝奇熟悉了机械制造工艺和管理人员解决生产问题的方法,并使他开始研究管理,他说"在这过程中,我不由自主地把我在其他研究中自然形成的各种原则应用到这些工场和工厂中去。"

1832 年,巴贝奇出版了《机器与制造业经济学》一书,这是管理史上的一部重要著作。巴贝奇在该书中对许多管理问题进行了论述,并对管理人员提出了许多建设性意见。他认为工厂应该实行专业化分工,对生产集中化管理,应用时间研究技术,进行批量生产与均衡生产,注意机器与工具的使用等,他还分析了颜色对疲劳的影响,建议进行成本记录,主张建立一套有效的可行性建议制度。

在研究劳动分工时,巴贝奇提出了较斯密更为详尽的解释。他认为劳动分工之所以能够提高生产率,主要原因在于:劳动分工节省了学习所需要的时间、学习期间所耗费的材料、从一道工序转到下一道工序所需要的时间;工人经常从事某一工作,可以使肌肉得到锻炼而不易引起疲劳,可以提高技术熟练水平而使工作速度加快;并且由于工人的注意力集中在单一作业而便于改进工具和机器。

在劳资关系上,巴贝奇强调工人同厂主的协作,他认为工厂制度能提高工人的生活水平,对工人存在有利的一面。巴贝奇还提出了一种工资加利润分享制度,其做法是工人按照工作性质获得固定工资,并按贡献多少分得一部分工厂利润。他认为这做法的好处是工人的利益与工厂的发展直接相关,促使工人关心浪费和管理问题,促进每个部门改进工作,有助于工人提高技术和个人素质,减少工人同厂主之间矛盾。

巴贝奇注意用技术手段改进工厂管理。在作业研究中,他发明了"观察制造业的方法",这种方法要求观察者使用规范化的提问表,对生产制造过程的相关因素进行细致考察。巴贝奇在动作研究方面也做了大量工作,他的研究还涉及投资规模和厂址选择、制造过程的成本分析、企业间的比较分析等。

巴贝奇所研究的管理问题十分广泛,他的思想一方面传承了斯密的工作;另一方面也为后来科学管理理论提供了重要的借鉴。

2.2.2 西方古典管理思想

19 世纪末到 20 世纪初是西方资本主义国家快速发展的时期。经过工业革命,西方先进国家的社会生产力得到了大大提高。这一时期,钢铁、石油、化工、电力等新兴产业迅速壮大,近代工业已有相当规模。各种企业的数量增加、规模扩大,许多大型企业开始涌现。自由竞争、自由放任的市场经济逐步让位给垄断资本主义。科学技术迅速发展,涌现出汽车、飞机和无线电技术等大量新发明、新技术。

但在另一方面,管理方式却相当落后。人们仍主要依赖经验进行管理,管理活动缺乏科学的依据,劳资双方的对立加剧。管理的落后制约了经济的发展和劳动生产率的提高,这与当时科学技术成就和社会经济发展所带来的巨大潜力形成了矛盾。与此同时,资本主义国家国内矛盾日趋激化,爆发了空前规模的经济危机,工人对资本家的反抗愈加激烈,资本家对工人的直接剥削已日益困难。

为了适应社会生产力的发展,获取更多利润,资本家不得不另觅它径来改善企业经营管理,人们试图从科学的角度探索管理的规律。这一时期的管理研究主要是通过对管理实践进行总结,或利用科学方法和科学手段对管理过程、职能和方法进行试验和分析,以此阐述管理的基本理论、基本原则和基本方法。

古典管理理论的最重要代表人物是泰罗,最重要的代表作是《科学管理原理》,以及与他同时代的法国的法约尔创立的一般管理理论、德国的韦伯创立的行政组织理论。

2.2.2.1 泰罗的科学管理理论

2.2.2.1.1 泰罗对科学管理的探索

弗雷德里克·温斯洛·泰罗(Frederick Winslow Taylor,1856—1915)生于美国宾夕法尼亚州杰曼顿的一个富有的律师家庭。泰罗自幼热衷研究和实验,喜欢对事物进行改进。由于父母希望他日后成为一名律师,1872 年泰罗到埃克塞特学院学习以便进入哈佛大学。但过度用功使他得了眼疾,他不得不辍学。1875 年泰罗在恩特普利斯液压机厂做学徒,之后到费城米德维尔钢铁公司做机械工。泰罗表现突出,很快由一般工人被提拔为车间管理员、技师、工长、维修工厂制图部主任、总工程师。泰罗业余时间在斯蒂文斯技术学院学习,并获得了机械工程学位。1890 年泰罗到一家纸板纤维制造投资公司担任总经理,其后开始从事管理咨询。1898 年泰罗受雇于贝瑟利恩钢铁公司,此间他还获得了高速工具钢的发明专利。1901 年以后泰罗无偿做咨询工作,宣传科学管理,他于 1906 年担任美国机械工程师协会的主席,1915 年病逝。泰罗去世后被誉为“科学管理之父”。

泰罗在米德维尔工厂的时候发现许多工人工作效率低下,这使他开始思考管理问题。他认为造成这一问题的原因有两个:一个工人在提高产量时经营者有意降低单位产量工资率,另一个是工人害怕提高产量会使其他工人失去工作。泰罗成为管理者后努力提高工人的生产产量,他曾尝试过劝导工人、亲自上车床示范、更换劳动工人、制定强硬规定等多种方法,虽然工人最终同意接受更高的工作量,但这场斗争也使泰罗认识到管理者与工人的对抗不是提高工人产量的正确途径。

经过长期思考,泰罗认为必须对工作进行一定设计,为每项工作规定一个完全公正的工作量标准,这就是科学道理的基本出发点。此后,确定“合理工作量”成为泰罗研究的重点。泰罗希望通过科学的试验来解决“合理工作量”这一难题,由此产生了他的 3 个著名试验。

第一个试验是“搬运铁块实验”。伯利恒钢铁公司有一项工作是把生铁块搬运到铁路货车上,工人每天的平均搬运量是 12.5 吨,日工资是 1.15 美元。泰罗对搬运过程进行了分析,测定了搬运各环节的时间,制定了最佳的搬运方法。然后泰罗找了一名工人并按新方法对他进行了培训,结果使这个工人的日搬运量超过 47 吨。此后,泰罗制定了新的日搬运量标准,并把工人日工资提高到 1.85 美元。第二个试验是“铁锹试验”。当时伯利恒钢铁公司的铲运工人需要自备铁锹上班,而这些铁锹却各式各样。泰罗研究发现一个工人的平均负荷为每铲 21 磅时工作量最大。为此他设计出各种专门铁锹使之铲掘物料的重量都在 21 磅,同时选用专门人员负责管理工具和安排工作任务。第三个试验是“金属切削实验”。这项实验是确定不同机床、不同切削速度下的加工刀具，历时 26 年才取得成果，泰罗也由此获得了高速钢的发明专利。

通过这些试验，泰罗得到了大量新的观点，例如研究科学的工作方法；挑选适合的工人并对其进行训练；计划和执行相分离；进行标准化管理；通过提高产量使工人获益等。这些观点日后逐渐形成了他的科学管理理论。

泰罗一生在管理方面发表过许多著述，其中最重要的有《计件工资制》《车间管理》《科学管理原理》以及他在美国国会众院特别委员会关于科学管理听证会上的证词。1911 年，他的代表作《科学管理原理》一书的出版标志着管理科学的形成。

2.2.2.1.2 泰罗的科学管理思想

通过试验和对工业革命以来人们管理探索的综合，泰罗提出了他的管理思想，这些日后被称为“科学管理”。“科学管理”的核心是通过劳资双方的合作，以科学的工作方法提高工作效率。

(1)科学管理的目的是提高劳动生产率。泰罗指出“科学管理的根本就在于此，因为科学管理如同节省劳动的机器一样，其目的正在于提高每一单位劳动力的产量。”泰罗把管理定义为“确切地知道你要别人去干什么，并使他用最好的方法去干”。在他看来管理是实现效率的手段。

(2)实现科学管理的关键是转变工人和雇主之间的对立。泰罗认为在科学管理中劳资双方在思想上必须发生一场“心理革命”，即“劳资双方不再把注意力放在盈余分配上，不再把盈余分配看作是最重要的事情。他们将注意力转向增加盈余的数量上，使盈余增加到使如何分配盈余的争论成为不必要。”“如果不能用合作与和平的新见解来代替旧的对立与斗争的观点，那么就谈不上科学管理。”

(3)泰罗对于劳动工人沿用了“经济人”假设。泰罗认为工人最为关心的是自己的劳动报酬，并且可以为了获取最大的劳动报酬而挖掘自身的工作潜能；工人个人可以实现最大生产效率，而工人集体则对提高工作效率起到阻碍作用。泰罗的“经济人”假设集中体现在他的“有差别的计件工资制”中。

(4)提高劳动生产率的基本手段是采用科学的工作方法，并通过标准化加以体现。泰罗通过动作和时间研究寻找高效的操作方法，制定工作定额和相关标准。他认为管理人员的第一责任就是积累、总结工作知识、技能和诀窍，并使之成为工作规范。

(5)为了提高工作效率，泰罗提出了科学管理的四项原则，即：研究工人的工作，以科学的操作方法代替传统经验的方法；认真挑选工人，并对其进行科学操作方法的培训；与工人亲密协作，一切工作都按科学的原则进行；管理者和工人共同来承担工作和责任。这些原则是管理者工作的指导。

2.2.2.1.3 科学管理的内容

在科学管理思想指导下，泰罗为实现提高劳动生产率采用了多项措施。这些措施概括了泰罗科学管理的主要内容。

(1)工作定额

泰罗认为提高劳动生产率的关键是制定科学的工作定额，他通过作业研究和时间研究来解决这一问题。首先,把作业分解成动作和动作要素,然后考察每个动作的必要性和合理性,只保留必要的动作,并对其改进和合并,最终形成一套经济合理的标准作业方法。其次,再以作业研究为基础测定工人完成每个动作所需要的时间,并考虑必要的休息时间和其他延误时间,从而制定出标准作业时间。最后,根据标准作业时间和工作日长短,计算确定工人每天的工作定额,即泰罗所说的“合理的日工作量”。

(2)能力与工作相适应

为了提高劳动生产率,泰罗认为必须为每一项工作挑选“第一流的工人”。他所言的“第一流的工人”是指最适宜于这项工作的人。每个人具有不相同的才能和性格特点,他们所适合做的工作也不尽相同。因此要根据工作的不同需要,选择不同的人员。只有这样才能人尽其才、物尽其用。泰罗还认为必须以科学的方法对工人进行培训,这是领导人员的一项责任。通过科学地选择和培训,使工人的能力与工作相匹配,就可以最大程度地挖掘这个人的工作潜力,提高工作效率。

(3)标准化

标准化是提高劳动生产率的必要条件,泰罗认为它对企业管理十分重要。标准化是要使工人在工作中采用标准的操作方法,使用标准化的工具、机器和材料,以及使所在工作环境标准化。

(4)有差别的计件工资制

泰罗的“有差别的计件工资制”是一种激励性的报酬制度。这种报酬制度的做法是通过对工时的研究和分析,由管理部门制定出工资标准。按照工人是否完成定额而采用不同的工资率,如果工人达到或超过生产定额就按较高的工资率支付报酬,如果工人没有达到生产定额就按较低的工资率支付报酬。支付工资按工人的实际工作表现而不是职位和工种。泰罗认为这样做可以提高工人完成生产定额的积极性,从而大大提高劳动生产率。

(5)计划职能与执行职能相分离

传统的管理方式中,工人按照个人的习惯和经验进行工作,工作效率因人而异。泰罗认为提高劳动生产率的出路在于研究科学的工作方法、制定工作标准,并使工人按工作标准生产。但是研究科学方法和制定工作标准不是工人可能完成的,必须由专门的部门和人员来进行。由此,他主张把计划职能与执行职能相分离,管理部门进行动作研究和时间研究,制定科学的工作定额,对操作方法、工具和环境条件标准化,拟订计划和发布工作指示、命令,并把实际的工作情况与计划、标准相比较以实行控制。而工人要按照计划、标准进行操作,不能自行其事。计划职能与执行职能相分离强调管理者与工人在生产中的不同责任,是劳动分工的进一步深入。

(6)职能工长制

泰罗根据分工原则设计了职能工长制。他认为工长应该具有9种素质:脑力、教育、技术知识、机智、充沛的精力、毅力、诚实、判断力和良好的健康状况。但是,一般人很难同时具备这9种素质。因此他根据人的不同特长设计了8种职能工长:工作程序工长、工作命令卡工长、工时和成本工长、纪律工长、工作分派工长、速度工长、修理工长、检验工长。泰罗认为职能工长制有许多优点,职能工长职责单一,容易培养;职责明确,效率较高;可以选用低工资人员担任工长，降低管理成本。不过，职能工长制会造成一个工人受多个工长指挥而引起管理混乱，因此这种管理方式在实际工作中并没有得到普遍推广。

(7)例外原则

例外原则是指企业的高层管理人员只保留对企业经营管理中的重大事项，即例外事项的决策权和控制权，而把一般日常事务授权给下属管理人员负责处理。例外原则可以使高层管理人员脱离繁杂的日常事务，是以后分权、授权理论和实行事业部制的基础。

2.2.2.1.4 泰罗的科学管理思想评价

泰罗是古典管理理论的最重要的代表，他的科学管理是管理思想史上的一个里程碑。科学管理理论建立在科学的理论依据基础上，思想体系完整，它的诞生标志着管理从经验成为科学。泰罗制(Taylorism)是残酷剥削工人的最巧妙的机器，同时，它也是全人类管理经验的结晶。纵观泰罗的工作，他的贡献集中在以下两点。

首先，泰罗是以科学方法研究管理问题。在泰罗之前，人们解决管理问题主要依据经验；而泰罗从实践出发，以科学试验为依据，寻找管理现象的内在规律，最终提出了系统的管理方法。泰罗使管理成为科学，他的研究方式对以后的管理学研究产生了根本的影响，他的科学管理至今仍是管理理论的基础。

其次，泰罗确立了管理工作的地位。泰罗主张把管理分离出来，使之成为企业工作的独立职能。至今这一观点已普遍为人所接受，由此提升了管理的地位，为管理科学的进一步发展开辟了广阔空间。

但是，我们也可以看到在19世纪的历史背景下，泰罗的研究工作还有许多不足。

(1)泰罗的“经济人”假设是一个重大缺陷。“经济人(person who is solely motivated by economic incentives)”假设认为工人的工作动机只是获取经济收入，这无疑局限了人的特性。这一缺陷限制了泰罗的研究思路，也使科学管理理论难于解决更复杂的管理问题。

(2)科学管理从技术角度研究管理，忽视了人群的社会特征。泰罗强调劳动分工，主张严格按标准工作，并把自己的研究建立在工人个体行为上。泰罗的理论过于僵硬，这一点充分体现在他的“职能工长制”中。

(3)泰罗的管理理论偏重于研究具体作业的效率问题，而没有研究企业作为一个整体如何经营和管理。

2.2.2.1.5 科学管理的其他代表人物

科学管理理论不仅是泰罗个人的成就，也是20世纪初许多人的管理实践与管理研究的共同成果。科学管理理论还有以下著名人物。

(1)弗兰克·吉尔布雷斯和莉莲·吉尔布雷斯

弗兰克·吉尔布雷斯(Frank B. Gilbreth)是泥瓦匠出身的工程师、建筑承包商，莉莲·吉尔布雷斯是一位心理学博士。1912年吉尔布雷斯夫妇使用摄影方法对砌砖工人的动作进行研究，他们通过减少不必要的动作，制定了一种高效的砌砖操作方法，并对砖的堆放方法、脚手架、灰浆浓度进行了改进。进行动作研究时，吉尔布雷斯夫妇制定了至今仍广为使用的生产程序图和流程图；他们还注意到了人和环境对效率的影响，提出了工人影响效率的15项因素和环境影响效率的14项因素；他们提出了“现场制度”、人员管理的“卡片制度”，认为有效的管理需要借助一套制度；他们还主张重视对管理人员培训。弗兰克·吉尔布雷斯的最大成就是动作研究,因此他被称为“动作研究之父”。

(2)亨利·甘特

亨利·甘特(Henry L. Gantt)是管理学家、机械工程师,他是泰罗在创建和推广科学管理时的亲密合作者。甘特的重要贡献是发明了“甘特图”。“甘特图”是计划和控制生产的有效工具,是现代化方法PERT(计划评审技术)的前身。甘特一生著述很多,他曾提出“计件奖励工资制”,这种工资制度是对工人完成工作定额后的超额部分给予奖励。甘特在管理中重视人员因素,他强调对工人的培训,提出“工业民主”和改进领导方式。

(3)哈林顿·埃默森

哈林顿·埃默森(Harrington Emerson)是美国早期的科学管理研究工作者。1912年,他发表了《效率的十二条原则》,阐述了工作目的、各种工作问题间的关系、专业知识、工作纪律、公平待人、工作记录、工作调度、定额和工作进度、条件标准化、方法标准化、书面作业指示、奖励效率等影响效率的问题。埃默森提出了直线制和参谋制组织形式,认为组织结构与效率有直接关系。埃默森与泰罗的许多观点不谋而合,同泰罗有紧密的联系。他积极宣传科学管理,并在工人选择和培训、心理因素对生产的影响、工时测定等方面有所贡献。

(4)卡尔·乔治·巴思

卡尔·乔治·巴思(Carl George Barth)是美籍数学家、工程师,是泰罗最早、最亲密的合作者。他对数学很有造诣,参与了泰罗许多试验,他提出的许多数学方法和公式,为泰罗的工时研究、动作研究、金属切削试验等研究工作提供了理论依据。

2.2.2.2 法约尔的一般管理理论

2.2.2.2.1 法约尔的管理实践

亨利·法约尔(Henri Fayol,1841—1925)出生在法国一个资产阶级家庭。1856年就读于圣艾帝安国立矿业学院,毕业之后进入康门塔里—福尔香堡采矿冶金公司。他在这家公司度过了整个职业生涯,先后担任采矿工程师、矿长、经理、公司总经理,他的管理实践为其管理思想的形成奠定了坚实的基础。

从1860年开始,法约尔担任了12年采矿工程师。最初几年,他是一位级别较低的技术和管理人员,负责采矿方面的工作,1866年被任命为康门塔里矿井矿长。1872年,法约尔被提拔为该公司的矿井经理,他领导多座矿井,负责矿井的技术、生产和管理。由于工作需要,法约尔在这一时期开始思考管理问题。1888年法约尔出任康门塔里—福尔香堡采矿冶金公司的总经理,此时该公司正面临破产。法约尔依照自己的管理思想对公司进行治理,使公司得以起死回生,到了他退休时该公司的经营状况已十分良好。法约尔1918年退休,在此之后他创办了一家管理研究机构,从事管理相关的调查、研究和宣传自己的管理理论。

法约尔担任总经理职务达30年,这使他积累了管理整个企业的丰富经验,他还对政府、公共事业、军队、学校的管理进行过调查研究。他的管理思想是在实践中逐渐形成的,着眼于管理对象的整体。法约尔的著述很多,其中1916年在法国矿业协会年报发表的《工业管理和一般管理》最为著名。亨利·法约尔的管理思想对现代管理理论的发展影响重大,被称为“现代经营管理之父”。

2.2.2.2.2 法约尔的管理思想

法约尔的管理思想与泰罗有很大不同。泰罗着眼于工人操作,认为管理的目的是寻求工作的效率。法约尔则由上向下,着眼于企业管理的整体,他强调管理工作的职能,认为管理工作是企业活动的一个有机部分。法约尔的管理理论主要包括以下几个方面:

(1)对管理的认识

法约尔首次把经营和管理相区别,对管理的概念进行了深入探讨。他认为经营是指导企业向正确方向发展的一项工作,经营包括技术、商业、财务、安全、会计和管理 6 项活动。技术活动指生产、制造、加工等;商业活动指采购、销售、交换等;财务活动指资金的筹措和运用;安全活动指设备维护和对物品、人员的保护;会计活动指货物盘点、制作会计报表、成本核算、统计等;管理活动指计划、组织、指挥、协调和控制等。

法约尔认为在更广泛意义上讲,"管理是普遍的一种单独活动,有自己的一套知识体系,由各种职能构成,是管理者通过完成各种职能来实现目标的一个过程。"这一认识是法约尔长期管理实践的总结,对人们进一步研究管理工作的具体内容有很大帮助。

(2)管理的职能

法约尔是管理过程学派的创始人,他重视管理工作的过程,并按工作环节构建起管理工作的框架,他指出"管理就是实行计划、组织、指挥、协调和控制。"

①计划职能。法约尔认为"计划就是探索未来和制定行动方案"。计划是管理的第一要素,它使管理具有预见性;制订计划要根据企业的条件、正在进行的工作和企业未来发展,需要考虑多种影响因素、时间和不同人的观点。他还主张按时间制订一系列计划。

②组织职能。法约尔认为"组织就是建立企业的物质和社会的双重结构"。组织包括工具、材料、资本、人员等要素;根据这些要素建立组织结构和组织制度;选择、培训人员,并使他们按组织要求展开工作。

③指挥职能。法约尔认为"指挥就是使其人员发挥作用"。指挥是领导人的任务,这项工作具有艺术性,领导人必须注意使用人员、指挥工作过程和自身的修养。

④协调职能。法约尔认为"协调就是连接、联合、调和所有的活动和力量"。协调使活动、人员、组织其他要素保持一致,只有这样组织才能达到其预定目的。

⑤控制职能。法约尔认为"控制就是注意一切是否按已制定的规章和下达的命令进行"。对物、人和组织活动都可以进行控制,实施检验和纠正偏差,使其行为不偏离组织的计划和目标。

(3)管理的 14 条原则

为了实行有效管理,法约尔根据自己的管理实践提出了有效管理的 14 条原则。

劳动分工(division of work)。法约尔认为劳动分工可以提高人们的熟练程度,减少目标数量,使人们的同等努力得到成果。劳动分工不仅适用于技术工作,也适用于管理工作。

权力与责任(authority and responsibility)。权力是指挥和要求他人服从的力量,它来自职位和领导者的智慧、知识、经验和品德。责任是权力的结果和补充。权力与责任要相符,并且需要相应的奖惩制度保证责任的履行。

纪律(discipline)。纪律是组织内部对人员在服从、勤勉、积极、举止和尊敬方面的一种要求。法约尔认为纪律是企业兴旺发达的必要条件,良好的纪律来自组织内部人员达成的协议、在行为方面的自我控制和对纪律的严格执行。

统一指挥(unity of command)。在组织中一个下属只能服从一个上级的领导,如果两个领导人对同一个人进行指挥,势必造成混乱。

统一领导(unity of direction)。对于同一目标的各项活动,只能有一个领导和一个计划。统一领导与统一指挥不同,它是指组织形式和权力结构的统一性,而统一指挥强调领导人发挥作用的方式。

个人利益服从整体利益(subordination of individual interest)。从管理的角度看个人或一部分人的利益不能置于组织整体利益之上,为此领导人要以身作则、公平待人,防止组织内部的利益冲突。

人员的报酬(remuneration)。人员的报酬是其服务的价格,选择报酬方式是企业的一个重要问题。人员的报酬方式可以有多种,但必须保证报酬的公平,能够使其激发人员的积极性。

集中(centralization)。法约尔认为集中和劳动分工都是必然规律,提高下属的作用是分散,减少下属的作用是集中。分散与集中是一个程度问题,它受多种因素影响,其中最主要的是领导人的能力和领导人对发挥下属作用的态度。

等级系列(scalar chain)。在组织中从最高领导到最低层管理人员要有一个等级链,它表示权力执行和信息传递的渠道。为了实现统一领导和统一指挥,就要保持组织的等级系列。但当信息传递延误和失真时,可以经上级同意而进行横向交流。

秩序(order)。法约尔认为每一件物品、每一个人员都要有各自的位置,这种位置表明了事物之间的内在联系。物品、人员各就其位,才能最好地发挥作用。良好的秩序要求位置适合于物和人,物和人也要适合于位置。

公平(equity)。领导人要善意、公道地对待下属和他们的工作。领导人与下属之所以在一起共事是因为他们之间存在协定,公道是对这些协定的实现。领导人需要对下属善意,这是下属对其忠诚的条件。

人员的稳定(stability of tenure of personnel)。人员适应职位需要一定时间,过度的人员变动将对工作产生不良结果。组织应保持人员稳定,使其能长期工作;但人员稳定也要掌握适当的尺度。

首创精神(initiative)。自我实现是激发人的热情的重要因素,首创精神在于发现和执行的可能性和自主性。领导者不但要有首创精神,还要发挥下属的首创精神。首创精神可以调动下属的工作积极性,是企业发展的巨大动力。

团结精神(integrated culture)。法约尔强调组织集体的力量,为此要维护组织成员之间的协作、融洽、和谐关系。

2.2.2.2.3　法约尔的管理思想评价

法约尔对管理理论发展作出了卓越贡献,他的研究工作具有许多明显特点。

首先,法约尔与泰罗的管理理论互为补充。法约尔与泰罗处于同一时代,泰罗从基层做起,研究着眼于具体工作的效率,其理论注重细节和技术性;而法约尔很早就开始从事领导工作,他的视野是企业整体,其研究的系统性、理论性较强。法约尔与泰罗的理论有明显差异,但从本质上并不冲突,他们强调了管理的不同侧面。其次,法约尔在一般意义上对管理进行了研究。他提出管理理论具有普遍性,可以用于各种组织;他阐明了管理概念、管理过程和管理应遵循的原则,形成了系统的一般管理理论。再次,法约尔的管理思想使管理成为一门内容比较全面的学科,对普及管理教育起到了积极作用。

当然,法约尔的理论也有不足,这些不足主要反映在他的管理过程和原则的刚性较强,缺乏对人性的深入研究,忽视定量方法的使用等。

2.2.2.3 韦伯的组织理论

2.2.2.3.1 关于韦伯

马克斯·韦伯(Max Weber,1864—1920)生于德国爱尔福特,5 岁时随家迁居柏林。韦伯曾在海德堡大学学习法律,后在柏林大学、革丁根大学学习。1883—1887 年曾 3 次参加军事训练,对德国军事组织制度有相当了解。1889 年获博士学位后在柏林做见习律师,后进入弗莱堡大学、海德堡大学和慕尼黑大学任教。他还担任过政府顾问、编辑和作家,对法学、经济学、政治学、历史学和宗教学有广泛兴趣。韦伯早期研究过古罗马农业机构、德国农业劳动关系、股票交易所、古代经济史,1903 年创办《社会科学和社会政策文库》杂志,1905 年出版《新教伦理与资本主义精神》,1910 年参加首届德国社会学会并开始写作《经济与社会》,他曾是魏玛宪法起草委员会顾问,1920 年因患肺炎逝世。韦伯的主要著作还有《一般经济史》《社会和经济组织的理论》《社会经济论文集》等。韦伯在《社会和经济理论》一书中提出的理想行政组织体系理论影响深远,由此他被人们称为"组织理论之父"。

2.2.2.3.2 韦伯对管理理论的贡献

韦伯所处的年代是德国封建社会向资本主义社会过渡的时期。企业管理从容克式家族的世袭方式,逐步转变为大规模专业化管理。在这种历史背景下,理想行政组织体系理论具有十分深远的意义。韦伯所说的行政组织体系是指通过职务或职位而不是通过个人或世袭地位来进行管理的一种组织制度。

韦伯认为权力是一切组织存在的基础。权力分为 3 种类型:传统权力(traditional authority)、超凡权力(charismatic authority)和法定权力(legal authority)。传统权力来源于人们对古老传统的尊崇,人们认为按习俗行事或通过继承取得权力具有正统性。拥有传统权力的领导人并非出于他们的能力和人格,而是他们与传统的联系。超凡权力则出于人们对个别人特殊的、卓越的能力和品质的崇拜。拥有这种权力的领导者实行人治,被领导者则是他们的仆从或追随者。法定权力是那些按照一定的社会准则被选择和提升的人所拥有的权力。人们服从法定权力的原因不是领导者个人,而是形成领导者权力的社会准则体系或社会制度。在这 3 种权力中传统权力的效率较差,超凡权力具有非理性成分,只有法定权力可以作为行政组织体系的基础。

韦伯设想的行政组织体系是一种理想化的管理组织形式,它如同一台权力机器高度结构化、非人格化,它适用于各种正式组织,是一种能高效率地实现管理功能的组织结构形式。行政组织体系的构造思想如下。

①根据组织目标和管理任务,按劳动分工原则对工作进行分解,形成一定的职位体系,并对每个职位的权力和责任作出明确的规定。组织过程依法进行,所形成的一套法规制度使职权合法化,并规定了必要的强制手段用以规范成员的行为。

②在组织内部按照职位、职权制定等级,自上而下地建立一种指挥系统。上级对下级实行

指挥和监督,下级向上级负责。

③组织内部活动按照相关法律、规章制度进行,以保证组织活动的连续性;管理中的命令、决定和规章以文件形式下达,并以档案形式保管。

④组织内人员是被任命,而非选举产生的;任用人员按职位要求进行,任职人员需要经过考试或获得相应的专业资格;组织对人员进行专业培训,以提高组织人员的专业水平;任职人员不是组织的所有者,固定的薪金是他们的收入来源;任职人员可以被奖惩或根据其工作表现进行升迁。

⑤组织关系非人格化,人与人之间是工作的关系;任职人员必须严格遵守组织的工作规范和纪律,不得滥用职权。

韦伯设想的行政组织体系有3个层次:最高领导层主要负责决策,行政管理层负责执行决策,一般工作人员负责组织的具体工作。这一结构至今还在多数组织中使用。

2.2.2.3.3 韦伯管理理论的特点

组织形式是人类社会发展进程中的必然产物,韦伯的行政组织体系在精确性、稳定性、纪律性和可靠性方面具有优越性,它被证明是与工业社会相适应的一种组织形式。韦伯理论的另一个重要之处在于行政组织体系为管理活动提供了组织保证。

韦伯理论的主要不足在于行政组织体系是一种理想化的体系,这种体系没有考虑组织结构中的断层、机能障碍和诸多影响组织结构的要素;韦伯的分析针对正式组织,但对确实存在的非正式组织并未涉及;行政组织体系在效率问题上存在矛盾性,在理想运转状态下行政组织体系是高效的,但实际上组织内部的意见、观点和利益的不一致时将导致组织效率下降。

2.2.3 西方行为科学管理理论

行为科学(behavioral science)产生于20世纪30年代,是继古典管理理论后的又一类重要管理理论。古典管理理论的思想基础是用科学的方法和严格的制度进行管理,强调工人操作、管理过程和组织制度的科学性,把人视为单纯的“经济人”,认为人从属于工作、管理和制度。这种管理虽然能够提高劳动生产率,但它漠视人性,对工人的身体和心理是一种损害,随着经济的发展和工人自身素质的提高,工人日益意识到这一问题,继而产生了劳资双方的对立情绪,发生了一系列的对抗事件。

20世纪20年代中期,工人开始组织起来与雇主进行斗争,以争取自身的权益。30年代初的经济危机更是加剧了工人与雇主之间的矛盾,工人不仅要求增加工资,还要求提高工人的社会地位。在这种条件下,管理研究转向更多地考虑人的心理和行为。

心理学研究早在19世纪中后期就已出现,但使之具有真正管理学意义的是梅奥。20世纪30年代梅奥通过霍桑工厂实验,创立了人际关系理论,1949年这一理论正式更名为行为科学。60年代以后又演变出组织行为学。

这里主要介绍梅奥的人际关系理论。人际关系理论有深刻的历史背景,但它的产生直接来源于霍桑试验。

2.2.3.1 霍桑试验及结论

霍桑试验(hawthorne studies)是美国国家研究委员会在西方电器公司的霍桑电话机工厂中进行的,由哈佛大学的心理学教授梅奥(Elton Mayo)主持。这项试验最初目的是研究生产相关因素对劳动效率的影响，历时 8 年，分 4 个阶段进行。

第一阶段：工场照明试验（1924—1927 年）。当时许多观点认为影响劳动生产效率的主要因素是工人疲劳，于是研究人员希望通过试验测出照明度对生产率的影响程度。他们把一批工人分为试验组和对照组，改变试验组工场的照明强度，而保持对照组工场的照明强度不变。但试验结果显示照明强度的变化对生产率几乎没有什么影响，试验组和对照组的产量都增加了，只有当照明强度降低到月光水平时试验组的产量才显著下降。研究人员无法解释这一现象，于是 1927 年由梅奥等继续进行试验。

第二阶段：继电器装配室试验（1927—1928 年）。这次试验的对象是继电器装配室的 6 名女工。在试验中对材料供应、工间休息、午餐供应、工作时间、劳动监督、工资报酬等工作条件和福利待遇进行了改善，结果发现这些因素的变化使产量增加了。但一段时间后取消了优待措施，女工的劳动生产率并没有下降。梅奥得出的结论是：其他因素对生产率没有特别的影响，而改善监督和指导方式使工人转变了工作态度、增加了产量。

第三阶段：访谈调查（1928—1931 年）。梅奥等在全公司范围内对工人进行了大规模的访问与调查。开始调查按问卷方式进行，后来容许工人自由发表意见。研究人员发现工人认为重要的事情与公司预想的并不一样，对劳动生产率影响最大的不是工资和生产条件，而是人群关系和管理制度。通过此次调查工人发泄了内心积怨，心情舒畅，使产量得到了提高。

第四阶段：接线工作室试验（1931—1932 年）。这次试验是对工人的工作状况进行考察，对象是从事接线、焊接和检验的 14 名男工，实行小组计件工资制。研究者发现工人并不如实地报告产量，而是把产量保持在"过得去"的水平上；他们每人的日产量差不多，并不过于突出或落后；他们自发地形成了一些规范，在成员内部存在着一些小团体。梅奥由此提出正式组织中存在"非正式组织"。"非正式组织"有自己的准则，协调和控制着成员行为，也影响着群体的工作效率。

霍桑试验使梅奥认识到：物质条件和生理因素会影响人们的生产效率，但人们的心理、人际关系和社会环境对生产效率的影响更大。1933 年梅奥出版了《工业文明中人的问题》（The Human Problems of an Industrial Civilization）一书，在这部著作中他阐述了人际关系学说的主要思想。

(1)工人是"社会人"

梅奥认为工人不是单纯追求经济收入的"经济人（homo oeconomicus）"，他们是复杂的社会系统的成员，有社会、心理方面的需求。工人的行为不是孤立的，他们倾向于归属某个群体，并受群体的影响；他们追求尊重、友情和承认，受情绪和心理因素的支配；社会环境是复杂的，以至于工作条件、工资报酬和其他技术问题并不是影响劳动生产率的首要因素。工人是"社会人（social man）"的观点要求人员管理按社会方式进行，这为以后沟通理论、激励理论的产生奠定了基础。

(2)企业中存在着"非正式组织"

"非正式组织（informal communication group）"是基于人们之间共同的感情、观点、社会倾向而自发形成的组织形式。这种组织形式对人们行为有重要影响，它会形成群体规范，增强人们的凝聚力，满足人们的交往需要，协调人们的行为，保护群体成员。"非正式组织"是客观存在的，领导者不能忽视或否定它的作用。"非正式组织"与"正式组织"有时相互依存，有时却彼此冲突。领导者必须了解“非正式组织”的特性,引导“非正式组织”向有利于“正式组织”的方向发展。

(3)重在提高人们满足感的领导方式

梅奥认为决定劳动生产率的因素首先是人们工作的积极性、主动性与协作性,而这些来自于人们从工作中获得的满足感。经济收入是使人们满足的一个方面,但更多的是出于被上级、同伴和社会承认的人际关系,以及个人生活、经历所形成的心理状况。新型领导方式应重在增强人们的满足感,提高人们的工作积极性。这要求领导者具备技术和处理人际关系的双重技能,领导者必须善于倾听和沟通,能够调动工人的潜能,使企业的发展目标与非正式组织、工人的自身需求保持协调。

2.2.3.2 其他重要的行为科学理论

梅奥提出“社会人”思想之后,一些行为科学家开始对人的社会、心理特征进行深入研究。这些研究主要包括人的需求与动机理论、人的本性理论和激励理论,领导方式理论等。由于在后面还要重点阐述,所以,本章只列出这些学者的名字和所创立的管理理论。

马斯洛(Abraham H. Maslow)的需要层次论

麦格雷登(Douglas M. Gregor)的X理论与Y理论

赫茨伯格(Fredrick Herzberg)的双因素激励理论

弗罗姆(Victor H. Vroom)的期望理论

亚当斯(J. S. Adams)的公平理论

斯金纳(Burrhus Frederic Skinner)的强化理论

巴纳德(Chestdr Irving Barnard)的动态平衡理论

阿吉里斯(Chris Argyris)的“不成熟—成熟”理论

卢因(Kurt Lewin)的群体动力理论

领导科学理论包括勒温(P. Lewin)的3种基本领导风格理论、利克特(R. Likert)的4种领导方式、坦南鲍姆(R. Tannenbaum)与施密特(W. H. Schmidt)的领导风格连续统一体理论、布莱克(Robert R. Blake)和莫顿(Jane S. Mouton)的管理方格论、菲德勒(Fred E. Fiedler)的领导权变理论、豪斯(Robert House)的途径-目标理论、弗罗姆(Victor Vroom)和耶顿(Phillip Yetton)的领导者参与模型等。

2.2.4 现代管理学派

第二次世界大战以后,特别是20世纪五六十年代以来,管理学出现了一个高速发展的时期。这一时期,现代科学技术迅速发展,社会生产力迅速增长,企业组织规模扩大,经济全球化进程加速。这一切使管理面临许多新问题,同时也引起了人们对管理研究的普遍重视。许多管理工作者、管理学家以及心理学家、社会学家、经济学家、数学家开始从不同的角度对管理问题进行研究。也正是由于研究者的视角和研究方法的不同,这一时期出现了各种各样的管理学流派。

1961年孔茨在《管理理论的丛林》中提出了6个学派,1980年他在《再论管理理论的丛林》列举了11个学派。除前面所述的人际关系学派和组织行为学派外,还有管理过程学派、社会系统学派、决策理论学派、系统管理学派、社会技术系统学派、经验主义学派、管理科学学派、经理角色学派和权变理论学派。

2.2.4.1 管理过程学派

管理过程学派又称“传统学派”“管理职能学派”，是以管理活动的基本程序、职能为研究对象的管理学流派。

管理过程学派公认的创始人是法约尔。法约尔把管理作为企业经营的6种基本活动之一，包括计划、组织、指挥、协调和控制等职能。法约尔的工作首次全面、深入地分析了管理过程，但当时人们关注更多的是泰罗而非法约尔。在这之后的很长时间，法约尔的思想并没有很快地发展起来，相类似的研究主要集中在组织工作上。20世纪初有关生产管理、计划管理、公司管理等管理过程分析和对管理原则的探讨逐渐增多，第二次世界大战后该学派的观点日渐为学者和管理人员接受和支持，60年代后该学派又融入决策理论、控制理论，到了80年代管理过程学派已成为继古典管理理论和行为科学理论后的一个重要学派。

管理过程学派的研究对象是管理过程和职能，他们把管理看作是在组织中通过别人或同别人一起完成工作的过程。这一特点来源于管理实践，实践中管理首先就是处理管理事务。管理过程学派认为管理是一个过程，管理人员可以从理性上对其进行剖析；管理人员可以总结实践中的管理规律，研究这些规律的实际作用，并使之成为指导管理活动的基本原理；管理原理具有普遍性、抽象性、灵活性，管理人员可以依照管理原理改进工作。管理过程学派的研究方式是建立一个框架式的结构，首先把管理人员的工作划分成一些职能；然后对其进行分析，研究这些管理职能的目的、影响要素、过程和排除障碍的方法。管理过程学派在职能研究基础上融入管理原则、技术手段和其他新思想，使该学派的理论更为实用、更容易为大家所接受。

哈罗德·孔茨(Harold Hoontz)是当代管理过程学派的最主要人物。1955年孔茨与奥唐奈合著出版了《管理学原理》，这部著作是西方管理过程学派的代表作之一。孔茨把管理工作划分成计划、组织、人事、指挥和控制5种职能。计划是管理工作的首要职能，孔茨提出了结构化的计划种类，他分析了计划的过程和方法，强调决策是计划的关键环节。孔茨对过去的组织理论成果进行了整理，提出了组织工作的15条原则，并把人事工作放在一个突出位置。孔茨强调领导的指挥、激励和沟通职能，注重管理控制，并提出了比较管理模式。孔茨认为协调是5种职能有效应用的结果，管理是科学与艺术的结合。

2.2.4.2 社会系统学派

社会系统学派从社会学角度研究各类组织，他们认为组织是一种社会系统；人们相互影响、相互作用，人是社会关系的载体；社会系统是人们在意见、力量、愿望以及思想等方面的协作体系，它存在于社会大系统之中，受社会各种因素的影响；管理是对构成社会系统的人、物、社会因素的协调，其目的是维持社会系统存在、发展和有机性。

社会系统学派切斯特·巴纳德(Chestdr Irving Barnard)，曾在美国电话电报公司长期担任参谋人员和经理，这对其研究管理理论有重要帮助。巴纳德一生著述颇丰，1938年出版的《经理的职能》是其最重要的代表作。

巴纳德反对传统管理理论对组织的解释，他认为组织是“有意识调整了的两个或两个以上的人的行为或各种力量的系统。”这个系统由人的行为构成，而非仅是组织的有形部分；组织的成员包括所有为该组织实现目标作出贡献的人，人们通过该组织进行社会协作；组织是社会协作系统的一部分,具有开放性和动态性。

一个组织的存在需要一定条件:第一,人们需要有协作的意愿,人们通过交出自己行为的控制权,接受某种行为规范。第二,组织要有一个共同的目标,这是人们产生协作意愿的前提。第三,组织内部需要建立能够彼此沟通的信息联络系统,这是组织的物质保证。

为了建立和维持组织的正常运转,管理人员需要完成3个职能:建立和维持一个信息联络系统,促使组织成员为实现组织目标提供必要的服务,规定组织的目标。

巴纳德在此所指的组织是正式组织,但他也不否认非正式组织的存在。巴纳德是权威接受论者,他认为权威来自组织成员的认可,非正式组织对领导者的权威有重要影响。

巴纳德在研究管理问题时引入了社会学和行为科学理论,尽管他的研究主要针对组织问题,但该理论对管理学的其他方面也具有巨大影响。

在巴纳德之后,社会系统学派还有另一个代表人物——怀特·贝克(White Bake)。贝克从社会学角度提出"组织结合力"的概念,他认为"组织结合力"包括职能规范系统、职位系统、沟通联络系统、奖惩制度、组织规程。

2.2.4.3 决策理论学派

决策理论学派是从社会系统学派中发展而来的,该学派突出了社会系统中的决策地位,并吸收了行为科学、系统理论、运筹学和计算机科学的知识,于20世纪70年代成为一个独立管理学派。决策理论学派侧重于理论研究,因而支持该学派的多数是一些经济学家和数学家。该学派的主要代表人物有赫伯特·A·西蒙(Herbert A. Simon)、詹姆士·马奇(J. G. March)等。

西蒙是美国卡内基梅隆大学的教授,在社会、经济、管理和计算机科学等方面有深厚造诣。他由于"对经济组织内的决策程序所进行的开创性研究"而获得1978年诺贝尔经济学奖。主要代表作有《管理行为》《公共管理》《组织》《管理决策新学科》等。

西蒙认为管理的本质是决策,管理中的其他工作都是围绕决策这个核心来展开的。任何管理工作都包括制定决策和实施决策,这使得决策贯穿在管理工作的全过程,是决定管理成效的关键。

决策的过程包括4个主要阶段:①收集情报资料,为制定决策找出依据;②分析、设计和制定可能的行动方案;③根据决策标准、当前情况和对未来的预测,从已制定的方案中选择一个方案;④对已选择的方案及其实施进行评价。这个过程是从完整意义上理解的决策,西蒙认为这与管理的内涵是近义的。

西蒙提出在制定决策中,用满意准则代替最优化准则。他认为实行最优化决策必须具备3个条件,即决策者完全预知全部方案及其执行结果;决策者具备无限的估算能力;决策者能够对各种可能结果的优劣进行连续一贯的排序。但是人们不可能掌握所有有关的信息,加之环境是多变的,因而人们不可能,也没有必要追求最优方案。满意准则对决策更为有效,这是西蒙的一个重要贡献。

西蒙把决策问题分为程序化决策和非程序化决策。所谓程序化决策是指那些具有常规性、反复性的决策,这些决策可以制定一套例行程序来处理。非程序化决策则是指那些未曾发生过,其性质和结构复杂不定或使用现有方法无法处理的决策。决策还可以分为确定型决策、随机型决策和非确定型决策,不同决策所采用的方法也不相同。

西蒙强调组织对决策的影响，他认为组织的基层负责工作过程，中层负责程序化决策，上层负责非程序化决策。组织内部需要进行适当的集权、分权，使决策既能保持统一，又能简化过程。经理不仅本人要制定决策，也要保证下属能有效地制定决策。西蒙还主张建立一种制定决策的人机系统，在组织决策中广泛使用计算机技术。

2.2.4.4 系统管理学派

20世纪中叶，系统理论逐渐趋于完善。这种理论把所有事物都视为系统，系统由相互依存、相互联系的一组事物或成分构成，在内部呈现出均衡性、有机性，在外部与环境相互影响、相互作用。60年代系统思想开始普及到许多领域，系统管理学派也是在这种条件下产生的。系统管理学派利用系统理论分析组织结构、研究管理方式，该学派的代表人物有卡斯特、罗森茨威克和约翰逊等，其中卡斯特的贡献更为突出。

弗里蒙特·卡斯特(F. E. Kast)是美国管理学家，其代表作是1963年出版的《系统理论和管理》和1970年出版的《组织与管理——一种管理学说》。卡斯特认为社会是一个大系统，组织是其中的子系统，组织受社会的制约，又具有一定的社会赋予的功能；组织具有开放性，它需要不断与社会进行物质交换，这样才能保持自身平衡和自身存在；组织自身也是系统，具备系统的特征和规律性；研究组织的系统规律，可以帮助管理者提高组织的工作效率。

系统管理学派强调以组织系统为研究对象，根据组织系统的目标，对整个组织系统进行优化，在提高每个人、每个部门的投入产出效率基础上使组织获得高效率。

进行组织系统管理的基本过程是：①建立一个系统决策，使管理者确定需要何种形式的组织系统。②进行系统设计，即管理者根据组织目标，决定组织构成、各个组织部分的关系和结构形式。③系统运作与控制，即根据系统设计投入人、财、物，使组织作为实体，按设计进行运转。④检查和评价系统运转效果。

组织系统居于一定环境之中，由目标与价值子系统、技术子系统、社会心理子系统、组织结构子系统、管理子系统构成。目标与价值子系统规定了组织的发展方向和社会功能；技术子系统包括完成工作的知识、手段；社会心理子系统包括人员的行为动机、地位角色、权力和影响等；组织结构子系统是组织工作的划分、协调；管理子系统负责系统内外部的联系，通过计划、组织、控制管理整个组织。

在复杂系统中，管理子系统又包括作业子系统、协调子系统、战略子系统。战略子系统负责研究组织在社会大系统中发展的目标和战略；协调子系统负责把战略转化成作业任务并保证实施；作业子系统对组织工作进行具体操作。管理子系统的职能是计划、组织、控制和信息联络。

系统管理学派的这种观点体现了管理哲学的转变，为组织分析、设计和控制提供了更多的技术手段。但系统管理学派的实用性不强，在解决具体管理问题中存在很多困难。

2.2.4.5 社会技术系统学派

社会技术系统学派是一个新兴的管理学派，它由社会系统学派发展而来，其主要创始人是英国的特里斯特(E. L. Trist)。特里斯特曾在英国塔维斯托克学院任教，第二次世界大战后，特里斯特等对英国达勒姆煤矿采煤现场的作业组织进行了研究，通过研究，他们认识到把组织仅仅看作一个社会系统是不够的，组织还是一个技术系统，是社会与技术的结合体。在此之后,特里斯特出版了《长壁采煤法的某些社会学的和心理学的意义》《社会技术系统的特性》等著作,阐述了他的社会技术系统思想。

达勃姆煤矿采煤现场的作业组织研究是针对英国实现采煤机械化而进行的。以前采煤作业组织实行小组负责制,作业小组在不同采掘作业面上独立工作,彼此缺乏联系。为了提高效率,英国决定实行长壁采煤法,但长壁采煤法在组织管理上存在很多问题,例如作业组织的人员较多,需要班组之间的配合,矿下情况复杂,管理难度较大等。特里斯特等人提出要想提高生产效率,就必须把管理和技术协调起来,建立一个社会技术系统。

特里斯特赞同组织是社会系统,但他提出组织系统不是封闭的,它还要与环境进行交流,而组织与环境交流的中介是技术系统。技术系统要适应环境,又在某些方面会对社会系统提出要求。管理的绩效就将取决于两个方面:人们的行为态度和人们工作所处的技术环境。因此管理者的重要任务是区分组织的边界,把握组织与环境的交流方式,一方面搞好组织内部管理,一方面注意对外协调。

社会技术系统学派看到了技术系统对社会系统的影响,首次把两种综合起来,为管理实践作出有益的贡献。但该学派更多的是强调生产第一线和基层的管理工作,还未能与全部的管理理论结合起来。

2.2.4.6 经验主义学派

经验主义学派又称案例学派。该学派通过研究管理经验,总结成功的经验、方法,从而对管理人员进行指导和帮助。他们强调管理的艺术性,不追究管理的一般原则,而是为管理者寻找仿效的榜样,希望管理者借鉴实践经验,提高自己的管理技能。经验主义学派的代表人物较多,如欧内斯特·戴尔(Ernest Dale),其代表作有《伟大的组织者》《管理:理论和实践》;彼得·德鲁克(Peter F. Drucker),其代表作有《管理实践》《有效的管理者》《效果管理》;威廉·纽曼(William Newman),其代表作是《管理的过程》等。

经验主义学派一般认为管理的对象是人,管理是一种技能、技巧,是一个与其他专业知识有别的特殊领域。德鲁克提出管理的目的取决于管理对象,就人而言是发挥人的潜力和功用,就企业而言是谋取经济利益和妥善处理社会责任。为了达到管理的目的,管理者必须合理配置人、财、物等资源,协调组织的当前利益和长远利益。

经验主义学派认为管理的基本职能是制定目标,进行组织工作,激励下属和进行信息交流,制定业绩标准和分析评价工作成果,使人员得到发展。为此,管理人员应具备决策、组织、信息沟通、分析和控制的基本技能。

经验主义学派对组织结构十分重视,他们认为组织结构是实现组织发展战略的手段,组织结构必须服从工作内容的需要。德鲁克提出组织结构设计要满足以下条件:①组织及其成员要明确自己的地位、责任和工作;②自我控制和激励,以最经济的手段达到组织目标;③指引人们向取得成绩的方向发展;④使人员理解本人和共同的任务;⑤有利于正确决策,并使之成为业绩;⑥稳定性和适应性;⑦永存性和自我更新。关于组织结构的类型,德鲁克认为有5种,即职能制结构、矩阵结构、联邦分权制结构、模拟分权制结构和协调结构。

经验主义学派注重从企业出发,研究管理实践中的经验。戴尔曾指出管理知识的真正源泉就是大公司中“伟大的组织者”的经验。分析管理案例,从成功和失败中发现规律性的东西,并在此基础上概括出指导内容。因此,虽然经验主义学派的观点较多,但我们还是能够发现这个学派的共同特点。

2.2.4.7 管理科学学派

管理科学学派又称数理学派，是泰罗科学管理理论的继续和发展。泰罗以及更早的巴贝奇都试图寻找最好的方法来提高劳动生产率，这一思想随着运筹学、现代计算机技术的发展而得到进一步实现。20 世纪初运筹学开始出现，第二次世界大战期间这种数学方法在组织和管理大规模的军事活动中取得了显著成效，由此运筹学迅速发展起来。20 世纪 50 年代以后计算机技术得到广泛运用，人们可以使用数学模型来解决复杂的管理问题。

管理科学学派的代表人物是美国的伯法(E. S. Buffa)等，他们认为管理科学在思想上与运筹学一致。人们通过制定和运用数学模型或程序，可以把计划、组织、控制、决策等活动用数学符号和公式表示出来，求出最优解，从而更有效地达到企业的目标。这一学派的研究重点是从系统角度考察组织活动，以建立数学模型为主要手段，在工作中使用了较多的计算机技术。他们把经济效果作为评价行动方案的主要依据，强调合理性、定量分析和准确衡量，力图减少决策中的个人主观成分。

在很大意义上讲，管理科学学派所研究的不是管理本身，而是解决管理问题的数学方法和技术手段。他们解决问题的一般步骤是进行调查和分析，确定需要解决的问题，建立数学模型，为数学模型收集数据并求解方案，对数学模型和方案进行验证，并把解决方案付诸实施。在这些过程中使用了很多应用数学，如规划论、决策论、排队论、网络技术、盈亏平衡分析和模拟技术等。

管理科学学派的最大贡献是为解决管理问题提供了技术方法。随着管理问题日趋复杂化、大型化，管理科学的作用也将逐渐增大，特别是他们在解决单一的专题问题上具有优势。但是管理科学的弱点也十分明显。首先，管理科学没有过多涉及人、社会和专业问题，以至于有些学者认为管理科学不能称为一个管理学派。其次，管理科学所采用的数学和技术方法还不完善，对处理复杂多变的管理问题尚显力不从心。

2.2.4.8 经理角色学派

经理角色学派产生于 20 世纪 70 年代，其代表人物是亨利·明茨伯格(H. Mintzberg)。明茨伯格是加拿大麦克吉尔大学的教授，他曾系统地研究了不同行业的 5 位总经理，并对这些总经理的个人特征和工作角色进行了总结。1973 年明茨伯格出版了《经理工作的性质》一书，提出了经理角色的观点。

明茨伯格认为经理人员的工作有自身特点，例如经理的工作繁重而紧张，这些工作常常琐碎、短暂、多变，经理人员把眼前的具体事物放在首位，常常以口头方式交流，注重与组织内部、外部的交流，在决定自己工作方面具有主动性等。

明茨伯格根据对经理实际活动的研究，提出经理在实践工作中扮演着以下 3 类 10 种角色。

(1)人际关系方面的角色，包括 3 种：①作为挂名首脑的角色；②作为领导者的角色；③作为联系人的角色。

(2)信息方面的角色，包括 3 种：①作为信息接受者角色；②作为信息传播者角色；③作为发言人角色。

(3)决策方面的角色，包括 4 种：①领导者角色；②故障排除者角色；③资源分配者角色；

④谈判者角色。

明茨伯格的理论来自对经理人员工作的实际考察,是对经理人员的主要职责的总结。与管理过程学派不同,明茨伯格把这些职责按工作类别分析,而不是工作过程。

2.2.4.9 权变理论学派

权变理论出现于20世纪60年代末70年代初。1969年,美国的保罗·劳伦斯(P. R. Lawrence)和杰伊·洛希(J. W. Lorsch)合著了《组织和环境》一书,在该书中探讨了企业组织与外部环境关系。美国的管理学家弗雷德·卢桑斯(F. Luthans)于1976年出版了《管理导论:一种权变学》,系统地阐述了权变理论。此后,权变理论开始迅速发展。

根据卢桑斯的解释,权变理论就是考虑到环境因素同相应的管理观念、技术条件之间的关系,使采用的管理与技术能够有效地达到目标;其中,环境变量与管理变量之间的函数就是权变关系,它是权变理论的核心。权变理论把一个组织看作是社会系统的子系统,组织活动的各个方面都要适应外部环境的要求,因此要根据具体条件的不同,采用不同的管理和技术。

权变理论的主要研究领域是组织结构和领导方式。

组织结构权变理论的重要人物是英国的琼·伍德沃德(John Woodward),其代表作是《工业组织:理论和实践》。伍德沃德曾就组织结构与环境变量之间的关系进行过大量研究,结果她发现环境因素对组织结构确有影响。一般而言,企业规模增大将导致协调工作量增大;流水生产较单件小批生产更需要严密组织;管理者职位越高相应的组织越松散;管理者对每个下级的影响力存在差异;环境的不稳定性要求组织结构要适应外部冲击。因此,大量生产的企业需要传统的组织结构形式,而单件小批生产的企业可以大幅度下放权力。

领导方式权变理论的重要人物有弗里德·菲德勒(Fred E. Fiedler)、罗伯特·豪斯(Robert House)、维克多·弗鲁姆(Victor Vroom)和菲利普·耶顿(Phillip Yetton)。他们的基本观点是:领导方式受企业目标、成员行为、上下级关系等多种因素的影响,因此普遍适用的、最好的领导方式是不存在的。

权变理论改变了人们长期以来寻求最好的观念,它强调组织对环境的适应性、领导方式的灵活性,这对当今社会、技术高速发展条件下的管理工作有重要意义。

2.2.5 管理学的发展特点

纵观管理学的发展过程,可以归纳出管理学发展的几个主要特点:经济人、机械人的假定到对社会人的假定发展过程;从单个因素到全面系统研究的过程;以定性分析为主到性量结合的过程;从学派分化到兼容并包的过程。

管理理论发展到21世纪,产生了很多概念如ERP,HRM,CRM,CIS,MIS,CKO,GAME THEORY,心理决策,学习性组织,流程再造等,这说明了管理学仍在发展。随着学科的交叉发展,"杂交性"的概念或观点或理论会更多更快地产生。

2.3 中国古代管理思想

2.3.1 中国古代管理思想的发展阶段

中国历史悠久,其管理思想曾有过相当繁盛的时期。中国古代管理思想的演变大致经历了3个阶段:秦朝以前是第一个阶段,中国古代管理思想在这个阶段开始萌生、发展。这个阶段可以分为两个时期:春秋战国以前是原始思想时期,此时管理思想开始萌芽;春秋战国是管理思想发展的最重要时期,这是中国历史上思想空前活跃和繁荣的时期。从秦朝到唐朝是中国封建社会巩固和发展时期,也是管理思想制度化、成熟化的阶段。这个阶段可以分为3个时期:秦汉是中国封建管理思想走向制度化的时期;三国、两晋、南北朝时期中国再次处于长期分裂状态,管理思想也相对停滞不前;隋唐时期中国重新统一,中国传统管理思想得到了充分发展。唐朝以后,管理思想已经度过了其繁盛期,宋、元两朝的管理思想虽有进展,但并不显著;明、清两朝是中国传统管理思想最终走向衰落的时期。

公元前21世纪中国建立起第一个奴隶制的夏王朝;公元前17世纪商汤灭夏,建立商;公元前11世纪周武王伐纣灭商,西周王朝出现;公元前841年发生"国人暴动",西周灭亡。夏、商、周时期是中国奴隶社会高度繁荣发展的时期。这一时期,建立了城邑、军队和国家机器。西周实行分封制,逐步形成了以血缘关系为基础的宗法等级制,国王是最高决策者,国家由奴隶主贵族统治,即所谓"普天之下,莫非王土;率土之滨,莫非王臣。"(《诗经·小雅》)。西周还继承了夏、商的官制、律令,形成了一整套的国家管理制度。农业是当时最重要的生产部门,手工业分工细致、组织庞大,天文、历法、数学等也有相当发展,这为思维水平提高、孕育古代管理思想提供了条件。最早的管理概念和管理原则散布于《周易》《尚书》《诗经》等古老经书中。《尚书》是春秋以前历代史官所收藏的政府重要文件以及政治论文的选编,是中国最早的一部史料总集。《周易》讲的是占卜的方法,其中包含有中国最古老的管理思想。

西周灭亡以后,周平王迁都洛邑,称东周,一般史书也称春秋战国时期。春秋时期诸侯争霸,先后出现了齐桓公、晋文公、楚庄王、吴王阖闾和越王勾践五大诸侯。在此之后称战国,各诸侯国之间不断兼并,最后剩下秦、楚、齐、燕、韩、赵、魏七大诸侯国。春秋战国是中国从奴隶社会向封建社会转变的时期。宗族奴隶主日趋没落,新兴地主势力逐渐增大,土地逐步成为私有。这一时期农业得到了进一步发展,出现了铁器和牛耕,兴建了较大的农业水利工程。科学技术上,历法、几何、光学、力学等都取得了相当成就,发明了"滴漏"和指南针。在这种历史背景下,不同阶级和利益集团为了各自需要,提出了各种思想观念,从而形成了诸子百家争鸣的局面。诸子百家有儒家、法家、墨家、道家、名家、阴阳家、兵家、纵横家、农家、小说家、杂家等,他们阐述了政治、经济、军事、文化和修身、养性等各种各样的主张,其中不少涉及统治的目标、原则、方针、组织、手段等。春秋战国时期有大量十分著名的论述,如《论语》《道德经》《孙子兵法》《墨子》《孟子》《荀子》《庄子》《韩非子》等,这些著作对中国传统管理思想的形成影响深远。

公元前221年,秦始皇灭六国,实现了中国的统一,最终建立中央集权的封建国家。秦始皇废除了"封建建藩"制度,建立郡县制度,统一了全国的文字、币制、度量衡、车轨、礼乐法制等,这些对巩固封建制度和国家统一起到了重要作用。但是秦始皇实行极端专制、限制思想言论、加重徭役租税,因而秦朝很快就灭亡了。秦朝灭亡后,刘邦建立汉朝,这是中国历史上一个重要王朝。刘邦取得政权后,汉承秦制,巩固了封建国家机器。西汉初期实现轻徭薄赋,社会生产发展很快,但到后期社会矛盾十分尖锐。到了东汉,地主势力日益壮大,为后来的再次分裂制造了条件。秦汉是中国古代管理思想发展的重要阶段,这一时期的管理思想逐步走向制度化。秦始皇以法家思想治国,下令禁废"诗书百家语"。汉初尊崇道家,奉行"无为"理论。汉武帝时,董仲舒提出的"罢黜百家,独尊儒术"被采纳,此后儒家学说成为占主导地位的管理思想。

东汉末年,地方豪强割据,最终形成魏、蜀、吴三国鼎峙的局面。后魏灭蜀、吴,建立起西晋。西晋统治极为腐败,激起各地反抗,从此中国再次分裂,出现东晋十六国。此后,南方又先后历经宋、齐、梁、陈,统称"南朝";北方则出现北魏,后分裂成东魏、西魏,再形成北齐、北周,统称"北朝"。三国、两晋、南北朝时期战争频繁、社会混乱、国家分裂,管理思想发展处于相对停滞状态。这一时期较为突出的是军事思想,主要代表人物有曹操、诸葛亮等,他们在战略、战术、决策、应变等方面有杰出贡献。在政治方面,北魏孝文帝较为成功,他力主改革,实行均田制和汉化政策。在生产方面,出现了《齐民要术》等关于农业生产的著作。这一时期玄学取代法、儒家学说,兴盛一时。

公元6世纪,隋朝建立,中国结束了400年的分裂而再度统一。但隋朝政权专制残暴,很快因农民起义而灭亡。公元6世纪,唐朝建立,唐朝使中国封建统治达到顶峰,中国传统管理思想在这一时期也走向成熟。唐初为巩固封建统治,在经济上进行了土地和赋税制度变革,实行均田制、租庸调制;在政治上建立了议事制、府兵制,制定了"贞观唐律",并推广隋朝所创的科举制度。这些改革为维护封建集权制度起了重要作用,并为以后各朝树立了典范。唐朝时期国家强盛、社会安定、百姓富足,经"贞观之治"到"开元盛世"而达到鼎盛。唐朝社会生产力发展迅速,农具、水利得到发展,纺织、造船、冶矿、制瓷、印刷、造纸、制糖等手工业比较发达,农学、天文学、数学、医学、化学等自然科学也有了很大进步。这一时期的统治思想比较活跃、开放,出现了儒、佛、道三家并存的局面。儒、佛、道三种思想相互冲突,也相互吸收、相互融合,逐渐趋于一体化,从而把中国传统管理思想推到了高峰。

唐朝后期出现"安史之乱",后形成五代十国的局面,直到周世宗繁荣时期,黄河流域才大部分统一。公元960年,赵匡胤陈桥兵变,夺取后周政权,他用武力结束了封建割据,建立了宋朝。宋朝又分北宋和南宋。同时期在我国北方还有辽朝、西夏、金朝等政权。公元13世纪,成吉思汗及其继承者先后消灭了辽朝、西夏和金朝,忽必烈即位后改国号为元,并于公元1279年灭南宋,实现中国统一。宋元时期成为中国封建社会继续发展的时期。北宋建立后,其统治者分散地方权力,将军、政、财、税大权收归中央,改革机构、扩大科举,通过这些措施来加强中央集权。农业生产技术进步显著,耕地面积扩大,造船业、瓷器业、矿冶业发达,商业贸易繁盛,出现了纸币"交子",天文、历法、医学等自然科学也取得了重大成就。元朝建立后继续巩固中央集权,农业、手工业和生产技术得到了进一步发展。这一时期人们试图把儒、佛、道三家归一,建立一种完整的管理思想体系。这种思想体系是从宇宙本原出发,通过阐明社会行为的最高准则,来对管理的形式、主客体关系、管理方法进行说明。

公元1368年,朱元璋建立明朝。公元1644年,明朝灭亡,清朝政权开始统治中国。明清时期,中国封建社会进入了衰落阶段。明朝初年,统治者采取一系列措施,使封建集权专制达到了空前程度。这一时期,实行垦荒和屯田政策,农业、手工业、商业有了发展。清初统治的重心是缓和民族矛盾、巩固封建统治。到了乾隆时期,封建经济已经得到了恢复和发展,出现了所谓的"康乾盛世"。明朝中期,资本主义萌芽虽已出现;但直到清朝晚期,由于受到封建制度的严重束缚,中国的资本主义经济仍不发达。明清时期的国力日渐衰弱,同时西方管理思想渗入中国,这使得中国古代管理思想开始退出历史舞台。

2.3.2 中国古代管理思想的基本特征

中国古代管理思想没有完整、独立的理论体系,而是散布于各种典籍之中,凝结在各种道理之内。中国古代管理思想所涉及的内容极其广泛，包括政治、军事、经济、工程等众多领域，其中又以治国、治军的思想最为精深。人类文明具有互通性，这使得我们可以透过各种论述，看到中国古代管理思想的以下一些特征。

(1)“道”是统治的根本依据

“道”是中国古代哲学思想中的一个重要范畴。古人认为万事万物皆有“道”，人们的行为必须顺“道”，有道者必胜，无道者必败。“道”在古汉语中有多种含义，一指客观事物的规律，又称为“则”或“常”，二指治理国事的方略和准则。

古人认为自然界和社会都按自身的规律运动。《管子》中提到“天不变其常，地不易其则，春秋冬夏，不更其节。”(《管子·形势》)。这些规律不以人的意志为转移，即“万物之于人也，无私近也，无私远也”。人们要取得成功，必须顺乎万物之“轨”，“不通于轨数而欲为国，不可。”(《管子·山国轨》)顺“轨”则“轨”“助之”，人就会“有其功”，“虽小必大”；逆“轨”则“轨”“违之”，人必“怀其凶”，“虽成必败”，“不可复振也。”(《管子·形势》)

“道”还有“天道”“地道”和“人道”之分，“天道”“地道”是自然界的规律，而“人道”则是社会规律。“天道”“地道”支配日月星辰，阴阳寒暑，季节变换，旱涝灾害。“人道”是人间法则，主掌人的凶吉祸福。古人认为“天道”并不能取代“人道”，子产说 “天道远，人道迩，非所及也。”人世间的事情需要靠“人道”解决，“人事为本，天道为末。”(《论天道》)

治理国事必须顺乎“人道”，“以得所欲”，“各劝其业，乐其表，若水之趋下，日夜无休时，不召而民自来，不求而民出之，岂非道之所符，而自然之验邪?”“故善者因之”，符合其“道”，乃治国之善政(《史记·货殖列传》)。所以说“道”是中国古代治理思想的根本。

(2)统治要以人为本

古人认为在天、地、人之中，人是统治的根本。“民为贵，社稷次之，君为轻”(《孟子》)，“君，舟也；民，水也。水能载舟，亦能覆舟”(《贞观政要·行幸，魏征》)，以人为本的关键是得民和得才。

得民是指顺应民意、取得民心，得民必须关爱民众、为民谋利。墨子主张治国要解决老百姓的“三患”，即“饥者不得食”“寒者不得衣”“劳者不得息”(《墨子》)。《管子》中言：“政之所兴，在顺民心；政之所废，在逆民心”，国家心须“令顺民心”，“从民所欲，去民所恶”，乃为“政之宝”(《管子·牧民》)。孙子指出：“视卒如婴儿，故可与之赴深溪；视卒如爱子，故可与之俱死。”(《孙子兵法》)。西汉贾谊说：“闻之于政也，民无不为本也。国以为本，君以为本，吏以为本”，“国家之安危存亡兴衰，定之于民；君之威侮、昏明、强弱，系之于民；吏之贵贱、贤不肖、能不能，辨之于民；战争的胜败，亦以能否得民之力以为准。”(《新书·大政上》)

(3)统治者要修身、明德

传统的管理思想十分重视统治者的自身修养，认为这是胜任其统治的先决条件。《礼记·大学》中指出：“物格而后知至，知至而后意诚，意诚而后心正，心正而后身修，身修而后家齐，家齐而后国治，国治而后天下平。”《潜夫论·忠贵》中指出：“德不称其任，其祸必酷；能不称其位，其殃必大。”《礼记·哀公问》也谈道：“政者，正也。君为正，则百姓从政矣。君之所为，百姓之所从也。”

统治者的自身修养包括道德、学识、统治技能等多个方面，其中道德修养更为重要。传统道德观念的主要内容是“仁、义、礼、智、信”，主张为人须有“恭、宽、信、敏、惠”五德。孔子说：

"其身正,不令而行;其身不正,虽令不从。""苟正其身矣,于从政乎何有?不能正其身,如正人何"(《论语》)。古人之所以重视德才兼备、廉洁正直,是因为"自古以来,国之乱臣,家之败子,才有余而德不足,以至于颠覆者多矣。"(《资治通鉴》)

统治者还必须提高自己的治理才能。孔子说:"恭而无礼则劳,慎而无礼则葸,勇而无礼则乱,直而无礼则绞。君子笃于亲,则民兴于仁,故旧不遗,则民不偷。"(《论语》)

古人认为提高自身修养是战胜自己的过程。统治者"欲胜人者必先自胜"(《吕氏春秋·季春纪·先己》)。李世民说"以铜为镜,可以正衣冠;以古为镜,可以知兴替;以人为镜,可以明得失。"(《贞观政要·任贤》)

(4)以封建集权和等级制度为核心的组织制度

在中国的古代文化中,组织制度的精髓是封建集权和封建等级制度。韩非子提出"事在四方,要在中央。圣人执要,四方来效。"(《韩非子·扬权》),这句话所指的就是集中决策,分散执行;最高决策者应该是"圣人",而其他人追随之。管仲也说"威不两错,政不二门。"(《管子·明法》),意指统一指挥,维护中央集权。

封建组织制度认为人有尊卑。荀子提出:"人生不能无群"(《王制》),"礼者,法之大分,类之纲纪者也。"(《劝学》),其意是指人天生就有群、类之分,这种分类依据的是"礼"。以礼制区别人的尊卑,"上以明贵贱,下以辩同异"(《正名》),并在此基础上建立起封建等级制度。孔子主张"君子、臣子、父子、子子",君臣父子各守名分,不得逾越。"君使臣以礼,臣事君以忠"(《孔子·八佾》)。《孟子》提出,"父子有亲,君臣有义,夫妇有别"。汉代以后,"三纲""五常",即"君为臣纲,父为子纲,夫为妻纲"和"仁、义、礼、智、信"更是成为封建社会伦理道德和立法的基础。

(5)强调使用人才

人才是实行统治的关键,李世民说:"为政之要,惟在使人。"(《贞观政要·崇儒学》)。《吕氏春秋》中言"得贤人,国无不安;……失贤人,国无不危。"(《吕氏春秋·求人》)。孔子说:"举直错诸枉,则民服;举枉错诸直,则民不服"(《论语·为政》)、"举直错诸枉,能使枉者直。"(《论语·微子》)诸葛亮说:"治国之要,务在举贤","为官设人者治,为人设官者乱"。这些都是说用人对治国的重要性。

用人的关键首先是识人。古人认为人才须德才兼备,司马光指出:"才者德之资也,德者才之帅也。"这句话是说德是根本,才服从于德。"是故才德全尽谓之圣人;才德兼亡谓之愚人;德胜才谓之君子;才胜德谓之小人。"(《资治通鉴》)关于识人之法,唐朝魏征提出了《六观法》:"贵则观其所举,富则观其所养,居则观其所好,习则观其所言,穷则观其所不受,贱则观其所不为。"这是指通过观察人的举止、言谈、兴趣、修养和追求,来识别人的本质。

古人认为人都有自己的优点和弱点,用人要用其所常、避其所短。孔子说:"无求备于一人。"(《论语》),《管子·形势解》中言:"明主之官物也,任其所长,不任其所短。故事无不成,而功无不立。乱主不知物之各有所长所短也。而责必备。"《晏子春秋·内篇问上》也有:"任人之长,不强其短;任人之工,不强其拙。此任人之大略也。"用人还要注意用人不疑、疑人不用。宋代欧阳修指出:"任人之道,要在不疑。宁可艰于择人,不可轻任而不信。"(《论任人之体不可疑札子》),意思是选人时要看准,用人时要信任。

(6)统治追求的目标是"人和"

古代治理思想以各方面的利益调和为组织目标,即"人和"。孔子说:"礼之用,和为贵。"

(《论语·学而》)。《管子》说:"上下不和,虽安必危。"(《管子·形势》)。"上下和同""和协辑睦"(《管子·五辅》)。"人和"反映了人们重关系协调,轻向前发展的思维方式。

"人和"的首要条件是统治者以身作则,公正待人。统治者要身体力行,这样才能使上下"同心而共济,始终如一"(《朋党论》)。统治者应该有博大的胸怀,识大体,顾大局。《尚书·君陈》中说:"必有忍,其乃有济;有容,德乃大。"统治者还必须公正无私,李觏说:"无偏无党""循公而灭私""天子无私人",这样才能得到众人的拥戴。

其次,"人和"就要讲求"同道",即人们的关系要建立在共同理想、共同追求基础上,人们要为共同的目标而奋斗。欧阳修曾说:"君子与君子以同道为朋,小人与小人以同利为朋。"(《朋党论》),君子是因"同道"而交往的,小人则是为了谋求各自利益而交往。孔子认为:"君子周而不比,小人比而不周。"(《论语·为政》),君子可以团结一致,而小人则相互勾结,破坏整个组织的团结。

(7)赏罚并用的管理方法

中国古代的人员管理讲求赏罚并用、刚柔相济。孙子主张"令之以文,齐之以武,赏罚并重,宽严结合,恩威并施,刚柔相济",也就是要把文武、赏罚、宽严、恩威、刚柔等各种手法结合起来。孔子说:"宽以济猛,猛以济宽,政是以和",即要做到宽猛相符、宽猛有度,这样才能使统治和谐、有序。

奖惩是管理中的重要手段。荀子说:"赏不行,则贤者不可得而进也;罚不行,则不肖者不可得而退也。"意思是没有奖惩,就无法区分有能干的人和无能者。李世民说:"赏当其劳,无功者自退。罚当其罪,为恶者咸惧。"(《贞观政要》),正确的奖惩使无功者离开,邪恶者畏惧。

古人大多认为奖惩需要严明。韩非子提出:"诚有功,则虽疏贱必赏;诚有过,则虽近爱必诛。"(《韩非子》),他又说:"是以赏莫如厚而信,使民利之,罚莫如重而必,使民畏之;罚莫如一而固,使民知之。故主施赏不迁,行诛无赦,誉辅其赏,毁随其罚,则贤不肖俱尽其力矣!"(韩非子·五蠹》),这些观点是说有功必赏,有过必罚;奖赏就要重赏,惩罚就要重罚。诸葛亮也提出:"赏罚之政,谓赏善罚罪也。赏以兴功,罚以禁奸。赏不可不平,罚不可不均。赏赐知其所施,则勇士知其所死;弄罚知其所加,则邪恶知其所畏"(《便宜十六策·常罚第十》)。

(8)统治要讲求权威、法制与信义

商鞅认为治国要依靠"法、信、权",而其中最核心的是"权"。他说:"人主失守则危,君臣释法任私必乱,故立法明分,而不以私害法则治,权制断于君则威。民信其赏则事功成,信其刑则奸无端,惟明王爱权重信,而不以私害法。"(《商君书·修权》),后来韩非继承了商鞅专权思想,他认为:"威势者,人主之筋力也。""人主失力而有国者,千无一人。"(《韩非子·人主》),韩非又讲:"夫慕仁义而弱乱者,三晋也,不慕而治者,秦也。然而未帝者,治未毕也。"(《仲卜储说左上》)

法治思想起源于先秦。孟子说过:"上无道揆也,下无法守也,朝不信道,工不信度,君子犯义,小人犯刑,国之所存者幸也。"(《孟子·离娄》)墨子也说:"天下从事者,不可以无法仪。"(《墨子·法仪》),其后商鞅提出:"法任而国治"(《商君书·慎法》)。再后韩非主张实行法治,"使中君守法术,拙匠守规矩尺寸,则万不失矣。"(《韩非子·用人》),他还主张实行"明法","著之于版图,布之于百姓",以及"一法",提出在法律面前人人平等,"刑过不避大臣,赏善不遗匹夫"。

所谓"信",就是要取信于民。孔子说:"君子信而后劳其民"(《论语·尧曰》)。《管子》中有:"言而不可复者,君不言也;行而不可再者,君不行也。凡言而不可复,行而不可再者,有国者之大禁也"(《管子·形势》),即言而无信、出尔反尔是统治中最忌讳的。

(9)强调统治中的谋略

中国古代管理思想十分重视谋略,人们普遍认为"谋"对成败关系重大,"先谋后事者昌,先事后谋者亡。"(《意林》),"日之能烛远,势高也;使日在井中,则不能烛十步矣。"(《尸子卷上·明堂》),是说统治者必须深谋远虑、高瞻远瞩。孔子说过:"暴虎凭河,死而无悔者,吾不与也,必也临事而惧,好谋而成者也。"(《论语·述而》),意思是他很看重善于谋略的人。

谋略就需要对事物有洞察力。《孙子》中说:"知彼知己,百战不殆;不知彼而知己,一胜一负;不知彼,不知己,每战必殆。"《管子》中也有"唯有道者能备患于无形也"(《管子·牧民》),意思是指统治者必须能预见事物,防患于未然。

谋略就要善于筹划。战国时期的白圭是经商的祖师,他的经商之道是"乐观时变","人弃我取,人取我与",他提出:"岁孰取谷,予之丝、漆、茧;凶,取帛絮,予之食"。这也就是根据市场行情,贱时买入,贵时卖出。宋朝的丁谓奉命修复被焚的皇宫,他把取土、运料、处理垃圾巧妙地结合起来,"一举而三役济,计省贯以亿万计"(《补笔》)。中国曾有大量著名的兵书,如《孙子兵法》《孙膑兵法》《吴子兵法》《唐李问对》等,这些兵书讲述了大量军事战略、战术,对管理问题也有重要的借鉴意义。

古代谋略思想中很重视"变",即根据环境的变化,因势利导。《老子》中说"有无相生,难易相成,高下相倾,声音相和,前后相随",意思是世间的事物相互依存、互为条件,可以互相转化的。孙子说:"夫兵形象水,水之形,避高而趋下;兵之形,避实而击虚。水因地而制流,兵因敌而制胜。故兵无常势,水无常形,能因敌变化而取胜者,谓之神。"(《孙子兵法》),其意是用兵没有一定之规,必须根据情况的变化而变化。

(10)至善至美的统治境界

达到统治的最高境界是"知止"。"知止"是孔子提出的一个概念,意思是"知至善,止于至善"。孔子说:"知止而后有定,定而后能静,静而后能安,安而后能虑,虑而后能得。物有本末,事有始终,知所先后,则近道矣。"(先知而后行,"知善"则能深入认识事物的本质,"善行"则能充分体现事物的规律,"知止"也就近乎于"道"了。

要想达到治理的最高境界,人们就要力求使一切统一、和谐,这也就是古代管理处世的"中庸之道"。孔子说:"中庸之为德也,其至矣乎!"(《论语·先进》),他认为中庸是一种最高的境界。孔子又说:"喜怒哀乐之未发,谓之中;发而皆中节,谓之和;……致中和,天地位焉,万物育焉",人要能做到行为恰到好处,万事万物也就可以各得其所了。南宋朱熹说:"不偏之谓中,不易之谓庸;中者,天下之正道,庸者,天下之定理"(《四书集注》)。

2.3.3 中国古代管理思想的著名论著

中国古代管理思想散布于各种典籍、言论之中。在此,我们从政治、军事、文学和民间流传中选择几例代表之作,管中窥豹,对中国古代管理思想稍作领略。

2.3.3.1 《孙子兵法》

孙武,字长卿,后人尊称其为孙子、孙武子,生于春秋末期齐国乐安一个贵族家庭。他的祖先陈完是陈国人，因躲避陈国发生的内乱，携家逃到齐国，很得齐桓公器重，并改姓田。田完的五世孙田书，因伐莒有功，齐景公赐予孙姓，他是孙武的祖父。公元前 532 年，齐国发生内乱，孙武跑到吴国，在吴国隐居著兵法 13 篇。后由伍子胥推荐给吴王，并将其兵法 13 篇献于吴王。吴王用他为将，他西破强楚，北威齐晋，最后使吴国崛起。

《孙子兵法》是中国也是世界最古老的军事理论著作。孙子通过总结春秋时期及其以前的数百次战争，以朴素辩证法的思想，论述了治军的思想和原则、战争的战略和战术策略。该书内容丰富，理论体系严密，揭示了一系列带有普遍意义的军事规律。《孙子兵法》对中国古代军事思想的发展产生了重大影响，在世界军事思想史上也占有重要地位，人们称孙武为“兵圣”，称《孙子兵法》为“兵经”或“武经”。

现存《孙子兵法》13 篇，共 6 000 余字。这 13 篇分别为计篇、作战篇、谋攻篇、形篇、势篇、虚实篇、军争篇、九变篇、行军篇、地形篇、九地篇、火攻篇、用间篇。其中第一篇为总纲，第二篇至第六篇论述战略决策，第七篇至第十三篇讲战略实施和战术方法。《孙子兵法》的基本思想可以概括为以下几点。

(1)战争决策

孙子在《孙子兵法》开篇就说：“兵者，国之大事，死生之地，存亡之道，不可不察也。”这说明孙子十分重视战争决策，他从战争与国家关系的角度审视战争，强调科学、慎重地对待战争。孙子提出“非利不动，非得不用，非危不战”，在他看来，不能为战争而战争，是否发动战争要看战争对国家是否有利。发动战争前还要作好充分准备，“无恃其不来，恃吾有以待之，无恃其不攻，恃吾有所不可攻。”

(2)战略思想

孙子说：“胜兵先胜而后求战，败兵先战而后求胜”，其意指战前必须有取胜的条件，必须做好战略筹划。孙武强调了战略的重要性，他说：“是故百战百胜，非善之善者也；不战而屈人之兵，善之善者也。故上兵伐谋，其次伐交，其次伐兵，其下攻城。”战略筹划要考虑“五事”和“七计”。“五事”是：“一曰道，二曰天，三曰地，四曰将，五曰法。”“七计”是：“主孰有道？将孰有能？天地孰得？法令孰行？兵众孰强？士卒孰练？赏罚孰明？”也即战争双方的政治、自然、将帅和力量对比等。

(3)了解形势

孙子说：“故明君贤将所以动而胜人，成功出于众者，先知也。”因此，知己知彼是取胜的条件。先知不来自迷信，而来自对敌情的考察，即“先知者，不可取于鬼神，不可象于事，不可验于度，必取于人，知敌之情者也。”知敌有多种方法，例如“策之而知得失之计，作之而知动静之理，形之而知死生之地，角之而知有余不足之处。”

(4)保持战略主动

孙子说：“凡先处战地而待敌者逸，后处战地而趋战者劳，故善战者，致人而不致于人。”这句话以占据有利地势说明争取主动地位是制胜的关键。《孙子兵法》中“势”是一个重要概念，它是战争双方的力量对比优势，争取主动地位就是任“势”，“故善战者，求之于势，不责于人，故择人而任势。”“五事”“七计”皆为“形”，其内含的力量才是“势”。若要“势”强，就要快、近，即所谓“激水之疾，至于漂石者，势也。鸷鸟之疾，至于毁折者，节也。故善战者，其势险，其节短。势如扩弩，节如发机。”

(5)将帅素质

孙子认为人是制胜的根本要素。孙子选择将帅的标准是:“将者,智、信、仁、勇、严也。”孙子把“智”放在第一位,所谓“智”就是要求将帅智力过人,能够洞察形势、英明决断、驾驭局面。所谓“信”“严”就是建立威信,严格治军。“卒未亲附而罚之则不服,不服则难用也。”治军需要恩威并用,赏罚兼施,“令之以文,齐之以武。”所谓“仁”“勇”就是要求将帅爱兵抚士,身先士卒。

(6)权变

“变”包含着深刻的辩证法思想,孙子提出:“故将通于九变之利者,知用兵矣;将不通九变之利,虽知地形,不能得地之利矣。”“变”就是要“攻其无备,出其不意”,孙子说:“凡战者,以正合,以奇胜。故善出奇者,无穷如天地,不竭如江河。”其意指出奇制胜的手法无穷无尽,它是取胜的法宝。孙子还说:“先知迂直之计者胜。”“故迂其途,而诱之以利,后人发,先人至,此知迂直之计者也。”

2.3.3.2 《三十六计》

《三十六计》也是广为流传的一部兵书,最早见于《南齐书·王敬则传》,但其作者和准确编撰年代已无从考究。《三十六计》主要流传于民间,历代的官方正式典籍均无编载,也不属于规范的军事理论。但是,中国古代兵家在军事实践中广泛应用《三十六计》的思想,民间常常也以之为谋略之道,“三十六计,走为上”是一则人人皆知的成语。

《三十六计》有6套36个计策:第一套胜战计,包括瞒天过海、围魏救赵、借刀杀人、以逸待劳、趁火打劫、声东击西;第二套敌战计,包括无中生有、暗渡陈仓、隔岸观火、笑里藏刀、李代桃僵、顺手牵羊;第三套攻战计,包括打草惊蛇、借尸还魂、调虎离山、欲擒故纵、抛砖引玉、擒贼擒王;第四套混战计,包括釜底抽薪、混水摸鱼、金蝉脱壳、关门捉贼、远交近攻、假道伐虢;第五套并战计,包括偷梁换柱、指桑骂槐、假痴不癫、上屋抽梯、树上开花、反客为主;第六套败战计,包括美人计、空城计、反间计、苦肉计、连环计、走为上计。其中,前三套是处于优势时所用之计,后三套是处于劣势时所用之计。

《三十六计》的思想倾向于道家。太阴六六之数的乘积是三十六,《三十六计》借“六六三十六,数中有术,术中有数。阴阳燮理,机在其中。机不可设,设则不中”,说明战争中隐藏着策略。道家以“阴阳五行”解释事物活动,认为“有”“无”、“实”“虚”是对立统一的。《三十六计》引用这种“相生相克”思想,主张“以阴制阳”“以静待动”。这种思想既反映了秦汉时期人们认识世界的局限性,也在一定程度上也揭示了军事活动的矛盾性。战争双方的力量对比是复杂多变的,用兵之中蕴藏着谋略,双方的谋略互为因果,只有把握谋略之间相互制约的关系,才能克敌制胜。

“胜战计”强调战略决策的重要性。战争要有明确目标、相应的对策,制定战略须考虑时期、地理、力量对比等多种情况,在不同的条件下使用不同的战略。“胜战计”中的战略思想包括利用优势、从多方面配置力量、组合变换等,根据敌我双方的相互关系进行攻、退不同的选择战略。

“敌战计”的根本思想是利用敌我双方的差别而取胜。战争中敌我之间的差别总是存在的,而且这种差别会随战争进程而变化。从不同角度审视敌我双方,会得到不同差别,因而所形成的策略也不同。“敌战计”中提出了多种利用差别的方式。决策者要善于发现差别,制造差别、利用差别,这样才能取得战争胜利。

“攻战计”主要研究战争中的机遇。机遇能够使战争发生转变,它由多种因素形成,是偶然与必然的结合。“攻战计”介绍了几种机遇的可能。决策者通过创造机遇、选择机遇,可以利用偶发因素,巧妙取胜。

“混战计”从不同角度论述了战争技巧的问题。战争是运用各种条件的过程,如何运用战争条件是一种技巧,因而胜败常常取决于决策者的技巧水平。“混战计”提出了战争技巧的基本方式,说明通过引诱、调动、牵制敌人,可以掌握战争的主动权。

“并战计”说明了战争环境的复杂性。战争胜败不仅受敌我力量和运用技巧的影响,还受环境中诸多因素的影响。“并战计”谈到决策者要把敌、我、环境构成一个整体,在复杂环境中善于保存自己、制造进攻条件。

“败战计”说的是在处于劣势条件下的策略。在被动之中存在主动,决策者可以利用主动因素,诱导敌人走向失败,或积极退却使被动转化为主动。

2.3.3.3 《三国演义》

罗贯中,是元末明初小说家、戏曲家,太原人,具体生卒年月不详。

《三国演义》是我国最优秀的长篇历史演义,是在我国流传最广、影响最大的古典文学之一。它以魏、蜀、吴三国的争战为线索,描绘了自东汉末年到晋朝初年的中国近百年历史。《三国演义》不但具有极高的文学价值,长期以来人们还把它看作是一部军事书、政治书和经营指导书。《三国演义》涉及社会、政治、军事、外交,对战略、用人、领导有十分生动的描述,包含着极为丰富的的管理思想、管理原则和管理方法。

《三国演义》描述了魏、蜀、吴三国之间的政治、军事斗争,谋略是其最为引人入胜的地方。诸葛亮曾说“曹操势不及袁绍,而竟能克绍者,非惟天时,抑亦人谋也。”在战略上,诸葛亮的《隆中对》分析了后汉局势,提出三分天下的战略路线。曹操奉天子以令不臣,修耕植以蓄军资,不失时机地扩大自己实力,实行先弱后强的制敌战略。孙权则希望借助长江,联合刘备,以抗曹魏。在战术上,《三国演义》中处处可见“势弱只因多算胜,兵强却为寡谋亡”。诸葛亮火烧博望坡,曹操渭水破马超,关云长水淹七军,孔明定计捉张任,黄忠计斩夏侯渊,赵云汉水寡胜众,张翼德计捉严颜,司马懿克日擒孟达,以及诸葛亮安居平五路、七擒孟获、空城退仲达,邓艾偷渡阴平,杜预楼船下金陵等都是一系列的谋略战。《三国演义》中还充满权变思想,庞统曾对刘备说:“离乱之时,用兵争强,固非一道;若拘执常理;寸步不可矣,宜从权变。且‘兼弱攻昧’‘逆取顺守’,汤、武之道也。”

《三国演义》强调人的作用。刘备提出:“举大事者,必以人为本。”孙权说:“能用众力,则无敌于天下;能用众智,则无畏于圣人矣。”曹操也认为:“吾任天下之智力,以道御之,无所不可。”刘备求贤若渴,“三故茅庐”是很好的范例。曹操也善于网罗各方人才,他知人善任,对人才宽宏大度。《魏书》称曹操“知人善察,难眩以伪,拔于禁、乐进于行阵之间,取张辽、徐晃于亡;虏之内,皆佐命立功,列为名将;其余拔出细微,登为牧守者,不可胜数。是以创造大业,文武并施。”诸葛亮用人主张德才并重,他在《出师表》中说:“亲贤臣,远小人,此先汉所以兴隆也;亲小人,远贤臣,此后汉所以倾颓也。”他认为文臣要“此皆良实,志虑忠纯”,武将要“性行淑均,晓畅军事”。他还提出了考察人的“七法”。

“仁德忠义”是《三国演义》中的伦理准则。“仁德”是为君的要求,这是因为“天下者,非一人之天下,乃天下人之天下也,惟有德者居之。"刘备是"仁德"之君,《三国志》中评刘备说:"先主之弘毅宽厚,知人待士,盖有高祖之风,英雄之器焉。""以兴复汉室为己任,畸岖百折,偾而益坚,颠沛之际,信义逾明,故能终系景命,信大义于天下。""忠义"是臣民需要遵守的准则,所谓"忠"是指君臣关系,所谓"义"是指朋友关系。关羽是忠臣;刘、关、张同心协力,靠的是"义"。《三国演义》中推崇为公尽忠,如诸葛亮"鞠躬尽瘁,死而后已。"

2.3.3.4 《资治通鉴》

司马光,字君实,陕州夏县(今属山西)人,北宋大臣。司马光宝元元年中进士,后感史书"文字繁多"而想写一部通史。最初,他写了一部八卷的《通志》,这部书引起了宋英宗的重视,后设书局令其继续编纂。宋神宗即位后,为表彰司马光特赐书名《资治通鉴》,并为该书作序。熙宁3年,司马光因反对王安石变法而辞归洛阳,他把书局迁到家里,专心编写《资治通鉴》。司马光在刘攽、刘恕、范祖禹等协助下,于元丰7年完成了《资治通鉴》,前后历时19年。

《资治通鉴》是中国第一部编年体史学巨著,全书294卷,另有《目录》30卷,《考异》30卷。《资治通鉴》记载了从周威烈王23年到后周世宗显德6年共1 362年的历史,该书按时间顺序叙事,征引史料极为丰富,史学价值极高。

《资治通鉴》以史实为主,涉及政治、军事、经济、礼乐、历数、天文、地理、刑法等。《资治通鉴》按王朝更迭的线索,描述了中国上千年的历史轨迹,它记述了历代帝王的统治方法和成败得失,蕴含着中国传统思想和智慧。"资治通鉴"意为"以之为镜,以资治道",该书一经问世,深受统治者推崇。明代帝王极为重视《资治通鉴》,无不"习闻明知古代帝王治道","身体力行《通鉴》原则"。康熙皇帝说《资治通鉴》"事关前代得失,甚有裨于治道"。

《资治通鉴》通篇都是统治之道。例如关于国家,《资治通鉴》中谈到民为国本。"夫君者,舟也;民者,水也。"(《汉纪》),"制国有常,利民为本。"(《周纪》),"君依于国,国依于民,刻民以奉君,犹割肉以充腹。腹饱而身毙,国富而君亡。"(《唐纪》),《资治通鉴》中指出要依"道"统治,"国者,天下之利势也。得道以持之,则大安也,大荣也,积美之源也。不得道而持之,则大危也,大累也,有之不如无之;及其綦也,索为匹夫,不可得也。"(《周纪》)

关于帝王之责,《资治通鉴》中有"天子之职,莫大于礼。礼莫大于分,分莫大于名。何谓礼?纪纲是也;何谓分?君臣是也;何谓名?公侯卿大夫是也。"(《周纪》)。关于帝王之德,《资治通鉴》中有"夫信者,人君之大宝也;国保于民,民保于信,非信无以使民,非民无以守国。"(《周纪》)

谈到用人,《资治通鉴》提到知人善任、奖惩分明、宽猛有度。人才是统治的关键,"夫理国以得贤为本。""国以贤治,君以忠安。"(《汉纪》)。要善于知人,"选用之法,三科而已。曰德也,曰才也,曰劳也。夫安行徐言,非德也;丽藻芳翰,非才也;累资积考,非劳也。"(《唐纪》)要善于用人,"量材而授官,录德而定位。"(《汉纪》)。要奖惩分明,"赏罚,政之柄也。人主不妄赏,非爱其财也,赏妄行,则善不劝也;不妄罚,非矜其人也,罚妄行,则恶不惩矣。赏不劝,谓之止善;罚不惩,谓之从恶。在上者,能不止下为善,不纵下为恶,则国法立矣。"(《汉纪》)

关于统治手段,《资治通鉴》中强调国家机器,"兵者,国之大事,废兴之端,安危之要,尽在于是。"要建立法制,"夫国以法理,军以法胜,有恩无威,慈母不能使其子。"(《唐纪》)。要施以仁政,“秦以酷急亡国,王莽亦以苛法自灭。”(《汉纪》)。要进行教化,“为国之道,以义训人。将教事君,先令顺长。”(《唐纪》)

《资治通鉴》记载着中国古代历史,它刻画出中国社会特征,对人们理解中国古代管理思想有重要帮助。但从另一方面,《资治通鉴》是中国封建社会的政治教科书,其中贯穿着封建专制的思想,强调王权、秩序、重礼尊儒,充满了权术和政治、军事斗争。

复习思考题

1. 管理学研究的对象是什么?
2. 泰罗对管理学的突出贡献是什么?
3. 梅奥在霍桑试验中发现了什么?其意义何在?
4. 如何理解“现代管理学派”林立的现象?
5. 中国古代名著是如何体现管理思想的?
6. 中国古代管理思想的主要特征是什么?

【案例 2-1】

A 公司的晨钟暮鼓

A 公司是一家全国小有名气的农产品加工企业,在我国惠农政策的支持下,各部门及时沟通,公司认真考虑每个员工的诉求,上下通力合作,制定出合理的发展规划。短短几年时间,已经从原来的一家小型农产品加工企业发展成为一家在业界有一定声望的中型企业,并带动了当地种养殖等一系列相关产业的发展,解决了当地 2 000 多名农民的就业与再就业问题,取得了良好的经济效益与社会效益。

随着规模的不断扩大,公司业务越来越多,为了完成任务,公司单方面增加了员工的工作时间,也相应提高了加班费,但这却引起了部分员工的不满。面对员工们的反馈,公司本着“以公司利益为重”的原则,进行教育疏导,结果不尽人意。最近 A 公司发生几个业务骨干连续跳槽、辞职事件,不仅使得公司业务发展受到影响,也对职工产生了不稳情绪,让公司管理层感到压力。为防止事态蔓延,公司采取措施,将与那些跳槽、辞职骨干具有亲属关系及密切关系的在职职工给予不同程度的“连带”处罚:单方面解除劳动合同。然而,这种“株连”的做法非但没有起到“震慑”作用,还引起了劳动纠纷。被开除或处罚的员工纷纷叫冤,并向当地的劳动主管部门提出诉求,要求维护自己的权利。面对内外部压力,管理层无奈之下只好撤销已经发布的处罚决定,并且花了很大力气做政府和媒体的工作才化解了这次危机,但是,处罚政策的负面影响却很难消除,管理层似乎陷入“失信于民”的境地,企业士气由此下滑。

案例讨论题:

1. 从西方管理思想角度分析企业由盛到衰的原因。
2. 从中国古代管理思想角度探讨管理层到底出现了什么问题?

【案例2-2】

B公司梦碎管理

B公司自诞生起就伴随着耀眼的光环。公司创办人出自豪门,是该领域的专业人士,广受各界好评。成立之初,公司的企划获得多家知名风险投资机构的巨额首期融资支持,B企业还曾被中国知名杂志评选为中国最有潜力的私人企业之一,其目标是致力于成为通信领域的服务平台提供商,致力于自由通信新时代。当时,电信运营商们也准备在增值业务上大干一把——中国电信的"互联星空"、中国移动的"移动梦网"、中国联通的"联通无限",这种转型为该企业提供了巨大的发展空间。尽管B公司拥有几个不错的核心业务,但终究没有抓住市场机会。2年多之后,由于公司创建以来经营不善,CEO被迫"下课",公司大幅裁员,业务也开始转型,从昔日的设备方案提供商向手游开发商转变。在市场中不但跟许多声名显赫的巨头竞争,还有许多小工作室也在抢占市场。最终,B公司的业务终美梦破碎,仅5年就退出市场。

B公司沦落到这个地步,据知情人士透露:一是公司重研发、轻市场,市场抓不住;二是公司内部帮派严重,各立山头,事业部之间各自为政;三是员工素质参差不齐,既有出身国企的,也有来自外企的,各怀心事,没有形成一个核心向心力。

B公司从实力讲,不可谓不强。但美梦如昙花一现,不能不令人深思。

案例讨论题:

1. B公司为什么会"美梦破碎"?
2. 运用西方管理思想和理论,如何做才能使B公司美梦成真?

3 计　　划

◈本章学习要点：

1. 了解预测、决策以及计划的基本概念。
2. 掌握预测的方法。
3. 掌握决策的方法。
4. 了解计划分类。
5. 学会制订计划。

3.1 预测

3.1.1 预测与决策的关系

3.1.1.1 预测的概念

预测学是一门专门研究未来的学科。所谓预测(forecasting)，就是根据过去和现在的实际数据资料，运用已有的科学知识和手段来探索人们所关心的事物在今后可能发展的趋势，并作出估计和评价，从而调节自己的行动方向，减少对未来事件的不确定性。

任何领域的"未来"对决策都具有重大意义，如果我们不知道事物未来的发展，我们就不可能在矛盾重重的方案中进行决策，更不可能编制出可行的计划。所以，无论政治、经济、军事和文化各个领域都十分需要预测。由于未来充满着不确定性，预测的困难是很大的。其主要困难之点在于：我们能够依据的一切经验和数据都是反映过去，我们需要知道和决定的却是未来，而未来的变化不一定是过去的延伸。

预测和猜测是两个不同的概念。预测的特点表现在两方面：一是具有科学性和逻辑性的理论基础；二是预测只是提供决策进而编制计划作参考而不是决策本身。有科学理论基础，能重视结果就是预测，否则就是猜测。

3.1.1.2 预测与决策的关系

从流程上讲，先对未来的各方面状况做出预测，根据预测情况做出决策，确定目标，然后为实现决策的目标再做出明确的方针和计划。也就是说，先有预测，然后在预测的基础上决策，最后按照决策制订计划。预测是决策的基础，计划是保证决策实施的措施。因此说，预测方法和预测值是制订计划过程的一个输入。预测与决策两者的关系可用框图表示如下(图 3-1)。

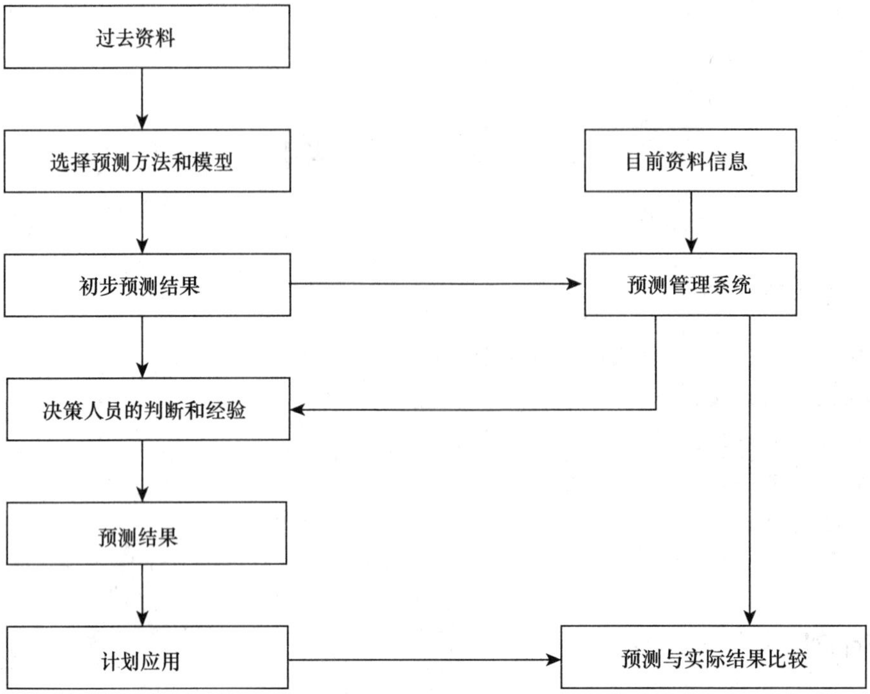

图 3-1　预测系统图

3.1.2　预测的程序

预测工作是一项复杂的工作,进行科学预测要遵循一定的程序,其程序包括如下步骤。

(1)确定预测目标

预测的内容和范围广泛,涉及的因素很多,因此,首先要确定预测目标。只有目标明确,才能有针对性地搜集必要的资料,选择适当的方法进行科学预测;才能有效地评价预测结果。如果目标不明确,就不能确定预测什么,也就谈不上怎样进行预测。

(2)搜集分析各种信息资料

按照预测目标的要求,广泛搜集各种信息资料,并加以分析整理,是预测工作的基础。预测所需的信息资料,既包括反映预测对象发展变化的历史资料即内部资料,也包括与预测对象有关的各种环境资料即外部资料,同时还包括国内外同类预测的研究成果。一般来说,搜集的信息资料越充分,分析资料就越详细越深刻,预测的准确性就越高。

(3)选择预测方法

预测的具体方法很多,各种方法都有其优缺点和适用范围,选择什么样的方法进行预测,应根据预测的目的、掌握信息资料的情况、预测精度的要求、预测费用的多少以及各种预测方法的适用范围等条件而定。一般来说,在可能情况下最好综合运用多种方法进行预测,提高预测的准确度。

(4)进行预测

选定预测方法后,即可进行预测,这是预测程序中最实质性的步骤。如果选择的是定性预测法，则要注意找准那些具有丰富知识、经验和综合分析能力的专家参加预测工作。如果选择定量预测方法，则要在掌握大量信息资料的基础上，抓住事物发展中各种现象之间的本质联系，探寻事物发展的客观规律，建立能够比较准确的反映事物发展趋势的数学模型，进行科学预测。

(5)检验和评价

预测毕竟是对未来的推断，难以与实际完全吻合。因此，必须对预测结果进行检验评价，计算预测误差以及发现事物情况的变化。一方面，要找出产生误差的原因，对预测结果加以合理的修改调整；另一方面，当事物发生重大变化，原有的数学模型不能如实地反映事物发展时，就要修改数学模型进行新的预测。

3.1.3　预测方法

预测工作的复杂性表现在：第一，预测要说明未来，而未来充满未知数；第二，预测的内容大多涉及人的行为，而人的行为又是一种复杂的社会现象，它比最复杂的自然现象还要复杂。因而，为了提高预测的准确度，除要遵循一定的程序外，还要讲究一定的预测方法。由于预测用途广泛，预测对象庞杂，以及应用中的多样性和灵活性，所以预测方法种类繁多。据美国斯坦福大学的统计，现代预测方法有 150 多种，最常见的也有几十种。但这么多的预测方法按属性可分为两大类：定性预测法和定量预测法。

3.1.3.1　定性预测法

定性预测法(qualitative predict methods)是根据已有的历史资料和现实资料，依靠人的经验、知识和综合分析能力，对预测对象的未来发展趋势作出判断，以判断为依据进行预测的方法。常用的定性预测法有：专家会议法、特尔菲法。

(1)专家会议法

专家会议法(specialist meeting)就是把有关专家召集在一起面对面地讨论。首先各自提出自己的预测，由主持人把大家的预测记下来进行讨论，交换意见，互相启发，集思广益，取长补短，迅速而全面地做出预测。这种方法的优点是原理简单，预测迅速。缺点是少数“权威”人士的意见会影响他人的意见，形成偏见，因为人们坐在一起，由于自尊心或社会其他关系的影响，往往不愿反驳别人的意见，从而使一些人的意见被忽视了。此外这种方法受时间、空间以及参加人数的限制，往往不易进行。

(2)特尔菲法

特尔菲法(Delphi technique)是一种函询的预测方法。它来源于古希腊的神话。相传希腊古代阿波罗神在特尔菲战胜了恶龙，而成为特尔菲的主人。阿波罗神未卜先知，并以此闻名世界，从此特尔菲成为预告未来的神谕之地，后人便以此命名一种预测方法。

特尔菲法的具体步骤如下。

①拟出征询的问题，制定表格，寄给有关被征询者，要求被征询者以书面形式回答问题。

②建立调查组，让不同背景和地区按问题所属领域的专家在一起工作。在征询工作中一般要经过几轮，在各轮征询中，互相保持匿名，以便保证审查他人意见时，不受名人权威的名气影响而保持客观性。

③征询的控制反馈,在后几轮征询中,必须把征得的各种意见循环地转达到所有成员。每一轮结束,必须对材料去伪存真,对数据要分析整理,求出其统计特性。然后进入下一轮,使被征询者的精力集中到主题上。

④写出最后报告,报告应表达出各轮征询的完整结果,并便于读者阅读和理解。

总之,特尔菲法对一些意见纷纭、不易建立数学模型的场合,无疑是一项重要的方法。

特尔菲法归纳起来不外乎是采用函询调查方式,向选定的专家发出调查征询表。以一定的回收率收回调查表,经统计、分析,做出下一轮征询表。经过二轮到四轮的反复征询,得到逐步趋向一致的意见。

特尔菲法具有以下特征:

①匿名性。特尔菲法的专家们互不见面,调查表是匿名的,反馈信息也是匿名的。每个专家只知统计结果,因而避免了一切心理因素的影响。

②有控制的反馈,反复交换意见。各个专家的意见都经过加工整理,把必要的信息反馈给专家们,使他们知道集体汇总的意见,包括正、反两方面的意见。这样,就可避免去听高谈阔论或没完没了的套话,保证多数和少数意见都得以反映。

③具有统计意义。调查结果,都以统计数字表示,如中位数、四分位数、平均数、百分数等,足以查明意见的一致性和分歧程度。

3.1.3.2 定量预测法

定量预测法(quantitative predict methods)也称统计预测法,它是根据已掌握的比较完备的历史统计数据,运用一定的数学方法揭示有关变量之间的规律性联系,用以判断和推测未来发展变化趋势的一类预测方法。

定量预测法一般分为两大类:时间序列预测法和回归预测法。时间序列预测法是以预测对象本身的历史数据的变化趋势为依据,运用一定的数学方法寻找该预测对象的演变规律,来预测未来发展变化趋势的一类预测方法。即把未来作为过去历史的延伸。回归预测法是从预测对象(因变量)与影响预测对象的各种因素(自变量)的相互关系中,借助于回归法方程探索它们之间的规律性联系,来预测未来发展变化趋势的一类预测方法。

定量预测法的优点是:偏重于数量方面的分析,重视预测对象的变化程度,能作出变化程度在数量上的准确描述;它主要把历史统计数据和客观实际资料作为预测的依据,运用数学方法进行处理分析,受主观因素的影响较少;它可以利用现代化的计算方法,来进行大量的计算工作和数据处理,求出适应实际的最佳数据曲线。缺点是比较机械,不易灵活掌握,对信息资料的质量和数量要求较高。

定量预测法常见的有:移动平均法(moving averages method)、指数平滑法(exponential smoothing method)、回归预测法(forecast regression method)等。其中移动平均法和指数平滑法属于时间序列预测法。

(1)移动平均法

一般情况下,可以认为较近的未来与现在和较近的过去关系密切,而与较远的过去关系不大。从这个认识出发,我们可以利用已知的近期历史数据去预测未来。按选取历史数据数量的不同,移动平均数预测法有简单移动平均数法、二次移动平均数法和加权移动平均数法几种。

1)简单移动平均数法。简单移动平均数法又称一次移动平均数法。该方法假设未来状态与前 N 个周期(例如月或周)的状态有关,取最接近未来的几个周期实际值的平均值,即该预测周期的数值。其计算公式为:

$$\widetilde{Y}_t = M_{t-1}^{(1)} = (Y_{t-1} + Y_{t-2} + \cdots + Y_{t-N})/N \tag{3-1}$$

式中:$M_{t-1}^{(1)}$—第 $t-1$ 期一次移动平均值;

$\widetilde{Y}_t$—第 t 期的预测值;

Y_i—第 i 期的实际数值($i=t-1, t-2, \cdots, t-N$);

N—移动平均的分段数据的项数(移动项数)。

包含在平均数中实际值的个数 N,由管理人员规定,并保持不变,每获得一个新的实际值,同时去掉一个最远的历史数据,就会算出一个新的下一时间间隔的预测值,这就是"移动平均数"的特点。

例 3-1:某厂生产科为了安排每个月产品 A 的生产计划,用 3 个月和 5 个月的移动平均数预测下个月的销售量,计算如表 3-1 所示。

表 3-1　简单移动平均数预测及误差比较　　万件

月份	时间间隔	实际数据	3 个月简单移动平均				5 个月简单移动平均			
			预测值	误差	绝对误差	平方误差	预测值	误差	绝对误差	平方误差
1	1	135	—	—			—			
2	2	159	—	—			—			
3	3	198	—	—			—			
4	4	310	176	+134	134	17 956	—			
5	5	175	234	−59	59	3 481	—			
6	6	155	228	−73	73	5 329	203	−48	48	2 034
7	7	130	213	−83	83	6 889	207	−77	77	5 929
8	8	220	153	+67	67	4 489	194	+26	26	676
9	9	277	168	+109	109	11 881	198	+79	79	6 241
10	10	235	209	+26	26	676	192	+43	43	1 849
11	11	—	244	—	—	—	203	—	—	—
		总和		+121	551	50 701		+23	273	16 999
		平均		+17	79	7 243		+5	54.6	3 400

由表 3-1 计算可见,为预测 4 月份的需求量,必须具备 1～3 月份的实际值,取平均数即为 4 月份的预测值。若预测 5 月份的需求量,就取 2～4 月份的实际值的平均数。5 个月的简单移动平均数法原理一样,若预测 6 月份的需求量,取 1～5 月份的实际值的平均数,即为 6 月份的预测值。例如:

$N=3$ 时,

$$\tilde{Y}_6=(Y_5+Y_4+Y_3)/3=(175+310+198)/3=228(\text{万件})$$

$N=5$ 时,

$$\tilde{Y}_6=(Y_5+Y_4+Y_3+Y_2+Y_1)/5=(175+310+198+195+135)/5=203(\text{万件})$$

简单移动平均数预测法能够预测下一个时间间隔,也能预测下二、三个时间间隔。例如,在上例中,目前已知1～10月份的实际数据,若预测明年1月份的需求量,当 $N=3$ 时,必须先取8～10月份实际值计算11月份的预测值,并以此作为依据,与9～10月份的实际值一起取平均作为12月份的预测值,再和10～11月份的计算值一起计算得明年1月份的预测值。显然,在这种情况下,误差会很大,因此,在绝大多数情况下,移动平均数方法只适用于未来一个时间间隔的预测。

应该强调指出,移动平均数预测法是有局限性的,它只适合于水平数据模式。当所预测的基本模式出现变化时,如呈跳跃式变化或呈斜坡式趋势变化时,移动平均数方法不能很迅速地适应这种变化。因此,移动平均数预测法一般只适用于短期情况,在这种情况下,模式图形可假定为水平线,对精确度的影响不是很大。

2)二次(双重)移动平均数法。为使预测值更准确,在简单移动平均数的基础上,可对公式(3-1)进行改进,计算二次移动平均数 $M_{t-1}^{(2)}$,其计算式如下:

$$\tilde{Y}_t=M_{t-1}^{(2)}=(\tilde{Y}_t^{(1)}+\tilde{Y}_{t-1}^{(1)}+\cdots+\tilde{Y}_{t-N+1}^{(1)})/N \tag{3-2}$$

式中:$\tilde{Y}_t^{(1)}$、$\tilde{Y}_{t-1}^{(1)}$、…分别为 t、$t-1$、…时刻的一次移动平均数预测值;$M_{t-1}^{(2)}$ 为 t 时刻二次(双重)移动平均数预测值。

以表3-1所列例3-1数据按式(3-2)计算二次移动平均数如表3-2所示,并以表3-1计算结果与表3-2三个月简单移动平均数的误差进行比较,二次移动平均数显然比简单移动平均数精确。

表3-2 二次移动平均数预测及误差($N=3$)

时间间隔	实际数据	一次预测值	二次预测值	误差	平方误差
		—			
1	135	—			
2	159	—			
3	198	176	—		
4	310	234	—		
5	175	228	213	−58	3 364
6	155	213	225	−95	9 025
7	130	153	198	+22	484
8	220	168	178	+99	9 801
9	277	209	177	+58	3 364
10	235	244	207		
11	—				
总和					26 038
平均					5 207.6

3)加权移动平均数法。如果认为时间序列中离预测时间越近的实际值越能反映实际的变化趋势,简单移动平均数计算法可采用加权的措施进行弥补,这就是加权移动法。N 个时间间隔数据计算加权移动平均数公式如下:

$$\widetilde{Y}_{t+1}=[NY_t+(N-1)Y_{t-1}+(N-2)Y_{t-2}+\cdots+Y_{t-N+1}]/0.5N(N+1) \quad (3\text{-}3)$$

式中:N 为正整数,时间序列数据以 $2/N(N+1)$ 的权值由近至远递减。以例 3-1 的数据采用加权移动平均数预测,当 $N=3$ 时,4 月份的预测值 $\widetilde{Y}_4$ 为:

$$\widetilde{Y}_4=(3Y_3+2Y_2+Y_1)/0.5\times3\times4=(3\times198+2\times195+135)/6=186.5(\text{万件})$$

同理,当 $N=5$ 时,11 月份的预测值为:

$$\widetilde{Y}_{11}=(5Y_{10}+4Y_9+3Y_8+2Y_7+Y_6)/0.5\times5\times6=224(\text{万件})$$

该例计算见表 3-3。

表 3-3 加权移动平均数预测及误差比较

万件

月份	时间间隔	实际数据	3 个月移动平均				5 个月移动平均			
			预测值	误差	绝对误差	平方误差	预测值	误差	绝对误差	平方误差
1	1	135	—							
2	2	159	—				—			
3	3	198	—				—			
4	4	310	187	+123	123	15 129	—			
5	5	175	254	−79	79	6 241	—			
6	6	155	224	−69	69	4 761	216	−61	61	2 721
7	7	130	188	−58	58	3 364	200	−70	70	4 900
8	8	220	146	+74	74	5 476	174	+46	46	2 116
9	9	277	179	+98	98	9 604	183	+94	94	8 836
10	10	235	234	+1	1	1	209	+26	26	676
11	11	—	247	—	—	—	224	—	—	—
		总和		+90	502	44 576		+35	+297	20 249
		平均		+13	72	6 368		+7	+59	4 050

(2)指数平滑法

移动平均数预测法要计算预测值,必须储存最后 N 个实际值,要在计算机中占据很大存储,这对许多计算机系统来说,费用相当昂贵。况且,移动平均数方法采用最后 N 个数据,而对 $(t-N)$ 时间间隔以前的全部数值权重都为 0。最近的观测值含有关于未来事件的最大量信息,应该得到最大的权重,但较旧的实际值亦应给予一定的注意,应赋予递减的权值。指数平滑法能满足这些要求,实践中管理人员常用指数平滑法代替移动平均数法预测。

指数平滑法又称指数修匀法，是美国人布朗于 1959 年在他的《库存管理的统计预测》一书中提出的。他把当期的实际值和当期的预测值经过修匀后作为下期的预测值；实质上，这是加权移动平均数法的进一步发展，也是时间序列法应用最广泛的一种。在实际工作中，可根据具体问题采用一次平滑或双重平滑。

1)一次平滑预测法。从原理上看，指数平滑法的预测方式类似于移动平均数法，也是“平滑”历史数据，消除随机性。不同处在于指数平滑法实质上是把历史数据全部给予由近至远递减的权重。

假设已知历史数据：$Y_t, Y_{t-1}, Y_{t-2}\cdots$ 为一个无穷数，赋予不同权值 a_i 加权平均后，得 $(t+1)$ 时间间隔预测值为：

$$\widetilde{Y}_{t+1}=a_0Y_t+a_1Y_{t-1}+a_2Y_{t-2}+\cdots \tag{3-4}$$

式中：a_i 是权值，又称为指数，是一个无穷数列，满足上式的条件应该是：

①$a_i>0 \quad (i=0,1,2,\cdots,\infty)$

②$a_i<1 \quad (i=0,1,2,\cdots,\infty)$

③a_i 递减

④ $\sum a_i=1 \quad (i=0,1,2,\cdots,\infty)$

由上式可见，指数平滑法克服了移动平均数方法的缺陷，即把历史数据全部应用，并给予递减的权值。实际计算时，只要具备当前时间的实际值和预测值，用平滑系数加以调整，就可获取下一时刻的预测值。

在实际工作中，可按不同 a 值，计算预测值的误差，以决定 a 的取值。

例 3-2：以例 3-1 数据按 $a=0.1, 0.5$ 计算指数平滑预测值，第一时间间隔没有预测值，采用实际值代之。计算结果见表 3-4。

表 3-4　一次指数平滑预测法及误差计算

月份	时间间隔	实际数据	$a=0.1$				$a=0.5$			
			预测值	误差	绝对误差	平方误差	预测值	误差	绝对误差	平方误差
1	1	135	135	0			135	0		
2	2	159	135	60	60	3 600	135	60	60	3 600
3	3	198	141	57	57	3 249	165	33	33	1 089
4	4	310	147	163	163	26 569	182	128	128	16 384
5	5	175	163	12	12	144	246	−71	71	5 041
6	6	155	164	−9	9	81	210	−55	55	3 025
7	7	130	163	−33	33	1 089	182	−52	52	2 704
8	8	220	160	60	60	3 600	156	64	64	4 096
9	9	277	166	111	111	12 321	188	89	89	7 921
10	10	235	177	58	58	3 364	233	2	2	4
11	11	—	183				234			
		总和		479	563	54 017		198	554	43 864
		平均		53	63	6 002		22	61	4 874

2)二次平滑预测法。二次平滑预测法即双重修匀,是对一次指数平滑数据做再一次的指数平滑而得到预测值的方法,其计算式如下:

$$\tilde{Y}_{t+1}^{(2)}=a\tilde{Y}_{t+1}^{(1)}(1-a)\tilde{Y}_{t}^{(2)} \tag{3-5}$$

式中:$\tilde{Y}_{t+1}^{(1)}$—$t+1$ 时刻的一次指数平滑预测值;

$\tilde{Y}_{t}^{(2)}$、$\tilde{Y}_{t+1}^{(2)}$—分别为 t、$t+1$ 时刻二次指数平滑预测值;

a—平滑系数。

表 3-5 所列为例 3-1 数据按 $a=0.5$ 计算的二次指数平滑预测值。

表 3-5 二次指数平滑预测值($a=0.5$)

t	Y_t	$\tilde{Y}_t^{(1)}$	$\tilde{Y}_t^{(2)}$	误差	误差平方和
1	135	—	—	—	—
2	159	135	135	—	—
3	198	165	150	48	2 304
4	310	182	166	144	20 736
5	175	246	206	−31	961
6	155	210	208	−53	2 809
7	130	182	195	−65	4 225
8	220	156	176	44	1 936
9	277	188	182	95	9 025
10	235	233	208	27	729
11	—	234	221	13	169
总和					42 904
平均					4 767

3)三次指数平滑法。当时间序列呈现非线性趋势而出现曲线时,则应采用三次指数平滑,三次指数平滑预测几乎适用于所有的预测问题。三次指数平滑是对二次指数平滑值再做一次平滑;以 $\tilde{Y}_{t+1}^{(3)}$ 表示 $t+1$ 时刻的三次平滑值,其计算式如下:

$$\tilde{Y}_{t+1}^{(3)}= a\tilde{Y}_{t+1}^{(2)}(1-a)\tilde{Y}_{t}^{(3)} \tag{3-6}$$

表 3-6 所列为例 3-1 数据的三次平滑预测值。

表 3-6 三次指数平滑预测值($a=0.5$)

t	1	2	3	4	5	6	7	8	9	10	11
$\tilde{Y}_t^{(3)}$	—	—	150	158	182	195	195	186	184	196	209

(3)回归预测法

"回归"这个词起源于英国遗传学家高尔登,原意是指生物的后代有回复或回归到历史上原来性质的倾向性,这种分析法被称为回归分析法,后来被许多生物学家和统计学家所沿用,用来测定因变量依自变量的变动而变动的"回归"过程。按自变量的数目有单元和多元,按图形有线性和非线性之分。这里仅介绍一元线性回归预测。

1)一元线性回归预测。一元线形回归预测法是根据历史数据在直角坐标系上描绘出相应点,再在各点间作一直线,使直线到各点的距离最小,即偏差平方和为最小,因而,这条直线就最能代表实际数据变化的趋势(或称倾向线),用这条直线来进行预测是合适的(图3-2)。

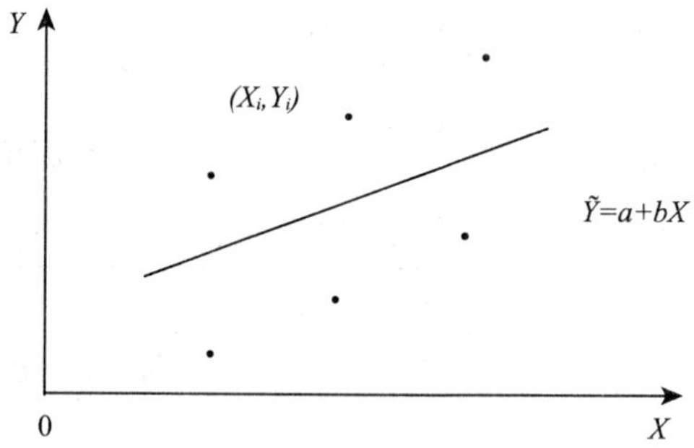

图3-2 一元线形回归预测法的基本原理

一元线性回归的预测方程是:

$$\widetilde{Y}=a+bX \tag{3-7}$$

式中:X—自变量;

Y—因变量;

a、b—回归系数,亦称待定系数。

当已知 N 对实际数据(X_i,Y_i)时,运用一元线性回归预测法的步骤是:

第一,先根据 X、Y 两个变量的历史统计数据,寻求合理的 a、b 回归系数,然后,依据 a、b 回归系数来确定一元线性回归预测方程。

第二,利用已求出的一元线性回归预测方程中 a、b 回归系数的经验值,根据具体条件,测算 Y 值随着 X 值的变化而呈现的未来演变。

求解一元线性回归预测方程中 a、b 两个回归系数要运用最小二乘法原理。即定义:

$$Q(a,b)=\sum[Y_i-(a+bX_i)]^2$$

这样求回归系数 a、b,就转化为 a、b 的值,使得 $\min Q(a,b)$。这可利用高等数学中求极值的方法,具体计算过程不再叙述,其结果如下:

$$b=(N\sum X_iY_i-\sum Y_i\cdot\sum X_i)/(N\sum X_i^2-\sum X_i\cdot\sum X_i)$$
$$a=(\sum Y_i-b\sum X_i)/N$$

式中:X_i—自变量的历史数据;

Y_i—相应的因变量的历史数据;

N—所采用的历史数据的组数。

例3-3:某项目有如表3-7所示的产值与成本资料,试用一元线性回归法预测当产值为70万元时,其成本水平。

表 3-7　某项目产值与成本资料表　　千元

季度资料	1	2	3	4	5
施工产值	540	560	590	640	680
总成本	506	516	538	588	616

先列表计算如下：

样本期	1	2	3	4	5	合计
X_i	540	560	590	640	680	3 010
Y_i	506	516	538	588	616	2 764
X_iY_i	273 240	288 960	317 420	376 320	418 880	1 674 820
X_i^2	291 600	313 600	348 100	409 600	462 400	1 825 300

$$b=(N\sum X_iY_i-\sum Y_i\cdot\sum X_i)/(N\sum X_i{}^2-\sum X_i\cdot\sum X_i)$$

$$=(5\times 1\ 674\ 820-2\ 764\times 3\ 010)/(5\times 1\ 825\ 300-3\ 010\times 3\ 010)=0.820\ 2$$

$$a=(\sum Y_i-b\sum X_i)/N$$

$$=(2\ 764-0.820\ 2\times 3\ 010)/5=59.04$$

$$\hat{Y}=59.04+0.820\ 2\times 700=633.18(\text{千元})$$

因此，当项目当年产值为 70 万元时，其成本水平为 63.318 万元。

2)一些特殊的一元非线性回归问题可转化为一元线性回归问题。

常见的有如下模型：

①指数预测模型

当事物发展趋向或近似于指数分布时，我们可以利用指数曲线来预测。其预测方程为 $\hat{Y}=ab^x$。两边取对数得：$\lg\hat{Y}=\lg a+X\lg b$，令 $\hat{Y}'=\lg\hat{Y}$，$a'=\lg a$，$b'=\lg b$，则上式为 $\hat{Y}'=a'+b'X$，这样就成了直线模型，可利用上述方法求出 a'、b'，利用 $a=e^{a'}$，$b=e^{b'}$，求出 a、b，代入预测方程即可进行预测。

②对数预测模型

其预测方程为 $\hat{Y}=a+b\lg X$，令 $X'=\lg X$，有 $\hat{Y}=a+bX'$，利用一元线性回归预测方法，求出 a、b，代入上式即可进行预测。

③幂函数预测模型

其预测方程为：$\hat{Y}=aX^b$，两边取对数得：$\lg\hat{Y}=\lg a+b\lg X$，令 $\hat{Y}'=\lg\hat{Y}$，$a'=\lg a$，$X'=\lg x$，则有：$\hat{Y}'=a'+bX'$，可利用直线模型方法求出题 a'、b，再利用这一结果求出 $a=e^{a'}$，代入幂函数预测模型即可预测。

3.2　决策的含义和分类

3.2.1　决策的含义

什么是决策？著名的管理学家赫伯特·西蒙(Herbert A. Simon)揭示管理的本质时指

出:“决策是管理的心脏;管理是由一系列决策组成的;管理就是决策”。另一些美国学者认为:“决策有狭义和广义之分。狭义地说,决策是在几种行为方针中作出抉择;广义地说,决策还包括在作出最后抉择之前必须进行的一切活动。”管理学教科书中指出:“决策是从两个以上的备择方案中选择一个的过程。”我国经济学家在匡正了“拍板”“抉择”等对决策的传统认识后,提出了“科学地决策、决策科学”的命题,以下是从不同角度对现代决策的定义所作的论述。

管理学学者认为:正确决策应该是指人们为了实现特定的目标,运用科学的理论和方法,系统地分析主客观条件,在掌握大量有关信息的基础上,提出若干预选方案,并从中选择出作为人们行动纲领的最佳方案。

系统论学者指出:决策就是为了实现一个特定系统目标,根据客观的可能性,在占有一定信息和经验的基础上,借助一定的工具、技巧和方法,对决策的诸因素进行准确的计算和判断选优后,对行动作出决定。

管理系统工程学学者强调了人在决策活动中的创造性作用后指出:决策是一种创造性活动。一切决策活动的实质归根结底在于实现主观与客观的一致,在于选择符合客观实际的最适当的行动方案,以达到系统工程的基本目标。根据决策的结构观点,可将决策归结为以下模型:

$$D=\{A,Y,P,O,C\}$$

其中:

D—决策活动空间;

A—备选方案集,由 A_1、$A_2 \cdots A_i \cdots A_n$ 个备选方案组成;

Y—对抗环境,或称对抗者的方案集,由 Y_1、$Y_2 \cdots Y_i \cdots Y_m$ 组成;

O—决策的目标集;

P—为 $O \times A \times Y$ 的映射,即每一方案 A_i 在各个对抗环境 Y_i 下对于每一价值目标 O_k 的输出集,或呈得失集和支付集;

C—决策的评定准则。

关于决策定义还有很多不同的描述,但随着管理科学的发展,人们对现代决策越来越趋于取得共同的认识:决策是人们为实现一定的目标而制定行动方案,进行方案选择并准备方案实施的活动,是一个提出问题、分析问题、解决问题的过程。这是一个建立在环境和条件分析基础上,对未来的行为确定目标,对实现目标的若干可行方案进行抉择并决定一个优化合理的满意的方案的分析决断过程。它包含着以下这些特性。

1)决策是行动的基础。任何一项管理活动都要预先明确此项活动要解决什么问题,达到什么目的。为了实现要达到的目的,有哪些办法、哪种办法比较好。没有决策也就没有合乎理性的行为。从这个意义上说,管理就是决策,管理的核心是决策,管理的首要职能是决策。

2)决策有明确的目的。决策是为了解决某一个问题,或者是为了达到一定的目的。要解决的问题是十分明确的;不是众说纷纭、模棱两可的。要达到的目标必须有一定的标准,可以定量或比较以最终衡量和确定其结果。

3)决策有可行的方案。决策必须面对两个以上的可能性或可行方案。每个方案都具有以下条件。

①能够实现预期目标。

②各种影响因素都能进行定性和定量分析。

③无法控制的因素基本能预测出实现的概率。决策的前提是寻求若干个可行方案。

4)决策要进行因果分析和综合评价。每个实现决策目的的可行方案都会对目标的实现发挥某种积极作用和影响,也会产生某种消极作用和影响。因此,必须对每个可行方案进行综合的分析与评价,确定出每个方案的实际效果(包括经济、社会和组织管理等各方面的效果)和可能带来的潜在问题,以便比较各个方案的优劣。

5)决策要经过方案的优选过程。决策最终要从若干可行方案中选择一个较为合理的方案。这个方案尽管未必是最优的,但它必须是能够实现决策目标的诸方案中最理想的方案。

从决策的含义可以看出决策在管理活动中的重要地位和作用。它是贯穿管理活动过程始终的基本活动,是管理的首要职能,是执行管理其他职能的前提。决策的正确性和科学性对管理活动的成败起着决定性的作用,直接关系到企业或一个组织的生存和发展。

3.2.2　决策的分类

决策根据解决问题的性质和内容,可以分成许多不同的种类。管理者需要从不同层次和侧重上把握各类决策的特点,以便根据决策问题的特征,按不同的决策类型,采取相应的方法,作出正确的决策。

(1)根据决策的重要程度,决策可分为战略决策、管理决策和业务决策

战略决策(strategic decision),指事关企业或组织未来发展方向和远景的全局性、长远性的大政方针方面的决策。对于一个企业来说,企业的目标和方针、企业的产品开发和市场开发、企业的投资、企业主要领导人选、企业组织结构的调整等方面的决策,都属于战略决策,它决定着企业的兴衰存亡,关系到企业的发展方向、发展规模和发展速度。战略决策主要由组织内最高管理层负责进行。

管理决策(managerial decision),重点是解决如何组织动员内部资源的具体问题,如企业的营销计划、生产计划、资金筹措、设备更新等方面的决策,旨在提高经济效益和管理效能,一般由企业或组织的中间管理层负责进行。

业务决策(business decision),是日常业务活动中为提高工作效率和生产效率,合理组织业务活动进程等而进行的决策。这类决策是作业性决策,技术性强,时间紧,一般由初级管理层负责进行。

战略决策、管理决策和业务决策是决策体系中不同层次的具有从属关系的 3 类不同的决策。它们相互依附又相互影响,上、下两个层次之间有时没有绝对的明晰的界限,与企业组织 3 个不同的管理层次也并不产生一一对应的关系。相反,为了提高管理者的积极性,提高决策质量,三层不同的决策在组织管理的 3 个不同层次上可做适当的交叉,其关系如图 3-3 所示。

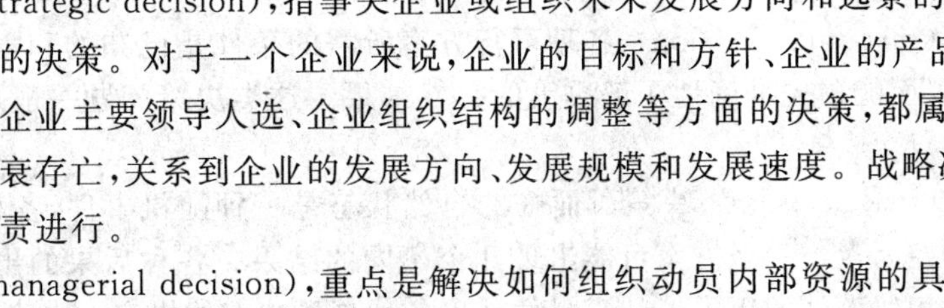

图 3-3　不同层次决策的相互关系

(2)按决策的重复程度,决策可分为程序性决策和非程序性决策

程序性决策(programmed decision),也称规范性决策,是在日常管理工作中以相同或基本相同的形式重复出现的决策。这类决策问题产生的背景、特点及内部与外部的有关因素已全部或基本上被决策人所掌握,决策者可依靠长期处理此类问题的经验或惯例来完成此类决策。这类决策问题已经可以采用计算机化决策支持系统,决策者只要把相关数据输入计算机,即可得出准确的答案和方案选择。

非程序性决策(non-programmed decision),也称一次性决策,是具有极大偶然性和随机性,很少重复发生,无先例可循且具有大量不确定因素的决策活动。这类决策往往缺乏准确可靠的统计数据与情报资料,决策者大多对处理这类问题经验不足。解决这类决策问题往往依靠最高决策者本人所具有的丰富的经验、渊博的知识、敏锐的洞察力和活跃的逻辑思维。

同一个决策问题,在不同的单位,可能分属不同的类型,如处理在交通事故中伤亡事件,对于交通警察来讲就是规范性决策,他有太多的经验,他有太多相同的场景,已经有一套科学严格的程序来判定谁的过错,按规定应该赔偿多少等,执勤的片警完全有能力解决。但对于一个行政单位来讲,伤亡一个主要技术或管理职员并不是经常的事,特别是对一个中小单位,如何与公安合作,如何与另一方交涉,如何安慰家属等都是一个新的没有先例可供参考的决策问题,需要高层次的领导出面才能决定,这就属于一次性决策。

(3)按决策的可靠程度,决策可分为确定型决策、风险型决策和不确定型决策

确定型决策(certainty decision):各种可行方案所需的条件是已知的和肯定的,一个方案只有一种结果,因而能预先准确地了解决策的必然结果。这类决策问题一般可以运用数学模型求得最优解。

风险型决策(risk decision):决策所面临的自然状态是一种随机事件,各种可行方案所需的条件存在不可控因素。一个方案可能出现几个不同的结果。各种后果的出现是随机的,但决策者可以根据相似事件的历史统计资料估计出各种自然状态的概率。决策的结果只能按客观的概率来确定,决策存在着风险。

不确定型决策(uncertainty decision):客观上存在两种以上的自然状态,它们出现的概率是未知的,各种可行方案出现的后果是不确定的,完全凭决策者的经验、感觉和估计来作出决策。

(4)按决策目标与所用方法,决策可分为计量决策和非计量决策

计量决策,也称定量决策,决策目标有准确的数量,可以采用数学方法作出决策。

非计量决策,也称定性决策,难以用准确数量来表示目标,主要依靠决策者的分析判断进行决策。

此外,决策还可以按决策所涉及的时间长短分为中长期决策和短期决策;按决策是一次性拟定还是随时间推移多次拟定分为初始决策和追踪决策等。

3.3 决策的程序和决策心理

3.3.1 决策程序

决策体制的科学化必然导致决策程序的变更,使之趋向科学化。著名的管理学家孔茨

(Harold Koontz)认为,决策过程包括:①拟定前提条件;②明确备选方案;③根据所要追求的目标评价各种方案;④选取其中一个方案。西斯克(Henry L. Sisk)认为,决策的程序应该包括5个步骤:①确定问题;②分析资料;③制定备选方案;④选择;⑤执行并引出新的问题。诺贝尔奖金获得者西蒙(Herbert A. Simon)指出,决策过程包括4项活动过程:①情报活动,搜索环境,寻求要求决策的条件;②设计活动,研究制定可能采用的备选方案;③选择活动,选择方案并付诸实施;④审查活动,方案实施后的再评价。虽然管理学家们对决策过程有不同的表述,但显然有许多共同之处。这些共同之处都揭示了科学决策过程的内在客观规律性。随着人们对决策原理内在客观规律性认识的不断深化,一般认为:科学决策程序可以分为6个阶段:目标阶段、信息阶段、设计阶段、评价阶段、选择阶段和反馈阶段。其流程图(图3-4)如下。

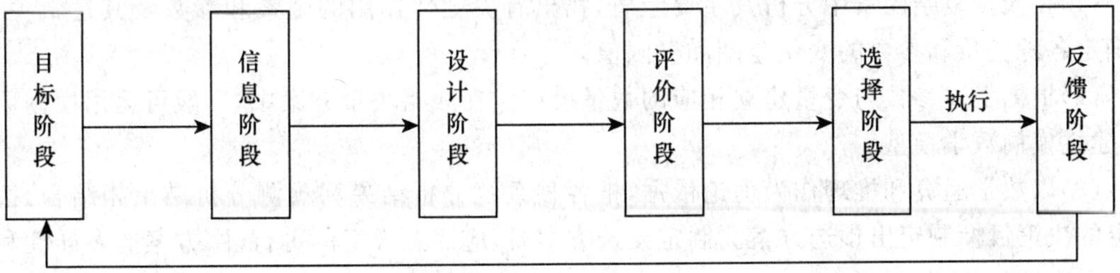

图3-4　决策程序流程图

3.3.1.1　目标阶段

当决策者面临一些重大决策时,应当首先明确选定决策的目标,这是决策的重要前提,也是决策成败之所在。有了应达到的要求这一尺度以后,才能拟定出达到目标的各种办法和方案,并根据目标确立的标准衡量和选择最好的方案,做出决策。

建立目标,要从预计可以达到的结果和可以运用的资源两个方面来考虑。目标必须明确和具体,在时间、地点和数量上都要加以确定。目标应从可能性、可靠性和重要性等方面出发,区分主次,哪些目标是必须达到的,哪些目标是希望达到的。希望达到的目标要表明相对的需要。在必须获得的成果方面,要有一个最低限度的标准。在实现目标的资源限制方面,要订立一个最高限度,这是进行决策的边界条件。

3.3.1.2　信息阶段

信息阶段的中心内容是调查研究,信息量的大小以及正确与否直接影响到决策的质量。

宏观经济的决策,需要对国家的自然资源条件、人口条件、经济条件等有确切、详细的了解,要掌握最新的统计数据和市场动态,了解国内生产和消费的变化情况,国际行情和市场动态,以及经济、科学研究的现状和发展趋势等。

微观经济的决策,要掌握企业自身的生产技术条件现状;经过努力能够达到的生产技术水平和管理水平;企业在行业中的地位;国家的政策法令;国内外同类产品和同类企业的技术发展水平趋势;用户对企业产品和服务的具体要求等。

为了决策科学化的需要,应建立信息系统,以搜集有关的信息并加以处理、传送和使用。建立信息系统时要注意所搜集、处理和输出的信息的必要性、准确性和可靠性。系统所提供的信息应是最需要的情况,并符合人们处理信息的能力,要保证使重要的信息能够首先引起决策者的注意。对于决策所需要的条件和环境中所存在的不确定因素,要根据已搜集的资料和信息进行预测。科学的预测也是决策的前提。

3.3.1.3 设计阶段

根据必须达到的目标和希望达到的目标,以及已经具备的相应的信息资料和预测资料,就可以拟定各种对策方案。方案设计阶段的主要任务是对于信息系统提供的数据情报进行充分的系统分析,并在此基础上制定出各种提供决策系统选择的方案。这项工作一般由智囊系统承担。对于一些比较简单的决策问题,也可由决策者凭本人的经验和知识,去研究每一项目标和每一个细节,去寻找对策方案。对策方案设计可按以下步骤进行。

(1)在大量复杂因素中分析其主要矛盾,找出有关键性作用的因素和参数及其逻辑关系,并确定各种变量和参数的变化范围和极限值。

(2)根据上述参数与变量建立相应的数量模型。在战略决策方案中,一般可运用模糊数概念,建立模糊数学模型。

(3)以数学运算和推理作为理论依据,把各种系统分析结果和预测分析结果相结合,按照既定的决策目标制定出预选方案。制定预选方案时,应注意方案的可行性、方案的多样性和方案的层次性。

3.3.1.4 评价阶段

采用现代化的分析、评价、预测方法对各种预选方案进行综合评价,在评价时,要根据目标来考核各个方案的费用和功效,运用定性和定量分析方法评估各预选方案的近期、中期和远期的效能价值,预测决策的后果以及来自各阶层、各领域的反应,尤其要注意那些难以用数学方法量化的非计量性因素。为了系统地进行评价,可以就每一方案分别根据"必须达到的目标和希望达到的目标"两个方面加以衡量。如果一项对策不能完全满足"必须达到的目标"要求,就摈弃不用。这样就把可能采用的方案缩减到少数几个最可行的方案。然后再根据"希望达到的目标"进行进一步评价。在评价的基础上,权衡比较各预选方案的利弊得失,并将各种预选方案按优劣顺序排列,提出取舍意见,送交最高决策机构。

3.3.1.5 选择阶段

选择阶段是决策程序中最关键的环节,由决策系统进行总体权衡,合理判断,做出决策。

前阶段的调查研究和预测、方案制定和比较分析,都为本阶段的决策提供了依据。这些资料和方案的科学性、准确性决定了决策的正确与否,这是决策成败的前提。而决策者的素质、判断力、工作魄力以及对未来的想象力等主观因素则直接影响着决策的结果。选择阶段突出的问题是在既定目标和众多约束条件的范围内,如何才能正确处理目标与可能之间的矛盾?选择的标准是看在同样决策条件下,哪一方案能够以最低的代价、最短的时间、最优的效果实现决策目标。决策者要以战略的眼光,全局的观点,从局部到整体,从现在到将来,从可能到现实,从特殊到普遍,从必然到偶然,对各种预选方案进行统盘考虑和系统分析。这样做的结果一般会导致两种情况:其一,从各种预选方案中选择出一个最佳方案;其二,决策者从各预选方案中综合出一项新的方案。

决策者在决策时还须研究某一项决策对其他各方面的影响,以及其他方面的事物对这项决策的影响。决策可能发生的各种结果应按其严重性和影响力加以衡量，并估计其可能发生的程度。可以把结果的严重性和发生的概率相乘，作为衡量危险性的尺度，列于每一对策方案之后。

决策者在决策时还须体现决策过程中的时效观念。决策既是方案的选优，又是矛盾的协调。对各预选方案长期议而不决，去追求根本不存在的十全十美的"理想方案"，不仅不会收到预期的效果，反而会因为各种动态因素的变化而失去决策的良机。任何决策都受到时间的制约，决策者应当把时效观念运用到决策程序的每一个环节中。

3.3.1.6 反馈阶段

决策的最后一个阶段是控制决策的执行。一旦开始执行决策方案，所有先期考虑到的后果都会变成可能发生的问题，需要进一步分析研究其原因所在，然后采取预防性措施，消除这些因素。在执行过程中也可能发生一些以前没有考虑到的后果，如果无法消除，则应制定应急措施来对付可能发生的问题。反馈阶段的任务在于准确而迅速地把决策实践过程中出现的问题，即决策本身与客观环境之间的矛盾信息输送给决策系统，从而使决策系统能够及时根据客观情况的变化，对决策方案进行相应的调整与修正。反馈行为的主要执行机构是信息系统。信息系统必须随时保持其信息网络的反馈功能，做到广泛收集，快速归纳，及时上报，把出现的问题解决于萌芽之中；反馈阶段是整个决策过程中极为重要的一环，它使决策与环境统一在一个大系统中，通过"执行—反馈—修正"这样的循环运动，使管理活动始终保持其正确性。

3.3.2 决策的心理

实际上，所有的决策都是在某些不确定的环境下制定的。但是，在程度上，从相对的确定到很不确定，是有很大差别的。

在确定条件下，我们有理由肯定，在制定决策时，将出现什么情况。如果拥有一定量的信息，而且认为信息可靠，我们就知道因果关系。

如果情况不确定，同时掌握信息贫乏，又不知道这些数据是否可靠，情况是否会变化，则心中无数。再者，我们不能对不同变量的相互作用作出评价。举例来说，一家决定在一个陌生的国家扩展业务的公司，对这个国家的文化、法律、经济环境或政策可能知之甚少。政治形势如此反复无常，即使是专家也不能预见到政府的可能变化。

在存在风险的情况下，主管人员尽管有若干可以利用的决策手段，但其对风险的态度，即主管人员的心理倾向对决策过程和决策结果有很大程度的影响作用。也就是说，决策者的个人意志和心理判断对方案的选定具有决定性的作用。

3.3.2.1 优先理论

优先理论，或者说效用分析，是根据个人对风险采取不同态度的观念而形成的。有些人仅仅愿意冒低于概率表示出来的风险（"风险厌恶者"），而其他人愿意冒更大的风险（"赌博者"）。虽然这里把这种方法称为"优先理论"，但更标准地说，应把它叫做"效用理论"。纯粹统计概率，像应用到制定决策中那样，是以决策者将采用这种纯粹统计概率的假设为根据的。换句话说，如果一个决策有 60%的机会是对的，我们就接受这个决策，这样看起来似乎是合理的，但是这并不是必然的真正的合理，因为错误的风险仍存在 40%，因此我们也许不想冒这样的风险。特别是如果错误后果十分严重,不论是金钱损失,还是声誉败坏,那么主管人员都要尽可能地避免这样的风险。如果我们对此发生怀疑,我们可以问一问自己是否愿意冒这样的风险。比如说,有4万美元,可能有创造利润10万美元的60%的机会,同时也还存在可能亏损4万美元的40%的机会,在这样的情况下,我们是否愿意冒这风险呢?我们可能认为,10万美元虽然很有诱惑,虽然胜算的可能性有60%,但失败的可能性仍然有40%,并且损失4万美元的风险也是很大的,所以,一般决策者对此方案的选择会很慎重。相反地,赌徒们在成功机会很少的情况下,愿意并会冒更大的风险。

3.3.2.2 对待风险的态度

在制定决策中,为了使概率具有实际意义,我们需要更好地了解不同决策者对待风险的态度,就是说对待风险是反对呢,还是愿意接受风险。这种态度不但因个人而不同,而且也随风险的大小和主管人员在企业和组织里的级别地位而不同。此外,这种态度还会因投资资金的所有主体不同而有较大的差异。

较高层次的主管人员比较低层次的主管人员,习惯于承担更大的风险,因为高级主管人员的决策范围往往牵涉到更大的风险要素。一家公司的总经理在开展一种新产品,在挑选广告计划,或者在物色一位副总经理等方面,可能必须承担巨大的风险,而第一线的管理人员所承担的风险,可能仅限于雇佣或提升熟练工人,或者批准下属人员的休假计划等。

此外。同是最高层主管人员,他们可能为一家公司在一个既定计划中有的成功机会,比如说75%,冒几百万美元的风险而作出决定,但如果以他们自己个人的财产,他们将不可能冒这样风险,除非他们拥有巨额的财产。而且,在某种情况下,愿意冒75%风险的同一位主管人员,可能在另外一种情况下,就不愿意冒这样的风险了。此外,一位最高层主管人员可能“赞成”一项有70%成功机会的庞大的广告计划,但是,如果是大型设备对接工程,或者是隧道合拢施工,成功的概率也是70%,决策者是不会贸然选定此方案的。换句话说,对待风险的态度,不但因人和地位而不同,而且也因事而不同。

3.3.2.3 个人风险或偏好曲线

虽然人们对风险的态度难以捉摸,但我们知道,在有些情况下,有些人是风险厌恶者,而在另外情况下,又成为赌博者。此外,我们也知道,有些人本性就是十分反对风险的,而其他的人不是全然反对风险的。典型的个人风险偏好曲线如图3-5所示。该图说明,不但有“个人”曲线,而且有风险厌恶者曲线和赌博者曲线。当然,我们中的大多数人,在赌注小的时候,都是赌博者,但是在赌注增大时,我们很快就成为风险厌恶者。

绝大多数主管人员因担心失败所造成的不利影响,在某种程度上往往成为风险厌恶者,很少采用平均数分析的做法。所以,统计概率对制定实际决策不是足够好的办法。

虽然不愿冒风险的主管人员也许太多,从而失去了许多机会,但是,用纯粹统计平均数办事的人反而没有多少,至少在重大决策问题上是如此。因此,个人偏好曲线可以代替决策树中的统计概率。我们能够做到这一点,至少大体上通过评估在各种真实的或想象情况下,我们愿意承担的风险和通过绘制我们自己的偏好曲线,是能够做到的。即使在我们不能系统地做这项工作,但如果我们知道在制定决策或推荐决策时,我们的下属工作人员对风险所持的态度,那我们当中收到下属工作人员推荐的行动方针的那些人就会获得重大好处。

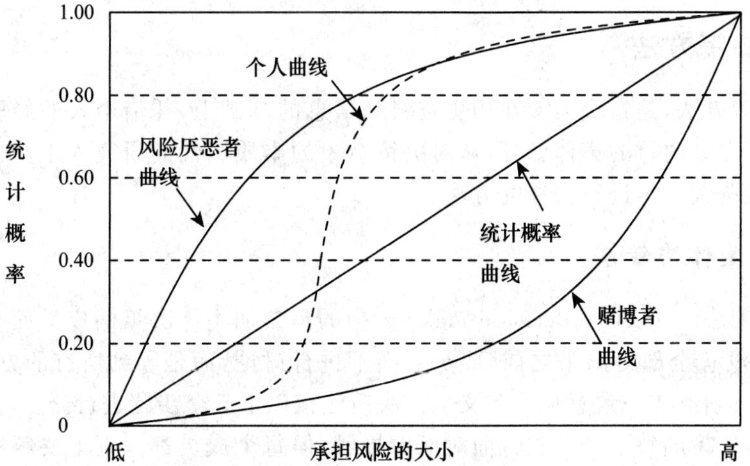

图 3-5　典型的偏好曲线

现实管理中容易产生的几个决策心理。

(1)光环效应:在印象形成过程中一种夸大化的感觉和看法,情人眼里出西施。最突出的特征就是极端和绝对,好的一切都好,坏的一切就坏,要么全盘肯定,要么全盘否定,以点代面。

(2)首因效应(primacy effect):由美国心理学家在1959年第一次提出。强调第一印象的重要性,其原因在于人们对最初的信息给予更多的注意和信任。

(3)近因效应(recency effect):在两种或两种以上的意义不同的刺激物依次出现的场合,印象形成的决定性因素是后来新出现的刺激物。

(4)从众效应:人们自觉不自觉地以多数人的意见为准则,作出判断、形成印象的过程。个体目标与群体目标的距离成正比。如谢利夫的光点实验。寻求一致是人所共有的极为普通的行为心态。有很多的影响因素。

(5)定型效应:基于成见对人作出的各种判断。成见的形成有两类:主体类型不同,信息渠道不同。

(6)乐队效应:在一个群体中大家的意见被个别人如领导或专家所左右。

(7)黄灯效应:主要出于人们挫折防范的心理需要,属于规避性行为。

(8)新闻效应:人们对极为熟悉的、形象生动的特点,鲜明的信息产生积极的心理反应,不仅表现得非常敏感,而且印象深刻。

(9)颂歌效应:下属总是报喜不报忧,颂歌声中,皆大欢喜。

(10)当局者迷(insider puzzlement):由于身陷事务,思路受到一定的限制,做出一些局外人都看出错误而本人认为是正确的决策。

(11)旁观者迷(outsider puzzlement):往往对环境力量的作用不甚清楚,从当局者自身去解释失败。

3.4　决策方法

在决策过程中,由于决策对象和决策内容的不同,相应地会产生各种不同的决策方法,归纳起来可以分为两大类:一类是定性决策方法,另一类是定量决策方法。

3.4.1 定性决策方法

所谓定性决策方法,是指决策者在历史资料和信息的基础上,凭借个人的经验、知识和判断能力,充分发挥专家内行的集体智慧,从对决策对象的本质属性的研究入手,找出事物的内在联系及规律,对备选方案进行抉择的方法。

3.4.1.1 名义集体决策法

名义集体决策法(collective decision-making)指的是参加集体决策的成员面对面地接触,在所有的意见还没有全部提出来之前,成员之间不进行讨论,而是等到所有的方案都提出之后,再进行讨论,直到形成一致意见。名义集体决策法按以下5个步骤进行。

第一步,参与决策的每个成员进行面对面地接触,但每个成员都只记下要解决的问题,并独立地写出自己对解决这个问题的想法和意见。

第二步,每个成员依次详细地将自己的意见作一次公开阐述,在所有成员阐述完其想法之前,不作讨论。

第三步,大家共同讨论所提出的办法,并进行详细的说明和评价。

第四步,每个成员单独地、不记名地给这些意见方法划分等级,然后交给决策组织者。

第五步,以每个方案的决策评价等级进行统计,最高等级的方案将是最终的决策方案。

这个方法与特尔菲法的本质是一样的,其优缺点也基本相同。

3.4.1.2 头脑风暴法

头脑风暴法(brain storm)是为了克服障碍、产生创造性方案的一种简单方法。它的原则是鼓励一切有创见的思想,禁止任何批评。

在典型的头脑风暴法会议中,设计暖色调的场景,布置比较舒适的椅子,一些人围桌而坐,群体领导者以一种明确的方式向所有参与者阐明问题。然后成员在一定的时间内"自由"提出尽可能多的方案,不允许任何批评,并且将所有的方案都记录下来,留待稍后再讨论和分析。

要注意的是,头脑风暴法仅仅是一个产生方案的过程,不能对方案作出选择。

3.4.1.3 电子会议法

这是利用现代的电子计算机手段改善群体决策的一种方法。基本的做法是所有参加会议的人面前除了一台计算机终端之外什么也没有了。会议的主持者通过计算机将问题显示给参加会议的人。会议的参与者将自己的意见输入计算机,通过计算机网络显示在各个与会者的计算机屏幕上。个人的评论和票数统计都投影在会议室的计算机屏幕上。

国外的实践者认为,这种电子会议的主要优点是匿名、诚实和快速;决策的参与者能够不透露姓名地表达自己所要表达的意见,一敲键盘即刻显示在屏幕上,使所有的人都能够看到;这种方式还有利于人们充分地表达信息而不受惩罚;自己在"发言"过程中不担心被别人打断和打断别人;而且这种方式需要的时间短,据统计,这种方式比传统的面对面的直接讨论的方式至少节省的时间在一半以上。

3.4.2 定量决策方法

定量决策方法，是指在已有的历史资料和信息的基础上，借助于数学模型、电子计算机技术、专家经验，对决策对象进行计算和定量化研究以解决决策问题的方法。按照决策者所拥有资料和信息的多少以及所采用的决策手段的不同，定量决策方法可以分为不确定型决策方法、确定型决策方法和风险型决策方法。

3.4.2.1 不确定型决策的数学方法

不确定型决策指决策者知道哪些情况可能发生，但不知道各种情况发生的概率的条件下进行的决策，这种决策是比较困难的，不确定型决策的标准一般有4种。

例如，某企业计划生产某种产品，制造该产品有3种方案，第一种是改进原有的生产线；第二种是新建一条生产线；第三是自制和外购结合。该产品需求量的基本状态无从得知，但3种状态下的损益值可以估计，如表3-8所示。

表3-8　损益值表　　万元

	收益值		
	畅销	销路一般	滞销
A 改进生产线	900	600	−200
B 新建生产线	1 200	500	−400
C 自制和外购并举	500	350	80

(1)大中取大标准决策法

也称赫威斯(Harise)决策准则。最大最大标准决策法(optimism decision-making)指在所有的备选方案中，比较各种方案的最理想状态，以其中最为理想的状态为标准进行决策。这种决策标准称之为不确定状态下的乐观主义者行为准则(表3-9)。

表3-9　大中取大法决策表　　万元

	收益值			最大收益值
	畅销	销路一般	滞销	
A 改进生产线	900	600	−200	900
B 新建生产线	1 200	500	−400	1 200
C 自制和外购并举	500	350	80	500
最大收益中的最大值				1 200
应选择的决策方案				B 新建生产线

(2)小中取大标准决策法

也称瓦尔德(Wald)决策准则。最大最小标准决策法(pessimism decision-making)指在所有的决策方案中，比较各个方案可能出现的最坏状况，以其中最小损失为标准进行决策，这种决策标准表现了不确定性状态下的悲观状态和悲观主义者的行为准则(表3-10)。

表 3-10 小中取大法决策表 万元

	收益值			最小收益值
	畅销	销路一般	滞销	
A 改进生产线	900	600	−200	−200
B 新建生产线	1 200	500	−400	−400
C 自制和外购并举	500	350	80	80
最小收益中的最大值				80
应选择的决策方案				C 自制与外购并举

(3)最小最大遗憾标准决策法

也称萨凡奇(Savage)决策准则。这种方法的原则是:假定决策者在各种备选方案中作出了选择之后,在执行决策时发现,如果按当前的实际情况或称自然状态,不选择该方案,而选择其他备选方案,收益会更高或亏损之间的差,会使决策者感到遗憾,未被选择的方案与选择的方案二者之间的损益值,可以看作是决策者遗憾的程度,这个值就被称为遗憾值。最小最大遗憾标准法(minimum regret value)就是以最小遗憾值为标准对方案所进行选择(表 3-11)。

表 3-11 后悔值法决策表 万元

	后悔值			最大后悔值
	畅销	销路一般	滞销	
A 改进生产线	1 200～900	600～600	800～(−200)	300
B 新建生产线	1 200～1 200	600～500	80～(−400)	480
C 自制和外购并举	1 200～500	600～350	80～80	700
最大后悔值中的最小值				300
应选择的决策方案				A 改建生产线

这种方法的计算程序。

①确定不同自然状态下的最大收益值;

②算出不同自然状态下的各种方案的后悔值;

③算出不同方案的最大后悔值;

④决策其中最小的最大后悔值相对应的方案。

(4)现实定义标准法

也称折衷决策法(compromising decision-making)。不确定型决策总是在最乐观结果与悲观结果之间进行选择。现实主义标准是:决策者首先要决定一个系数,可以称之为乐观系数或悲观系数 α,α 在 0 与 1 之间,α 为乐观系数时,$1-\alpha$ 则为悲观系数,二者互补。决策时,预测每个方案的预期利润(以现实主义为标准)预测公式为。

$$现实主义测度=\alpha(最大利润)+(1-\alpha)(最小利润) \tag{3-8}$$

然后,将各个方案的现实主义预测值进行比较,再按现实主义预测值最大化进行方案选择。

如果把乐观系数定为0.7,则会有下面的结果(表3-12)。

改进生产线的期望值=900×0.7+(-200)×0.3=570(万元)

新建生产线的期望值=1 200×0.7+(-400)×0.3=720(万元)

自制与外购并举的期望值=500×0.7+80×0.3=374(万元)

表 3-12 期望值法决策表 万元

	收益值			期望值
	畅销	销路一般	滞销	
A 改进生产线	900	600	-200	570
B 新建生产线	1 200	500	-400	720
C 自制和外购并举	500	350	80	374
最大的期望值				720
应选择的决策方案				B 新建生产线

由此可知,不确定型决策的主观随意性较大,无论是标准的选择,还是现实主义标准中系数的确定,都带有一定程度的盲目性。因而在决策时,能够运用其他决策方法的,应尽量应用其他决策方法,使不确定型决策转变为确定型决策或风险型决策。

3.4.2.2 确定型决策的数学方法

确定型决策的客观条件(经济事件的自然状态)是肯定的、明确的,因而可以对各方案的经济效果进行精确地计算,其分析计算方法一般采用方案比较法、成本效益分析法、量本利分析法等。其中量本利分析法是一种适用性强、应用广泛的决策方法,其基本原理是根据与决策方案有关的产品产(销)量、成本、盈利的相互关系,分析各方案对应的经营效益的影响,对此作出方案的评价和选择。这里仅简单介绍盈亏平衡分析图解(图3-6)及有关公式。

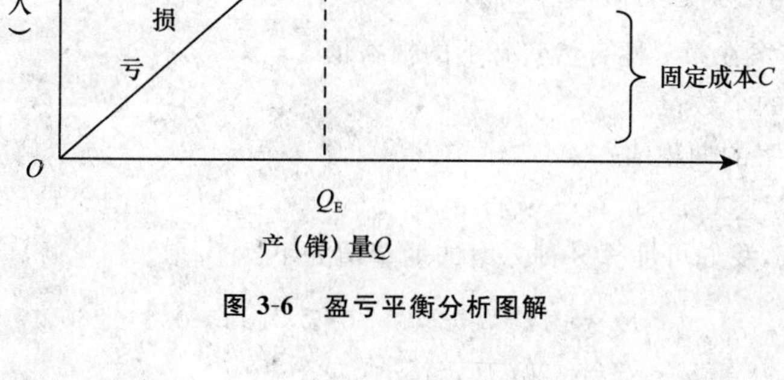

图 3-6 盈亏平衡分析图解

$$\begin{aligned}&\text{盈亏平衡点销售量 } Q_E = C/(P-V)\\&\text{销售量为 } Q_1 \text{ 时的盈利额 } = PQ_1-(VQ_1+C)\\&\text{达到目标利润 } I \text{ 的销售量 } Q_1=(C+I)/(P-V)\end{aligned} \tag{3-9}$$

式中：P—销售单价；V—单位变动成本；E—盈亏平衡点。

3.4.2.3 风险型决策的数学方法

风险型决策是指选中的方案在执行后会出现几种可能的结果，每种结果出现的概率是已知的决策。此时决策者掌握的信息和资料还不能说是完备的，但他们可以估计每种结果可能出现的概率。如例3-7就属于风险型决策。解决这一类风险型决策问题常见的方法有：期望值法和决策树法。

例3-7：某建筑材料公司，打算生产一种新型的建筑材料。为此，提出了3种方案：A方案大批量生产、B方案中批量生产、C方案小批量生产。而未来对这种建筑材料的需求有3种情况：低需求、中需求、高需求，并且知道每种需求出现的概率及3种方案在每种需求条件下的损益值，有关数据见表3-13。

表3-13　损益值表　　　　万元

需求水平	可行方案		
	A	B	C
	损益值		
低(0.2)	−40	40	80
中(0.5)	100	140	90
高(0.3)	260	180	100

(1)期望值法

在例3-7中，公司经理并不知道未来的需求是什么，但他知道未来的需求可能出现3种可能：低需求、中需求和高需求，并知道出现低需求的概率是0.2，出现中需求的概率是0.5，出现高需求的概率是0.3。那么，此时的决策标准就是选择期望值最大的方案为最优方案，这就是期望值法(expected value)。其计算公式为：

$$E_i = \sum P_j E_{ij} \qquad j = 1,2,\cdots,n \tag{3-10}$$

式中：P_j为第j种自然状态的概率($\sum P_j = 1$)；

E_{ij}为第i个方案在第j种自然状态下的损益值；

n为自然状态的个数；

E_i为第i个方案的期望值；

$i=1,2,\cdots,m$　　　$j=1,2,\cdots\cdots,n$

据此，对例3-7，我们可计算3种方案的期望值如下：

$$\begin{aligned}E_A &= 0.2\times(-40)+0.5\times100+0.3\times260\\&=120(\text{万元})\end{aligned}$$

$$E_B = 0.2\times 40 + 0.5\times 140 + 0.3\times 180 = 132(\text{万元})$$

$$E_C = 0.2\times 80 + 0.5\times 90 + 0.3\times 100 = 91(\text{万元})$$

因此,公司经理作出选择 B 方案即中批量生产的决策。

(2)决策树法

决策树(decision tree)是一种形象的说法,它是利用一种形如树枝的图形,帮助决策者决策的一种方法。决策树法也是一种风险型决策方法。使用这种方法所需要的条件与期望值法所需要的条件相同,即决策者知道各种方案在各种不同状态下的损益值,以及每种方案在各种情况下发生的概率值。决策的基准仍然是期望利润最大化。决策树的图形通常如图 3-7 所示。

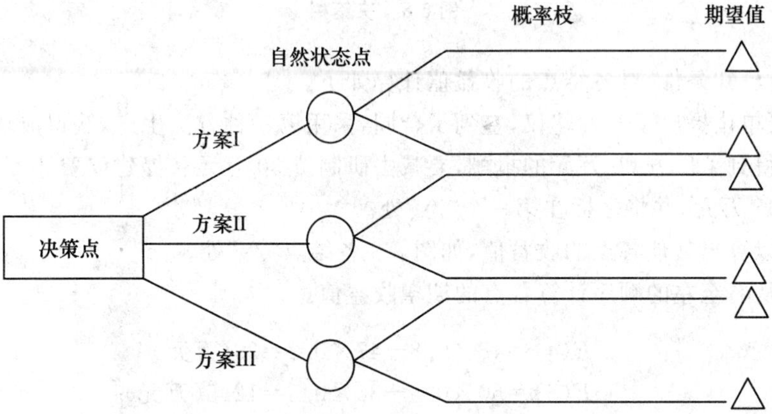

图 3-7 决策树图形

决策树法的程序如下。

1)绘制决策树图形。一般来说,决策树由 5 个要素构成:①决策点,用方框"口"表示,表明在此处需进行方案的比较和判断;②方案枝,由决策点引出的直线表示,方案枝的个数表明可行的独立方案的个数;③状态点,用圆圈"○"表示,是方案枝和状态枝的交点;④状态枝(概率枝),由状态点引出直线表示,它的个数表明某一可行方案自然状态的个数,状态枝上要标明各个状态的概率;⑤结点用"△"表示,标志决策树的结束,在结点处要标明在某状态下的损益值。

2)计算期望值,将各方案的期望值相加。

3)比较不同方案,选出期望值最大的方案为最优方案。

例 3-8:某科研单位考虑向某工厂提出开发一种新产品的建议。为提出此建议需进行一些初步的科研工作,需花费 2 万元。根据该科研单位的经验及对该工厂和产品竞争者的估计,建议提出后,估计有 60%的可能性能签上合同,40%的可能性签不成。如签不成,则 2 万元的费用就得不到补偿。该产品有两种生产方法,方法一要花费 30 万元,成功概率为 80%;方法二只需花费 18 万元,但成功概率仅为 50%。如果该单位签到合同并研制成功,厂方将付给该单位 80 万元技术转让费,若研制失败,该单位需付赔偿费 15 万元。

现需作出决策:该研究单位是否应当提出研制建议?

这是一个多级(两级)决策问题,根据题意可画出决策树,如图 3-8 所示。

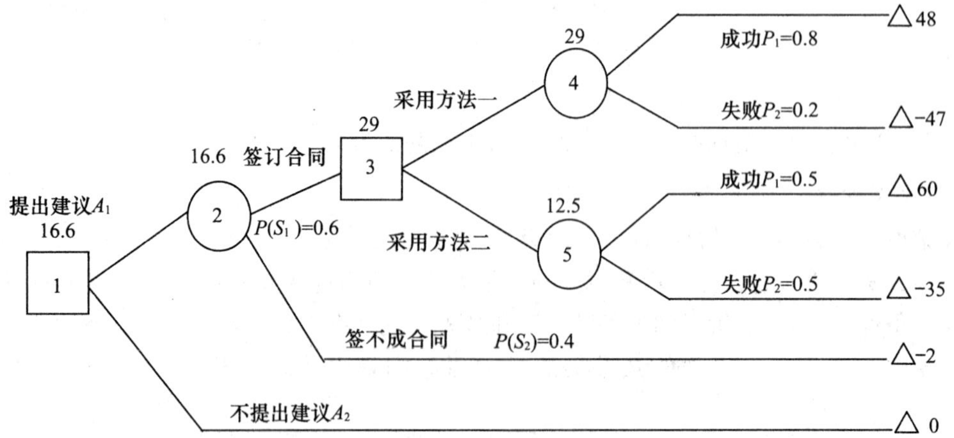

图 3-8 决策树

根据题设已知条件,对各结点的收益值计算如下。

如果科研单位提出了开发建议,签到了合同,采用第一种方法生产,获得成功,在这种情况下,科研单位得到了厂方 80 万元的报酬,要减去研制费 30 万元和提建议费 2 万元,收益值为:80－30－2＝48 万元,并将之标在第一个"△"处。

同理,可以算出其他各点的收益值,如图 3-8 各结点"△"处。

然后,按从右至左的顺序计算各点的期望收益值。

$$E(4)=48\times0.8-47\times0.2=29(\text{万元})$$
$$E(5)=60\times0.5-35\times0.5=12.5(\text{万元})$$

即用第一种方法生产的期望收益值为 29 万元,用第二种方法为 12.5 万元。故决策点 3 应取方法一的期望收益值,即 29 万元,并标在$\boxed{3}$的上方。

$$\text{又}E(2)=29\times0.6-2\times0.4=16.6(\text{万元})$$
$$E(1)=\max(E(A_1),E(A_2))=\max\{16.6,0\}=16.6(\text{万元})$$

这就是说,从决策点 1 出发,如提出建议可获期望收益值 16.6 万元,如不提出建议收益为 0,故应提出建议。

3.5 计划

3.5.1 计划职能的概念与特点

在管理学中,计划具有两重含义,其一是指计划管理工作。管理学者一致认为,计划是最重要的管理职能之一。其二是指以规划、预算等体现的计划形式,它们是实施计划管理职能的书面文件。其实,计划工作和计划形式是密切相关的。计划管理工作的中心内容就是制订计划和执行计划。计划形式不仅是计划工作要完成的任务,也是计划执行的指南。

与其他管理职能相比，计划有如下特点。

(1)计划着眼于组织的未来

虽然各项管理职能都必须考虑组织的未来，但都不可能像计划那样以谋划未来为主要任务。无论是规划、预算，还是政策、程序，都是为了未来的组织行动有明确的目标和具体的方案作指导。当然，对未来的一切谋划必须建立在过去和现在的基础上，只有这样，谋划未来的方案才可能科学、合理和可行。

(2)计划的实质是要保证组织行动的有序性

计划形式是组织行动的标准。如果一个组织没有计划，对未来心中无数，走到哪儿算哪儿，这个组织必然会陷入混乱之中。通过计划明确组织行为的目标，规定实施目标的措施和步骤，来保证组织活动的有序性。

(3)计划的本质是要经济地使用组织内的各种资源

经济一词在这里的含义是节约。计划不仅要保证组织未来的行动有条不紊地进行，并且还必须使之在投入产出效益最高的状态下有序进行。任何一个组织的资源都是有限的，计划就是要对组织有限的资源在空间和时间上作出合理地组织(配置)与安排，即达到资源配置和使用的最优化。

3.5.2 计划职能的作用

俗话说："人无远虑，必有近忧""一年之计在于春，一日之计在于晨"，等。这些都说明，凡事都要有计划，尤其是现在的环境瞬息万变，各式各样的问题层出不穷。在这许许多多的问题中，有复杂的，有简单的；有整体的，有局部的；有战略性的，有战术性的；有数量化的，有非数量化的；有确定型的，有随机型的……可谓是千头万绪。作为管理者必须预先考虑，作出计划，否则的话，必像无头苍蝇一样，东碰西撞，浪费了宝贵的资源，却得不到应有的效果，甚至可能使组织整体经营失利。就说刘备三结拜弟兄吧！他们在桃园结义时就发誓要"上报国家，下安黎庶"。他们剿黄巾、战吕布、救孔融、袭曹操，作战英勇顽强。可是，一开始他们一直都未能成大业，也未能实现他们的誓言。为什么？就因为他们没有计划。一会儿去北平投靠公孙瓒，一会儿去徐州投靠陶谦，一会儿去平原投靠袁绍，一会儿又去荆州投靠刘表，将来如何，心里没底。直到请出诸葛亮，拟定了计划，才扭转了被动局面。由此可见，计划的作用是非常大的。具体来说，计划具有如下几个方面的作用。

(1)使管理目标具体化和明确化

任何组织确立了未来的管理目标以后，还必须确立实现这些管理目标的方法。而实现管理目标的方法就是使管理目标具体化、明确化，为组织或个人在一定时期内需要完成什么、如何完成提出切实可行的途径和措施。计划职能正是要为组织的未来确定目标和确定实现目标的方法。所以，计划职能的第一个作用就是使管理目标具体化和明确化。

(2)使组织行为统一协调

一个管理系统由众多的部门或子系统构成，各部门或子系统都有自身的利益和目标。如果没有整体的计划，各部门各行其是，势必会出现矛盾和冲突，这样就不能增强系统的整体功能，实现系统论所揭示的"整体大于部分之和"的效果，管理系统的整体目标就无法实现。如果有一个统一而明确的计划,每个部门或子系统都知道为实现整个系统目标所要进行的活动,各子系统之间的矛盾和冲突就易于解决,各自的行为也就能统一协调起来。所以,计划职能能使组织行为统一协调。

(3)提供工作标准,起到考核、评价绩效的作用

科学的计划规定了组织将要完成的任务,以及如何实现这些任务。事实上,这就为组织任务的完成提供了一个统一的工作标准。这样就能使每个组织和个人按工作标准进行活动,也能使管理者根据指标的完成情况,对下属的工作绩效进行考核和评价。从而,使计划职能起到提供工作标准,及时进行考核、评价绩效的作用。

总之,每位管理者都要对他所进行的管理活动作出计划。一个没有计划的管理者,就像是没有目标的射手,没有罗盘的舵手,只是计划的范围和复杂性是随管理层次的不同而不同的。高层管理者,重点是制定方针、策略等长期计划;中层管理者,重点是协调步调,减少重叠,加强资源利用,他所制定的计划主要是中期计划;基层管理者,重点是落实各项具体活动,保证进度和制定提高工作效率的措施和短期计划。

3.5.3 计划的分类

计划的分类取决于分类的标准,常见有如下几类。

(1)按不同内容来划分,可分为企业的经营、生产、技术、财务、销售、人事计划等

(2)按涉及的时间跨度来划分,可分为长期、中期、短期计划

长期计划是纲领性和战略性计划,一般来说宏观的长期计划期限在10年以上,微观的长期计划期限在5年以上,作这类计划要求计划制订者具有远见卓识的预测能力。中期计划一方面是长期计划的具体化,另一方面又是短期计划的依据。它的期限,一般宏观计划是5~10年,微观计划是1~5年。在一个较大系统里,中期计划是实现计划管理的最基本形式。短期计划是长期计划的具体实施计划。短期计划的期限,一般宏观计划在5年以内,微观计划为1年以内。

(3)按制订计划的不同管理层次来划分,可分为高层计划(战略计划),中层计划(战术计划)和基层计划(策略计划)

高层计划是高层管理机构制定、下达到整个组织执行并负责检查的计划,它是对组织有关重大的、带全局性的、时间较长的问题的筹划。中层计划是中层管理机构制定、下达或颁发并负责检查的计划。基层计划是基层执行机构制定、颁发并负责检查的计划,一般是执行性的计划,它是执行高层计划和中层计划的计划。例如,大学的校计划、院计划、系计划、教研室计划;公司的公司计划、部门计划、科室计划,等。

(4)按其不同控制程度来划分,一般分为指令性计划和指导性计划

指令性计划是由国家直接下达的具有行政约束力的计划,它具有直接性和强制性的特点。指导性计划是国家只规定方向和要求,制订一定幅度的指标,对企事业单位只起指导作用的计划,它具有间接性和诱导性的特点。无论是指令性计划还是指导性计划都要自觉运用价值规律和市场经济规律。

3.5.4 现代计划技术与方法

现代计划技术和方法有很多,而且不同的计划还应采用不同的技术和方法。这里介绍滚动计划法和线性规划技术。

3.5.4.1 滚动计划法

滚动计划法(rolling planning)是一种动态编制计划的方法。它不同于静态编制计划的方法,它不是等计划全部执行完了之后再重新编制下一个时期的计划,而是在每次编制或调整计划时,均将计划按时间顺序向前推进一个计划期,即向前滚动一次。依据此方法,对于距离现在较远时期的计划编制得较粗,只是概括性的,以便以后根据计划因素的变化来调整和修正,而对时期较近的计划要求编制得比较详细和具体。图 3-9 表明了滚动计划法的基本原理。

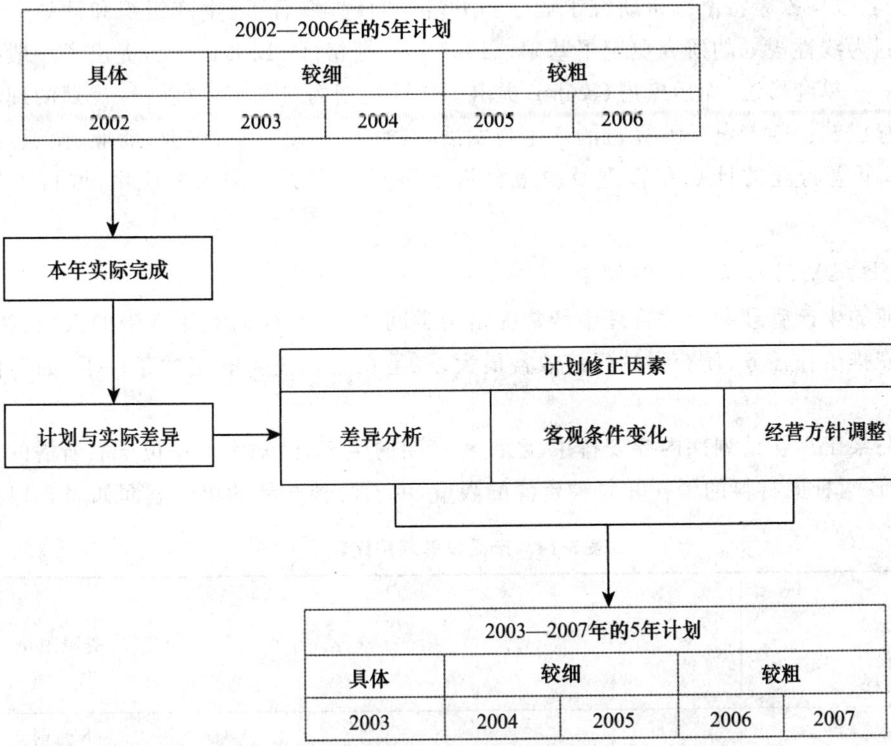

图 3-9 滚动计划法的基本原理

可见,滚动计划法能够根据变化了的组织环境及时调整和修正组织计划,体现了计划的动态适应性。而且,它可使中长期计划与短期计划紧密衔接起来。

滚动计划法还可用于编制年度计划或月度作业计划。采用滚动计划法编制年度计划时,一般将计划期向前推进一个季度,计划年度中第一季度的任务比较具体,到第一季度末,编制第二季度的计划时,要根据第一季度计划的执行结果和客观情况的变化以及经营方针的调整,对原先制定的季度计划作相应的调整,并在此基础上将计划期向前推进一个季度。采用滚动计划法编制月度计划,一般可将计划期向前推进 10 天,这样可省去每月月末预计、月初修改计划等工作,有利于提高计划的准确性。

3.5.4.2 应急计划

对可能发生的危机进行预先考虑，制订应对计划，以达到防止和回避危机，使组织或个人在危机中生存下来，并将损害限制在最低限度内的计划，这种计划称为应急计划(emergency plan)。

主要程序：分析危机因素；运用概率和影响程度识别主要因素；拟定应急计划和方案；预警系统建立；危机后的评估。

3.5.4.3 线性规划

线性规划(linear programming)是运筹学(operation research)的一个重要分支，也是运筹学中理论最成熟、发展最迅速的一大内容，同样，它也是一种制订计划的有效方法。早在1939年，苏联著名数学家康特洛维奇研究了运输和下料等问题，编著了《生产组织和计划中的数学方法》一书，为线性规划的研究奠定了基础。1947年丹捷格(G. B. Dantzig)提出了一般线性规划的算法——单纯形法，而后库恩(Kuhn)提出了线性规划的对偶理论使线性规划的理论和方法日趋完善成熟。随着电子计算机的产生与发展，线性规划在工业、农业、商业、交通运输业、建筑业、军事等行业的计划和管理及决策分析中得到了广泛与深入的应用，取得了良好的效果。

(1)线性规划问题及其数学模型

在企业的生产管理和经营管理中经常提出两类问题：一是如何利用有限的人力、物力、财力等资源安排工作任务，使获得的经济效益最大；二是在工作任务既定的条件下，如何使资源耗费最少。

例3-3：某工厂在计划期内要安排甲、乙两种产品的生产，已知生产单位产品所需的设备台时以及A、B两种原材料的消耗和每种资源的限量，甲乙两种产品的单位利润如表3-14所示。

表3-14 产品设备耗用定额

万元/件

资源 \ 单位消耗 \ 产品	甲	乙	资源限量
设备	1	2	8台时
原材料A	4	0	16千克
原材料B	0	4	12千克
单位产品利润	2	3	

问应如何安排甲乙两种产品的生产计划使该工厂总利润最大？

设X_1、X_2分别表示甲、乙两种产品的生产量，Z表示该工厂的总利润。此问题可以用如下的数学模型来描述。

目标函数：

$$\max Z = 2X_1 + 3X_2 \tag{3-11}$$

约束条件：

$$\begin{cases} X_1+2X_2\leqslant 8 \\ 4X_1\leqslant 16 \\ 4X_2\leqslant 12 \end{cases} \tag{3-12}$$
$$X_1,X_2\geqslant 0$$

上述问题也就转化为求满足约束条件公式(3-12)，使公式(3-11)实现最大化的最优解。

由公式(3-11)、公式(3-12)构成的数学模型具有下述特征，目标函数是线性函数，所有的约束条件也为线性函数，我们把这一类规划问题称为线性规划。其一般形式为。

目标函数

$$\max(\min)Z=c_1X_2+c_2X_2+\cdots c_nX_n \tag{3-13}$$

约束条件

$$\begin{cases} a_{11}X_1+a_{12}X_2+\cdots a_{1n}X_n\leqslant(=,\geqslant)b_1 \\ a_{21}X_1+a_{22}X_2+\cdots a_{2n}X_n\leqslant(=,\geqslant)b_2 \\ \vdots \\ \vdots \\ a_{m_1}X_1+a_{m_2}X_2+\cdots a_{mn}X_n\leqslant(=,\geqslant)b_m \end{cases} \tag{3-14}$$
$$X_1,X_2\cdots X_n\geqslant 0$$

为方便起见，c_j 称为价值系数或者目标系数，a_{ij} 为消耗系数，b_i 为资源系数，X_j 为决策变量。其中 $i=1,2,\cdots,m;j=1,2,\cdots,n$。

决策变量符号一般应满足非负要求。若 $X_j<0$，令 $X_j'=-X_j$，则 $X_j'\geqslant 0$；若 X_j 可正可负，称为无约束变量或自由变量，可令 $X_j=X_j'-X_j''$，要求 $X_j'\geqslant 0,X_j\geqslant 0$。

(2)线性规划模型的标准型

线性规划模型中约束条件出现了 3 种形式(⩽，=，⩾)，目标函数存在两种形式(max，min)。这种多样性对讨论问题带来不便，因此规定了线性规划模型的标准型。所谓线性规划模型的标准型就是指目标函数求最大值，除非负约束条件外，其余约束条件均为等式约束的线性规划模型。其标准型的具体形式为：

$$\max Z=c_1X_2+c_2X_2+\cdots c_nX_n$$
$$\begin{cases} a_{11}X_1+a_{12}X_2+\cdots a_{1n}X_n=b_1 \\ a_{21}X_1+a_{22}X_2+\cdots a_{2n}X_n=b_2 \\ \vdots \\ \vdots \\ a_{m_1}X_1+a_{m_2}X_2+\cdots a_{mn}X_n=b_m \end{cases}$$
$$X_1,X_2\cdots X_n\geqslant 0$$

线性规划的求解需要借助标准型来实现，而实际问题建立起来的线性规划模型往往不满足标准型的要求，这就要求将非标准型线性规划模型标准化。下面介绍将非标准型线性规划模型转化为标准型线性规划模型的方法。

1)目标函数的转化

对目标函数求最小值的线性规划问题,将目标函数反号,即变为求最大值的线性规划问题。

2)约束条件的转化

①约束条件不等式为"≤"时。在不等式左边加上一个非负松弛变量,将不等式变为等式方程。松弛变量的经济意义是没有被利用的资源。

②约束条件不等式为"≥"时。在不等式左边减去一个非负剩余变量,把不等式约束条件变为等式约束条件。剩余变量的经济意义是缺少的资源。

③对不满足非负条件的变量,处理方式见前。

在目标函数中,松弛变量和剩余变量的价值系数取 0 值。

例 3-4:将下述线性规划模型化为标准型。

目标函数

$$\min Z=6X_1-4X_2+3X_3$$

约束条件

$$\begin{aligned}&3X_1+2X_2+7X_3\leqslant 60\\&4X_1+3X_2+9X_3\geqslant 80\\&2X_1+4X_2+5X_3=70\\&X_1\geqslant 0,X_2\leqslant 0,X_3\text{为自由变量}\end{aligned}$$

先令 $X_2'=-X_2$,$X_3=X_3'-X_3''$;X_2',X_3'、$X_3''\geqslant 0$,在引入松弛变量 X_4 和剩余变量 X_5,得

$$\max Z=-6X_1-4X_2'-3X_3'+3X_3''$$

$$\begin{cases}3X_1-2X_2'+7X_3-7X_3''+X_4=60\\4X_1-3X_2'+9X_3'-9X_3''-X_5=80\\2X_1-4X_2'+5X_3'-5X_3''=70\end{cases}$$

$$X_1,X_2',X_3',X_3'',X_4,X_5\geqslant 0$$

(3)线性规划的求解方法

1947 年美国数学家丹捷格提出了求解一般线性规划问题的通用算法——单纯形法。其基本思想就是:根据问题的标准型,从可行域(即满足线性规划全部约束条件的解构成的集合)中某个基本可行解(直观意义就是可行域的某个顶点)开始,转换到另一个基本可行解(另一个顶点),并且使目标函数达到最大值时,问题就得到了最优解。为了方便计算,他又设计一种单纯形表,所有计算全部在单纯形表上进行,极为方便。

单纯形法的计算步骤:

1)将非标准型线性规划模型转化为标准型线性规划模型,列初始单纯形表,求初始基本可行解。

2)进行最优性检验与解的判别。

对标准型的线性规划问题,当计算出来的非基变量检验数 σ_j 全部小于或等于 0 时,此时的基本可行解即为该线性规划问题的最优解,即令所有非基变量等于 0,满足全部约束条件的解,则停止计算。若存在某个非基变量检验数 $\sigma_j>0$,且对应的系数列向量 α_{ij} 全部小于等于 0,则该线性规划问题为无界解,则无最优解,也停止计算。否则转下步。

其中 σ_j 的计算公式为：

$$\sigma_j = c_j - \sum c_i a_{ij} \qquad (i = 1, \cdots, m) \tag{3-13}$$

式中：m 为基变量的个数。

3)基变换。若求出的基本可行解不是最优解，则需要找到一个新的基本可行解，这就要求基变换。为了换基，先要确定换入变量，再确定换出变量。

换入变量的确定：$\max\{\sigma_j \mid \sigma_j > 0\}$ 所对应的变量，其中 σ_j 为非基变量的检验数。

换出变量的确定：按 θ 规则确定。

$$\theta = \min\{b_i / a_{ik} \mid a_{ik} > 0\} = b_l / a_{lk}$$

则 X_l 为换出变量。

4)以 a_{lk} 为主元素进行旋转迭代，得到新的基本可行解，重复 2-4 步。

例 3-5：运用单纯形法求解例 3-4。

将原线性规划问题化为标准型

$$\max Z = 2X_1 + 3X_2$$

$$\begin{cases} X_1 + 2X_2 + X_3 = 8 \\ 4X_1 + X_4 = 16 \\ 4X_2 + X_3 = 12 \\ X_1, X_2, X_3, X_4, X_5 \geqslant 0 \end{cases}$$

下面用单纯形表 3-15 进行计算：

表 3-15　单纯形表

C_B	X_B	b	X_1	X_2	X_3	X_4	X_5	θ_i
	$C_j \rightarrow$		2	3	0	0	0	
0	X_3	8	1	2	1	0	0	4
0	X_4	16	4	0	0	1	0	—
0	X_5	12	0	[4]	0	0	1	3
	$-Z$	0	2	3	0	0	0	
0	X_3	2	[1]	0	1	0	−1/2	2
0	X_4	16	4	0	0	1	0	4
3	X_2	3	0	1	0	0	1/4	—
	$-Z$	−9	2	0	0	0	−3/4	
2	X_1	2	1	0	1	0	−1/2	—
0	X_4	8	0	0	−4	1	[2]	4
3	X_2	3	0	1	0	0	1/4	12
	$-Z$	−13	0	0	−2	0	1/4	
2	X_1	4	1	0	0	1/4	0	
0	X_5	4	0	0	−2	1/2	1	
3	X_2	2	0	1	1/2	−1/8	0	
	$-Z$	−14	0	0	−1.5	−1/8	0	

此表最后一行所有非基变量检验数都已为负或零,这表明目标函数值已不可能再增大,于是得到最优解。

$$X^*=(4,2,0,0,4)^T \qquad Z^*=14$$

当然,对于更复杂的线性规划问题,运用单纯形法进行求解时,还必须对原有的线性规划问题引入人工变量,这时单纯形法也就有了大 M 法、两阶段法,有关详细内容,可查阅《运筹学》教材。

此外,还有甘特图法和计划网络图方法等。

3.6 目标与目标管理

3.6.1 目标的概念与性质

3.6.1.1 目标的概念

简单地说,目标(goal)就是要在一定期间想达到的最终成果。一个完整的目标,首先有一定的时间限制。即完成目标任务的期限是明确的。其次,目标应当是可以度量的。通常可以用一个、或者是一组数量指标来表示。如某个公司提出今年完成利润5 000万元的口号就是一个目标。

3.6.1.2 组织目标的特点

(1)组织的目标是一个层级体系

为了鼓励员工去努力地实现组织的目标,就应对组织的目标在各个部门、各个层次以及组织的员工之间进行分解。分解之后的目标就构成一个目标体系。这个体系与组织的层次结构相关联,这种关联关系可以用这样一个图形(图3-10)来描述:

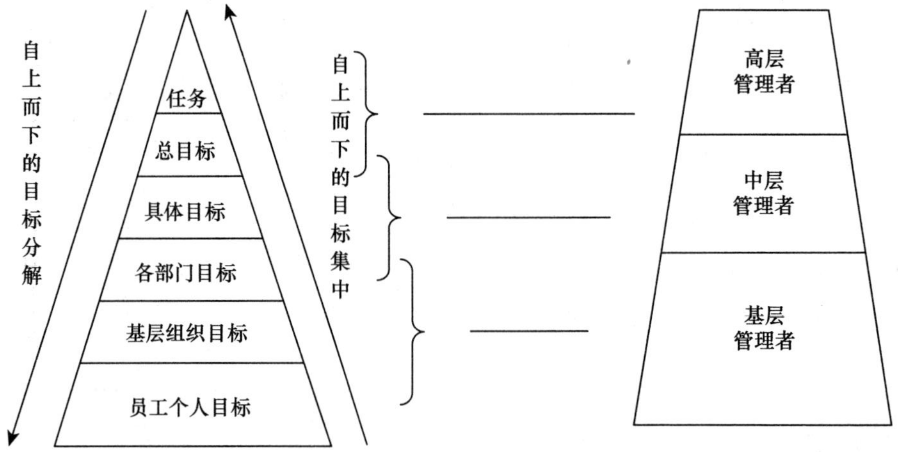

图3-10 组织目标体系与管理层对应关系图

(2)组织的目标要构成一个有机的网络

巴纳德认为目标是一个组织最基本的要素。每一个组织都有自己的目标,并且其目标还都不是单一的,往往是一个目标系统。如企业的目标可能既有经济性的,即追求利润与发展,又可能有社会性的,即在社区中发挥一定的作用,树立良好的形象。此外,同一性质的大目标也由许多小目标构成,靠小目标支持。所以说,组织的目标又是一个网络系统,这个网络系统的目标必须有机地结合,如在企业新产品的开发中,就会形成这样的目标网络。

(3)目标是多样的

无论是一个什么样的组织,其目标都不可能是单一的。因为组织在外部环境的制约下,必须适合外部环境的多方面的要求。以企业为例,过去认为企业的目标就是利润。但是,今天的公司经营目标已经远不是仅仅只有利润了。当今企业为了生存与发展,除了利润目标之外,不可避免地要制订并且实现许多的非利润目标,如员工的发展、承担必要的社会义务、为国家做出贡献等。可见,当今企业的目标已经多样化。见图 3-11。

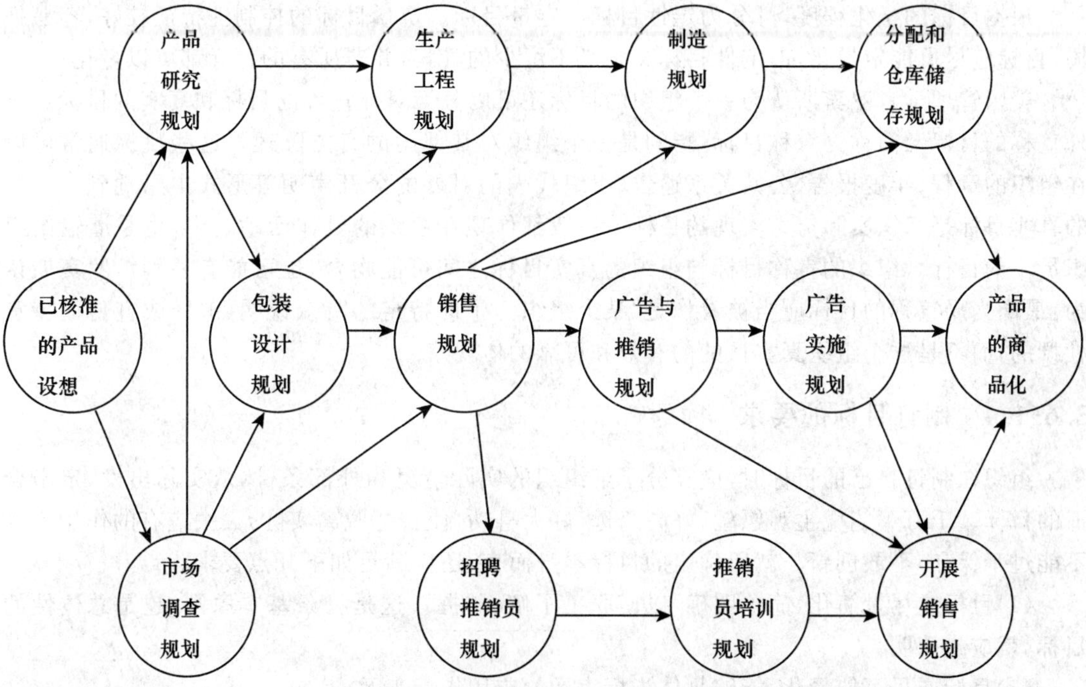

图 3-11 目标网络体系

在一个组织中,众多的目标构成一个系统就会要求其保持一致性。但现实中还存在这样的现象,即组织中的有些目标相互冲突。如组织的经济目标与社会目标的冲突,企业资本增殖的目标与劳动者提高收入的目标相冲突。管理者在拟定目标和目标管理中就必须注意尽量减少各个目标之间的冲突,如果存在不可避免的冲突,协调这些相冲突的目标就是管理者的一项重要的任务。

目标是一面旗帜,是计划工作首先必须明确的内容。目标不明确,计划就是失败的。

目标一旦明确,管理人员就必须完成两项工作,一是通过计划工作将目标分解,将大目标分解成众多的小目标,形成一个目标系统,提供任务分解的前提。二是协调统一,使企业组织的各种愿望尽可能地与所明确的目标统一起来。组织的领导人要率先做到这一点,个人的愿望与组织的目标统一起来,带领全体成员去实现组织的目标。

3.6.1.3 目标的类别

根据目标确定水平,目标可分为突破性目标和控制性目标。所谓突破性目标是指使组织完成任务达到前所未有的水平的目标;控制性目标是指使组织完成的任务控制在现有水平的目标。

根据目标的性质,可分为经济目标、社会目标。任何一个组织都要讲求经济效益,企业这一类经济组织自不待说,非企业性的经济组织也因为在开展活动中有耗费,要计算成本,要考虑投入产出比,同样有经济目标。社会目标在每一个组织中也都存在。

根据目标的范围,可分为总体目标、部门目标和个人目标。总体目标就是组织要完成的任务,要达到的水平;部门目标是部门要完成的任务。个人目标是组织中的个人要完成的任务。在这三重目标中,总体目标起决定性的作用,部门目标和个人目标要保证总体目标实现。

根据目标的量化程度,可分为定性目标与定量目标。定量目标的控制性特征较好,容易把握,目标应尽可能定量化,但定性目标又是必不可少的,因为并非所有的目标都可以量化。

美国管理学者罗宾斯认为一个组织的目标还可以分为对外宣称的目标和真实的目标。对外宣称的目标又简称为宣称目标,指的是一个组织对其部门的官方陈述。这些目标通常可以在组织的章程、年度报告、公共关系通告、组织代表的对外的公开声明等形式中感觉到。组织的真实目标是组织实际努力实现的目标。一般都体现在组织的具体活动之中,也是灌输给组织员工的目标。组织的宣称目标与组织的真实目标之间可能吻合,也可能有差别。罗宾斯认为:最高当局宣称的目标应当被看作是"某个组织为了向特定的听众说明、解释或宣传而特意杜撰的,而不是这个组织真实目的的有效和可靠的体现。"

3.6.1.4 制订目标的要求

组织在制订自己的目标时,应充分了解组织的实际情况和外部条件,从实际出发,定出合适的目标。千万不能凭主观愿望,好高骛远,好大喜功,使目标脱离实际,失去应有的作用。也不能过于保守,不敢创新。就所确定的目标本身而言,还应满足如下几点要求。

(1)目标应尽量简化、简单明确,以使职工了解、掌握。这是一条基本原则,越是总体性的目标,就应越简明。

(2)目标应尽可能量化,能够具体指标表示的应用指标表示。

(3)目标应尽可能形象化,形象化的目标生动,容易深入人心,好记好理解。如我国提出的"翻两番"的目标,就比较生动;有些企业提出的"争双百"目标等也十分形象生动。

3.6.1.5 目标的作用

目标不仅是计划的前提,而且还是组织不可缺少的因素。一个组织目标明确,深人人心,具有强大的激励作用和导向作用。国外曾有人做过这样一次实验:组织3组人,让他们沿着公路向10千米以外的村庄步行前进。第一组不知道去的村庄叫什么名字,也不知道有多远,只告诉他们跟着向导走就行了。结果这个组刚走了两三千米时就有人叫苦,走到一半,就有人抱怨,有的人甚至再也不肯走了,越往后人的情绪越低。第二组知道去哪个村庄,也知道它有多远,但路边没有里程碑,人们只凭经验估计需要走两个小时左右。这个组走到一半时开始有人叫,走到3/4的路程时,大家情绪低落了,觉得疲惫不堪,路程太远了。当有人说快到了的时候,大家又振作起来,加快了脚步。第三组不仅知道路程有多远,去的村庄叫什么名字,而且路边每公里都有一个里程碑。人们一路走一路留心看里程碑,每看到一个里程碑,大家心里便有一阵小小的快乐。当他们走了5千米之后,每再看到一个里程碑,就爆发一阵欢呼声。这个组的情绪一直很高涨。走了七八千米之后,大家确实累了,但他们不仅不叫苦,反而开怀大笑,以驱走疲劳。最后两千米,他们越来情绪越高,因为他们知道胜利就在眼前了。这个实验说明,明确的、为组织成员所接受的目标有极大的激励作用,它会使人们自觉地克服困难,努力工作。

3.6.2 目标管理

目标管理(management by objective),简称MBO,它最早是由管理学家彼得·德鲁克在1954年出版的《管理的实践》一书中提出。他把科学管理的专门化分工融化在行为科学中,强调人际关系和“人性论”作为目标管理的理论基础。它强调将战略目标转化成各个部门的具体目标,并通过这些目标对下级进行领导,然后以目标完成的情况来衡量每个人的贡献,从而保证组织战略目标的实现。因而,我们说目标管理是在现代管理学中运用心理学方法的最具代表性、最有实践意义的系统管理模式。

3.6.2.1 目标管理的概念

目标管理自20世纪50年代提出以来,无论是在理论上还是在实践中都有了很大的发展。根据国内外已有的理论研究及实践经验,目标管理的概念可表述如下:目标管理即以被管理的活动目标为中心,通过把组织的任务转化为具体目标以及目标的制订、实施和控制来实现组织最终目的的现代化管理方法。它既是制订计划的一种有效方法,也是对计划进行控制的一种有效方法。

3.6.2.2 目标管理的特点

(1)系统性

彼得·德鲁克在关于目标管理的论述中强调:“企业中每一个成员都有不同的贡献,但所有的贡献都必须是为着一个共同的目标。他们的努力必须全部朝着同一方向,他们的贡献必须互相衔接而形成一个整体——没有缺口、没有摩擦、没有不必要的重复劳动。”这也就是说,实现目标管理,就要以企业战略目标来规划各个部门、各个岗位的目标,即将组织的总目标和具体目标看成是一个不可分割的统一体,这就是一种系统观点。目标管理正是强调这种系统观点。

(2)参与性

在传统管理中,通常由上级为下级制定目标。如总经理为部门经理制订目标,部门经理为职员制订目标等。目标管理要求对实现目标负有责任的各方人员共同协商制订目标,强调全员参与。目标管理的这种参与性既反映了组织全局的利益,又能反映执行者的要求,有利于组织目标的顺利实施。

(3)激励性

目标管理强调组织成员的自我控制。彼得·德鲁克曾说:“目标管理的主要贡献之一,就是它使得我们能用自我控制的管理来代替由别人统治的管理。”这种自我控制可充分发挥员工的主动精神,充分调动员工的积极性。另一方面,目标管理能将组织成就和个人需要成功地结合起来,有利于调动人们实现组织目标的积极性。对此德鲁克也作过评价,他认为,科学管理理论偏重于以工作任务为中心,忽视人的需要,而现代企业中许多例行性工作已由机器代替,职工活动范围已有很大变化,而且要求参与管理,于是行为科学发展起来,提出管理要以人为中心,但这又容易淡化组织任务。目标管理实行由职工参与制订目标,自我控制,从而解决了以工作为中心以及以人为中心的矛盾,从根本上调动了职工的积极性。

3.6.2.3 目标管理的程序

目标管理的实施一般要遵循如下程序。

(1)组织中的上、下级共同协商,决定组织的具体目标。这是目标管理的关键

确定组织目标的方法有两个:一个是自上而下的目标分解,即上级管理者把总目标分解成具体目标。另一个是自下而上的目标期望,即把各单位、各部门及个人的利益、需要反映到各个具体目标之中去,再综合形成组织总目标。这两种方法的共同特点就是要求组织成员参与制订目标。两种方法各有利弊,具体来说,自上而下的目标分解可为下级参与制订目标提供较清楚的方针;而自下而上的目标期望可以最大限度地取得接触实际工作的下级人员参与。一般来说,在多数情况下,以两种方式的综合最好。因为,信息沟通与制订计划的努力都必须是双向的,目标管理方案如果机械地从上边往下压,或从下边往上挤,那它往往是达不到管理效果的。成功的目标管理强调全体员工的协同努力和通力合作。事实上,这一点早已被国内外许多公司所证实。

然而,确定目标又并非是一件轻而易举的工作,在具体确定目标时要掌握如下要点。

①目标要有利于组织目标的实现,这是确定目标的基本要求。

②目标要富有挑战性,即目标既有一定的难度,又可以实现,这样才能充分调动下属的积极性。

③目标应简洁明了,获得上、下级双方的认可和理解。

④目标应可以考核,因为目标是最后评价成果的尺度,只有可以考核的目标,才能作为标准,评价成果。而提高目标可考核性的有效方法是尽量使目标数量化。只有这样,当组织一旦出现问题就可以尽早觉察,分析原因,解决问题。

(2)制定实现这些目标的行动计划,其中包括行动的策略和政策

制定行动计划就是确立在预定时间内完成目标而要采取的具体行动。如某企业制定一个这样的目标,将其现有的生产能力扩大一倍,那么,为了实现这个目标,这个企业就要采取一系列的行动。如将现有机器、设备的生产能力扩大多少,引进多少新设备,增加多少人员,投入多少资金等,以确保总目标的实现。在具体制订行动计划时既可采取上、下级共同制订的方法,又可采取下级制订、上级审查的方法。但无论采用哪种方法,有一点却是共同的,即下级参与行动计划的制定。因为行动计划实际上是对下级工作的描述,只有让下级了解并接受了这个计划,才能被很好地贯彻执行,达到所期望的目的。然而,实际运用这两种方法制订行动计划又不是一件容易的事,须把握如下要点。

①把为完成目标所必需的行动方案列举出来,并将这些行动方案分成若干步骤,按照其逻

辑关系，确定行动过程，并为每一步行动拟定预期成果。

②为每一步行动估计所需时间，并指定专人负责。

③估计为完成每一步行动所需的各种资源，以及每种资源需要的数量。

(3)评价成果。即到预定的期限，上级以具体目标为衡量标准，去评价个人和具体部门的工作成果

组织活动的不间断性，决定了对组织活动的评价也是一个连续的过程。一般是从定期检查和评价最终结果两个角度去评价目标管理的成果。这是因为任何目标的完成涉及到一系列的行动方案，每一个行动方案又是通过众多步骤得以实现的。因此每一步骤执行得好坏，每一行动方案完成得如何，都关系到目标能否实现，这就要求对每一步骤、每一行动方案进行定期检查，以保证各层目标和最终目标的实现。最终结果的评价，一方面是对目标是否实现作出评价；另一方面是对下级工作是否有利于自身发展作出评价。

总之，目标管理就是一个从确定目标—制定行动方案—评价成果—确定目标—制定行动方案—评价成果……的不间断的、反复循环的过程，任何一个目标管理过程的结束，同时又是另一个目标管理过程的开始。评价成果既是检验既定目标是否落实的手段，又是制订下一个目标的依据，而且下一个目标比上一个目标的水平更高。

3.6.3 编制预算和制定政策

3.6.3.1 编制预算

预算是指用数字编制未来一个时期的计划。它可以分为财务预算和非财务预算两大类。其中财务预算包括各种收入预算、费用支出预算、现金收支预算以及投资预算等。非财务预算包括工时、材料、实物销售量和生产量的预算等。通过编制预算可将计划指标数字化，并将计划分解，它可以使管理人员清楚地了解哪些部门使用多少资金，有多少收入，有多少投入量和产出量等。从而有可能更科学地授权，以便在预算的限度内去实施计划。预算既是一种计划方法又是一种控制方法，编制预算是行使计划职能，而执行预算，使用预算标准控制生产经营活动，则属于管理的控制职能。

传统的编制预算的方法是编制固定预算(fixed budget)，即将组织在未来某一时期内的计划用各种数字表现出来，不论将来的情况是否变化，预算确定的各种数字将不再作调整和修改。实践证明，过分硬性的固定预算不能使预算在计划和控制职能中发挥应有的作用。将所有的费用固定下来，管理人员毫无自由伸缩的余地，使控制难以富有弹性。况且，在固定预算条件下，有些管理人员甚至认为预算比完成组织目标更为重要，这显然是不利的。为了克服固定预算的硬性，管理者们越来越重视采用弹性预算的编制方法。现代管理中常见的预算方法有。

(1)弹性预算

所谓弹性预算(flexible budget)，就是在编制费用预算时，考虑到计划期间业务量可能发生变动，编出一套能适应多种业务量(一般是每间隔5%或10%)的费用预算，以便分别反映在该业务量的情况下所应开支的费用水平。弹性预算是随业务量的变化而作机动调整，因此，其用途大于费用预算(主要是间接费用，有时也包括直接费用)。

采用弹性预算对原固定预算作调整的基本原理是：费用预算中包括两部分，一部分是固定费用，另一部分是可变费用。固定费用不随业务量的增减而变动；变动费用是期内的实际业务量乘以单位业务的可变费用，固定费用加上可变费用即为弹性费用。若用 B 表示费用预算总数，a 表示固定费用，b 表示单位变动费用，x 表示业务量，则它们之间的关系为：$B=a+bx$。

编制弹性预算可以根据实际业务量水平，选用相应的业务量水平的费用预算数与实际支付数进行对比，这样便于管理者在事前严格控制费用开支，也有利于在事后细致分析各项费用节约或超支的原因。

(2)滚动预算

滚动预算(rolling budgets)不同于固定预算，它不是预算方案全部执行完了之后再重新编制下一个时期的预算，而是在每次编制或调整预算时，均将预算方案按时间顺序向前推进一个预算期，即逐期向前滚动。依据此方法，对于距离现在较远时期的预算编制得较粗，以便以后随着影响预算变化因素的变动作出调整与修正，而对时期较近的预算方案编制得比较详细和具体。其基本原理同滚动计划法。

(3)零基预算

目前西方国家在预算编制方面的最新方法是零基预算(zero-base budgeting)法。最早提出零基预算思想的是美国得克萨斯仪器公司的彼得·派尔(Peter Pyhrr)，他在 1970 年 12 月发表《哈佛商业评论》上"零基预算"一文正式提出该方法。零基预算法的基本原理是：在每个预算年度开始时，将所有过去进行的管理活动都看作是重新开始，即以零为基础。根据组织目标，重新审查每项活动对实现组织目标的意义和效果，并在成本——效益分析的基础上重新排出各项管理活动的先后次序，再依据重新排出的先后次序，分配资金和其他各种资源。美国的一些州政府还将这一原理推广应用于部门的设立，称之为"日落法"。即每年年终，现有的各个部门就像太阳落山一样宣告结束。当新的一年开始时，各部门必须向专门的审议机构证明自己确有存在的必要，才能像旭日东升那样重新开始。

值得注意的是，采用零基预算制度的美国公司并非是将该制度应用到公司的每一个部门。例如，国际机具公司只是将该制度应用于负责发展新产品的幕僚部门和销售部门，这主要是因为应用该制度需要进行大量的计算工作，而进行这种计算工作又需要事先对有关人员进行大规模的训练。

需要说明的是，各种弹性预算法都有利有弊，实际中一定要具体情况具体分析，灵活运用。

3.6.3.2 制定政策

组织机构执行计划的主要手段是制定政策，即计划职能的第 4 项工作。如果说预算为组织中的各个部门规定了具体目标和工作标准，那么，政策就是完成组织目标的行动准则。因此，政策对组织具有重要作用：第一，为组织成员的活动指明方向；第二，保持组织成员各项活动的协调一致；第三，树立和维护组织的声誉。一个好的政策应该符合下述标准：

(1)灵活性

一项政策必须把稳定和灵活合理地结合起来。条件变了，政策也必须随之改变。同时，如果要实现秩序并使人们具有确定的方向，必须保持一定程度的稳定。需要管理者的智慧才能解决这种平衡。

(2)全面性

如果要按计划行事，那政策就必须包含多方面的内容，以便能够应付任何不测风云。一项政策应全面到什么程度，这取决于政策本身控制的行动范围。

(3)协调性

政策必须协调相关下属单位的活动。如果没有政策的协调和指导，各个下属单位只设法谋求实现它自己的目标，这样组织目标必将落空。

(4)明确性

政策必须写得十分明确和合乎逻辑。必须具体说明它指导的行动的预期目的，指明采用的适当方法和行动，并且规定受政策指导那些人的行动自由的限度。

对一项政策效果的最终检验要看它是否达到了预期的目标。如果政策没能促使目标实现，这项政策就应该修改。因此，对政策的制定及实施效果必须进行不断的检查。

以上我们介绍了计划职能中确定目标、编制预算和制定政策的基本内容，各内容之间既互相联系，又相互区别。各内容之间的关系如图 3-12 所示。

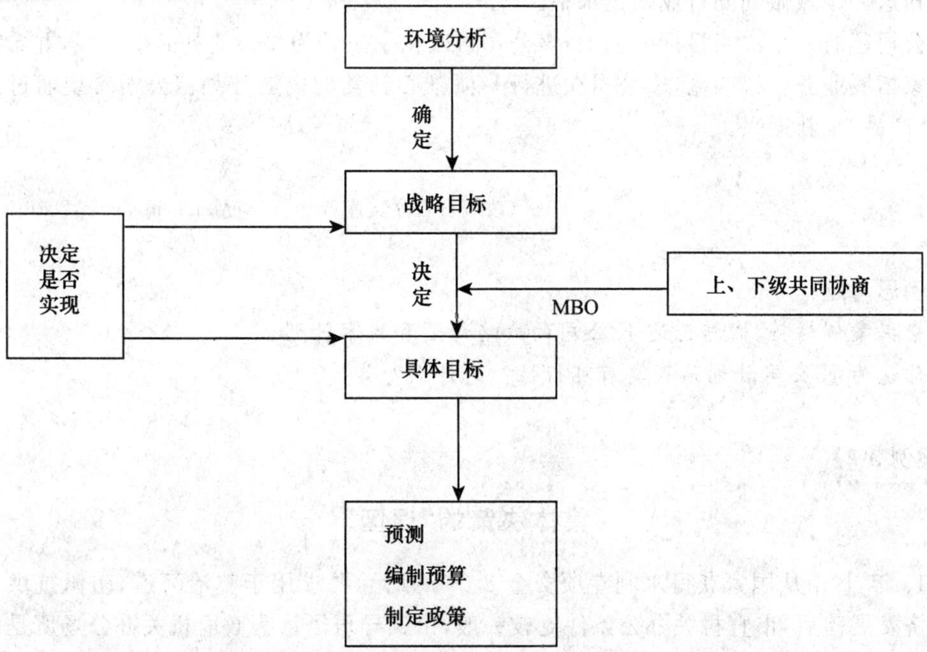

图 3-12 计划职能的基本内容

复习思考题

1. 为什么说管理就是决策？
2. 决策方法有哪些？
3. 预测方法有哪些？
4. 如何理解计划是首要职能？

5. 结合自己实际情况构建一个符合自己的目标体系。

【案例3-1】

K公司的振兴计划

K公司是一家经营乳制品的公司,成功地生产出了早餐奶和高钙奶。该公司创始人也一直将公司的重点经营对象放在制造和加工乳品上。但是这种单一的经营战略也给它带来了诸多弊端:它的支柱部门——早餐奶在最辉煌时曾占领1/20的乳饮料市场,而今天由于其他企业的竞争,这一比例已经远远不及曾经;其他领域如高钙奶也在激烈的市场竞争中每况愈下,在这两大主要的生产部门都陷入窘境的情况下,公司的收入也面临困境,面对这种情况,K公司希望能开辟新的市场,但是又不想完全摒弃一直坚持的传统乳饮料生产加工。因此,K公司制订了一个振兴计划。

计划包括两大方面,第一方面,压缩早餐奶和高钙奶这样的低产部门的生产规模;第二方面,大力研发具有潜在需求的市场产品,增加有机酸奶的生产,并且K公司希望该产品的年销售量能达到4千万元。其次是开辟奶酪产品,K公司希望在食品行业方面也能有所拓展。并希望能在这一领域做到同行业领先水平。

K公司还有一个次级目标。例如,该公司再改良一条较为复杂的乳品生产线,并希望向发展中国家拓展业务。很明显,K公司在进行一项雄心勃勃的发展计划。公司希望通过提高技术,创新产品,重新振兴。

(改编自百度文库 http://wenku.baidu.com,2016-9-1访问)

案例思考题:

1. 根据案例材料,概括论述K公司的战略计划和战术计划。
2. 你认为K公司计划是否具有可行性?为什么?

【案例3-2】

集体决策的"误区"

2015年,B市从国家获得水利专项资金8 000万元,要求用于整治河道,防汛抗洪。由于该市经济发展落后,市直机关办公条件比较一般,市领导班子认为政府机关办公场所是全市的形象,是重要的价值体现,于是在市委书记等主要领导动议下,市委班子集体决定从水利专项种拿出3 000万元修缮扩建市委市政府办公大楼,而且得到市委常委会的一致通过。然而,没有不透风的墙,就在市府大楼如火如荼地改造时,一封举报信递到省纪委,并引起高度重视,调查组进驻B市,查明事实,严肃处理。为什么集体决策会一致通过呢?面对违法违规之事难道没有一个人反对?调查后发现,尽管个别常委也认为不妥,但碍于"面子"也就举手赞同了。

讨论题:

1. 你认为集体决策的"误区"是什么?
2. 试分析在决策时受哪些心理因素影响?如何更为理性地进行决策?

4 组　　织

◆本章学习要点：

1. 了解组织的概念和分类。
2. 掌握组织的职能。
3. 学会分析组织设计影响因素。
4. 掌握组织管理幅度等重要概念。
5. 了解组织文化及其应用。

4.1 组织概述

4.1.1 组织的概念

组织(organization)这一概念既是一个名词又是一个动词。作名词用，指的是按一定规则建立起来的人的集合体。著名的组织学家巴纳德认为：由于生理的、心理的、物质的、社会的限制，人们为了达到个人的和共同的目标，就必须合作，于是形成群体，群体发展为组织。作为动词，指的是管理活动，即对人的集合体中各个成员的角色安排和任务分派。本节主要从管理学的角度研究名词意义上的组织问题。

在一个组织中，其构成要素除了人之外，还有物、财、信息等。但人是最主要的、起决定作用的要素，组织工作也就是围绕着人展开的。

(1)组织是一个职务结构或职权结构

组织中的每个人都有特定的职责权利，组织工作的主要任务在于明确这一职责结构以及根据组织内外环境的变化使之合法化。组织中的每一个成员不再是独立的、自己只对自己负责的个人，而是组织中的既定角色，承担着实现组织目标的任务。

(2)组织是一个责任系统，反映着上下级关系和横向沟通网络

在这个网络中，下级有向上级报告自己工作效果的义务和责任，上级有对下级的工作进行指导的责任，同级之间应进行必要的沟通。这些都由组织工作来完成，正如孔茨所说：正式组织是通过对职务结构的理解而设想出来的，按此含义，可把组织工作看作是把为达到目标而必需的各项活动进行组合，把管理每项活动所必须的职权授予该管理者，规定企业结构中横向的和纵向的协调关系。

(3)组织有正式组织与非正式组织之分

由霍桑实验以及巴纳德的研究可知，组织分为正式组织与非正式组织两大类，正式组织一

直是管理学研究的重点。进入20世纪20年代以后,随着行为科学的产生与发展,对组织的研究日益精细化,非正式组织也逐渐地引起了管理学家们的重视,成为一种独立的研究对象。

正式组织是为了有效实现组织目标,经过人为的筹划和设计,并且具有明确而具体的规范、规则和制度的组织。特点:专业分工性,明确的科层,法定的权威,统一的规范,相对的稳定,职位的可替代性,物质的交换性。

任何非正式组织中大都必然伴随着非制式组织的存在。非正式组织是组织成员为了满足特定的心理或情感需要而在其实际活动和共同相处的过程中自发和自然形成的团体。特征:没有明确的目标;以某种共同利益、观点和爱好为基础,以感情为纽带自发形成,有很强的内聚力和行动上的一致性;没有明确的成文制度和规则;组织形式灵活、稳定性弱、覆盖面广;较强的自卫性和排外性等。

非正式组织为何存在以及怎样存在等问题属于社会心理学研究范畴,但是鉴于非正式群体的特点,组织工作应重视非正式组织。根据非正式组织的相关特征,主管人员在组织工作中应有意识、有计划地促进某些具有较多积极意义的非正式组织的形成与发展,例如学习互助、技术专研、休闲娱乐等,使其成为正式组织的辅助,充分发挥其正能量。在条件许可和时机成熟情况下,也可将其转化为正式组织,使其成为组织机构的有机组成部分。

4.1.2 组织的分类

根据不同的标准,组织可以划分为不同的种类。

4.1.2.1 按组织的目标性质以及由其所决定的基本任务分类

(1)政治组织,指以完成各种政治任务,实现一定政治目的为主要目标的组织,如各种党派、政治团体等。

(2)经济组织,指按一定方式组织生产要素进行生产、经营活动的单位,是一定的社会集团为了保证经济循环系统的正常运行,通过权责分配和相应层次结构所构成的一个完整的有机整体。

(3)军事组织,指保卫国家安全,维护社会治安秩序的各种武装力量,如军队、警察等。

(4)学术组织,指以从事科学研究,推动科学技术发展为目的的组织,如各种学术研究机构、学术团体、协会和学会等。

(5)教育组织,指从事文化教育、培养人才、传授知识的组织,主要是各类学校。

(6)宗教组织,指从事宗教活动的各种组织。

4.1.2.2 按组织人数的多少分类

(1)大型组织,指人数较多,规模较大的组织。

(2)小型组织,指人数较少,规模较小的组织。

4.1.2.3 按其活动世界分类

(1)独立组织,指按一定的规定组建,内部结构完整,能够独立对外的各种组织。组织的独立性一般由法律确定。

(2)非独立组织,指一个独立组织内部的,不能直接与其他独立组织发生权利义务关系,在商品经济中则为民事关系的组织。如依法成立的股份有限公司是独立组织，属于总公司的分公司则是非独立组织。

4.1.2.4 按照组织的运行机理分类

(1)机械式组织

机械式组织也可以称之为官僚式组织，罗宾斯称它是综合使用传统的组织设计原则的产物。这种组织最突出的特点是有严格的层级关系，每个职位都有固定的职责，坚持统一指挥原则并产生一条正式的职权层级链，每个人只受一个上级的领导，成员之间按照正式的渠道进行沟通，组织的权力最后集中在组织的金字塔的顶层，该组织是一种典型的、规范化的结构。

(2)有机式组织

有机式组织也称之为适应性组织，它是一种低复杂性，低正规化和分权化的组织。这种组织与机械式的组织不同，它强调的是灵活、适应和变化。在这种组织中，员工多是职业化的，具有熟练的技巧，并且在经过训练之后能够处理多种多样的问题。他们的教育已经将职业行为标准注入他们的思想之中，所以工作不需要多少正式的规则和监督。这种组织的特点是员工之间存在高度的合作，非正式的沟通，分权，职位与职务的变化调整。

机械式组织与有机式组织之间的区别可以用图 4-1 来表示。

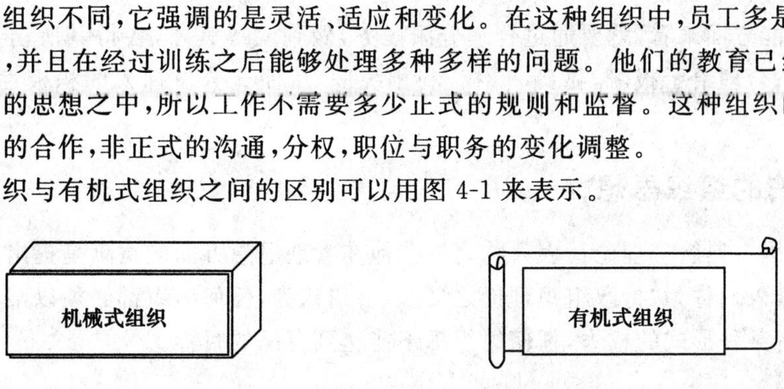

特点：
严格的层级关系
指挥链明确
固定的职责
高度的正规化
正式沟通渠道
集体决策

特点：
合作（纵向与横向）
信息自由流动
不断调整职责
低度的正规化
非正式沟通
分权决策

图 4-1　机械式组织与有机式组织

一般来说，创业阶段的企业近似于有机式的组织，而成长到一定的规模之后就会演化为机械式的组织，而向优秀的企业发展之后又会成为有机式的组织。

4.1.3 组织的职能

系统理论揭示了“整体大于部分之和”。这就是说，整体具有其组成部分在孤立状态下所没有的新性质，如新的特性、新的功能、新的行为或新的结构等。然而，具体就某一系统而言，整体既可能大于部分之和，也可能小于部分之和，其中组织是否合理对于增加系统的整体功能具有决定性的作用。

组织职能的作用，就是要通过动态的组织活动最大限度地发挥静态组织结构的整体功能，实现组织目标。具体来说，它具有如下几个作用。

(1)有效配置各种资源

任何组织的资源都是有限的。实现组织目标,必然要耗费一定的资源。但实现同样的目标,不同的组织消耗的资源数量却可能有所不同。组织结构合理、组织工作有序就可以合理有效配置资源,可以以最少的资源消耗来实现组织的既定目标。

(2)相互协作发挥整体功能

分工可取得专业化的好处,也是明确责任的前提,但分工效应必须依靠协作取得。兼顾分工与协作,要求在观念上有整体的目标和共同奋斗的意识;在制度上应明确分工的责任和协作任务;在组织形式上,应将分工与协作结合起来。这些都必须通过组织职能来实现,组织职能实现合理的分工与协作,使组织整体功能得以充分发挥。因此,组织职能具有相互协作发挥整体功能的作用。

(3)提高组织工作效率

从组织职能方面来看,就要通过合理分派任务,做到人尽其才,各得其所;合理分配权力,做到权责一致;合理给予报酬,做到责、权、利相统一,从而充分发挥人的积极性、主动性和创造性。

4.1.4 韦伯的组织思想

韦伯是德国古典管理理论代表人物之一。他在管理思想方面的贡献是提出了理想行政组织体系理论,被人们称为“行政组织理论之父”。韦伯认为,任何组织都必须以某种形式的权力作为基础,没有某种形式的权力,任何组织都不能达到自己的目标。

(1)组织的权利基础

韦伯认为,迄今为止,人类社会存在 3 种为社会所接受的权力:第一种是传统权力(traditional authority),按传统惯例或世袭得来;第二种是超凡权力(charisma authority),来源于别人的崇拜与追随;第三种是法定权力(legal authority),来自理性——法律规定的权力。只有法定权力才能作为行政组织体系的基础,其最根本的特征在于它提供了慎重的公正。原因在于:①管理的连续性使管理活动必须有秩序的进行。②以“能”为本的择人方式提供了理性基础。③领导者的权力并非无限,应受到约束。

(2)韦伯理想的官僚组织模式

基于行政组织体系的权力基础,韦伯勾画出理想的官僚组织模式应具有下列特征。

1)组织中的人员应有固定和正式的职责并依法行使职权。组织是根据合法程序制定的,应有其明确目标,并靠着这一套完整的法规制度,规范成员的行为,从而使组织体系具有准确性、稳定性、纪律性和可靠性,以期有效地追求与达到组织的目标。

2)组织的结构是层层控制的体系。在组织内,按照地位的高低规定成员间命令与服从的关系。

3)人与工作的关系。成员间的关系只有对事的关系而无对人的关系。

4)成员的选用与保障。每一职位根据其资格限制(资历或学历),按自由契约原则,经公开考试合格予以使用,务求人尽其才。

5)专业分工与技术训练。对成员进行合理分工并明确每人的工作范围及权责,然后通过技术培训来提高工作效率。

6)成员的工资及升迁。按职位支付薪金,并建立奖惩与升迁制度,使成员安心工作,培养其事业心。

韦伯认为,凡具有上述6项特征的组织,可使组织表现出高度的理性化,其成员的工作行为也能达到预期的效果,组织目标也能顺利的达成。韦伯对理想的官僚组织模式的描绘,为行政组织指明了一条制度化的组织准则,这是他对组织思想上的最大贡献。

作为韦伯组织理论的基础,官僚制在19世纪已盛行于欧洲。韦伯从事实出发,把人类行为规律性地服从于一套规则作为社会学分析的基础。他认为一套支配行为的特殊规则的存在,是组织概念的本质所在,有它们,将无从判断组织性行为。这些规则对行政人员的作用是双重的:一方面他们自己的行为受其制约,另一方面他们有责任监督其他成员服从于这些规则。韦伯理论的主要创新之处在于他对有关官僚制效率争论的忽略,而把目光投向其准确性、连续性、纪律性、严整性与可靠性。韦伯这种强调规则、强调能力、强调知识的行政组织理论为社会发展提供了一种高效率、合乎理性的管理体制。

(3)启示

韦伯的理想行政组织体系自出现以来得到了广泛的应用,它已经成为各类社会组织的主要形式。韦伯的行政组织理论虽然不是管理思想的全新开创,只是社会实践的理论总结,但我们在重温韦伯行政组织理论之时,不是为了赞美他在历史上的重大贡献,而是认同其思想对现代组织行为的现实指导意义。

到今天,"官僚"一词已从技术意义上的"行政组织"(中性)演变成"效率低下"的代名词(贬义)。然而,现今各种社会组织的过分低效,并不是"官僚制"本身的错误,而是由于官僚组织内部机制障碍所致。长期以来,我国政府和企业机构臃肿、效率低下,对照一下韦伯关于理想的官僚组织的6项特征,也许这些观点可以作为机构改革的参考准则。

韦伯关于组织中3种合法权力的精辟分析,对中国提高管理水平极具价值。随着社会的发展,组织中法定权力的重要性和科学性日益凸显。中国几千年的历史,在各类组织中基本都是传统权力和超凡权力远远比法定权力更有影响。当前我国提出建设法治国家的目标,其关键就是要确定法定权力在国家行政组织体系中的基础及决定地位。

改革开放以来,国内许多企业取得了长足的发展,涌现了一批知名企业和企业家,然而在许多企业中,维系企业权力基础的却是企业最高领导人个人的超凡权力,他们或因卓越的远识、杰出的才能、非凡的人格魅力,或因"时势造英雄"而成为企业的绝对主宰和精神领袖,并且企业还在乐于渲染个人权威、塑造个人英雄。"一人身系天下安危",这种脆弱的权力体系将直接影响企业长远、稳定的后续发展。在企业领导人决策失误或其之后的时代,不可避免地将陷入动荡的结局,企业的发展也难以预测。逐步向现代企业制度转化,建立以法定权力为基础的企业组织内部权力体系,才是企业长久稳定发展的保证。

被誉为"组织理论之父"的德国社会学家马克斯·韦伯(Max Weber)对组织管理理论的伟大贡献在于明确而系统地指出理想的组织应以合理合法权力为基础,这样才能有效地维系组织的连续和目标的达成。为此,韦伯首推官僚组织,并且阐述了规章制度是组织得以良性运作的基础和保证。这里不能狭义的理解官僚组织(此处的官僚是中性的)。企业的长生不老决不仅仅依赖于其英雄人物的"超凡卓识",应在更大程度上依赖于其"顺应自然"的原则体系——公正地识人、用人和尽人的体系。

4.2 组织设计

4.2.1 组织设计的原则

组织设计不能随心所欲,要考虑很多因素的影响。组织的规模、所处的环境、采用的技术、制定的战略、发展的方向等情况的不同,所需的职务和部门之间的相互关系也会不同。尽管如此,在进行组织设计时,还是要遵循一些共同的原则,它们是:

(1)目标明确原则

每一个组织都有其特定的目标,组织的每一部分都应该与既定的组织目标有关系,一定的组织结构就是实现这个目标的载体,组织设计应当与组织的目标相一致,通过目标层层分解,机构层层建立,直至每一个人都了解自己在总目标的实现中应完成的任务,这样建立起来的组织机构才是一个有机整体,才最有利于组织目标的实现。

(2)稳定性与适应性相结合的原则

组织结构是实现组织目标的载体,为实现组织目标服务。实践表明,组织越稳定,效率也越高。组织要进行实现目标的有效活动,就必须维持一种相对平衡的状态,相对稳定的环境有利于人们形成一个稳定的预期,安心地工作。组织结构的调整和各部门职权范围的每次重新划分,都会给组织的正常运行带来不利影响。因此,组织结构不应频繁调整。同时,任何组织都是一个开放的社会子系统,随着外部环境的变化,组织的目标会调整,组织本身也会发展,当组织机构相对地呈现僵化状态,组织效率低下,无法适应各种变化时,就需要组织结构做出适当的调整与变革,以便组织结构能够与发展相适应,使组织重现效率与活力。所以,组织结构的设计要注意稳定性与适应性相结合,即组织机构及其形式既要有相对的稳定性,不要总是轻易变动,但又需随着组织内外条件的变化,根据长远目标做出相应的调整。

(3)集权与分权相结合的原则

为保证有效的管理,必须实行集权与分权相结合的领导体制。将该集中的权利集中起来,该下放的权利就应该分给下级,这样才能够加强组织的灵活性与适应性。一般来说,随着社会生产力的发展,分工协作的深化,分权和集权的趋势都在发展。首先是技术的发展,使协作劳动更加紧密,分工更加细致,协调更加重要,对集中统一指挥与管理的需要就更为迫切,这样才能保证组织中各个部门的协调配合,最合理地利用组织的各种资源。集权的要求自然不言而喻。另一方面,技术的发展,环境的变化都在加强,要求组织具有更大的灵活性和适应性,要求组织的权力适当分散,以增加组织的应变能力。这就是分权的趋势。

究竟是集权还是分权,没有统一的模式。因为集权与分权各有利弊。组织设计一定将集权与分权有机地结合起来。这就是一个管理艺术问题,哪些权利应该集中,哪些权利应该分散,往往是根据组织的具体性质结合一定的管理经验来决定的。一般来说,环境变化大,组织生存问题突出,在组织设计时应较多考虑集权;而在环境较为宽松,组织的发展问题放在首位时,可以较多地考虑分权。

(4)责权对等原则

责权对等原则又称之为责权一致原则。指的是在组织设计中,每一个职位的职权应当与职责相当,职权越大,其职责越大。因为组织中的每一个部门和职位都是为完成一定的工作任务而设计的。完成一定的任务,必须有权支配一定的资源,这就表现为职权。在组织中支配的资源越多,职权也就越大,自然对组织目标实现的影响也就越大。要保证资源被合理、有效地使用,使每一件事情都能够做得最好,那么,每一个拥有职权的人也就必须承担相应的责任,以便对资源的支配形成必要的约束。实践证明,没有责任的权力就是没有约束的权力,最终会导致权力的滥用。

(5)统一指挥原则

在一个组织中,形成一定的部门和分层之后,为了保证协调一致和权责对应,组织的各级机构以及个人必须服从一个上级的命令和指挥,只有这样,才能保证命令和指挥的统一,避免多头领导和多头指挥,使组织最高管理部门的决策得以贯彻执行,根据这一原理,上级指示从上到下逐级下达,不许发生越级指挥的现象,下级只接受一个上级的领导,只向一个上级汇报并向他负责,这样,上下级之间就形成了一个“指挥链”。在这个指挥链上,上级既能了解下属情况,下属也容易领会上级的意图。因此,按照统一指挥原理去办,指挥和命令如果能组织安排得当,就可做到政令畅通,提高管理工作的有效性,而那些由于“多头领导”和“政出多门”所造成的混乱就可避免。

4.2.2 影响组织设计的因素

影响组织设计的一般因素包括以下几个方面。

4.2.2.1 战略

战略(strategy)指的是组织的重大发展决策、规划,对企业而言,就是企业的经营战略。战略与组织结构之间的关系是理论界争论较多的问题之一。其问题是战略决定组织结构,还是组织结构决定战略。对企业的战略与结构之间关系研究有重大贡献的是美国的企业史学家艾尔弗雷德·钱德勒。他对美国100家大公司的发展进行了深入的考察,在追踪了这些企业长达50年的发展历史之后,得出了这样一个结论:公司的战略变化先于公司的组织结构的变化。当公司成长壮大之后,战略随之改变,变得更有雄心,组织结构也因此而变得壮大,由此形成了战略决定结构的理论。

(1)战略发展阶段及目标

钱德勒认为组织战略发展有4个阶段,每个阶段都有相应的战略目标。

1)数量扩大阶段。目标为扩大组织规模。

2)地区开拓阶段。目标为建立新的组织结构协调各个业务单元。

3)纵向联合发展。在原有行业的基础上向其他领域扩展,需要建立与相关部门适应的职能部门。

4)产品多样阶段。利用现有资源实现组织转型。这也要求创造转型所需的职能部门。

(2)战略类型及相应组织结构

R. E. Miles 和 C. C. Snow 根据外部环境对企业的影响总结了4种战略类型和相应的组织结构。

1)防御者型(处于稳定环境):集权化和严密的层级控制和分工差异性。

2)探险者型(环境动荡,需要不断创新):柔性分权化组织结构。

3)分析者型(环境动荡,但目标灵活):规范化和灵活性并举。

4)反应者型(环境动荡):由于自身的局限性,只能被动应付环境的不确定性,面临巨大的变革压力。但是自20世纪80年代以来,一些理论家认为,包括企业的组织结构在内的企业内部资源对企业的战略也具有决定性的作用。我们认为,战略与组织结构二者之间的关系没有绝对的决定与被决定的固定关系,而是一个相互影响、相互作用的关系。如果我们考虑组织设计,就必须考虑组织的战略,而当制定战略时,就必须考虑一定的组织结构的影响。在这里,我们自然将战略作为组织设计的最重要影响因素。

4.2.2.2 规模

规模(scale)指的是组织的人数。组织的规模对其结构具有明显的影响,组织的规模越大,工作越专业化,标准操作化程序和条例制度越多,组织结构就会趋于复杂化和规范化。组织的结构设置应该根据组织规模而变化,以确保管理层能准确作出决策。

大型组织和小型组织的差别主要体现在表4-1。

表4-1 大型组织和小型组织的差别

项目	大型组织	小型组织
规范化程度	严格	松散
集权化程度	高	低
复杂化程度	高	低
人员结构比率	管理人员快速增长	管理人员减少
组织形式	机械式组织	有机式组织

组织规模的大小对其结构及战略有明显的影响作用。Larry E. Greiner创立的企业生命周期理论及之后Robert E. Quinn和Kim Cameron将该理论发展分为4个阶段,分析了组织规模与生命周期的影响。

(1)创业阶段。小规模,非官僚,非规范。重点在于及时调整产品结构。

(2)集合阶段。组织拥有较多的职能部门但权力依然集中。需要及时放权。

(3)规范化阶段。出现官僚化,组织分层明显,工作程序化、规范化。高层管理要向下授权,还要保证失去控制力。

(4)精细阶段。规模巨大,拥有庞大的官僚体系。需要创建跨越部门的管理团队,或者适当更换管理者。

4.2.2.3 技术

任何组织的生存与发展都离不开一定的技术(technology)。因为组织总是需要将某些投入转变为产出,该过程需要一定的技术。这一点在企业中表现得十分典型。当然,非企业性的组织同样需要一定的技术来完成任务。如学校的老师同样需要利用一定的技术来完成授课任务,这里的技术包括讲授的方式、组织学生讨论、案例分析的方法等。当然分析最多的仍然是科学技术对企业组织结构的影响。

(1)伍德沃德的技术分类

技术的类型是多种多样的。考察技术因素对组织结构的影响,需要对技术进行分类。在这个方面作出了开创性贡献的是英国的管理学家琼·伍德沃德(Joan Woodward)。她为了寻找统一指挥、管理幅度等传统原则与组织结构、组织绩效之间的关系,对英国南部的近 100 家小型制造业企业进行了调查,可是没有发现带有规律性的结论。后来她将企业按照所采用的生产技术的差异进行分类,结果发现了技术对企业组织结构的影响。她将企业的生产技术划分为 3 类:第一类是单件生产的技术,第二类是大量生产的技术,第三类是连续生产的技术,也是最复杂的技术。

伍德沃德发现:技术类型与公司的结构之间存在着密切的联系,有高度的相关性;此外,技术还与组织的绩效有一定的关系。这种关系见表 4-2。

表 4-2　技术、结构与组织绩效关系

	单件生产	大量生产	连续生产
结构特征	低度纵向化	中度纵向化	高度纵向化
	低度横向化	高度横向化	低度横向化
	低度正规化	高度正规化	低度正规化
有效结构	有机式	机械式	有机式

注:摘自[美]罗宾斯. 管理学. 中国人民大学出版社(中译本),第 245 页.

(2)佩罗的技术分类

伍德沃德的研究对象主要是制造业企业。其结论的应用范围受到了限制。查尔斯·佩罗(Charles Peerow)认为现代技术的分类不能仅仅局限于制造业企业的生产过程,不能以生产技术作为分类的基本标准。于是,他提出了新的技术分类标准,这个标准有两个,一是任务的可变性程度,二是问题的可分析性。

在第一类因素中,主要考察例外情况的多少。例外情况较少,技术就属于常规性的,其工作就可以高度规范化,由此可以采用机械式的组织结构;而当例外的情况较多时,往往会使用非常规技术。

在第二类因素中,问题可分析性是对探索过程的一种评估。典型的一种情况是可分析性较少,问题非常的确定,人们可以使用逻辑和推理分析来寻找问题的答案,例如一个成绩一直十分优秀的学生在一次考试中成绩突然表现得不理想,对这种问题就可以采用逻辑和推理的方法进行分析,针对情况采取解决问题的办法。另一种情况是具有高度的不确定性,过去从来都没有碰到过的新问题,如建筑设计师接受的一项任务是按照以往从来都没有采用过和听说过的标准来完成设计任务。这个任务就有很高的不确定性。

佩罗将这两种因素进行结合,划分出了对组织设计有影响的 4 种技术,分别是:

1)常规型技术:多变性小,可分析性大。

2)工艺型技术:多变性和可分析性都小。

3)工程型技术:多变性和可分析性都大。

4)非常规型技术:多变性大,可分析性小。

在常规技术下,组织结构可以高度的规范化,如生产钢铁和汽车的企业,还包括石油生产企业等大多建立这样的组织结构;在工程技术下,一般要用理性、系统的知识来处理大量例外的事务,所以建立的组织结构有一定的灵活性,如建筑公司大多属于这一类;在手工艺技术下,问题有较大的不确定性,但是例外的问题也比较少,组织应当有恰当的分权,保持较高的灵活性;在采用非常规技术下,由于问题具有较大的不确定性,而且要处理的例外问题多,对组织的灵活性要求很高,组织应当是高度分权化的,并要保持较低程度的正规化。

总之,技术对组织结构的影响是突出的。如当今企业组织结构所发生的巨大变化,最主要的原因是信息技术的普及和在企业生产经营中的采用。

4.2.2.4 环境

这里的环境主要指社会环境(social environment)。一个组织结构必须与它的环境相适应。特别是应当与其所在地的文化价值观相适应。如在一个权力距离较大的社会,建立分权、协商式的组织结构的运行效率就不会太高。下面是几个国家企业组织结构的一般简图,由此我们不难看到不同的文化环境对企业的组织结构产生的影响。

由图4-2可知,美国企业的组织结构带有明显的科层制特色,规范化程度高,权责清楚;意

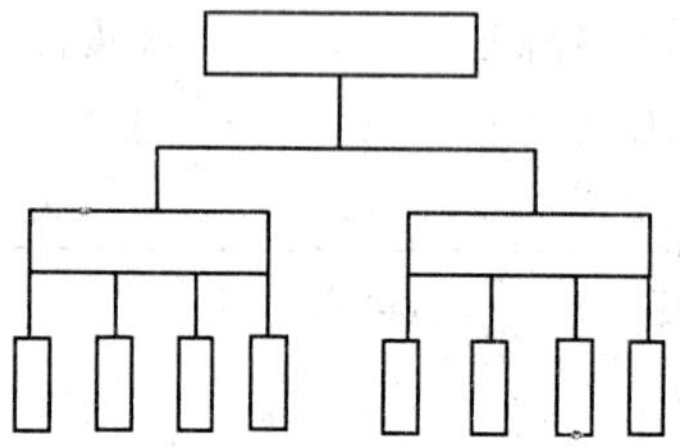

甲:美国企业组织

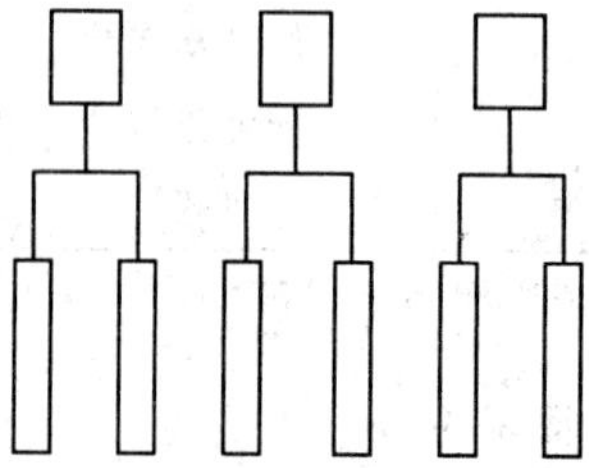

乙:意大利企业组织

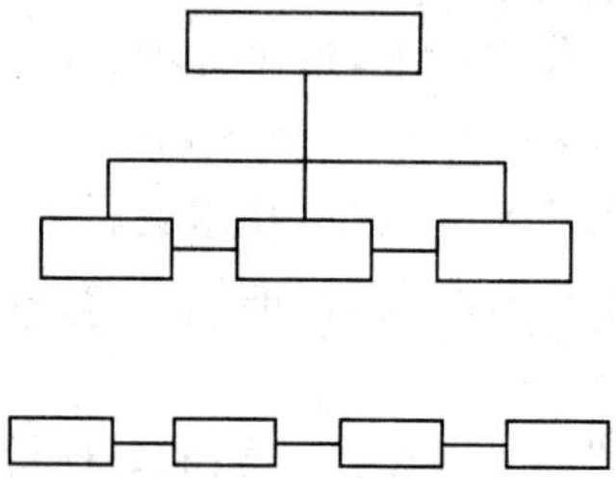

丙:英国企业组织

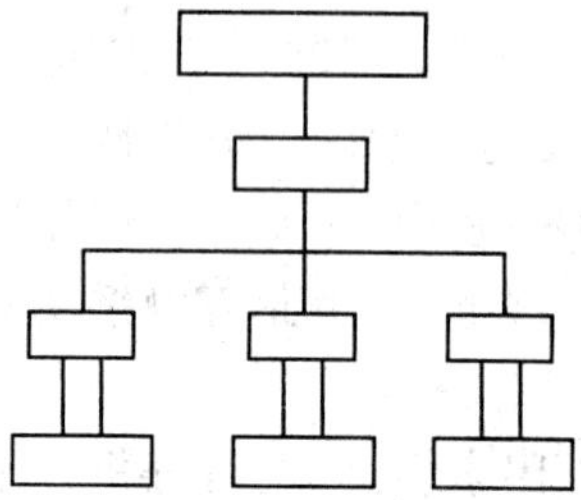

丁:挪威企业组织

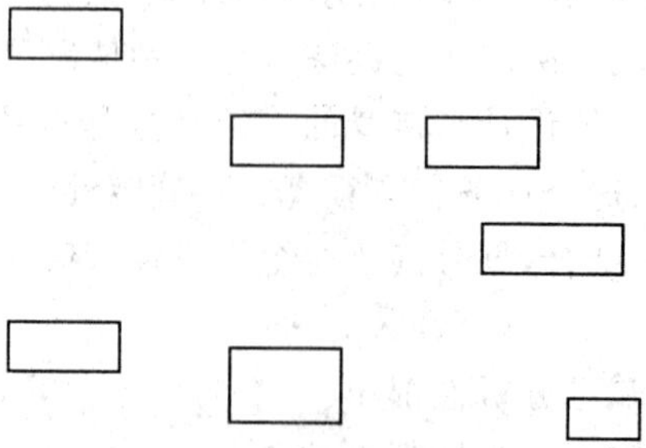

戊:阿拉伯国家企业组织

图4-2 不同国家的企业组织结构图

资料来源:江绍伦等.企业的组织与效率.上海:复旦大学出版社,1995

大利企业的组织结构中有许多的横向交流；英国企业也有这样的特征，但是下级向上级的交流就比较少；而在挪威的企业中，最基层的人员可以直接向组织的最高层反映情况；而在阿拉伯国家，组织结构中人际交往就极少。

在我国，文化对组织结构设计的影响也是比较明显的。一方面，我国文化中权力距离比较大，容易形成技术集权的组织结构；而另一方面，制度有规定工人可以参加管理，因此在组织设计中必须反映这一规定；此外，中国的传统文化特别讲究人和，不希望组织内部存在明显的冲突，内部的竞争一般也是不受欢迎，至少不是公开受到鼓励的。这样在组织结构设计中，机械式的组织比较常见。

除了上述一般因素之外，组织设计还要考虑一些特殊因素影响。在我国如党和国家的有关政策与法规、顾客、竞争对手等。

4.2.3 部门化

部门是指组织中管理人员为完成规定的任务有权管辖的一个特定领域。部门化（departmentalization）是将若干职位组合在一起的依据和方式。组织设计的实质是通过对管理劳动的分工，将不同的管理人员安排在不同的管理岗位和部门中，通过他们在特定环境、特定相互关系中的管理作业来使整个管理系统有机地运转起来。部门划分的目的是：确定组织中各项任务的分配、以及责任的归属，以求分工合理、职责分明，有达到组织的目标。

管理劳动的分工，包括横向和纵向两个方面。横向的分工，是根据不同的标准，将管理劳动分解成不同岗位和部门的任务，横向分工的结果是部门的设置，或"组织的部门化"；纵向分工，是根据管理幅度的限制，确定管理系统的层次，并根据管理层次在管理系统中的位置，规定各层次管理人员的职责和权限，纵向分工的结果，是责任分配上的管理决策权限的相对集中或分散。

这里主要讨论部门化的问题。部门化是将整个管理系统分解，并再分解成若干个相互依存的基本管理单位，它是在管理劳动横向分工的基础上进行的。分工的标准不同，所形成的管理部门以及各部门之间的相互关系亦不同。部门划分的标准主要有：职能、产品、区域、顾客、过程、人数、时间、设备以及销售渠道、工艺字母或数字等。

4.2.3.1 职能部门化

职能部门化（functional departmentalization），是一种传统的、普遍的组织划分方法。即按专业化的规则，以工作或任务的性质为基础来划分部门。按重要程度可分为：基本的职能部门和派生的职能部门。基本的职能部门一般有：生产、工程、质量、销售、财务部门等。派生的职能部门有：如生产部门中的设计科、工艺科、制造车间、生产计划科、设备动力科、安全科、调度室等。

职能部门化的优点：职能是划分活动类型、从而设立部门的最自然、最方便、最符合逻辑的标准，据此进行的分工和设计的组织结构可以带来专业化分工的种种好处，可以使各部门的管理人员或专心致志地研究产品的开发和制造，或积极努力地探索和开发市场，或认真仔细地记录，分析和评价资金的运动；同时，按职能划分部门，由于各部门是在最高主管的领导下从事整体活动的一部分，因此有利于维护最高行政指挥的权威，有利于维护组织的统一性；此外，由于各部门只负责一种类型的业务活动，有利于工作人员的培训、相互交流，从而提高技术水平。

职能部门化的局限性主要表现在以下几个方面:由于各种产品的原料采购、生产制造、产品销售都集中在相同的部门进行,每种产品给企业带来的贡献不易区别,因此不利于指导企业产品结构的调整;由于各部门的负责人长期只从事某种专门业务的管理,缺乏总体的眼光,因此不利于高级管理人才的培养;由于活动和业务的性质不同,各职能部门可能只注重依据自己的准则来行动,因此可能使本来相互依存的部门之间的活动不协调,影响组织整体目标的实现。为了克服这些局限性,有些组织利用产品或地区的标准来划分部门。

4.2.3.2 产品部门化

产品部门化(product departmentalization)是按组织向社会提供的产品来划分部门。按职能设立部门往往是企业发展初期、品种单纯、规模较小时的一种组织形式。但是随着企业的成长和品种多样化,把制造工艺不同和用户特点不同的产品集中在同一生产或销售部门管理,会给部门主管带来日益增多的困难。因此,与扩大了的企业规模相对应,如果主要产品的数量足够大,这些不同产品的用户或潜在用户足够多,那么组织的最高管理层除了保留公关、财务、人事、甚至采购这些必要的职能外,就应该考虑根据产品来设立管理部门、划分管理单位:把同一产品的生产和或销售工作集中在相同的部门组织进行。

从职能部门化到产品部门化可能要经历一个发展过程。当企业规模还不足够大、各种产品的产量和社会需求量还不足够多的时候,组织中可能采取的变通方法是:职能部门内部,不同的工作人员按产品的类别来划分工作任务,然后随着产品需求量和生产量的发展再采取产品部门化的形式。

产品部门化具有下述优势。

(1)能使企业将多角化经营和专业化经营结合起来。整个企业向社会提供多种产品,而每一个部门只专门生产一种产品。因此,既可使企业因多角化经营而减少市场风险,提高了经营的稳定性,又可使企业的各部门因专业经营而提高生产率,降低劳动成本。

(2)有利于企业及时调整生产方向。按产品设立管理部门,要比职能部门化更易区分和摊派各种产品的收益与成本,从而更易考察和比较不同产品对企业的贡献,因此有利于企业及时限制、甚至淘汰或扩大和发展某种产品的生产,使整个企业的产品结构更加合理。

(3)有利于促进企业的内部竞争。由于各个产品部门对企业的贡献容易辨认,因此可能导致部门间的竞争。这种内部竞争如处理不当,可能影响总体利益的协调。

(4)有利于高层管理人才的培养。每个部门的经理都需独当一面,完成同一产品制造的各种职能活动,这类似于对一个完整企业的管理。因此,企业可以利用产品部门作为培养有前途的高层管理人才的基地。

产品部门化的局限性是需较多的具有像总经理那样能力的人管理各个产品部门;同时各个部门的主管也可能过分强调本单位利益,出现部门化倾向,从而影响企业的统一指挥;此外,产品部门某些职能机构与企业总部的重叠会导致管理费用的增加,从而提高了待摊成本,影响企业竞争。

4.2.3.3 区域部门化

区域部门化(geographic departmentalization)是根据地理因素来设立管理部门,把不同地区的经营业务和职责划分给不同部门的经理。不同的文化环境,决定了人们不同的价值观,从而使人们的劳动态度、对物质利益或工作成就的重视程度以及消费偏好不一样。因此,根据地理位置的不同设立管理部门,甚至使不同区域的生产、经营单位成为相对自主的管理实体,可以更好地针对各地区劳动者和消费者的行为特点来组织生产和经营活动。在国际范围内从事经营业务的跨国公司尤其如此:它们不仅使分散在世界各地的附属公司成为独立的实体,而且对公司总部协调国际经营的高级管理人员的业务划分,也是根据区域标准来进行的。

按区域划分管理部门的优点是:对本地区环境的变化反应迅速灵敏;便于区域性协调;利于管理人员的培养。缺点是与总部之间的管理职责划分较困难。

4.2.3.4 过程部门化

过程部门化(process departmentalization)是按完成任务的过程所经过的阶段来划分。如:机械制企业划分出铸工车间、锻工车间、机加工车间、装配车间等部门。过程部门化的优点是:能取得经济优势;充分利用专业技术和技能;简化了培训。缺点是部门间的协作较困难。

4.2.3.5 顾客部门化

顾客部门化(customer departmentalization)是按组织服务的对象类型来划分部门。如:银行为了不同的顾客提供服务,设立了商业信贷部、农业信贷部和普通消费者信贷部等。顾客部门化的优点是可针对性地按需生产、按需促销。缺点是只有当顾客达到一定规模时,才比较经济。

4.2.3.6 人数部门化

人数部门化(number departmentalization)是单纯按人数的多少来划分部门。类似于军队的师、团、营、连的划分,是最原始最简单的划分方法。在高度专业化的现代社会,现代组织逐渐从劳动集约转向技术集约,把具备某种专业技术的人组织起来去做某项工作,比单靠数量组织起来的人们有更高的效率,因此,这种划分方法的采用越来越少。

4.2.3.7 时间部门化

时间部门化(time departmentalization)是在正常工作日不能满足工作需要时,所采用的一种部门划分方法。如:三班制、轮班制工作的情形,即可按此来划分。这种划分通常适用于:有些需要长时间且不能间断的工作或者出于经济和技术要求的考虑等,正常的工作日无法满足这种需要的情况

4.2.3.8 设备部门化

设备部门化(equipment departmentalization)。按设备的类型来划分部门。如:医院的放射科、心电图室、脑电图室、超声波室等。

4.2.3.9 综台标准与矩阵组织

上述对部门划分方式的分析,只是为了理论研究上的方便。在实际工作中,任何组织很少根据单一的标准来划分部门,而是利用两个或两个以上的部门化方式,形成合式的组织结构。究竟采用何种部门化或若干种部门化的组合,取决于各种部门化方式优劣的权衡。

矩阵组织是综合利用各种标准的一个范例。这是一种由纵横两套系统交叉形成的复合结构组织:纵向的是职能系统;横向的是为完成某项专门任务(如新产品开发)而组成的项目系统。项目系统没有固定的工作人员,而是随着任务的进度,根据工作的需要,从各职能部门抽人参加,这些人员完成了与自己有关的工作后,仍回到原来的职能部门。

矩阵组织具有很强的弹性和适应性,可以根据工作的需要,集中各种专门知识和技能的人才,短期内迅速完成重要的任务;由于在项目小组中集中了各种人才,便于知识和意见的交流,能促进新的观点和设想的产生;此外,由于成员来自各个不同的职能部门,项目小组的活动还可促进各个部门间的协调和沟通。但由于项目组织的成员是根据工作的进展情况临时从各职能部门抽调的,其隶属关系不变,从而不仅可能使他们产生临时观念,影响工作责任心,而且由于要接受并不总是保持一致的双重领导,在工作中可能有时会感到无所适从。

矩阵式组织的特点决定了它主要适用于那些工作内容变动频繁、每项工作的完成需要众多技术知识的组织,或者作为一般组织中安排临时性工作任务的补充结构形式。

4.2.4 确定管理幅度

4.2.4.1 管理幅度的概念与影响因素

管理幅度(span of management)是管理学中的基本概念,又称之为管理跨度或者是管理宽度,指的是一名主管人员有效地监督、管理其直接下属的数目。现代管理学证明,一个管理人员直接管理的下属人数是有限的。如果超过了这个限度,管理的效率就会下降。管理幅度的有限性直接源于管理人员时间、精力、能力的有限性。不同的管理人员的管理幅度是不同的。在实际管理过程中,管理幅度的决定因素如下。

(1)管理者的个人能力

管理者的管理能力越强,在前提条件相同的情况下,其管理的幅度就越大。这里的管理能力指的是各个方面的能力:如管理者的综合能力强,能够迅速地把握问题的关键,对下属的请示提出恰当的指导建议,并且能够使下属明确地理解,从而缩短与每一位下属接触所占用的时间。

(2)下属的工作能力

下属工作能力的强弱对上级的管理幅度也有着直接的影响。下属的工作能力强,不仅能够很快明白上级的指令,而且在工作中能够独立地处理问题,就会减少对上级时间和精力的占用。而事事向上级请示、汇报,上级推一下动一下的下级,就必然制约上级的管理幅度。所以,扩大管理幅度,不仅要提高管理者自己的管理能力,同样还要提高下级的管理能力。

(3)工作的内容与性质

管理者工作的性质越复杂,涉及面越广,对管理者的时间、精力的占用就越多,其管理的幅度就小。如在组织中,高层管理者所承担的是非程序性和战略性的决策任务,所需的时间和精力很大;而基层的管理者所承担的是程序性、执行性的决策,所需的时间和精力要少。因此一般情况下,高层管理者的管理幅度要大大小于基层管理者的管理幅度。此外,下属工作的同一性程度对管理者的管理幅度也有着直接的影响。同一性越高,管理者碰到同类问题的概率就越大,就可以采用程序性的方法解决,管理的幅度就可以大一些。反之就要小一些。还有,下属工作地点也是一个影响因素。同一地点工作的下属比较容易控制,而分散的下属则难于控制,前一种情况下管理的幅度可以大一些,而在后一种情况下,管理的幅度就会小一些。

(4)计划的详尽程度

计划是对工作的一种事前安排。若事前有良好的计划,下级都能透彻地了解和接受各自的目标及任务,管理工作就相对容易,管理的幅度就可以大一些,反之就要小一些。

(5)组织沟通渠道的状况

组织沟通渠道畅通,信息传递迅速、准确,所运用的控制技术比较有效,对下属的考核制度比较健全,在这种情况下,管理幅度可考虑加大一些。

(6)管理手段的先进程度

在管理中,管理手段对管理幅度的影响也十分明显。其中特别是信息传递、管理手段的影响特别显著。随着电子计算机和信息网络等先进的管理工具在管理中的运用,使得管理幅度都有很大的提高。西方企业的组织结构由过去的多层次的金字塔结构向少层次的扁平式结构的转变,就意味着管理幅度的扩大。

(7)管理环境的稳定性

管理环境越是稳定,组织与环境之间适应性工作就相对简单,新问题比较少,经常性的问题可以按照既定的程序来解决,管理幅度就可以大一些;反之,环境变化快,新问题多,管理者的时间和精力就必须用来应付出现的各种问题,管理幅度就会受到限制。

4.2.4.2　管理幅度与管理层次的关系

当组织的规模(指的是组织的人数)一定,管理幅度与管理层次之间就呈反向变化关系,或者说是相互制约的关系:管理中管理者的管理幅度大,管理的层次就少;管理幅度小,管理层次就多。

随着组织规模的扩大,进行一定的管理层次划分是十分必要的。但层次过多,会给组织带来如下一些问题。

第一,信息传递速度慢,时间长,效率低,并且容易失真。

第二,增加管理人员和费用开支。

要减少管理层次,在规模既定的前提下,出路就是提高管理人员的管理能力,扩大管理幅度。其中最重要的是要提高主管人员处理人际关系的能力和下属理解执行任务的能力。因为现代管理学研究表明,一个主管人员直接管理的人数若以算术级数增加的话,他(她)要协调、处理的关系数就要以几何级数增加。如果一个主管人员直接领导的人数为 3 人时,可能要协调处理的关系数就会达到 18 种;当人数增加到 4 人时,可能要协调处理的关系数就会增加到 44 种,当增加到 5 人时,该数会达到 100 种。虽然不是所有的关系都要主管者去处理,但随着直接领导人数的增加,管理者的负担是成倍增长的。一个人即使能力很强,能直接领导、指挥的人数也不可能很多。经验表明,高层领导人要腾出较多的时间思考组织的战略性问题,不宜将时间过多地花在处理下属的关系上,直接领导、指挥的人数相应少一些,常为 3～5 人。一般的管理者直接领导、指挥的下属在 6～8 人比较合适。基层组织中由于管理任务简单一些,管理者的管理幅度就可以大一些,但一般也不宜超过 20 人。

由于管理幅度还受下属能力和自觉性的影响,那么扩大管理幅度的另一条途径就是要启用能力强、素质高的人才。此外,当一个人的能力限制难以扩大幅度时,可以配备一个班子,通过多个管理者的能力互补扩大管理幅度,减少管理层次。

4.2.4.3 常用确定管理幅度的方法

(1)格拉丘纳斯的上下级关系法

法国管理顾问格拉丘纳斯(V. A. Graicunas)在1933年首次发表的一篇论文中,着重分析了上下级关系数与管理跨度的关系,并且提出了一个计算一定管理跨度下存在的人际关系的数学公式。这个公式是:

$$C=N\times(2^{n-1}+N-1) \tag{4-1}$$

式中:C—人际关系数

N—管理幅度

格拉丘纳斯把上下级关系分为3种不同类型。

第一,直接的单一关系,指的是上级直接与单个的下级之间的关系。

第二,直接的多数关系,指的是上级与下属各种可能的组合形成的关系。

第三,交叉关系。指的是下级之间彼此打交道形成的关系。下级之间的关系也可以是单一的,多数的。

若A有3个下属B、C、D,则他们之间存在的这3种关系如表4-3所示。

表4-3 3种不同类型的上下级关系

直接的单一关系	直接的多数关系	交叉关系
A→B	A→B和C	B→C
A→C	A→B和D	B→D
A→D	A→C和D	C→B
	A→C和B	C→D
	A→D和B	D→B
	A→D和C	D→C
	A→B和C及D	
	A→C和B及D	
	A→D和C及B	

在管理实践中,B带C、D与C带B、D的关系是不一样的,虽然关系的组合人数相同,但是排列的顺序不同,也就反映了不同的关系。

从这些关系不难看出,当管理跨度呈算术级数增加,人际关系数则会呈几何级数增加。因此,上级的管理幅度不能太大,如果太大,要处理的关系太多,就会顾此失彼,影响管理的效率。

需要指出的是,格拉丘纳斯的这个公式没有涉及上下级关系发生的频次和密度,因而它的实用性受到了一定的限制。对一个主管人员来说,相互关系和所发生的频次和密度(可用所需时间来计算)也应是在确定下属人数时所考虑的重要因素。

(2)变量依据法

这是洛克希德导弹与航天公司研究出的一种确定管理幅度的方法。该方法认为,影响管理者的管理幅度的因素有6个关键的变量,分别是:职能的相似性、地区的相似性、职能的复杂性、指导与控制的工作量、协调的工作量、计划的工作量。在明确了决定管理幅度的变量依据之后,把这些变量按困难程度分成5级,每级规定一个权数,表示影响管辖人数的重要程度。表4-4中所列的权数是根据150个中层管理的实例得出的,具有一定的统计规律性。

表4-4 管理幅度影响因素量表

影响变量	工作量的级差与权数				
职能相似	完全相同 1	基本相同 2	相似 3	基本不同 4	完全不同 5
位置相似	完全在一起 1	同在一座楼 2	在一个院落不在一座楼 3	在同一地区不同地点 4	在不同地区 5
职能复杂	简单重复 2	日常公事 4	稍微复杂 6	复杂多变 8	非常复杂 10
指导与控制	工作量少,控制容易 3	管理工作有限 6	适当定期管理 9	经常持续管理 12	始终严密管理 15
协 调	与他人联系少 2	明确规定的有限关系 4	便于控制的适当关系 6	相当密切的关系 8	接触面广、不重复关系 10
计划工作	规模小 不复杂 2	规模与复杂有限 4	中等规模和复杂性 6	比较复杂、变化大 8	十分复杂政策难于明确 10

根据得分的多少,就可以确定管理岗位的管理幅度。该方法还根据得分的多少提出了管理幅度的建议值。见表4-5。

表4-5 管理幅度经验表

影响管理幅度诸变量权数之和	管理幅度/人
40～42	4～5
37～39	4～6
34～36	4～7
31～33	5～8
28～30	6～9
25～27	7～10
22～24	8～11

管理幅度问题存在于各类、各级组织之中,它是研究和具体设计组织结构时要考虑的最基本的问题。无论哪一种方法都有一定的局限性,在使用中,必须结合组织的具体情况,随机制宜地考虑各种影响因素,运用各种方法,来确定自己理想的管理宽度。

4.2.5 建立职权关系

经过工作划分、工作归类和确定管理跨度3步以后,组织结构的基本轮廓已经成形,下面要做的工作,就是把这些管理人员所需的职权授予他们,即为组织建立起适当的职权关系。

职权(authority)亦即职务范围内的管理权限。所有主管人员想要通过他所率领的隶属人员去完成某项工作,就必须拥有包括指挥、命令等在内的各种必须具备的权力。换句话说,职权是主管人员行使职责的一种工具。同职权共存的是职责(responsibility)。正如法约尔所说,职责与职权是孪生子,权责是职权的当然结果和必要补充。作为一个主管人员,当处于某一职位担负一定职务时,必然要尽一定的义务。这种占有某职位,担任某职务时应履行的义务,称之为职责。在组织内,最基本的信息沟通就是通过职权关系来实现的。通过职权关系上传下达,使下级按指令行事,上级得到及时反馈的信息,进行有效的控制,作出合理的决策。

在现代组织中,一般存在两种类型的职权关系,一是上、下级之间的纵向职权关系;二是直线与参谋之间的横向职权关系。

4.2.5.1 纵向职权关系

纵向职权关系的关键是授权(delegation of authority)。授权就是指上级委授给下属一定的权力,使下属在一定的监督之下,有相当的自主权和行动权。授权者对于被授权者有指挥和监督之权,被授权者对授权者负有报告及完成任务的责任。授权的主要目的是为有效地实现组织目标。管理者不仅要敢于授权、愿意授权,更要善于授权。然而,授权又不是随意的,它必须遵循一定的原则和程序。把握原则的正确授权能提高团队组织的工作效率,才能更好地完成工作。

(1)授权的原则

授权的原则主要有以下几个。

1)按组织目标授权的原则。由于职权的目的在于给管理者提供一种管理手段以帮助他们去实现组织目标,所以授权给某一个管理者就必须与他要实现的组织目标相适应。授权本身要体现明确的目标,凡是与组织目标没有联系的职位,绝不设立,更不应授权。

2)职能界限清楚的原则。为了发展部门化,业务工作必须加以分类,以促进目标的实现,而每一分部的管理者必须拥有使其业务工作同整个组织协调的职权,这就要求在授权时要遵循职能界限清楚的原则。这一原则要求职务和部门的预期成果、所从事的业务工作、所授予的组织职权以及与其他职位的关系等都要有明确而清楚的界限。因此,每个下级管理人员的任务不能重叠,职位也不能交叉,该谁管的,就归谁管,避免出现多头领导、无人负责的现象。

3)职权——管理层次的原则。在某一个组织层次上职权的存在显然是为了在组织权限范围内作出某种决策,这就需要职权——管理层次的原则。这一原则包括两方面的内容,一方面,各级管理者都应按所授予给他的职权大胆作出他那一级的决策,只有职权界限限制他作出决策的问题才能提交上级处理;另一方面,如果作决策的处理权限的授予是恰当的,上级管理者就不要越俎代庖,替下级作出决策。下级有办法迅速觉察喜欢包办代替的上级人员。

4)职责绝对化原则。由于职责是作为一种管理者应该承担的义务,它是不可能授予别人的,所以即使上级管理者通过授权把完成某项任务的权力授予了他们,但上级管理者不能逃避他对下属的业务工作所应承担的职责。同样,下属对上级负责也是绝对的,一旦他们接受了委派,就有义务去贯彻执行。

5)职权与职责相称的原则。由于职权是执行任务的决定权,职责是完成任务的义务,所以其逻辑的必然结果是职权与职责相称,即授予下级的职权必须与他的职责相等。如果职责大于职权,那么下级就无法行使职责,更谈不上完成组织任务;如果职权大于职责,就容易造成下级的瞎指挥、乱指挥,给组织带来不必要的损失。

6)可控原则。授权要具有某种可控程度,不具有可控性的授权,就不是授权,而是管理者弃权。在授权后,管理者要纵观全局,掌握大方向,对被授权人进行监督、指导,对整个组织系统实行统一的协调和控制,及时纠正局部存在的问题,在实际管理工作中,我们应当认真地遵循这些授权的原则。否则,授权就可能无效,组织工作就可能失败,甚至整个管理过程都可能受阻。

(2)授权的程序

授权除要遵守授权的基本原则外,还要遵循一定的程序。一般来说,授权有如下 4 个步骤。

1)确定预期成果。要正确地授权,上级就必须为下级确定所要达到的预期成果,这是授权的第一步。

2)委派具体任务。为了完成所确定的预期成果,上、下级必须共同协商具体的工作任务,并委派下级完成这些任务。只是要注意,这些委派的具体任务对下级来说,既要可行,又要富有挑战性,这样才能调动下级的积极性。

3)授予必需的权力。上级给下级委派了具体任务之后,就必须把完成这些任务的权力授予他们,确保任务的完成。

4)督促下级完成任务。在委派了任务,授予了权力之后,上级就要行使自己的职责,定期或不定期检查下级完成任务的情况,督促他们完成任务。

在实际中,授权的这 4 个步骤是紧密相联、不可分割的。因为期望某人实现目标而不授予职权,或者不了解将要取得什么最终结果而授予职权,都是毫无意义的。

4.2.5.2 横向职权关系

横向职权是一种参谋职权,它主要协助直线职权的管理者完成组织目标,并对直线人员起着沟通、顾问、参谋和服务的作用。因而,这种职权的实质是一种顾问性的职权。它不同于直线职权中的直线管理人员,横向职权中的参谋管理人员不能越过直线管理人员去命令下级,他只有向直线管理人员提出各种建议的权力。

横向职权关系的关键是处理好直线与参谋职权之间的关系。这就需要直线人员和参谋人员的真诚合作,彼此谅解,相互支持。作为参谋人员应该明确,他的职责是提出建议而不是指挥,否则,他就侵犯了直线人员的权力;而作为直线人员,也应该认真听取和尊重参谋人员的建议,对一些好的、合理的建议应及时采用并贯彻实施。

参谋和直线之间的界限是模糊的。作为一个主管人员,他既可以是直线人员,也可以是参谋人员,这取决于他所起的作用及行使的职权。当他处在自己所领导的部门中,他行使直线职权,是直线人员;而当他同上级打交道或同其他部门发生联系时,他又成为参谋人员。

4.3 组织结构

4.3.1 组织结构的类型

组织结构(organizational structure)是组织的全体成员为实现组织目标,在管理工作中进行分工协作,在职务范围、责任、权利方面所形成的结构体系。组织结构是表明组织各部分排列顺序、空间位置、聚散状态、联系方式以及各要素之间相互关系的一种模式,是整个管理系统的"框架"。当今,组织结构的类型很多,常见的组织结构大体上有围绕"4个中心"——"任务中心""成果中心""关系中心"和"决策中心"组织起来的5种形式——直线制、职能制、直线职能制、矩阵制和事业部制。

(1)直线制组织形式

直线制组织形式(straight-line organization type)的主要特点是组织中各种职位从上到下按垂直线路排列,每一个下层单位只接受一个上级领导者的指令,各级主管负责人对所属单位的一切问题负责。这是组织结构中最早也是最简单的形式。以企业为例,图4-3表明了这种组织结构。

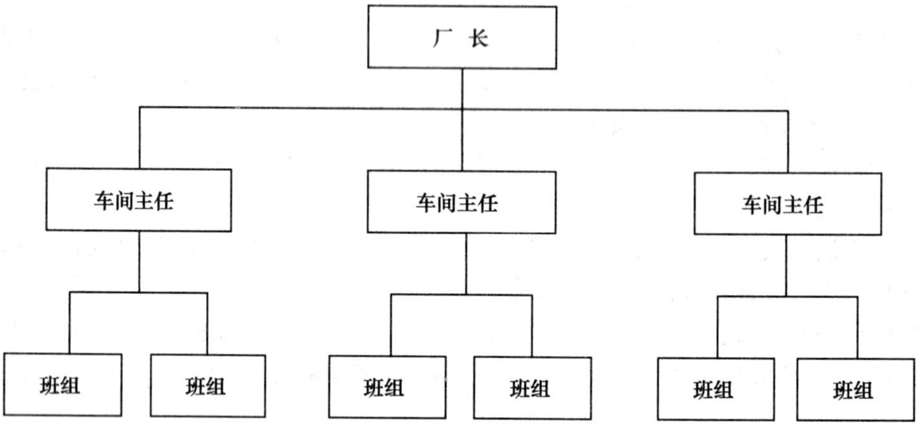

图4-3 直线制组织形式示意图

这种组织形式的主要优点是结构简单,责任明确,指挥统一。主要缺点是要求行政负责人为通才,领导负担重,指挥路线长,横向联系困难。一般来说,这种组织形式只适用于生产经营简单的小型企业。

(2)职能制组织形式

职能制组织形式(functional organization type)是各级行政单位除主管负责人外,还相应设立一些职能部门,按职能实行专业分工来分担主管人员的某些职能,每一个专业职能管理人员,都有权在自己的职责范围内,向相应的下级单位发出命令,下级领导者或执行者既服从上级领导者的指挥,又服从上级各职能部门的指挥。以企业为例,图4-4表明了这种组织结构。

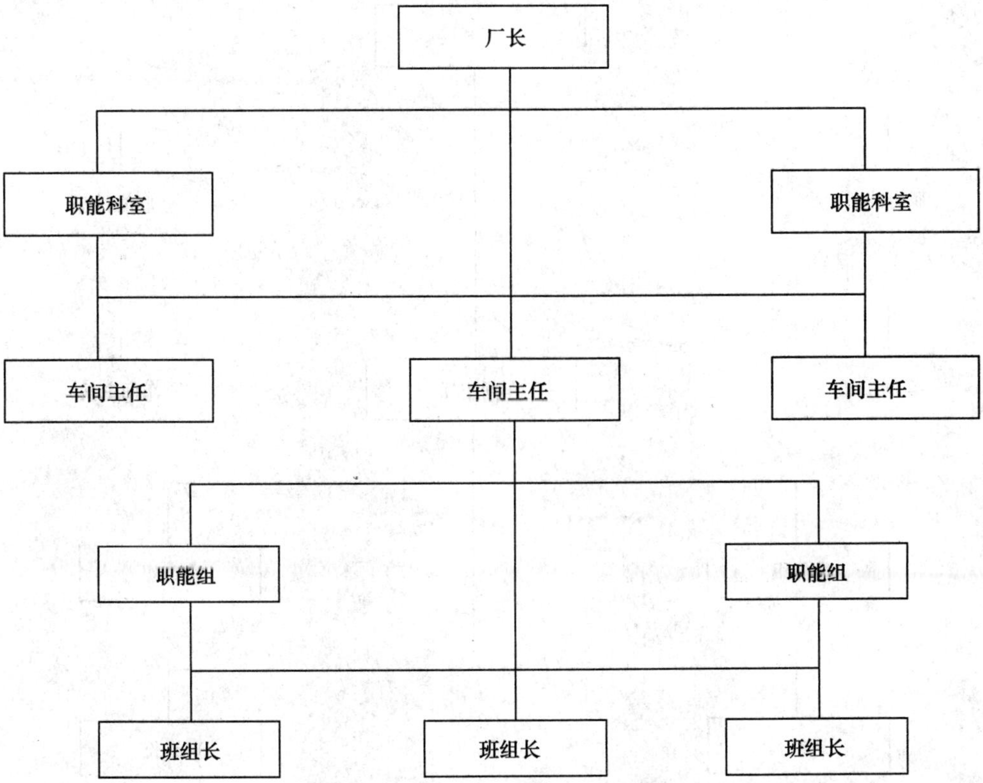

图 4-4 职能制组织形式示意图

这种组织形式的主要优点是:能够适应现代化工业生产技术较为复杂和管理分工较为精细的特点,发挥专业管理人员的专长,提高专业化领导水平。主要缺点是:妨碍了组织的集中统一指挥,容易形成多头领导;不利于建立和健全各级行政负责人和职能科室的责任制,在中间管理层往往会出现有功大家抢,有过大家推的现象;另外,在上级行政领导和职能机构的指导和命令发生矛盾时,下级就无所适从,影响工作的正常进行,容易造成纪律松弛,生产管理秩序混乱。由于这种组织结构形式的明显的缺陷,现代企业一般都不采用职能制。

(3)直线职能制组织形式

直线职能制组织形式(straight-line functional organization type)是以直线制为基础,在各级管理者之下设置相应的职能部门,分别从事专业管理,作为该级管理者的参谋部门。它的主要特点是职能部门拟定的计划、方案、指令由生产行政领导批准下达。职能部门对下级管理者和下属职能部门无权直接下达命令或进行指挥,但他们除对直线管理者提供咨询和建议起参谋和助手作用外,还可以在业务上向下级直线组织提出要求,指导开展工作,但不属于行政下达的命令。图 4-5 表明了一个企业可能的直线职能制组织形式。

这种组织形式把直线指挥统一化原理与职能分工专业化原理有机的结合起来,它既保留了直线制与职能制的长处,又舍弃了两者的短处,是组织形式的一种明显进步。这种组织形式的主要优点是:有利于合理安排各种资源;有利于提高各职能部门办事的效率性;有利于对组织的重大问题进行有效控制;有利于组织结构的稳定性。其最大缺点是:下级缺乏积极性;协

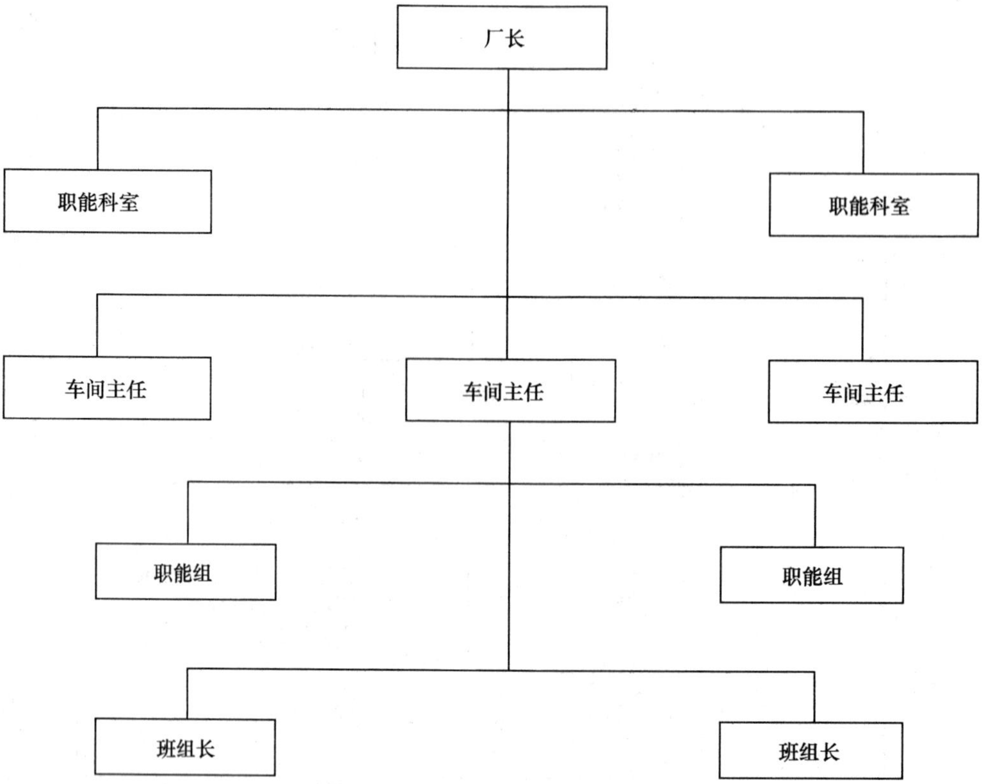

图 4-5　直线职能制组织形式示意图

调困难;适应性较差。

直线职能制组织形式在全世界广为流行,而且持续时间较长,尤其在我国,今天大多数组织仍在采用这种组织形式。一般来说,直线职能制在企业规模较小或产品品种单一、工艺比较稳定、市场销售情况比较容易掌握的情况下,能够显示其优点,但随着组织规模的扩大,特别是大型组织提供的产品品种越来越多,业务越来越复杂,以及经营机制转变后,这种组织形式的缺点就日益突出。

直线制、职能制和直线职能制组织形式统称为传统的组织结构。下面要介绍的两种组织结构:矩阵制和事业部制,它们属于现代组织结构。

(4)矩阵制组织形式

矩阵制组织形式(matrix organization type)是将按职能划分的部门和按产品(或工程项目或服务项目)划分的小组结合起来组成一个矩阵,使同一名专业人员或管理人员,既同原职能部门保持业务上的联系,又加入产品或项目小组的工作。它的最大特点是打破了传统的"一个职工只有一个岗位或领导"的体制,使一个职工从属于两个以上的部门或领导。图 4-6 表明了这种组织形式。

这种组织形式的主要优点是:①打破了传统的一个专业管理人员只接受一个部门领导的管理原则,加强了管理中的纵向与横向联系;②把不同部门的专业人员有机地结合起来,有利于调动和激发人们的积极性和创造性;③将完成某项任务所需的各种专业知识和经验集中在一起,有利于开发新技术和试制新产品,推广现代科学方法;④具有较强的适应性。它的主要

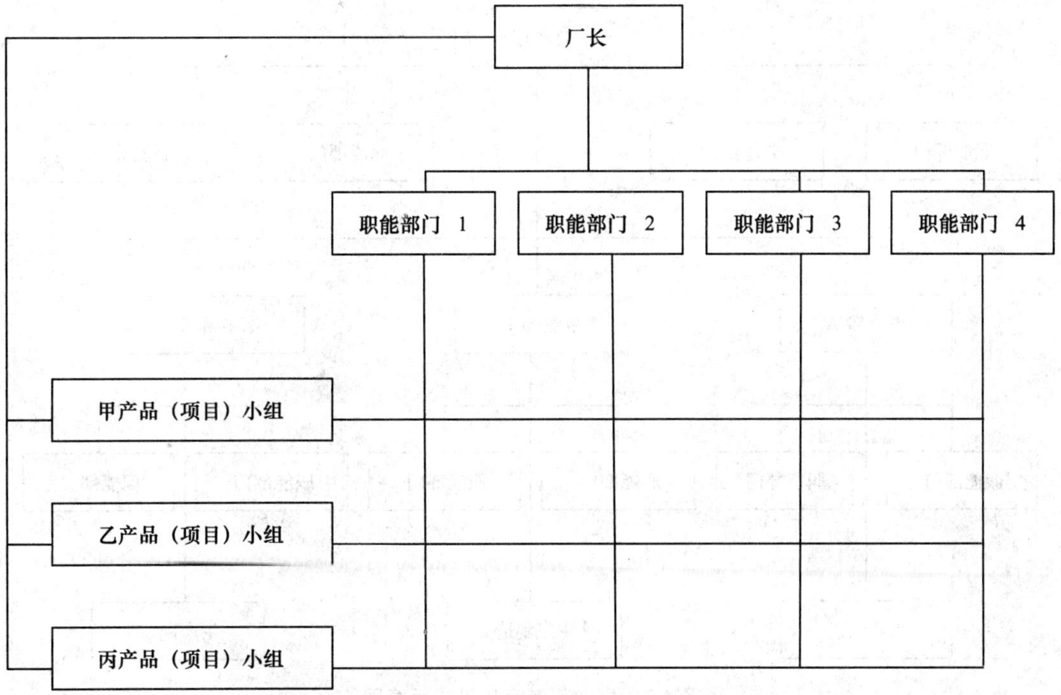

图 4-6　矩阵制组织形式示意图

缺点是：①每个小组成员同时接受双重领导，不利于统一指挥，尤其是当两部门领导的意见不一致时，就会使小组成员无所适从；②职能部门管理困难；③组织成员缺乏稳定感。

20 世纪 50 年代末，美国洛克希德飞机公司、休斯飞机公司等组织率先采用了这种矩阵形式，取得了显著的成效，以后逐步推广到其他行业，目前，在建筑业中广为流行。这种组织形式适用于某些产品品种单一且需要集中各方面专业人员参加完成的项目或业务，以及一些设计、研制等创新性的工作。

(5)事业部制组织形式

事业部制组织形式(institutional organization type)是在组织的最高领导层下按地区或产品类别设多个事业部，事业部是一个相对独立的生产经营单位，实行独立核算，设有相应的职能部门，具有直接提供利润的职能，由事业部组织产品或地区的生产、销售、采购等全部活动。组织中最高管理机构负责重大方针政策的确定，掌握影响组织成败的重大问题的决策权。图 4-7 表明了这种组织结构。

这种组织形式的主要优点是：①最高管理者可集中精力考虑大政方针；②充分发挥各阶层管理人员和职工群众的积极性、主动性和创造性；③事业部以利润责任为核心，可以保证公司长期获得稳定的利润；④有利于培养通才式的管理者。主要缺点是：①造成职能机构重叠，管理人员增多，管理费用增大；②各事业部都有自己独立的经济利益，容易产生本位主义，影响先进技术和科学管理方法的交流。

事业部制首创于美国，它由通用汽车公司副总裁斯隆研究和设计。1920 年，美国通用汽车公司和杜邦公司最先使用这种事业部制，并取得显著成效。一般来说，它适用于组织规模巨大、产品种类繁多、市场分布较广的大型企业。

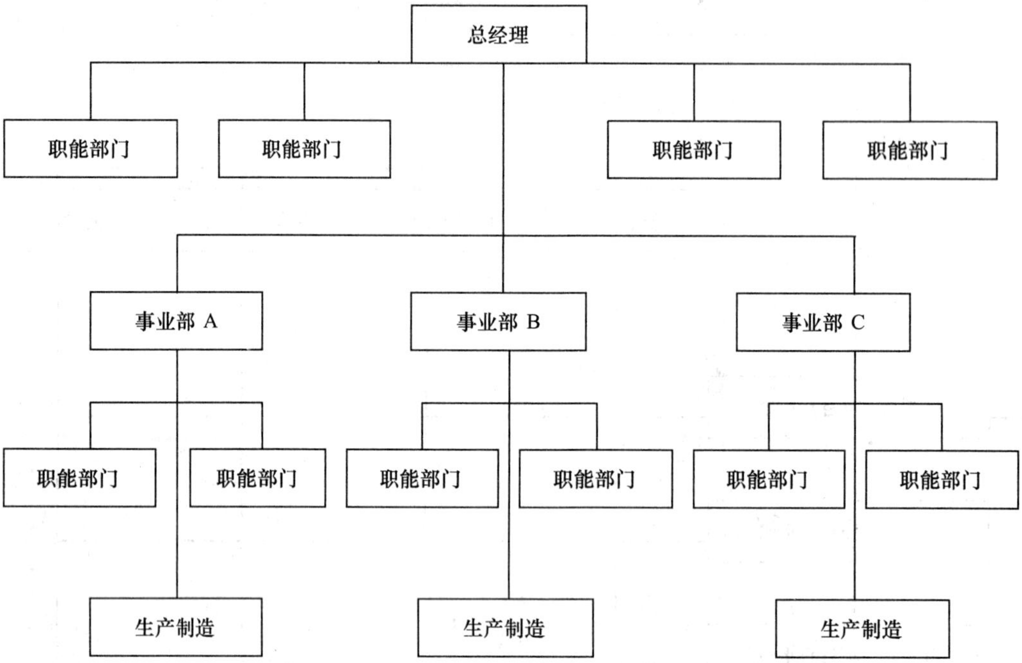

图 4-7 事业部制组织形式示意图

4.3.2 当代企业组织结构变化新趋势

4.3.2.1 直线层级制组织结构失效的原因

吉福特和伊里莎白斯·品乔特认为,知识经济的到来,引起了企业内部关系结构的变化,直线层级制组织结构正在失效,失效的原因可以用表 4-6 来表示。因而,随着经济的全球化和知识经济时代的到来,企业的组织结构也在发生深刻的变化。

表 4-6 关系结构中的革命性变化

直线制组织结构	为什么它曾成功	为什么它现在失败了	取代它的是什么
等级指挥链	简单的大范围命令,上级支配下级	不能解决复杂性,支配不是使组织有智慧的最好方法	梦想和价值观,小组(自我管理),横向协调,非正式网络选择,自由创业
专业化职能组织	劳动分工生产效率集中	不提供密切的跨职能沟通和持续的同伴之间的协调	使专业人士获得多重技能,以市场为媒介的网络中的组织
一致性规则	创造公平感,明确上司权威	仍需要规则,但需要不同的规则	保证了权利建立的自由和团体

续表 4-6

直线制组织结构	为什么它曾成功	为什么它现在失败了	取代它的是什么
标准程序	提供粗略的组织工作程序，能使用非熟练工人，胜过旧方式	对变化反应迟缓，对复杂性处理不力，不支持内在联系	自我引导和自我管理市场和社会公德的能力
晋升生涯	收买的忠诚，管理者和职业人士中富有阶层的持续性	需要的管理者减少，期待晋升的有文化员工增加，因而提升空间太小	不断提高技能的生涯，完成更多工作的不断增长的网络，按能力给予报酬
非个人情感关系	偏爱力量减少，帮助领导者克服执行纪律和决策中的困难	信息密集型工作需要密切的关系	强烈的全人际关系，多种选择，追求结果的强烈愿望
上级协调	为非熟练工人提供指导，有力监督枯燥工作人员的快速流动	受过教育的雇员能够自我管理	自我管理小组横向沟通和合作

上面的组织结构基本上是传统的工业经济时代占主导地位的企业组织结构。进入 20 世纪末，在发达的市场经济国家，企业的组织结构正在发生一些明显的变化。

4.3.2.2 企业组织结构变化新趋势

(1)重心两极化

随着买方市场的形成和竞争加剧，企业的重点部门由过去的生产转向研究开发和市场销售，从企业经营的过程来看，企业的结构特征正在形象地由“橄榄型”转变为“哑铃型”。

企业的组织结构发生这种转变最主要的原因是市场环境的变化。买方市场的形成，技术进步的加快，使得企业解决生存发展问题的关键不再是企业的生产问题，而是企业的产品的更新换代的快慢以及如何打开市场的问题。在大批量生产的工业经济时代，企业竞争取胜的法宝是低成本，而今天竞争取胜却要求的是快速度！甚至一些未来学家认为，未来的社会是“快者生存”的时代。因此企业的研究开发能力如何，就决定着企业产品更新换代的速度。另外，买方市场形成，品牌竞争已经成为基本的手段，如何占领市场、扩大市场成为企业最重要的任务。所以企业的研究开发和市场销售成为当今企业的中心问题，也是资源配置的重点。在市场经济发达国家，一些企业的结构基本上就是由研究开发和市场研究、开发部门组成，生产部门很小甚至是没有。如美国的耐克公司就是典型的例子。

(2)外形扁平化

随着电子计算机和互联网在企业生产经营中的应用，企业的信息收集、整理、传递和经营控制手段的现代化，金字塔式的传统层级结构正在向少层次、扁平式的组织结构演进。

在当今的企业组织结构的变革中，减少中间层次，加快信息传递的速度，直接控制是一个基本的趋势。如一些跨国公司过去从基层到最高层有十几个层次，在先进的管理手段使用之后，层次精简为 5～6 个，大大提高了管理的效率，降低了管理费用。根据这个趋势，有人甚至悲观地预言,未来的时代是不需要中层管理人员的时代。

(3)运作柔性化

柔性的概念最初起源于柔性制造系统,指的是制造过程的可变性、可调整性,描述的是生产系统对环境变化的适应能力。后来,柔性就应用到企业的组织结构,指企业组织结构的可调整性,对环境变化、战略调整的适应能力。在知识经济时代,外部环境变化速度很快,企业的战略调整和组织结构的调整必须及时,因此柔性组织结构就应运而生,使得组织结构的运作带有柔性化的特征。

(4)团队组织

在知识型企业中,一种称之为团队的小集体是倍受赞誉的结构。这里的团队指的是在企业内部形成的具有自觉的团结协作精神、能够独立作战的集体。团队组织与传统的部门不一样,它是自觉形成,是为完成共同的任务,建立在自觉的信息共享、横向协调基础上的。在团队中,没有拥有制度化权力的管理者,只有组织者。在团队中,人员不是专业化,而是多面手,具有多重技能,分工的界线不像传统的分工那么明确,相互协作是最重要的特征。有了团队组织,团队精神也是现代企业管理的一个重点。有了一定的团队精神,团队组织才可能有效地运作。

(5)整体形态创新

企业的整体形态创新指的是企业形态的创新,自然这种整体形态的创新必然在内部组织结构上发生重大的变化。企业整体形态的创新一个最典型的例子,是虚拟企业的产生。

4.3.3 虚拟企业

4.3.3.1 虚拟企业的概念

虚拟企业(virtual enterprise)是随着经济活动的知识化、信息化深入而出现的一种新型的企业形式。有人将这种企业形式称之为网络企业、动态联盟企业等。其实,我们认为,所谓虚拟企业就是指的那种以计算机信息网络系统为联系工具,以知识共享、信息共享为基础而组建的动态的企业群体。这种企业群体与传统的企业及其企业集团相比较有以下几个特点:

(1)非实体性

与传统的企业相比较,虚拟企业不是一个企业,而是一个企业群体,并且这个群体的成员也不是固定的,群体成员之间的联系十分松散,但是在围绕着某一种产品的开发、生产、销售,为用户提供某一项服务时,其协作又是相当紧密的、高效的。

(2)计算机信息网络联接

在虚拟企业中,企业之间的联系主要是先进的计算机信息网络。如美国的 Dell 计算机公司在计算机生产过程中就充分运用了虚拟企业的组织形式。该公司在接到用户的订单之后,立即将订单信息分解并通过计算机网络传输给各地的协作伙伴,各个协作伙伴立即按照要求组织生产;每一个企业的生产任务一旦完成,立即通过快运公司将零部件运送到离用户最近的 Dell 公司的分部所在地进行组装,因此在最短的时间内就可以提供满足用户需要的计算机产品。这种以计算机信息网络联系组成的虚拟企业,带有典型的信息共享和知识共享的特点。

(3)反应迅速

在 Dell 公司的这种生产组织形式下，一般仅仅只需要 5 个工作日……。如果用户有特别的要求，还可以缩短至 1 个工作日，这是在传统的企业组装形式下所无法达到的速度。虚拟企业之所以可以提高反应速度，在最短的时间内满足用户的要求，其主要的原因：一是提高计算机信息网络传递信息，速度快，准确性高；二是依靠计算机系统可以对参与虚拟企业的各个企业进行最优的生产组织，充分发挥虚拟企业中的企业最大优势和长处，既可以保证质量，又可以缩短产出的时间。

(4)组成广泛

虚拟企业运作的基础是计算机网络，基本的理念是知识和信息的共享。在知识和信息共享的基础上进行生产和经营。因此，参与协作的伙伴可以极其广泛，而且在性质上也可以多种多样。

4.3.3.2 虚拟企业的类型

从国外的虚拟企业发展实践来看，虚拟企业一般有这样几种类型。

(1)以项目为目标的虚拟企业

这种虚拟企业存在于大型建设项目中，由于企业的设备、人力、资金、技术等方面的限制，核心企业通过计算机系统向外寻找合作伙伴，以网络组织的形式组成虚拟企业。这种虚拟企业在项目完成之后就可以自行解体。

(2)以产品为目标的虚拟企业

这是最常见的虚拟企业。即核心企业根据市场预测，或者是用户的定货，按照产品开发、制造、市场销售、售后服务等环节，按照优中选优的原则，与许多的企业建立起以计算机网络系统为联接手段的协同整体，从事产品的生产。在产品的生产过程中，实行并行管理，共享信息和知识。

(3)以服务为目标的虚拟企业

这是在服务业中建立起来的虚拟企业。在服务业中，针对用户所要求的服务，将整个服务分解为若干个环节，然后将各个环节的服务通过计算机信息网络系统分派给虚拟企业中的各个企业，为用户提供优质快捷的服务。如在旅游服务中，对旅游者的服务就可以分为订票、运送、导游、餐饮、住宿等环节，分别由不同的公司承担。

4.3.3.3 虚拟企业运行的基础与条件

从上述对虚拟企业的介绍不难看到，虚拟企业的产生与运行的背景是经济的信息化和知识化。虚拟企业的良好运行，需要如下一些基础。

(1)建立起知识与信息共享的理念

在虚拟企业中，计算机网络仅仅是一个必不可少的工具和手段，但是保证虚拟企业运行更为重要的条件是虚拟企业的知识与信息共享的理念。因为在虚拟企业中，首先要求信息共享，开发产品的信息、用户定货的信息、生产能力的信息等都是在虚拟企业中所必不可少的。

(2)紧密合作的愿望

在虚拟企业中,协同合作的企业很多。因此,参与合作的某一个企业如果不能够很好地履行自己的义务和完成自己的任务,其产生的不利影响是相当广泛的。而在虚拟企业这种带有临时合作的组织形式中,如果企业之间缺乏高度的合作愿望,虚拟企业就难以存在下去。

(3)较高的管理控制水平

虚拟企业中的合作伙伴不是固定的,而是根据用户的要求,以为用户提供最好的产品和最优的服务来组建的。协同企业变化可能非常大。所以,需要核心企业有较高的控制能力。

4.3.4 学习型组织理论

企业组织的管理模式问题一直是组织理论研究的核心问题之一,而对未来企业组织模式的探索研究,又是当今世界管理理论发展的一个前沿问题。从传统的以泰勒职能制为基础、适应传统经济分工理论的层级组织到威廉·大内(William Ouchi)提出的适应企业文化环境的Z型组织,都是为了建立一个适应经济发展变化的企业组织形态。20世纪80年代以来,随着信息革命、知识经济时代进程的加快,企业面临着前所未有的竞争环境的变化,传统的组织模式和管理理念已越来越不适应环境,其突出表现就是许多在历史上曾名噪一时的大公司纷纷退出历史舞台。因此,研究企业组织如何适应新的知识经济环境,增强自身的竞争能力,延长组织寿命,成为世界企业界和理论界关注的焦点。

4.3.4.1 第五项修炼

美国麻省理工学院教授彼得·圣吉(Peter M. Senge)为代表的西方学者,吸收东西方管理文化的精髓,在1990年出版了其代表作《第五项修炼——学习型组织的艺术与实务》,该书于1992年荣获世界企业学会(World Business Academy)最高荣誉的开拓者奖(pathfinder award),圣吉本人也于同年被美国《商业周刊》推崇为当代最杰出的新管理大师之一。书中提出了以"五项修炼"(fifth discipline)为基础的学习型组织理念:即汇聚5项修炼或技能;第一项修炼是自我超越;第二项修炼是改善心智模式;第三项修炼是建立共同愿望;第四项修炼是团体学习;第五项修炼是系统思考,这5项技能是建立学习型组织的关键。

4.3.4.2 学习型组织的基本特征

学习型组织理论认为,在新经济背景下,企业要持续发展,必须增强企业的整体能力,提高整体素质;也就是说,企业的发展不能再只靠像福特、斯隆、沃森那样伟大的领导者一夫当关、运筹帷幄、指挥全局,未来真正出色的企业将是能够设法使各阶层人员全心投入并有能力不断学习的组织——学习型组织。

所谓学习型组织,是指通过培养弥漫于整个组织的学习气氛、充分发挥员工的创造性思维能力而建立起来的一种有机的、高度柔性的、扁平的、符合人性的、能持续发展的组织。这种组织具有持续学习的能力,具有高于个人绩效总和的综合绩效。学习型组织具有下面的几个特征。

(1)组织成员拥有一个共同的愿景

组织的共同愿景(shared vision),是组织中所有员工共同愿望的景象,是他们的共同理想，它来源于员工个人的愿景而又高于个人的愿景，它能使不同个性的人凝聚在一起，朝着组织共同的目标前进。

(2)组织由多个创造性个体组成

在学习型组织中，团体是最基本的学习单位，团体本身应理解为彼此需要他人配合的一群人，组织的所有目标都是直接或间接地通过团体的努力来达到的。

(3)善于不断学习

这是学习型组织的本质特征。所谓“善于不断学习”，主要有以下 4 点含义。

一是强调“终身学习”。即组织中的成员均应养成终身学习的习惯，这样才能形成组织良好的学习气氛，促使其成员在工作中不断学习。

二是强调“全员学习”。即企业组织的决策层、管理层、操作层都要全心投入学习，尤其是经营管理决策层，他们是决定企业发展方向和命运的重要阶层，因而更需要学习。

三是强调“全程学习”。即学习必须贯彻于组织系统运行的整个过程之中。约翰·瑞定(J. Redding)提出了一种被称为“第四种模型”的学习型组织理论。他认为，任何企业的运行都包括准备、计划、推行 3 个阶段，而学习型企业不应该是先学习然后进行准备、计划、推行，不要把学习与工作分割开，应强调边学习边准备、边学习边计划、边学习边推行。

四是强调“团体学习”。即不但重视个人学习和个人智力的开发，更强调组织成员的合作学习和群体智力(组织智力)的开发。

学习型组织通过保持学习的能力，及时铲除发展道路上的障碍，不断突破组织成长的极限，从而保持持续发展的态势。

(4)“地方为主”的扁平式结构

学习型组织的组织结构则是扁平的，即从最上面的决策层到最下面的操作层，中间相隔层次极少。它尽最大可能将决策权向组织结构的下层移一层，让最下层单位拥有充分的自决权，并对产生的结果负责，从而形成以“地方为主”的扁平化组织结构。例如，美国通用电器公司目前的管理层次已由 9 层减少为 4 层。只有这样的体制，才能保证上下级的不断沟通，下层才能直接体会到上层的决策思想和智慧光辉，上层也能亲自了解到下层的动态，吸取第一线的营养。只有这样，企业内部才能形成互相理解、互相学习、整体互动思考、协调合作的群体才能产生巨大的、持久的创造力。

(5)自主管理

“自主管理”是使组织成员能边工作边学习并使工作和学习紧密结合的方法。通过自主管理，可由组织成员自己发现工作中的问题，自己选择伙伴组成团队，自己选定改革、进取的目标，自己进行现状调查，自己分析原因，自己制定对策，自己组织实施，自己检查效果，自己评定总结。团队成员在“自主管理”的过程中，能形成共同愿景，能以开放求实的心态互相切磋，不断学习新知识，不断进行创新，从而增加组织快速应变、创造未来的能量。

(6)组织的边界将被重新界定

学习型组织边界的界定，建立在组织要素与外部环境要素互动关系的基础上，超越了传统的根据职能或部门划分的“法定”边界。例如，把销售商的反馈信息作为市场营销决策的固定组成部分，而不是像以前那样只是作为参考。

(7)员工家庭与事业的平衡

学习型组织努力使员工丰富的家庭生活与充实的工作生活相得益彰。学习型组织对员工承诺支持每位员工充分的自我发展,而员工也以承诺对组织的发展尽心尽力作为回报。这样,个人与组织的界限将变得模糊,工作与家庭之间的界限也将逐渐消失,两者之间的冲突也必将大为减少,从而提高员工家庭生活的质量(满意的家庭关系、良好的子女教育和健全的天伦之乐),达到家庭与事业之间的平衡。

(8)领导者的新角色

在学习型组织中,领导者是设计师、仆人和教师。领导者的设计工作是一个对组织要素进行整合的过程,他不只是设计组织的结构和组织政策、策略,更重要的是设计组织发展的基本理念;领导者的仆人角色表现在他对实现愿景的使命感,他自觉地接受愿景的召唤;领导者作为教师的首要任务是界定真实情况,协助人们对真实情况进行正确、深刻的把握,提高他们对组织系统的了解能力,促进每个人的学习。

学习型组织有着不同凡响的作用和意义。它的真谛在于:学习一方面是为了保证企业的生存,使企业组织具备不断改进的能力,提高企业组织的竞争力;另一方面学习更是为了实现个人与工作的真正融合,使人们在工作中活出生命的意义。

尽管学习型组织的前景十分迷人,但如果把他视为一贴万灵药则是危险的。事实上,学习型组织的缔造不应是最终目的,重要的是通过迈向学习型组织的种种努力,引导出一种不断创新、不断进步的新观念,从而使组织日新月异,不断创造未来。

4.4 组织文化

4.4.1 组织文化的概念与性质

4.4.1.1 组织文化的概念

组织文化(organizational culture)是组织在长期的生存和发展中所形成的为组织所特有的、且为组织多数成员共同遵循的最高目标价值标准、基本信念和行为规范等的总和及其在组织中的反映。组织文化不仅对企业组织的运转是一种必不可少的润滑剂,而且能够创造良好的组织气氛和组织环境,从观念、信仰层次调动组织成员的工作积极性和忠诚心,是其他管理手段无法取代的。

4.4.1.2 组织文化的结构

作为一种亚文化,组织文化中包含着不同的文化形态,通常可将组织文化划分为4个层次,即物质层、行为层、制度层和精神层。

(1)物质层

物质层是组织文化的表层部分,它是组织创造的组织的物质文化,是一种以物质形态为主要研究对象的表层组织文化,是形成组织文化精神层和制度层的条件。优秀的组织文化是通过重视产品的开发、服务的质量、产品的信誉和组织生产环境、生活环境、文化设施等物质现象来体现的。

(2)行为层

行为层即组织行为文化,它是组织员工在生产经营、学习娱乐中产生的活动文化。包括组织经营活动、公共关系活动、人际关系活动、文娱体育活动中产生的文化现象。组织行为文化是组织经营作风、精神风貌、人际关系的动态体现,也是组织精神、核心价值观的折射。

(3)制度层

制度层是组织文化的中间层次,把组织物质文化和组织精神文化有机地结合成一个整体。主要是指对组织和成员的行为产生规范性、约束性影响的部分,是具有组织特色的各种规章制度、道德规范和员工行为准则的总和。它集中体现了组织文化的物质层和精神层对成员和组织行为的要求。制度层规定了组织成员在共同的生产经营活动中应当遵守的行为准则,主要包括组织领导体制、组织机构和组织管理制度 3 个方面。

(4)精神层

精神层即组织精神文化,它是组织在长期实践中所形成的员工群体心理定势和价值取向,是组织的道德观、价值观即组织哲学的总和体现和高度概括,反映全体员工的共同追求和共同认识。组织精神文化是组织价值观的核心,是组织优良传统的结晶,是维系组织生存发展的精神支柱。主要是指组织的领导和成员共同信守的基本信念、价值标准、职业道德和精神风貌。精神层是组织文化的核心和灵魂。

4.4.1.3 组织文化的特征

(1)组织文化的意识性

多数情况下,组织文化是一种抽象的意识范畴,它作为组织内部的一种资源,应属于组织的无形资产之列。它是组织内一种群体的意识现象,是一种意念性的行为取向和精神观念,但这种文化的意识性特征并不否认它总是可以被概括性地表述出来。

(2)组织文化的系统性

组织文化由共享价值观、团队精神、行为规范等一系列内容构成一个系统,各要素之间相互依存、相互联系。因此,组织文化具有系统性。同时,组织文化总是以一定的社会环境为基础的,是社会文化影响渗透的结果,并随社会文化的进步和发展而不断地调整。

(3)组织文化的凝聚性

组织文化总可以向人们展示某种信仰与态度,它影响着组织成员的处世哲学和世界观,而且也影响着人们的思维方式。因此,在某一特定的组织内,人们总是为自己所信奉的哲学所驱使,它起到了“黏合剂”的作用。良好的组织文化同时意味着良好的组织气氛,它能够激发组织成员的士气,有助于增强群体凝聚力。

(4)组织文化的导向性

组织文化的深层含义是,它规定了人们行为的准则与价值取向。它对人们行为的产生有着最持久最深刻的影响力。因此,组织文化具有导向性。英雄人物往往是组织价值观的人格化和组织力量的集中表现,它可以昭示组织内提倡什么样的行为,反对什么样的行为,使自己的行为与组织目标的要求相互匹配。

(5)组织文化的可塑性

某一组织,其组织文化并不是生来具有的,而是通过组织生存和发展过程中逐渐总结、培育和积累而形成的。组织文化是可以通过人为的后天努力加以培育和塑造的,而对于已形成的组织文化也并非一成不变,是会随组织内外环境的变化而加以调整的。

(6)组织文化的长期性

长期性指组织文化的塑造和重塑的过程需要相当长的时间,而且是一个极其复杂的过程,组织的共享价值观、共同精神取向和群体意识的形成不可能在短期内完成,在这一创造过程中,涉及到调节组织与其外界环境相适应的问题,也需要在组织内部的各个成员之间达成共识。

4.4.2 组织文化的构成与功能

4.4.2.1 组织文化的构成要素

组织文化是具有丰富内涵的亚文化系统,其中包括一系列基本构成要素,如价值观念、企业精神、制度规范、习俗仪式、英雄人物、企业环境等,这些要素是构建企业文化的基础。任何形式和特点的企业文化都是由上述要素按照一定方式组合而成的。

(1)价值观念

价值观念(outlook on values)是企业及全体员工一致赞同的关于客观事物对于企业是否具有价值,以及价值大小的认识或看法。它体现了一个企业的基本概念和信仰,反映了企业内部衡量事物重要程度及是非优劣的根本标准,因而是企业组织文化的核心和基石。

(2)企业精神

企业精神(enterprise spirit)是指企业及全体员工共同具有的精神状态和思想境界。企业文化之所以要在确立价值观体系的基础上塑造企业精神,是由于后者的作用更侧重于激发职工的主观能动性,鼓舞士气,在企业中形成一种高昂的、充满进取精神与活力的精神氛围,增强企业的凝聚力和职工行为的一致性。

(3)制度规范

制度规范(regulations and norms)是企业价值观念、道德观和行为准则的具体化和条例化,是企业文化的组织保障系统。它把企业职工的价值共识,以及在分工协作、协调相互关系、保持行为一致性方面的共同要求以条文的形式确定下来,从而对职工行为形成有形或无形的约束。完善合理的制度规范对企业生产经营活动的正常进行,领导和职工之间以及企业与外部公众之间的关系协调,以及各类人员工作积极性、主动性的发挥,都能起到有效的保证和加强作用。

(4)习俗仪式

习俗仪式(custom and ceremony)包括企业内带有普遍性和程式化的各种风俗、习惯、传统、典礼、仪式、集体活动、娱乐方式等。习俗仪式作为企业文化的构成要素之一,是企业在成长和发展过程中长期积累、反复重复而逐渐形成的,实质是企业的价值观念、精神境界与存在方式的积淀和体现。与制度规范相比,习俗仪式带有明显的动态性质,经常通过各种活动和日常的例行仪式表现出来，企业文化的个性或独特性在习俗仪式中也体现得最为明显。

(5)英雄人物

英雄人物(hero)是指企业中具有超出一般职工的思想境界和行为表现，能够成为榜样和表率的先进个人或群体。他们可以是企业的缔造者、领导者，也可以是职工中的模范代表。英雄人物具有榜样的作用，通过对英雄人物的仿效和追随，可以使广大职工形象具体地接受企业的价值观体系，领悟企业精神的精髓，进而积极遵从本企业文化的各种准则和规范，使职工群体的文化素养得到普遍提高。

(6)物化环境

物化环境(materialized environment)是指企业内部的物质条件和企业向社会提供的物质成果，包括厂房设施、技术设备、环境布置、文化设施、产品、服务、环境保护、社会赞助等。物化环境是企业组织文化的物质表现和凝结，也是企业职工赖以生存发展的场所和条件，良好的内部环境设施可以促使职工为追求理想目标和自我完善而更好地生活、工作、学习，求得自身的全面发展。此外，物化环境作为物质文明的体现，与企业的精神文明互为条件。培育优良的物化环境可以促进精神文明建设，为优秀企业组织文化的形成奠定物质基础。

4.4.2.2 组织文化的功能

企业组织文化的各项要素具有不同的能量和效用。当各要素处于孤立状态时，其能量和效用是潜在的。唯有将各要素按照一定方式加以组合联系，使之以整体的企业组织文化形式存在，才能使各要素的潜在能量发挥出来，形成效用上的一致性，进而以整体功能的方式发挥作用。企业组织文化的功能主要表现在以下方面。

(1)整合生产力功能(integrating productive force function)

企业中人、资金、技术、物质设备等生产力要素的充分整合是企业生产力高度发展的条件，而企业组织文化在整合生产力要素方面具有特殊功效。它通过共有价值观体系的倡导、行为规范的确立和文化氛围的形成，造成一种强有力的影响和约束力量，使具有不同价值取向的各个职工达到观念上的共识，并根据规范和氛围的要求自觉调整自身的心理与行为，从而使职工个体结合成为具有共同目标和共同行为能力的集体，把人员协作中可能产生的摩擦和消耗减少到最低限度，实现生产力系统中的人—人关系的最佳组合。同时，企业组织文化通过促进职工素质的提高和全面发展，使技术和设备中蕴含的生产潜能得到充分释放和发挥，并弥补因技术设备更新加快而造成的生产力发挥周期缩短的影响，进而使生产力系统中的人—机关系得到高度协调和合理配置。通过企业组织文化的整合作用，各生产力要素形成推动企业生存和长期稳定发展的巨大合力。就这一意义而言，企业组织文化也带有明显的生产力性质，是一种超级的隐形生产力。

(2)资产增殖功能(appreciating assets function)

企业组织文化作为特定企业环境中生成的群体文化，一经形成便带有与本企业生产经营特点相吻合的鲜明个性与色彩，进而为企业所垄断，成为该企业自有资产的一部分。与物质技术设备等有形资产相区别，企业组织文化资产是无形的。但是，由其生产力性质决定，企业组织文化作为一种无形资产，同样可以创造价值，具有资产增殖的功能。拥有优秀文化的企业组织可以充分调动职工的积极性和创造性，挖掘物质技术设备的潜能，提高劳动生产率；可以树立良好的企业形象,凭借信誉和声望赢得顾客的支持,推动产品销售,扩大市场占有率,从而利用无形资产促进有形资产的价值增值。不仅如此,当有形资产遭受损失时,企业组织文化还可以起到补偿和替代的作用。第二次世界大战后,日本企业在一片废墟上重新起步并迅速崛起,很大程度上即得益于其优秀的企业组织文化。有人推断,即使美国可口可乐公司在全世界的机构全部消亡,仅凭可口可乐的名称仍可获得重建公司所需的全部资金。可见,企业组织文化作为企业的无形资产,其价值有时是难以估算的。

(3)导向和约束功能(orientating and binding function)

企业组织文化以价值观念和企业精神为核心,通过文化的熏陶、教化作用使职工在潜移默化中接受共有的价值观念,并以此作为个人行为的方向和准则,自觉将个人目标纳入企业的共同目标之中。坚持对职工的理想追求进行引导,在建立共享价值观的基础上将个人目标同化于企业目标,是企业组织文化区别于一般管理方式的重要功能。此外,企业组织文化中的共有价值观念,一旦发育成长到习俗化的程度,就会产生强制性的约束作用。这种文化强制以有形或无形的方式规范职工的思想和行为,使之按照企业文化所要求的整体模式和标准调整和约束自己,以便与本文化圈保持一致和融合。每个职工依照规范自我约束的结果,可以大大提高企业行为的一致性和整体协调性。

(4)凝聚和激励功能(cohesion and incentive function)

有意识的价值观念引导,企业将不再是仅由于相互利益需要而聚集起来的群体,而是一个由具有共同的价值观念、精神状态和理想追求的人凝聚起来的组织。在这个组织中,每个成员都有着强烈的认同感和归属感,对企业的发展前途充满责任感和自信心,积极参与企业的各项事务;主动将个人利益与企业利益联系在一起,与企业结成命运共同体。同时,在企业组织文化的长期强制性约束下,共有的价值观念和准则、规范已经内化于职工的思想行为之中,形成职工对本企业文化的自然适应。这种自然适应也强化职工与企业的依存关系,使职工尽量避免脱离本企业而进入其他文化圈。在增强凝聚力的同时,企业组织文化还可以成为强有力的激励机制,通过共同的价值取向和良好的文化氛围,激励职工为实现自我价值和企业目标而不断进取勇于献身。

(5)辐射功能(radiating function)

企业组织文化通常在本企业内发挥作用,由于现代企业与外部环境有着密切联系,因此,某种企业组织文化一旦形成,也会通过各种渠道向社会发生辐射作用。例如,企业人员与社会各界的交往、企业的广告宣传、产品销售及服务、企业对社会活动的参与等,都会反映出该企业组织的文化特点及丰富内涵,并对社会公众发生不同程度的影响。优秀的企业组织文化可以成为其他企业及社会组织效仿的榜样,对正确的社会意识和良好的社会风气及道德规范的形成起到积极倡导和促进作用。

尽管组织文化存在上述种种正功能,组织文化对组织也存在潜在的负面作用:强势文化的组织要求成员和组织的价值观一致,这就必然导致决策的单调性,从这个角度看组织文化成为组织多样化的障碍;若组织的共同价值观与进一步提高组织效率的要求不相符合时,它就成了组织变革的障碍。

4.4.3 组织文化的类型

根据不同的标准和不同的用途,理论界目前对组织文化有着不同的划分方法,其中,最常见的划分方法有以下几种。

4.4.3.1　按照组织文化的内在特征分类

艾莫瑞大学的杰弗里·桑南菲尔德提出了一套标签理论，它有助于我们认识组织文化之间的差异，认识到个体与文化的合理匹配的重要性。通过对组织文化的研究，他确认了4种文化类型。

(1)学院型组织文化

学院型组织是为那些想全面掌握每一种新工作的人而准备的地方。在这里他们能不断地成长、进步。这种组织喜欢雇用年轻的大学毕业生，并为他们提供大量的专门培训，然后指导他们在特定的职能领域内从事各种专业化工作。桑南菲尔德认为，学院型组织的例子有：IBM公司、可口可乐公司、宝洁公司等。

(2)俱乐部型组织文化

俱乐部型公司非常重视适应、忠诚感和承诺。在俱乐部型组织中，资历是关键因素，年龄和经验都至关重要。与学院型组织相反，它们把管理人员培养成通才。俱乐部型组织的例子有：联合包裹服务公司、德尔塔航空公司、贝尔公司、政府机构和军队等。

(3)棒球队型组织文化

棒球队型这种组织鼓励冒险和革新。招聘时，从各种年龄和经验层次的人中寻求有才能的人。薪酬制度以员工绩效水平为标准。由于这种组织对工作出色的员工给予巨额奖酬和较大的自由度，员工一般都拼命工作。在会计、法律、投资银行、咨询公司、广告机构、软件开发、生物研究领域，这种组织比较普遍。

(4)堡垒型组织文化

棒球队型公司重视创造发明，而堡垒型公司则着眼于公司的生存。这类公司以前可能是学院型、俱乐部型或棒球队型的，但在困难时期衰落了，现在尽力来保证企业的生存。这类公司工作安全保障不足，但对于喜欢流动性、挑战的人来说，具有一定的吸引力。堡垒型组织包括大型零售店、林业产品公司、天然气探测公司等。

4.4.3.2　按照组织文化对其成员影响力的大小分类

哈佛商学院的两位著名教授约翰·科特(John P. Kotter)和詹姆斯·赫斯科特(James L. Heskett)1991年依据组织文化与组织长期经营之间的关系，将组织文化分为3类。

(1)强力型组织文化

在具有强力型组织文化的公司中，员工们方向明确，步调一致，组织成员有共同的价值观念和行为方式，所以他们愿意为企业自愿工作或献身，而这种心态又使得员工们更加努力。强力型组织文化提供了必要的企业组织机构和管理机制，从而避免了组织对那些常见的、窒息组织活力和改革思想的官僚们的依赖，因此，它促进了组织业绩的提升。

(2)策略合理型组织文化

具有这种组织文化的企业，不存在抽象的、好的组织文化内涵，也不存在任何放之四海而皆准、适合所有企业的“克敌制胜”的组织文化。只有当组织文化“适应”于企业环境时,这种文化才是好的、有效的文化。不同的组织,需要不同的组织文化,只有文化适应于组织,才能发挥其最大的功能,改善企业经营状况。

(3)灵活适应型组织文化

市场适应度高的组织文化必须具有同时在公司员工个人生活中和公司企业生活中都提倡信心和信赖感、不畏风险、注重行为方式等特点,员工之间相互支持,勇于发现问题、解决问题。员工有高度的工作热情,愿意为组织牺牲一切。

4.4.3.3 按照权力的集中或分散分类

卡特赖特(Cartwright)和科伯(Cooper)于1992年提出4种文化类型。这4种组织文化的区别在于权力是集中的还是分散的,以及政治过程是以关键人物还是以要完成的职能或人物为中心的。

(1)权力型组织文化

也叫独裁文化,由一个人或一个很小的群体领导这个组织。组织往往以企业家为中心,不太看重组织中的正式结构和工作程序。随着组织规模的逐渐扩大,权力文化会感到很难适应,开始分崩离析。

(2)作用型组织文化

也叫角色型组织文化。在这样的组织里,你是谁并不重要,你有多大能力也不重要,重要的是你在什么位置,你和什么人的位置比较近,做每件事情都有固定的程序和规矩,人们喜欢的是稳重、长期和忠诚,有的甚至是效忠。这种文化看起来安全和稳定,但是当组织需要变革的时候,这种文化则会受到较大的冲击。

(3)使命型组织文化

也叫任务文化。在这种文化中,团队的目标就是要完成设定的任务。成员之间的地位是平等的,这里没有领导者,唯一的老板就是任务或者使命本身。有人认为这是最理想的组织模型之一,但这种文化要求公平竞争,而且当不同群体争夺重要的资源或特别有利的项目时,很容易产生恶性的政治紊乱。

(4)个性型组织文化

这是一种既以人为导向,又强调平等的文化。这种文化富于创造性,孕育着新的观点,允许每个人按照自己的兴趣工作,同时保持相互有利的关系。在这样的组织里,组织实际上服从个人的意愿,但是很容易被个人左右。

4.4.3.4 按照组织实践和价值分类

弗恩斯·特朗皮纳斯(Fonts Trompenaars)根据他的组织文化纬度将组织文化分为4种类型:家族文化、保育器文化、导弹文化、埃菲尔铁塔文化。

(1)家族型组织文化

家族文化可能是最古老的一种文化,在这种文化中,组织的领导者就像是组织的“父亲”,有较高的权威和权利。组织更倾向于直觉的学习而不是理性的学习,当组织出现危机时,通常都不会被公布出来,这种内部一体化是以较差的外部适应性为代价的,尽管在组织内部温暖、亲密和友好,他们能够在相互拥抱和亲吻之中破产倒闭。

(2)保育器型组织文化

这是一种既以人为导向,又强调平等的文化,典型的代表就是在硅谷。这种文化富于创造性,孕育着新的观点。由于强调平等,所以这种文化的组织结构是最精简的,等级也是最少的。在这样的文化中,组织成员共同承担责任并寻求解决办法。

(3)导弹型组织文化

这是一种平等的、以任务为导向的文化。在这种文化中,任务通常都是由小组或者项目团队完成的,但是这种小组都是临时性的,任务完成,小组就会解散。成员们所做的工作都不是预先设定好的,当有需要完成的任务时,便必须去做。

(4)埃菲尔铁塔型组织文化

之所以称之为埃菲尔铁塔文化就是因为具有这种类型文化的组织结构看起来很像埃菲尔铁塔,等级较多,且底层员工较多,越到高层人数越少。每一层对于其下的一层都有清晰的责任,所以组织员工都是小心谨慎的。对组织的任何不满都要通过一定的章程和实情调查才有可能反映到高层管理者。在这种文化的组织中,组织成员都相信需要必需的技能才能保住现在职位,也需要更进一步的技能才能升迁。

4.4.4 组织文化的培育

组织文化的功能具有普遍适用性,任何性质、形式的企业都可以依靠强有力的企业组织文化获得成功。而优秀的企业组织文化不是自然生成的,需要对其的精心培育和长期建设。培育建设企业组织文化是管理理论与实践进入新的发展阶段的标志和要求。组织文化培育具体途径包括以下方面。

(1)培育具有优良取向的价值观念,塑造杰出的企业精神

价值观念以及体现价值观念的企业精神是企业组织文化的核心,也是培育企业组织文化的首要任务。首先应当对与本企业有密切关系的客观对象进行价值评价和排序,从中确定最具优良取向的价值观念。同时博采本企业、本民族以及国内外其他企业的优秀精神,并根据企业当前及未来的发展需要,融汇成最适合本企业发展的精神。其次,要采用具体生动的表达方式,对价值观念及企业精神加以概括总结,使之简练明确,易记好懂,富于个性,形象生动。再次,要坚持不懈地进行灌输、宣传和引导,使倡导的价值观念和企业精神得到全体职工的接受与认同。最后,领导者要以身作则,持之以恒地贯彻执行,使共享价值观和企业精神转化为全体员工的自觉行动,并进一步习俗化。唯有长期不懈地努力培育,企业才能确立稳定成熟的价值观体系和企业精神,为优秀企业组织文化的形成奠定坚实基础。

(2)坚持以人为中心,全面提高职工素质

人是企业的主体,是生产力中最积极、最活跃的因素。企业组织文化的建设必须抓住尊重人、关心人、爱护人、培养人、教育人这一主线,坚持以人为中心开展各项工作。要重视从文化角度研究职工的各种需要,特别是精神方面的需求,通过奖励、表扬、情感交流、人际沟通、群体活动、参与管理等多种形式和手段,为职工创造良好的文化氛围,使职工的交往、归属、尊重、自

我实现等高层次的精神需要得到充分满足。要调动各种教育手段和文化手段,通过多种渠道和形式,对职工进行文化培训和技术培训,全面提高职工的文化水准和业务技术水平。无论何种培训和学习都应与贯彻本企业的企业精神,树立和形成本企业的价值观念、道德规范、行为准则结合起来,教育职工按照企业组织文化的模式和要求不断加强个人修养,提高自身素质,成为有理想、讲道德、懂知识、有技能的新型劳动者,进而实现企业组织文化促进人的全面发展的终极目标。

(3)提倡先进的管理制度和行为规范

管理制度和管理方式是企业组织文化的重要内容,也是企业组织文化得以维护和延续的基本保证。在企业组织文化建设中,应当以共有的价值观念体系和企业精神为宗旨,围绕实现企业目标建立健全各项规章制度,形成严密的规范网络,使职工的各种行为活动、相互关系的确立和调整以及行为效果的评价等均有法可依,有章可循。在利用规章制度对职工行为进行强制性约束的同时,要注意发挥各种未经明文规定的非正式规范的软约束作用。通过倡导、示范、舆论、人际关系、群体归属等形式,使职工感受到无形规范的强大影响力量,并在积极遵从的基础上对自身行为进行自我约束。

(4)加强礼仪建设,促进企业组织文化的习俗化

习俗礼仪是企业组织文化个性或独特性的具体反映,也是企业组织文化的主要表现形式。在构建企业组织文化时,要注重保留和维护能反映本企业优良传统和文化特点的风俗、习惯,同时根据企业发展需要创立各种礼仪形式。礼仪文化的建设应当以弘扬企业价值观和精神、提高职工素养为宗旨,以是否符合上述宗旨作为评价和取舍各种礼仪形式的标准。为强化习俗礼仪在倡导企业精神、规范职工行为、增强凝聚力等方面的效果,应当尽量采用多样化、趣味化、娱乐化的表现形式,使之成为广大职工喜闻乐见、乐于参与的群众性活动。礼仪建设的实质是使企业的价值观念、精神追求、道德准则和行为规范进一步习俗化,成为每个职工的自然要求和自觉行动。而要达到企业文化的这一最高境界,就要把礼仪建设贯穿和渗透于企业经营管理的全过程,在工作秩序、办事风格、会议形式、待人接客、信息沟通方式以及内部公文格式等各种活动中充分体现本企业特有的习俗礼仪。

(5)改善物化环境,塑造企业的良好形象

企业形象是一个企业实际存在着的文明总体状态,是企业组织文化系统中所有要素的综合表现。考察一个企业的企业形象,可以洞悉这个企业组织文化建设的全貌和整体水平。社会公众也往往从一个企业的形象去了解和评价其企业组织文化状况。为此,在培育企业组织文化时,有必要把塑造良好的企业形象作为一项重要的战略措施。塑造企业形象与培育企业组织文化的其他措施有着内在的密切联系,确立卓越的价值观和企业精神,提高职工素质,完善制度规范,加强礼仪建设等,都是塑造良好企业形象的重要内容。与单项措施的区别在于,塑造企业形象强调从全貌或总体状态的角度对各项措施进行统筹设计、系统运用。同时特别注重物化环境要素在塑造企业形象中的骨架和轮廓作用。为此,在从事"软"文化建设的同时,必须加强"硬"文化建设,要不断提高产品质量和服务,改进物质技术装备水平,改善工作环境,提供良好的福利设施和待遇,提高企业的经济效益,从而为企业组织文化建设奠定坚实的物质基础。

复习思考题

1. 组织的职能有哪些？
2. 什么是正式组织？什么是非正式组织？
3. 对于非正式组织应该采取何种态度？
4. 韦伯认为哪 3 种权力是社会所接受的权力？
5. 组织设计的原则是什么？
6. 影响组织设计的因素有哪些？
7. 如何理解管理幅度与管理效率？
8. 什么是虚拟企业？虚拟企业具有什么特点？
9. 试述学习型组织理论。

【案例 4-1】

海尔集团的战略与组织结构演变

一个亏损 147 万元的小厂，历经数十年发展成长为一个国际知名的大型企业集团，海尔集团年销售额从 1984 年的 384 万元到 2016 年的 2 046 亿元，2016 年实现利润为 203 亿元。

海尔的成功之路堪称中国企业发展史上一个罕见的成功案例。那么，海尔为什么如此成功？海尔 30 余年的发展过程中，经历了 5 次重大的战略转变期，分别是：名牌战略阶段、多元化战略阶段、国际化战略阶段、全球化品牌战略及网络化战略阶段，而其每一次成功的战略调整都有相应组织结构调整作支撑。

(1)名牌战略阶段(1984—1991 年)：海尔抓住改革开放的机遇，以“要么不干，要干就要争第一”的名牌战略为发展核心，扎扎实实做质量，通过日清管理法，即对每人、每天做的事进行控制和清理，在保证产品质量的同时，时刻关注员工素质及消费者偏好。在此期间，始终只做冰箱一种产品。这一时期的组织结构注重各职能划分，体现集权思想，主要采取了直线——职能制组织模式，有效地实现了发展目标，仅用 4 年时间，拿到了中国冰箱行业的第一枚质量金牌。

(2)多元化战略阶段(1991—1998 年)：1992 年，在邓小平南巡讲话鼓舞下，海尔转向多样化发展战略。以“吃休克鱼”、海尔管理模式、低成本扩张方式，迅速构建起国际化大公司的规模，从只干冰箱发展到洗衣机、空调、热水器等产品多元化之路。为适合多元化企业战略要求，海尔在武汉、重庆等地建立工业园，建立以产品为基础的事业部制结构。总部负责集中筹划集团发展目标，各分部负责相应区域产品的生产、销售，实行独立经营、独立核算。总部与分部间权责明确，体现权力的下放，组织结构不断趋向于扁平化。先进的管理理念与恰当的组织结构使得海尔在中国家电行业奠定了领导地位。

(3)国际化战略阶段(1998—2005 年)：作为中国企业国际化先行者，海尔通过“走出去”，以缝隙产品进入国外主流市场；通过“走进去”，以主流产品进入当地主流渠道；通过“走上去”，以高端产品成为当地主流品牌。通过三步走，在国际家电市场立稳了脚跟。这一阶段的企业组织结构形式是事业分部数量的增加，企业组织结构更加趋向于扁平化、网络化、多样化。这样,海尔逐渐在国际上树立品牌,成为中国品牌走向全球的代表者。

(4)全球化品牌战略阶段(2005—2012年):2006年,海尔把"全球化品牌战略"作为自己新的战略方向。全球化和国际化的不同在于其核心是本土化,海尔通过在海外建立本土化设计、本土化制造、本土化营销的"三位一体"中心,在满足消费者差异化需求及个性化服务需求基础上,海尔选择以市场链为基础面向顾客需求的生产流程再造,并确立相应报酬激励制度,以提高企业活力。在"零库存"以及"差异化生产服务"思想下,体现企业组织结构的柔性化、多样化、网络化。

(5)网络化战略阶段(2012年—目前),海尔从传统制造家电产品的企业转型为面向全社会孵化创客的平台,致力于成为互联网企业,颠覆传统企业自成体系的封闭系统,而是变成网络互联中的节点,互联互通各种资源,打造共创共赢新平台,实现相关各方的共赢增值。为此,海尔在战略、组织、员工、用户、薪酬和管理6个方面进行了颠覆性探索,打造出一个动态循环体系,加速推进互联网转型。在战略上,建立以用户为中心的共创共赢生态圈,实现生态圈中各相关方的共赢增值;在组织上,变传统的自我封闭到开放的互联网节点,颠覆科层制为网状组织。在这一过程中,员工从雇佣者、执行者转变为创业者、动态合伙人,目的是要构建社群最佳体验生态圈,满足用户的个性化需求。在薪酬机制上,将"企业付薪"变为"用户付薪",驱动员工转型为真正的创业者,在为用户创造价值的同时实现自身价值;在管理创新上,通过对非线性管理的探索,最终实现引领目标的自演进。

启示

一个企业集团成长与发展,主要取决于在适应变化环境中所采用的"战略"和实施战略的"组织"。战略的实施需要一定的组织结构来完成,而组织结构最终还是为战略的实施服务的。海尔的5阶段发展验证了一个企业组织结构在企业战略以及外部环境双重影响下的调整,体现由简单到复杂,由集权到分权的演变过程,表现扁平化、网络化、柔性化和多样化特征。海尔集团的成功经验对其他企业实施国际化战略及国际化经营有着积极的借鉴作用。

资料来源:http://www.haier.net/cn/.

思考题:

1. 组织结构变化的影响因素有哪些?
2. 组织变革所带来的影响有哪些?

【案例4-2】

迪士尼的宗旨

迪士尼公司是全球知名企业,自从沃尔特·迪斯尼在1923年创建了迪斯尼动画公司,米老鼠、布鲁托、古菲、唐老鸭已经让全世界的孩子们充满欢笑。其长盛不衰的秘诀之一就是高屋建瓴地设计企业发展宗旨,并忠实地执行它。

经营宗旨之一:给游客以欢乐

美国"迪士尼乐园"在员工的管理方面始终保持着"给游客以欢乐"的宗旨,尽管整个庞大的园区拥有32 000余名员工、1 400多种不同的工作与场内角色的扮演,在一年365天每天要接待成千上万名来自不同地域的游客，尤其在夏季员工们还要面对36℃以上的室外炙烤与高温。但是园区的服务质量还是得到了充分保证。

在40多年前，迪士尼乐园的奠基人——瓦特·迪斯尼先生首先明确定义了公司的经营宗旨，即通过主题公园的娱乐形式，给游客带来欢乐。秉承此宗旨，迪斯尼公园致力提供高品质、高标准和高质量的娱乐服务，在此基础上同样提供餐饮、旅游纪念品、住宿业、交通运输和其他服务的支持。对于服务的质量，迪斯尼乐园始终以是否能给游客带来欢乐为衡量标准，严格要求所有员工，逐渐形成了始终如一的经营宗旨和服务承诺。

许多游客远道慕名而来，在乐园中花费时间和金钱。迪斯尼懂得不能让游客失望，哪怕只有1次。如果游客感到欢乐，他们会再次光顾。能否吸引游客重复游玩，恰是娱乐业经营兴旺的奥秘和魅力所在。其实，游客对欢乐的体验，客观上是对员工们服务质量的一种评价。所以员工们提供的每一种服务，都是迪斯尼服务圈整体的关键时刻，游客们在一系列关键时刻中体验着服务质量，并会记住其中最好的和最差的。因此，公司“给游客以欢乐”的经营宗旨必须转化落实到每一员工的具体工作中，成为员工们的工作宗旨和服务承诺。为了实现服务承诺，迪斯尼公司花大力气，对员工工作表现进行评估和奖励。凡员工工作表现欠佳者，将重新培训，或将受到纪律处罚。

此外，迪斯尼公司在经营中力求完善，不断改进和提高。任何时候，整个乐园中都有10%～20%的项目正在更新或调整，以期给予游客新的刺激和欢乐。尽管追求完美永无止境，但通过追求完美的努力。可将工作推进到更高的境界和标准。

经营宗旨之二：营造欢乐氛围

由游客和员工共同营造“迪斯尼乐园”的欢乐氛围。这一宗旨的正向推论为，园区的欢乐氛围是游客和员工的共同产品和体验，也许双方对欢乐的体验角度有所不同，但经协调是可以统一的。逆向推论为，如果形成园区欢乐祥和的氛围是可控的，那么，游客从中能得到的欢乐也是预先可度量的。

在共同营造园区氛围中，员工起着主导作用。主导作用具体表现在对游客的服务行为表示上。这种行为包括微笑、眼神交流、令人愉悦的行为、特定角色的表演，以及与顾客接触的每一细节上。

引导游客参与是营造欢乐氛围的另一重要方式。游客们能同艺术家同台舞蹈、参与电影配音、制作小型电视片、通过计算机影像合成成为动画片中的主角、亲身参与升空、跳楼、攀登绝壁等各种绝技的拍摄制作等等。

员工们的主人角色定位。在“迪斯尼乐园”中，员工们得到的不仅是一项工作，而且是一种角色。员工们身着的不是制服，而是演出服装。他们仿佛不是为顾客表演，而是在热情招待自己家庭的客人。当他们在游客之中，即在“台上”；当在员工们之中，即在“台后”。在“台上”时，他们表现的不是他们本人，而是一具体角色。根据特定角色的要求，员工们要热情、真诚、礼貌、周到，处处为客人的欢乐着想。简而言之，员工们的主体角色定位，是热情待客的家庭主人或主妇。

经营宗旨之三：把握游客需求

为了准确把握游客需求，迪斯尼致力研究“游客学”(guestology)。其目的是了解谁是游客，他们的起初需求是什么。在这一宗旨指导下，迪斯尼站在游客的角度，审视自身每一项经营决策。在迪斯尼公司的组织构架内，准确把握游客需求动态的工作，由公司内调查统计部、信访部、营销部、工程部、财务部和信息中心等部门,分工合作完成。

调查统计部每年要开展200余项市场调查和咨询项目,把研究成果提供给财务部。财务部根据调查中发现的问题和可供选择的方案,找出结论性意见,以确定新的预算和投资。营销部重点研究游客们对未来娱乐项目的期望、游玩热点和兴趣转移。

信息中心存了大量关于游客需求和偏好的信息。具体有人口统计、当前市场策略评估、乐园吸引力分析、游客支付偏好、价格敏感分析和宏观经济走势等。其中,最重要的信息是游客离园时进行的"价格/价值"随机调查。正如瓦特·迪斯尼先生所强调的,游园时光决不能虚度,游园必须物有所值。因为,游客只愿为高质量的服务而付钱。

信访部每年要收到数以万计的游客来信。信访部的工作是尽快把有关信件送到责任人手中。此外,把游客意见每周汇总,及时报告管理上层,保证顾客投诉得到及时处理。

工程部的责任是设计和开发新的游玩项目,并确保园区的技术服务质量。例如,游客等待游乐节目的排队长度、设施质量状况、维修记录、设备使用率和新型娱乐项目的安装,其核心问题是游客的安全性和效率。

现场走访是了解游客需求最重要的工作。管理上层经常到各娱乐项目点上,直接同游客和员工交谈,以期获取第一手资料,体验游客的真实需求。同时,一旦发现系统运作有误,及时加以纠正。

研究"游客学"的核心是保持和发挥"迪斯尼乐园"的特色。作为迪斯尼公司的董事长,埃尔斯先生时常念叨的话题是:"迪斯尼的特色何在,如何创新和保持活力。"把握游客需求动态的积极意义在于:其一,及时掌握游客的满意度、价值评要素和及时纠偏;其二,支持迪斯尼的创新发展。从这一点上说恰是游客的需求偏好的动态变化,促进了迪斯尼数十年的创新发展。

经营宗旨之四:提高员工素质

管理者应具备创新能力和高超的领导艺术。领导对未来发展应规划全新的蓝图,并以此激励员工。迪斯尼的管理者努力使员工们懂得,这里所做的一切,都将成为世界娱乐业的主流和里程碑。迪斯尼制定5~10年中长期的人力资源规划,并每年更新一次。在经营管理中,每年都拨出足够的经费预算,进行人员培训。

明确岗位职责。"迪斯尼乐园"中的每一工作岗位,都有详尽的书面职务说明。工作要求明白无误,细致具体,环环紧扣,有规可循。同时强调纪律、认真和努力工作。每隔一个周期,严格进行工作考评。

统一服务处事原则。服务业成功的秘诀在于,每一员工对待顾客的正确行为和处事。基于迪斯尼"使游客欢乐"的经营宗旨,公司要求32 000名员工,学会正确与游客沟通和处事。为此,公司提供统一服务处事原则,其要素构成和重要顺序依次为:安全、礼貌、演技、效率。游客安全是第一位的。仅与安全相比,礼貌则处于次一等的地位。同样,公司以此服务处事原则,考察员工们的工作表现。

推进的企业文化建设。公司经常对员工开展传统教育和荣誉教育,告诫员工,迪斯尼数十年辉煌的历程、商誉和形象,都具体体现在员工们每日对游客的服务之中。创誉难,守誉更难。员工们日常的服务工作,都将起到增强或削弱迪斯尼商誉的作用。

由游客评判服务质量优劣。迪斯尼认为,服务质量应是可触摸、可感受和可体验的,并且游客掌握着服务质量优劣的最终评价权。公司指出,游客们根据事先的期望值和服务后的体验,加以比较评价,然后确定服务质量之优劣。因而,迪斯尼教育员工,一线员工所提供的服务水平，必须努力超过游客的期望值，从而使“迪士尼乐园”真正成为创造奇迹和梦幻的乐园。

经营宗旨之五：完善服务系统

必须完善整个服务体系。“迪士尼乐园”的服务支持系统，小至一架电话、一台电脑，大到电力系统交通运输系统、园艺保养、中心售货商场、人力调配、技术维修系统等等，这些部门的正常运行，均是“迪士尼乐园”高效运行的重要保障。

岗位交叉互补(cross-utilization)。管理者对园区的服务质量导向有重大影响。管理者勤奋、正直、积极推进工作，员工们自然争相效仿。在游园旺季，管理人员放下手中的书面文件，到餐饮部门、演出后台、游乐服务点等处，加班加点。加强了一线岗位，保证了游客服务质量。与此同时，管理者也得到了一线员工一份新的友谊和尊重。

思考题：

1. 迪士尼公司的企业宗旨对企业发展起到哪些作用？
2. 试述迪士尼公司宗旨对我国企业经营的启迪。

5 领　　导

◈本章学习要点：

1. 了解领导及其权力来源。
2. 懂得管理方格理论。
3. 掌握领导权变理论。
4. 掌握赫茨伯格的双因素理论、弗罗姆的期望理论。
5. 掌握亚当斯的公平理论。
6. 学会有效沟通。

5.1 领导与领导者

5.1.1 领导及其作用

5.1.1.1 领导的含义

有关领导的定义不胜枚举，人们处于不同的地位，或不同的组织环境，或从不同角度对领导的认识各不相同。在阐述领导的含义之前，我们首先对领导与领导者、领导与管理、领导者与管理者作一一区分。

事实上，“领导”一词有两种词性，一种作为名词；另一种作为动词。当“领导”作为名词时，是指领导者，即组织中确定和实现组织目标的首领（带头人或领头羊）。组织的绩效是组织成员共同努力的结果，而组织成员的工作和行为又受到领导者及其领导行为的引导、调节与控制。从这个意义上说，领导者的行为决定着组织的绩效，特别是从事组织战略决策的高层领导者，不仅决定着组织运营的绩效，而且直接决定着组织的兴衰成败。正如一个交响乐队的指挥，他能影响乐队中每个成员能力的发挥。优秀的指挥能使整个乐队协调配合，奏出和谐自然、优美动听的乐章。如果指挥不具备这种能力，即使该乐队中拥有许多优秀的人才，也很难发挥其整体效能。因此，一个有效的领导者，具有优秀的领导素质和领导才能固然重要，但关键的是能将其个人的领导素质和领导才能转化为一种有效的影响力，影响其下属，使下属现有的技能、才智和技术水平能够得到更充分地发挥，从而使组织取得更高的绩效。当“领导”作为动词时，是指领导工作或领导行为的实施过程，指领导者促成被领导者努力实现既定组织目标的过程。也就是本书所说的管理者的领导职能。本章对有关领导的定义，也是在这种意义上讨论的。

领导（leading）与管理（management）、领导者（leader）与管理者（manager），他们既相互联

系又相互区别。在理想的情况下,所有的管理者都应是领导者。但在实际中,并非所有的领导者必然具备完成其他管理职能的能力,因此,并不是所有的领导者都处于管理岗位上。一个人能够影响别人并不等于他同样也能够计划、组织和控制。换句话说,管理者的范围大于领导者,因为管理者除了做好领导工作外,还有其他工作要做。领导职能只是管理职能的一个组成部分。从本质上说,管理是建立在合法的,有报酬的和强制性权力基础上对下属命令的行为。领导则不同,领导可能建立在合法的、有报酬的和强制性的权力基础上。但是,领导更多的是建立在个人影响权和专长权以及模范作用的基础之上。因此,一个人可能既是管理者,也是领导者,但是,管理者和领导者两者分离的情况也是有的。一个人可能是领导者但并不是管理者。非正式组织中具有影响力的人就是典型的例子,组织没有赋予他们职位和权力,他们也没有义务去负责企业的计划和组织工作,但他们却能引导和激励,甚至命令自己的成员。一个人可能是个管理者,但并不是个领导者。领导的本质就是被领导者的追随和服从,它不是由组织赋予的职位和权力所决定的,而是取决于追随者的意愿,因此一些拥有正式职权的管理者,如果他不具备影响下属的能力,那么这样的人也就谈不上真正意义上的领导者。

到底什么是领导?最近几十年来出版了大量的专著和论文讨论这一问题。席西民将一些关于对领导的定义罗列如下。

杰克·韦尔奇(Jack Welch,通用公司的CEO)认为:领导是一种能将其想做的事或其发展设想形成一种视野(vision),并能使其他人理解、采纳这种视野,以推动这种视野成为成功的现实的人。

马基雅维利(Machiavelli)认为:有效的领导是权力的使者,是那些能够利用技巧和手段达到自己目标的人。

韦伯(Max Weber)认为:有效的领导有一种魅力,即某种精神力量和个人特征,能够对许多人施加个人影响。

泰罗(Frederick Taylor)认为:有效的领导认为管理是科学。

迪普里(Max DePree)则认为:有效的领导认为管理是艺术。

彼得·杜拉克(Peter Drucker)认为:有效的领导应能完成管理的职能,即计划、组织、指导、度量。

劳伦斯(Lawrence Appley)认为:有效的领导可以娴熟地组织别人做事。

道格拉斯·麦格雷登(Douglas McGregor)认为:有效的领导理解组织中的人。

利克特(Rensis Likert)认为:有效的领导能够建立有效的管理系统。

布莱克(Blake)和穆顿(Mouton)认为:有效的领导能够选择一种领导方式,使之既适用于生产管理又适用于人的管理。

赫塞(Hersey)和布兰查德(Blanchard)认为有效的领导能够根据形势选择合适的领导方式。

艾柯卡(Lee Iacocca)认为:有效的领导能够依次集中注意力于三个P上,即人(people)、生产率(productivity)和利润(profits)。

布兰查德(Blanchord)和约翰森(Johnson)认为:有效的领导能够在1分钟做许多事情。

彼得斯(Peters)和沃特曼(Waterman)认为:有效的领导应能够把100件小事做好。

布雷德福(Bradford)和柯汉(Cohen)认为:有效的领导能够发现人、利用人。

彼得·布洛克(Peter Block)认为:有效的领导能够使用(控制)别人。

麦可马克(Mark McCormack)认为:有效的领导能够用实践中的智慧弥补哈佛商学院学不到的东西。

罗莎贝斯(Rosabeth Moss Kanter)认为:有效的领导不是一成不变的。

本尼斯(Bennis)和南纽斯(Nanus)认为:有效的领导有广阔的眼界,并能将眼界变成行动。

布恩斯(James MacGregor Burns)认为:有效的领导能够从容地指挥追随者。

孔茨(Harold Koontz)认为:领导是一种影响力,或叫做人们施加影响的艺术或过程,从而可使人们心甘情愿地为实现群体或组织的目标而努力。

汉菲尔(Hemphil)认为:领导是指挥群体解决相互作用的活动,是解决共同问题的过程。

斯托蒂尔(R. M. Stogdill)认为:领导是为确定和实现目标而影响群体活动的过程。

里查德斯(M. D. Rechards)和格林洛尔(P. S. Greenlaw)认为:领导是一种影响过程,即领导者和被领导者个人作用和与特定环境的相互作用的动态过程。

现代管理理论认为,所谓领导就是领导者指挥、带领、引导和鼓励部下为实现组织目标而努力的过程。这个定义包括下列三要素。

(1)领导者必须有部下或追随者。没有部下的领导者谈不上领导。

(2)领导者拥有影响追随者的能力或力量。这些能力或力量包括由组织赋予领导者的职位和权力,也包括领导者个人所具有的影响力。

(3)领导的目的是通过影响部下来达到组织的目标。

5.1.1.2 领导的作用

领导活动对组织目标的实现具有决定性的影响,在指挥、带领、引导和鼓舞部下为实现组织目标而努力的过程中,领导者要具体发挥指挥、激励和协调等3个方面的作用。

(1)指挥作用

领导就是指挥与引导,正如前面所说的乐队指挥一样,他的主要作用是指挥整个组织朝着目标共同努力。领导者不仅应帮助组织成员认清所处的环境和形势,指明组织活动的目标和达到目标的途径,而且应该能用自己的行动带领和鼓舞人们为实现组织目标而努力。

(2)激励作用

激励是领导工作的重要方面。正如在军事战争中,将军们不仅需要有指挥战斗的本领,更需要有激发士兵士气和斗志的本领一样,在任何组织活动中,领导者只有使参与组织活动的人都保持高昂的士气和旺盛的工作热情,才能使组织目标得以有效而快速地实现。组织是由具有不同需求和欲望的个人所组成,因而组织成员的个人目标与组织目标不可能完全一致。领导的目的就是把组织目标与个人目标结合起来,引导组织成员满腔热情地为实现组织目标做出贡献。

(3)协调作用

如前所述,组织是由不同需求和欲望的个人所组成,因而组织成员的个人目标与组织目标不可能完全一致。在领导者的激励下,即使组织成员有了明确的目标,但因各人的才能、理解能力、工作态度、进取精神、性格、作风、地位等不同,加上外部各种因素的干扰,人们在思想上发生各种分歧、行动上出现偏离目标的情况是不可能避免的。因此,就需要领导者来协调人们之间的关系和活动,把大家团结起来,朝着共同的目标前进。

由上述讨论可知，领导不仅应引导组织不同成员朝着同一目标而努力工作，而且应激发组织成员保持高昂的士气与饱满的工作热情，同时应在工作过程中协调组织成员，使他们步调一致地去实现组织目标。这就是领导作用的全部。

5.1.2 领导的权力来源

由前面对领导含义的讨论可知，权力对一个领导者来说是非常重要的，它决定了领导者对下属的影响力。狭义上讲，所谓领导就是领导者运用其拥有的权力，以一定方式对他人施加影响的过程。领导的影响力是由权力派生而来的，所以说，权力是领导者对他人施加影响的基础。

权力，就是指挥下级的权和促使下级服从的力。有人认为，在一般情况下，权力就是影响他人的能力，而在组织中，权力则应指排除各种障碍完成任务或达到目标的能力。法约尔在《工业管理与一般管理》中首次提出权力由职务权力和个人权力所组成。职务权力与职务具有不可分性，有职就有权；个人权力源于自身的要素，是个人特殊品质和才华形成的影响力。因此，领导权力＝职务权力＋个人权力，且后者变得越来越重要。我们认为比较确切的定义应该是，所谓权力，是指一个人主动影响他人的潜在能力。也就是说，权力作为一种影响他人的能力，它是潜在的。一个人拥有某种权力，尽管他可能根本未行使这种权力，但他能影响或约束其下属，因为其下属意识到他拥有这种权力。

根据权力的这一定义，我们认为，领导者权力有 5 种潜在来源[①]。这 5 种来源如图 5-1 所示。

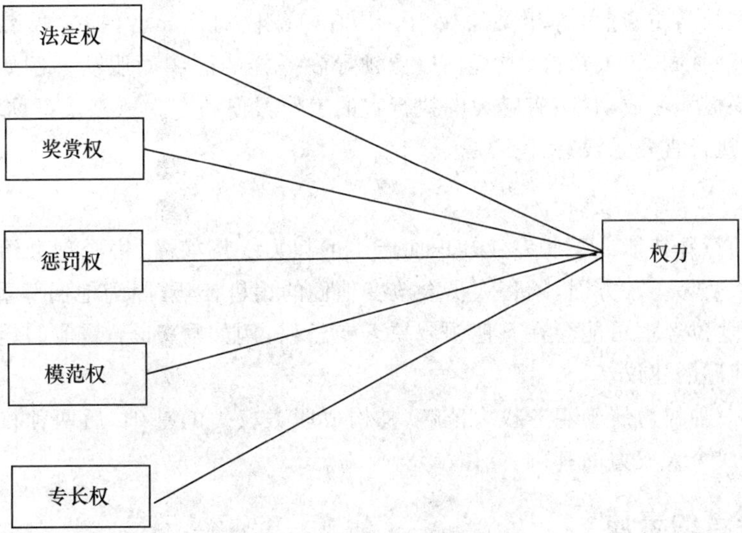

图 5-1　权力的来源

① ［美］托马斯·S. 贝特曼等. 管理学——构建竞争优势. 北京大学出版社，科文（香港）出版有限公司，2001 年第 8 版，第 407 页.

(1)法定权

又称合法权或制度权。指组织内各领导职位所固有的合法而正式的权力。它是上级指挥下属并使之服从的权力,员工有义务服从这种权力。这种权力可以通过领导者利用职权向直属人员发布命令、下达指示来直接体现,有时也可借助于组织内的政策、程序和规则等而得到间接体现。

(2)奖赏权

指提供奖金、提薪、升职、赞扬、理想的工作安排和其他任何令人愉悦的东西的权力。由于被领导者感觉到领导者有能力使他们的需要得到满足,因而愿意追随和服从他。例如,管理者努力工作以便达到他的绩效目标,从而他就能获得正面的工作评价以及老板给他的较大的加薪。另一方面,如果公司的政策是使每一个人都得到一个同样的薪水增加量,那么领导者的奖励权将会下降,因为他或她不能得到更高的增加量。

一般地,领导者所控制的奖赏手段越多,而且这些奖赏对下属越显得重要,那他拥有的影响力就越大。

(3)惩罚权

指给予扣发工资奖金、降职、批评乃至开除等惩罚性措施的权力。惩罚权和奖赏权一样,都是与法定权力密切相关的,人们为了避免惩罚而服从。例如,交通警可以对违反交通规则的驾驶员发出违章罚款单或扣留驾驶执照,而这一权力的行使与其所担负的工作和职务相关。

(4)模范权

这是与个人的品质、魅力等相关的权力。具有模范权的领导者,拥有吸引别人的个性特点,人们因为羡慕赞同、个人喜好、或者期望像领导者一样的愿望而服从。例如,年轻的、雄心勃勃的管理者积极学习成功的、有魅力的执行官的工作习惯和个人风格。不称职的、不受欢迎的、不受尊重的执行官几乎没有什么模范权。

(5)专长权

指由个人的特殊技能或某些专业知识而产生的权力。例如,销售经理会给销售人员一些建议以做成某项交易。一方面,销售人员会改变他们的销售技巧,因为他们尊重销售经理的专长。另一方面,这位经理可能会在其他领域缺乏专长权,例如财务,于是他的销售人员不会重视他关于财务问题的建议。

很显然,前三种权力属于职务权力范畴,是构成职务权力的基础;后两种权力则属于个人权力范畴,是构成个人权力的基础。

5.1.3 领导者的素质

一个人应具备什么样的素质才能当领导?或者说,一个好的领导应该具备什么样的素质?多少年来,人们对这一问题作了种种研究,并试图确定伟大领导者所共有的特性。这种认为有效的领导者可以从领导者个人的特性中识别的理论,被概称为领导特性理论。古老的特性理论认为,领导者的个人特性是存在的,并且是天生的,而不是后天形成的。随着人们对有关领导特性研究的深入,逐渐发现,一个人成为一个成功的领导者,特殊的性格特点并不是必需的。进一步的研究又发现,虽然没有哪一种特性确保成为领导,但是某些性格特点还是有潜在作用的。20 世纪 90 年代的研究认为，某些能将有效领导者与其他人区分开来的个性特点，在许多情况下不是天生的而是能够通过后天努力而学习到的。也就是说，现代特性理论认为，领导者的个性特点是在后天的实践环境中逐步培养、锻炼出来的。因此，有人将领导者素质定义为，是领导者在一定的先天禀赋的生理素质基础上，通过后天的实践锻炼和学习所形成的，在领导活动中经常发挥作用的本质要素。

一个好的领导者究竟应具备哪些个性特点呢？不同的研究者提出了不同的观点。

巴纳德认为，领导者应具有活力、持久力、决断力、说服力、责任感、知识和技能。而厄威克认为，领导者应具有自信心、个性、活力、潜力、表达力、判断力。

行为科学家亨利则认为，一个成功的领导者应具备 12 点品质：①成就需要强烈；②干劲大，工作积极努力，希望承担富有挑战性的新工作；③用积极的态度对待上级，尊重上级，与上级关系较好；④组织能力强，并有较强的预测能力；⑤决断力强；⑥自信心强，对自己的目标坚定不移；⑦思维敏捷，富于进取心；⑧竭力避免失败，不断接受新的任务，树立新的奋斗目标，驱使自己前进；⑨讲求实际，重视现在，⑩眼睛向上，对上级亲近而对下级较疏远；⑪对父母没有情感上的牵扯；⑫忠于组织，尽于职守。

美国管理学家埃德温·吉赛利(Edwin E. Ghiselli)在 20 世纪 70 年代提出了影响领导效率的 8 种品质(个性)特征和 5 种激励特征。它们分别是：①才能智力大小；②独创性(创造与开拓)；③果断性，决断能力强弱；④自信心强弱；⑤指挥能力大小；⑥成熟程度高低；⑦是否受下级爱戴和亲近；⑧男性或女性。5 种激励方面的特征是：①对职业成就的需要；②自我实现的需要；③对权力的需要；④对金钱报酬的需要；⑤对安全(工作稳定性)的需要。

吉赛利认为，影响领导效率最重要的因素有指挥能力、职业成就与自我实现的需要、才能、自信心、决断能力等；其次是对工作稳定性和金钱报酬的需要、同下级亲近、创造和开拓、成熟程度等；至于性别则关系不大。

所有这些观点，往往说法不一，甚至相互矛盾。往往有的个性特点在某项研究中对领导的成就有积极影响，而在另一项研究中则有消极的影响。事实上，任何人都不可能同时具备所有这些优秀特性。另外，特性理论也无法让人理解，一个领导者究竟应在多大程度上具备某种特性。

然而，作为一个领导者确实必须具备一些基本的素质和条件。以上研究的这些品质特性虽然不能用数据显示出与领导成就有多大相关性，但这并不妨碍我们利用它们培养、选拔和考核领导者。我们仍可以依据以上的理论，结合我国的现状，对领导者提出相应的素质要求。我国管理学者认为，领导者的素质应包括思想素质、业务素质和身体素质①。

(1)思想素质

领导者应有强烈的事业心、责任感和创业精神；有良好的思想作风和工作作风，能一心为公，不谋私利，谦虚谨慎，戒骄戒躁，不文过饰非，严于解剖自己；深入基层，善于调查研究，工作扎实细致，实事求是，不图虚名；艰苦朴素，与群众同甘共苦，不搞特殊化，品行端正，模范遵守规章制度和道德规范；有较高的情商，具有影响他人的魅力，平等待人，和蔼可亲，不计较个人恩怨；密切联系群众，关心群众疾苦，多为群众办好事，搞五湖四海，一视同仁。

① 周三多，等. 管理学——原理与方法. 复旦大学出版社，1999 年第 3 版，381～383 页.

(2)业务素质

领导者应具有管理现代企业的知识和技能。

1)业务知识。领导者应掌握的业务知识包括。

①应懂得市场经济的基本原理,掌握邓小平有中国特色的社会主义理论。

②应懂得管理的基本原理、方法和各项专业管理的基本知识。此外,还应学习统计学、会计学、经济法、财政金融和外贸等方面的基本知识,以及了解国内外管理科学的发展方向。

③应懂得生产技术和有关自然科学、技术科学的基本知识,掌握本行业的科研和技术发展方向,本企业产品的结构原理、加工制造过程,熟悉产品的性能和用途。

④应懂得政治思想工作、心理学、人才学、行为科学、社会学等方面的知识,以便做好政治思想工作,激发职工士气,协调好人与人的关系,充分调动人的积极性。

⑤应能熟练应用计算机、信息管理系统和网络,及时了解和处理有关信息。

2)业务技能。领导者不仅应具有一定的业务知识,还要有较高的业务技能。

①较强的分析、判断和概括能力。领导者应能在纷繁复杂的事务中,透过现象看清本质,抓住主要矛盾,运用逻辑思维,进行有效的归纳、概括、判断,找出解决问题的办法。

②决策能力。决策,特别是经营决策正确与否,对企业生产经营的效果影响巨大。因此,现代工业企业十分重视决策问题。作为企业的领导者,必须要有决策能力。决策是多种能力的综合表现。任何正确的决策,都来源于周密细致的调查和准确而有预见的分析判断,来源于丰富的科学知识和实践经验,来源于集体的智慧和领导勇于负责精神的恰当结合。因此,决策要求在充分掌握企业内外环境资料的基础上进行科学的预测,并对多种方案进行比较和选择。

③组织、指挥和控制的能力。领导者应懂得组织设计的原则,如因事设职、职权一致、命令统一、管理幅度等,熟悉并善于运用各种组织形式,善于运用组织的力量,协调人力、物力和财力,以期达到综合平衡,获得最佳效果。

控制能力要求在实现企业预定目标的过程中,能够及时发现问题并采取措施予以克服,从而保证目标的顺利实现;在确认目标无法实现时,要能果断地调整目标。

④沟通、协调企业内外各种关系的能力。善于与人交往,倾听各方面的意见,应是交换意见沟通情况的能手。对上,要尊重,争取帮助和支持;对下,要谦虚,平等待人。对内,要有自知之明,知道自己的长处和短处;对外,要热情、公平而客观。

⑤不断探索和创新的能力。对做过的工作能及时认真总结经验,吸取教训,善于听取不同意见,从中吸取有用的东西。对新鲜事物要敏感,富有想象力,思路开阔,善于提出新的设想,新的方案,对工作能提出新的目标,鼓舞下属去完成任务。

⑥知人善任的能力。要重视人才的发现、培养、提拔和使用,知其所长,委以适当工作;重视教育、提高部下的业务能力,大胆提拔、勇于启用新人。

(3)身体素质

领导者负责指挥、协调组织活动的进行,是一项不仅需要足够心智,而且消耗大量体力的工作,因此必须有强健的身体,充沛的精力。

5.1.4 公共行政领导者与工商企业领导者

尽管各种组织的领导者其工作、职责和作用比较相似,但作为公共行政的领导者与工商企业的领导者在许多具体方面还是存在不少差别的。在这里对此进行单独讨论,以利于公共行政领导者与工商企业领导者认清各自的角色性质,更好地开展工作。

(1)公共管理与工商管理的原则区别

1)两者追求的价值不同。前者追求的是公共利益,即社会公平与正义的至高无上性。在这个过程中虽然也要讲公共行政成本核算,但目的仍是为了实现社会的公平与正义。后者谋求的是本企业、本部门的利益,追求最大的市场份额和利润,实现本企业、本部门的利益最大化。虽然成功的企业很注重企业文化建设和社会公益行为,但背后最根本目的还是营利的。

2)两者的责任和提供的服务不同。前者尽的是公共责任,提供的是公共服务、公共产品,服务于全社会的公共事务。社会中的每一位公民都有权合法享受这种服务和提出意见、建议,并进行监督;后者尽管道义上也要尽公共责任,但主要是依法经营,照章纳税,其实际职责毕竟只限于本企业、本部门的生产经营等管理事务,提供的是本企业、本部门的特殊服务、特殊产品,这种服务是通过消费者购买其产品,而与消费者发生联系,也因此才会对消费者负责,不是任何人都可以享受的。

3)两者行使的权力不同。前者行使的是公权力,即对全社会行使法律赋予的权力;后者行使的是具体某一组织所具有的私权力,或称协议权力,其作用范围仅限于本企业、本部门,不能到社会上去"发号施令"。公权力的权威性、强制性、普遍性、排他性决定了它在社会政治经济生活领域中,远比私权力重要。正因如此,公权力与私权力截然不同。前者对权力进行分割,注重层级领导和权力制约,强调权力运行的程序性和规范性,防止专制权力和权力的滥用;后者则是权力相对集中,注重于权力运行中的统一性和高效率,以有利于竞争和企业生存。

(2)公共行政领导者与工商企业领导者的共同点

二者的共同点就是都要有创新精神和创新能力。所谓创新,就是抛弃旧的东西,创造新的事物,这恰恰是领导的本质。领导与管理的根本区别在于,管理维持秩序,领导带来变革,所以,没有创新,就不称其为领导。领导者作为引路人和掌舵人,必须具备创新精神和创新能力,才能在日新月异的现代社会中引导本组织、本部门跟上时代发展,创造时代业绩。

(3)公共行政领导者与工商企业领导者的不同点

1)任期。公共行政领导者一般都是有任期的,特别是政府部门的领导者都有严格的等级晋升和退休制度,在一个岗位上的服务期限相对较短。工商企业领导者没有任期制和行政级别,通常在领导岗位上可以有较长的任期。

2)工资。公共行政领导者的工资来源于国家财政支出,即国家征收税款的转化形式,这集中体现了他们公共服务的角色。工商企业领导者的工资和工资外收入来源于企业自身的利润。这说明两者的工作性质和激励方式不同。

3)自身素质。公共行政领导者与政治关系密切,又行使公权,因此要求有较高的政治素养和道德水准,"讲政治"摆在首位,其领导活动对全社会有示范性和导向性。工商企业领导者与政治相对疏远,行使的是私权,素质结构要求不同,更看重的是经营能力和市场开拓能力。

4)工作方式。公共行政领导者作为社会公众人物,其自身及其工作方式都是开放的,便于社会公众知晓和检查、监督。而工商企业领导者及其工作则有更多的隐私,其工作方法多为内部动作,对公众的监督很少开放。

5)人事权限。公共行政领导者的人事权限受到很多制约,不能以私人名义作出人事任命。

政府的人事政策和权限更多地是在人事部门的控制之下,包括机构之外的人事部门和民意代表机构。工商企业领导者作为独立法人,有相当大的人事自主权,有权任命、罢免和解雇其雇员。

6)大众传媒。公共行政领导者与大众传媒的关系越来越重要,其活动及工作内容受到大众传媒的广泛关注,公共行政领导者要善于和大众传媒打交道。工商企业领导者与大众传媒的关系主要是宣传和广告,而且多是通过公关部门进行。

7)绩效评估。公共行政领导者的绩效表现为社会公共效益,涉及众多因素和主观评价标准,评估难度较大。工商企业领导者的绩效主要是利润,即"账本底线",相对易于衡量。

8)公共监督。公共行政特别是政府部门的领导者行使的公共权力,受到各方面的检查和监督,如立法、司法、政党、舆论等,个人活动也受到某些制约。工商企业领导者也受到上述方面的检查监督,但主要是工商税务和消费者方面,个人行动所受制约与公务员有所不同。

公共行政领导者与工商企业领导者既有区别,又有联系,两者是相互影响的。公共行政领导者在相互影响中处于主导地位,对全社会有导向作用,因此公共行政领导者提高自身素质,提高领导水平和领导艺术尤为重要,孔子曰:"政者正也,子帅以正,孰敢不正?"就是这个道理。公共行政领导者也要向工商企业领导者学习,吸收他们有益的东西,提高公共管理部门特别是政府机构的领导绩效。但是认为可以将工商企业中成功的领导模式直接移植到公共管理中来,并能产生重大的改进的观点是错误的。

5.2 领导理论

如前所述,领导就是领导者指挥、带领、引导和鼓励部下为实现组织目标而努力的过程。其关键点是领导能否有效地影响下属去实现组织目标。即领导效能问题是领导职能能否发挥作用的关键。为此,引来了人们对领导效能问题的浓厚兴趣和广泛研究,从而形成了众多的领导理论。纵观人们对于领导效能的各种解释,可归纳为以下3类理论:特性理论、行为理论和权变理论。

5.2.1 领导特性理论

如前面有关"领导者的素质"一部分中讨论的那样,该理论一直把领导者的各种个人性格和特征作为描述和预测其领导成效的标准,试图区分领导者和一般人的不同特点,并以此来解释他们成为领导者的原因。这种理论的根本,就是研究怎样的人,才能成为良好的、有效的领导者。为此,研究人员列举了上百种领导者所应具有的个性特征,这些特征大致可分为以下几类。

(1)身体特征,包括体力、年龄、身高等。

(2)背景特征,包括教育、经历、社会地位、社会关系等。

(3)智力特征,包括知识、智商、判断分析能力等。

(4)个性特征,包括热情、自信、独立性、外向、机警、果断等。

(5)与工作有关的特征,包括责任感、首创性、毅力、事业心等。

(6)社会特征,包括指挥能力、合作、声誉、人际关系、老练程度等。

其中有较大影响的特性理论是美国管理学家、心理学家吉赛利于1971年出版的《管理才能探索》一书中所提出的理论,该书认为有 8 种个性特征和 5 种激励特征与能否成为有效的领导者有关(详见前述)。

事实上,特性理论中有关个性特征对领导成效的影响不是绝对重要的。其中大多数实际上也只不过是人们对于某一个领导者,特别是一个从事上层领导工作者的期望。从 1940 年以来,这类利用领导者个人性格或个性特征来解释或预测领导效能的理论,逐渐被人们放弃。理由是:①他们忽略了被领导者的地位和影响作用。事实上,一个领导者能否发挥其领导效能,会因被领导者的不同而不同;②领导者的性格特征内容过于繁杂,且随不同情况而变化,难以寻求由此获得成功的真正因素;③难以探索领导者所有性格特征彼此的相对重要性;④各种有关实证研究所显示的结果相当不一致。

5.2.2　领导行为理论

领导行为理论认为,领导效能如何,并非看其是什么样的人,而是看他的行为。因此,该学派的研究者从研究领导者的内在个性特征转移到外在行为上,根据领导行为的不同将领导分类,并将不同的领导行为方式作为自变量,将领导效能作为因变量,来研究不同领导行为方式与领导效能之间的因果关系。然而,由于至今还没有一个公认的对领导行为方式的"最好"分类,因而就有由于各种各样的分类法而形成的各种不同理论,在此只介绍几种较有代表性的理论。

5.2.2.1　三分法理论

这是最早的有关领导行为理论的研究。它是由心理学家勒温(P. Lewin)通过试验研究得出的。他将领导方式划分为 3 种,即独裁式、民主式和放任式。

(1)独裁式(autocratic style of leadership)

这种领导方式主要是靠权力和强制命令进行管理。其主要特点是:独断专行,从不考虑别人的意见,完全由领导者自己作出各种决策;不把更多的消息告诉下属,下属没有任何参与决策的机会,只能奉命行事;主要靠行政命令、纪律约束、训斥惩罚来维护领导者的权威,很少或只有偶尔的奖励;领导者预先安排一切工作程序和方法,下属只能服从;领导者与下属保持相当的心理距离。

(2)民主式(democratic style of leadership)

实行这种领导方式的领导者会对将要采取的行动和决策同下属商量,并且鼓励下属参与决策。这种领导方式的具体特点是:各种决策都是由领导者和下属共同协商讨论决定的,决策是领导者和其下属共同智慧的结晶;分配工作时,尽量照顾到组织每个成员的能力、兴趣和爱好,对下属工作的安排并不具体,个人有相当大的工作自由,有较多的选择性与灵活性;主要运用个人权力和威信,而不是靠职位权力和命令使人服从;领导者积极参加团体活动,与下属无任何心理上的距离。

(3)放任式(behavioral style of leadership)

实行这种领导方式的领导者极少运用其权力,而是给下属以高度的独立性。对工作事先无布置,事后无检查,一切悉听尊便,毫无规章制度。

勒温根据试验认为:放任式的领导方式工作效率最低,只能达到组织成员的社交目标,但完不成工作目标;独裁式的领导方式虽然通过严格管理能够达到目标,但组织成员没有责任感,情绪消极、士气低落;民主式领导方式工作效率最高,不但能够完成工作目标,而且组织成员之间关系融洽、工作积极主动、有创造性。

5.2.2.2 领导行为连续统一体理论

1958年,坦南鲍姆(Robert Tannenbaum)和施米特(Warren H. Schmidt)在《哈佛商业评论》上发表了《怎样选择一种领导模式》一文,指出民主与独裁仅是两个极端的情况,这两者中间还存在许多种领导行为,从而提出了领导方式的连续统一体理论。如图5-2所示。图的左端是独裁的领导行为,右端是民主的领导行为。形成这两个极端的原因有二:一是领导者对权力的来源和人性的看法不同,独裁的领导者认为权力来自于职位,人生来懒惰而没有潜力,因而一切决策均由领导者作出;而民主的领导者则认为,权力来自于群众的授予和承认,人受到激励能自觉、自治、发挥创造力,因此决策可以公开讨论,集体选择。二是独裁型领导重视工作,运用权力支配影响下级,下属的自由度较小;而民主型领导重视群体关系,给予下属较大的自由度。领导行为连续统一体从左到右,领导者行使越来越少的职权,下属人员得到越来越多的自主权。模型中列举了7种有代表性的领导风格。

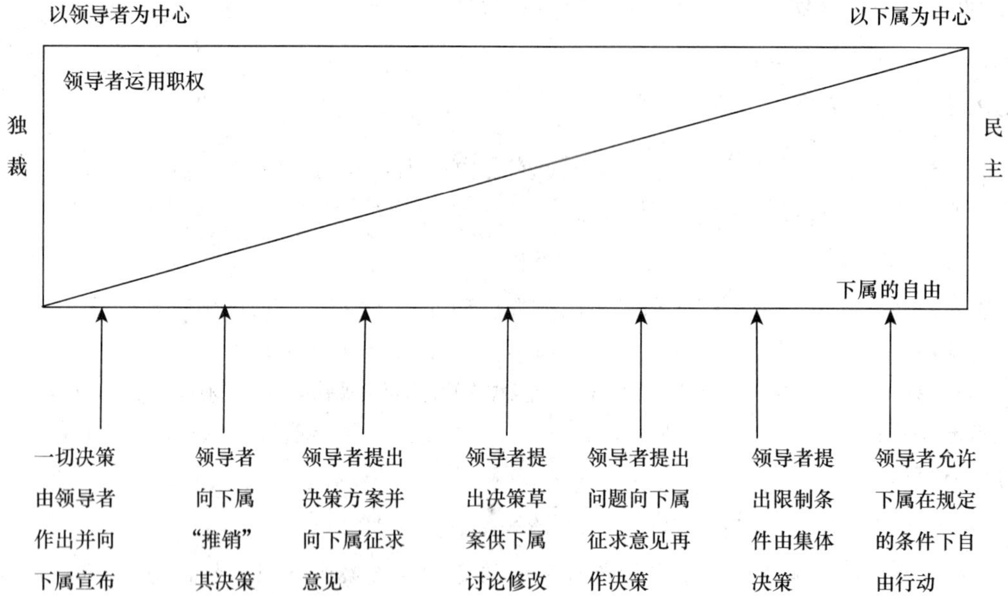

图5-2 领导行为的连续统一体

坦南鲍姆和施米特认为,对上述7种领导方式,不能说哪一种是正确的,或哪一种是错误的。选择哪一种领导风格最为有效,要考虑以下3个方面的因素:①领导者的个性因素。包括领导者自己的价值观念,对下属的信任程度,在领导方式上的倾向性和对不确定性情况的安全感等。②下属的因素。包括下属人员独立性的需要程度,是否愿意承担责任,对有关问题的关心程度,对不确定情况的安全感,对组织目标是否理解,在参与决策方面的知识、经验、能力等。③环境方面的因素。包括组织的价值标准和传统,组织的规模,集体的协作经验,决策问题的性质及其紧迫程度等。也就是说,应根据具体情况选择某种领导行为。从这个意义上讲,领导行为连续统一体理论也是一种情景理论。

5.2.2.3 四分图理论

1945 年美国俄亥俄州立大学工商企业研究所掀起了对领导行为研究的热潮。他们首先列出 1 000 多种刻画领导行为的因素，然后进行逐步概括和归类，最后将领导行为归纳为两个方面，即组织与体贴两个维度。组织维度包括设计组织结构，明确职责、权力，确定工作目标和要求，制定工作程序、方法和规章制度，给下属成员分配任务等。总之，组织维度是要求领导者运用组织手段，通过确定目标、分配任务、制定政策和措施，使其下属成员的行为纳入预定的轨道，以严密的组织和控制来提高工作效率。体贴维度包括倾听下属成员的意见和要求，注意满足下属的需要，以友好、平易近人的态度对待下属等。总之，体贴维度要求领导者与其下属成员之间建立友谊、信任、体谅的关系，以良好的人际关系调动员工的积极性。

他们的研究发现，组织与体贴不是一个连续带的两个端点，领导者的行为可以是这两个方面的任意组合，即可以用两个坐标的平面组合来表示。如图 5-3 所示，可用四个象限来表示 4 种类型的领导行为：高组织与高体贴，低组织与低体贴，高组织与低体贴，低组织与高体贴。是用两个坐标表示领导行为的初次尝试，为领导行为研究指出了一种途径。

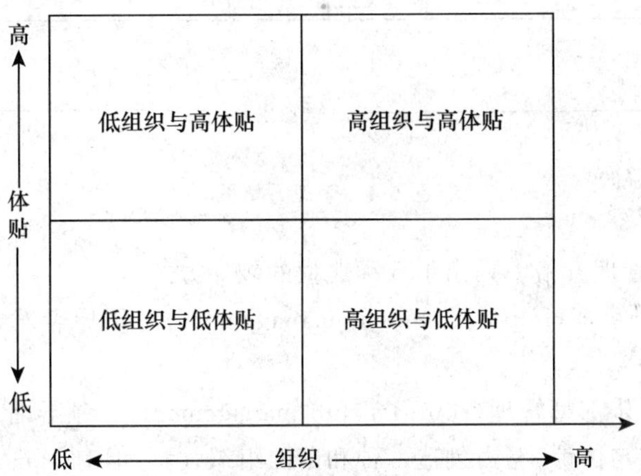

图 5-3 领导行为四分图

到底哪种领导行为效果好呢？结论是不肯定的。例如有人认为在生产部门中效率与"组织"之间的关系成正比，而与"体贴"的关系成反比，而在非生产部门中情况恰恰相反。一般说来高组织与低体贴带来更多的旷工、事故、怨言和转厂。许多其他的研究证实了上述的一般结论，但也有人提供相反的证据。这可能与没有考虑到领导所面临的环境有关。

5.2.2.4 管理方格理论

在俄亥俄州立大学提出的领导行为四分图的基础上，美国德克萨斯大学教授布莱克(Robert R. Blake)和穆顿(Jane S. Mouton)在他们的《管理方格》一书中提出了管理方格图(managerial grid)。他们将四分图中的体贴改为对人的关心度，将组织改为对生产的关心度，并将这两类领导行为的坐标各划分为 9 等份：1 代表关心程度最小，9 代表关心程度最大，交叉形成 81 个方格。每一方格代表这两个方面以不同程度结合的不同的管理方式，如

图5-4所示。

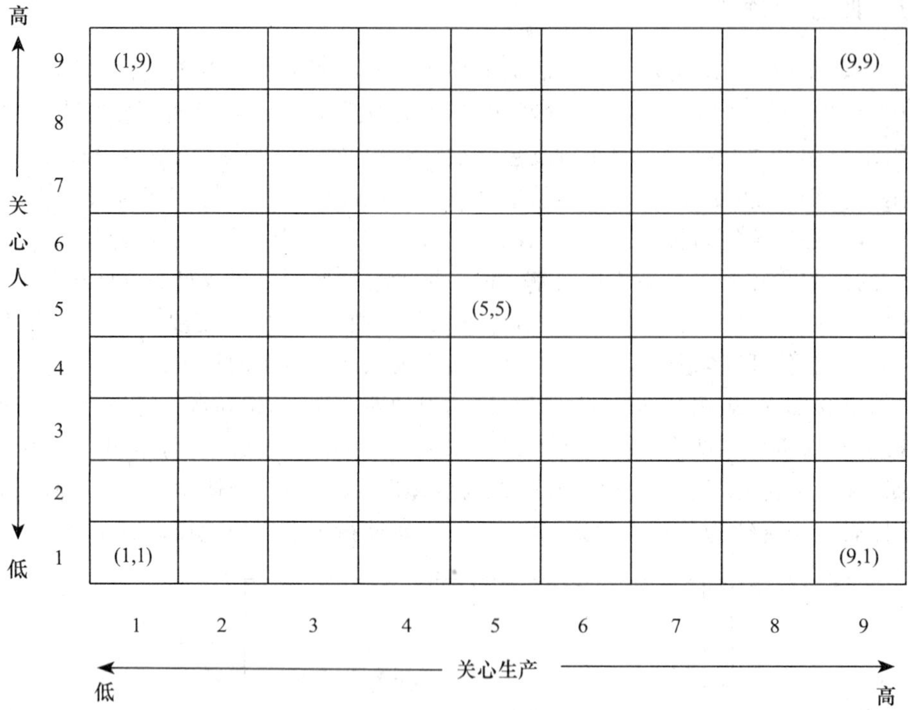

图5-4 管理方格图

布莱克和穆顿在管理方格中列出了5种典型的领导方式。

(1,1)型为贫乏型管理(impoverishment management)。领导者对下属和工作都极不关心,领导效果最差。

(1,9)型为乡村俱乐部型管理(country club management)。领导者充分注意搞好人际关系,注意对下属的支持与体谅,努力创造一种和谐的组织气氛,但对任务、效率、规章制度、指挥监督很少关心。

(9,1)型为任务型管理(task management)。领导者的注意力集中于完成任务的效率,强调完成企业的生产目标,而把人的因素的影响降到最低。不关心人的因素,对下属的士气和发展很少注意。

(9,9)型为团队型管理(team management)。领导者对生产和人都极为关心,努力协调各项活动,生产任务完成得很好,职工关系协调,士气旺盛,职工个人目标与企业目标互相结合,大家齐心协力地完成任务。

(5,5)型为中间型管理(middle of the road management),对人和生产都有适度的关心,保持完成任务和满足职工需要之间的平衡,追求正常的效率和令人满意的士气。

管理方格理论,对于培养有效的管理者是有用的工具,它提供了一个衡量管理者所处领导形态的模式,使管理者较清楚地认识到自己的领导方式,并指出改进的方向。

到底哪一种领导方式最佳呢?布莱克和穆顿组织了许多研讨会,参加者绝大部分人认为(9,9)型最佳,但也有不少人认为(9,1)型最佳,还有人认为(5,5)型最佳。布莱克和穆顿指出，哪种领导方式最佳要看实际工作情况，最有效的领导方式不是一成不变的，要依情况而定。

5.2.3 领导权变理论

随着对领导问题研究的深化与拓展，人们发现，有效的领导不仅取决于领导者的性格特征和行为方式，同时还取决于他们所处的组织内外的环境。在20世纪六七十年代逐渐形成了权变理论，因其重视情景对领导行为有效性的影响，又被称情景理论。该理论认为，并不存在着一种普遍适用的有效领导的固定模式，领导是一种动态过程，其有效性将随着被领导者的特点和情景的变化而变化。因此，领导者的领导绩效依赖于领导者的因素、被领导者的因素、情景因素的交互作用，用公式表示如下。

领导＝f(领导者，被领导者，情景)

领导者的因素是指领导者的个人品质、价值观和工作经历。如果一个领导者决断力很强，并且信奉X理论，他很可能采取专制型的领导方式。

被领导者的因素主要是指被领导者的个人品质、工作能力、价值观等。如果一个被领导者的独立性较强，工作水平较高，那么采取民主型或放任型的领导方式比较适合。

情景因素主要是指工作特性、组织特征、社会状况、文化影响、心理因素等。工作是具有创造性还是简单重复，组织的规章制度是比较严密还是宽松，社会时尚是倾向于追随服从还是推崇个人能力等，都对领导方式产生了强烈的影响。

5.2.3.1 菲德勒的权变领导理论

第一个全面的领导权变理论是由弗莱德·菲德勒(Fred Fiedler)提出的。菲德勒权变理论(Fiedler contingency model)指出，领导绩效取决于与下属相互作用的领导者的风格和情景对领导者的控制和影响程度之间的合理匹配。菲德勒开发了最难共事者问卷(least preferred co-worker questionnaire，LPC)，用以测量领导者的基本风格是任务取向型还是关系取向型。另外，他还把领导的环境归纳为以下3个方面。

1)领导者与下属的关系。指领导者与其组织成员的关系。如果双方高度信任、互相尊重、互相支持和友好，则相互关系是好的；反之，则是差的。即他把领导者与下属的关系分成好、差两档。

2)任务结构。指组织工作的程序化、明确化的程度，如工作的目标、方法、步骤等是否清楚，有无含糊不清之处等。如果工作是例行性的、明确、容易理解以及有章可循的，则任务结构属于明确的或高的。他将任务结构分成明确与不明确两种。

3)职位权力。指领导者的职位所能提供的权力和权威是否明确、充分，在上级和整个组织中所得到的支持是否有力，对雇佣、解雇、纪律、晋升和报酬等的影响程度的大小等。由此，他将职位权力分成强弱两种。见图5-5。

根据这3个因素可以评估环境是否对领导者有利。菲德勒指出，领导者与下属关系越好，任务结构越明确，职位权力越强，环境对领导者越有利；反之，环境对领导者不利。将这3个情景因素的不同状态进行组合，可得到8种不同的情况。

为了研究不同领导风格的领导者在何种情况下的领导绩效最佳，菲德勒研究了1 200个

领导者与被领导者的相互关系	好				差			
工作任务结构	明确		不明确		明确		不明确	
领导者的职位权力	强	弱	强	弱	强	弱	强	弱
	1	2	3	4	5	6	7	8

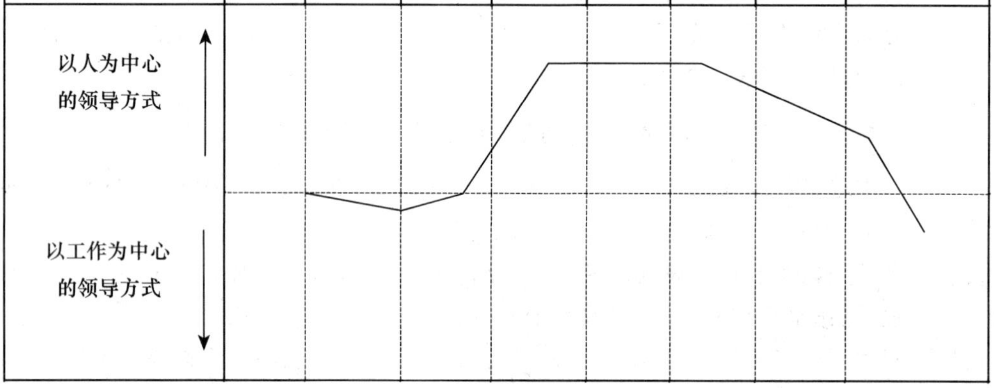

图 5-5 菲德勒权变领导模型图

工作群体,均对比了8种情况的关系取向与任务取向两种领导风格的领导绩效。研究结果表明:在对领导者最有利和最不利的情况下(如1、2、3、8),采用任务导向型领导方式,其效果较好;在对领导者中等有利情况下(如4、5),采用关系导向型领导方式,效果较好。

菲德勒认为,个体的领导风格是稳定不变的,个体的LPC分数决定了个体最适合何种情景类型。因此,提高领导的有效性只有两条途径:一是替换领导者以适应环境。如果现任领导者不能适应他所处的领导环境,即现任领导者的领导风格如果与领导者所处的情景不匹配,为了提高领导绩效,可以替换原领导。二是改变环境以适应领导者。也就是说,如果领导者的领导风格与现在所处的领导环境不匹配,为了提高领导绩效,也可以改变他所处的工作环境(即在上下级关系、任务结构、职位权力等方面做些改变),使新的环境适合领导者自己的风格。同时,菲德勒认为,第一种方法是传统的人员招聘和培训方式,而第二种方法(即按照管理者自己固有的领导风格分配他们担任适当的领导工作)可能比第一种方法(即让管理者改变自己的领导作风以适应工作)更容易做得到。这说明,组织设计和变革(即改变组织环境)可能成为一种非常有用的工具,使得管理阶层的领导潜能得以更充分的利用和发挥。

5.2.3.2 赫塞和布兰查德的情景领导理论

情景领导理论(situational leadership theories)又称领导生命周期理论,是由美国管理学家科曼(A. K. Korman)于1966年首先提出,后经保罗·赫塞(P. Hersey)和肯尼思·布兰查德(K. Blanchard)加以发展形成的。赫塞和布兰查德认为,领导的有效性取决于领导风格与下属成熟度是否匹配。因为领导绩效通过下属的行为来实现,领导权力从某种意义上来自下属,如果下属拒绝领导者,无论领导者多么努力,计划都难以变成现实。从这一点来看,该理论是一个重视下属的权变领导理论。

情景领导理论，实际上是通过父母对子女在不同的成长时期所采取的不同管理方式类比而来的：①当人处在儿童时期，一切都需要父母的照顾和安排，此时父母的行为是高工作低关系。在这里要注意，疼爱不是高关系，高关系涉及尊重、信任、自立、自治等。②当孩子进入小学和初中时，父母除安排照顾外，必须给孩子以信任和尊重，增加关系行为，即采取高工作高关系。③当孩子进入高中和大学时，他们逐步要求独立，开始对自己的行为负责，此时父母过多的安排照顾在孩子心中变成了干预，因此应采取低工作高关系。④当孩子成人走向社会、成家立业以后，父母即开始采取低工作低关系的行为。

情景领导理论揭示出，一方面，随着下属成熟程度的提高，领导者应相应地改变自己的领导方式，从另一方面来说，对于不同成熟程度的下属，领导者应该采用不同的领导方式。该理论分为以下 3 个方面。

(1)下属的成熟程度

赫塞和布兰查德将成熟度定义为个体完成某一具体任务的能力和意愿的程度。他们把下属成熟程度分为 4 个阶段。

1)第一阶段(M_1)。下属既不能胜任工作也不情愿工作。

2)第二阶段(M_2)。下属虽然没有能力但积极性较高。

3)第三阶段(M_3)。下属有工作能力却不愿意工作。

4)第四阶段(M_4)。下属既有能力又愿意做他们的工作。

(2)领导的风格

赫塞和布兰查德使用的两个领导维度与菲德勒模型相同，即任务取向和关系取向。其创新之处在于他们认为每一维度有高有低，从而组合成 4 种具体的领导风格。

1)指示型(高任务－低关系)。领导者采用单向沟通形式，明确地规定任务，确定工作规程，告诉下属在何时、何地、以何种方法去做何种工作。

2)推销型(高任务－高关系)。领导者以双向沟通信息的方式给下属以直接的指导，大多数工作仍由领导决定。领导给下属以心理上的支持，同时也从心理上激发他们的工作意愿和热情。

3)参与型(低任务－高关系)。领导者通过双向沟通和悉心倾听的方式，和下属互相交流信息，讨论问题，支持下属努力发展他所具有的能力；但是领导者对工作很少指导。

4)授权型(低关系－低任务)。领导者赋予下属权力，让下属自行其是，自己决定何时、何处和如何做的问题。领导者只起监督作用。

(3)根据下属成熟度选择适当的领导风格

如图 5-6 所示，当下属处于第一阶段时，领导者应采取指示型领导行为，给下属以明确而(高)具体的指导；当下属处于第二阶段时，领导者应采取推销型领导行为，一方面要给下属以心理上的支持；另一方面给下属以工作上的指导；当下属处于第三阶段时，领导者应采取参与型领导行为，通过信息共享和共同决策，以激励下属；当下属处于第四阶段时，领导者应采取授权型领导行为，不需要干涉太多，因为此时下属既愿意又有能力担负责任。也就是说，随着下属由不成熟逐渐向成熟过渡，领导行为应当按高任务－低关系→高任务－高关系→低任务－高关系→低任务－低关系逐步推移。

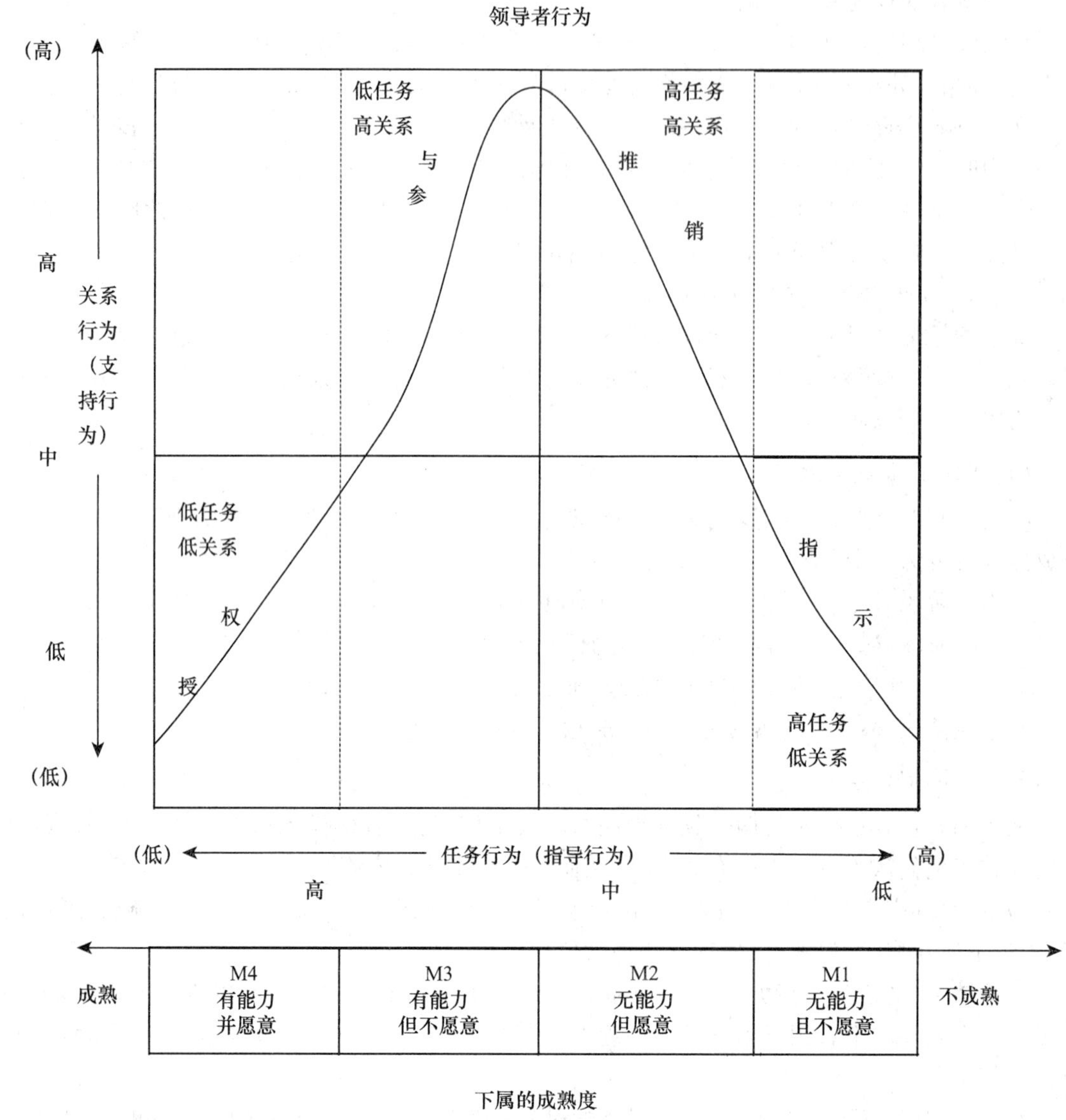

图 5-6　赫塞和布兰查德的情景领导模型

5.2.3.3　途径目标理论

途径目标理论(path goal theory)是近年来在国内外颇受重视的理论,是罗伯特・豪斯(Robert House)开发的一种领导权变模式,它从激励的期望理论中吸收了重要成分。该理论认为,领导者的工作是帮助下属达到他们的目标,并提供必要的指导和支持以确保下属各自的目标与群体或组织的总体目标相一致。不仅如此,有效领导者还须通过明确指明实现工作目标的途径来帮助下属,并为下属排除各项障碍。

按照途径目标理论,领导者的行为被下属接受的程度取决于下属将这种行为视为获得满足的即时源泉还是作为未来获得满足的手段。领导者行为的激励作用在于:①它使下属的需要满足与有效的工作绩效联系起来。②它提供了有效的工作绩效所必需的辅导、指导、支持和奖励。为了考查这些陈述，豪斯确定了4种领导行为。

(1)指导型领导。这种类型的领导让下属知道期望他们的是什么，以及完成工作的时间安排，并对如何完成任务给予具体指导。

(2)支持型领导。这种类型的领导十分友善，并表现出对下属需求的关怀。

(3)参与型领导。这种类型的领导与下属共同磋商，并在决策之前充分考虑他的建议。

(4)成就导向型领导。这种类型的领导设定富有挑战性的目标，并期望下属实现自己的最佳水平。

与菲德勒的领导行为观点相反，豪斯认为领导者是灵活的，同一领导者可以根据不同的情景表现出任何一种领导风格。在豪斯的理论中，提出了两类情景或权变变量作为研究领导行为和领导结果之间关系的变量，一类是环境的权变因素，包括任务结构、正式权力系统、工作群体、非正式组织；另一类是下属的权变因素，如领悟能力、教育程度、对成就的需要、对独立的需求、对命运的看法。不难看出，领导行为的选择、环境的权变因素和下属的权变因素将造成不同的结果，如工作上的满意度、对领导者的接受程度和激励行为，等。见图5-7。

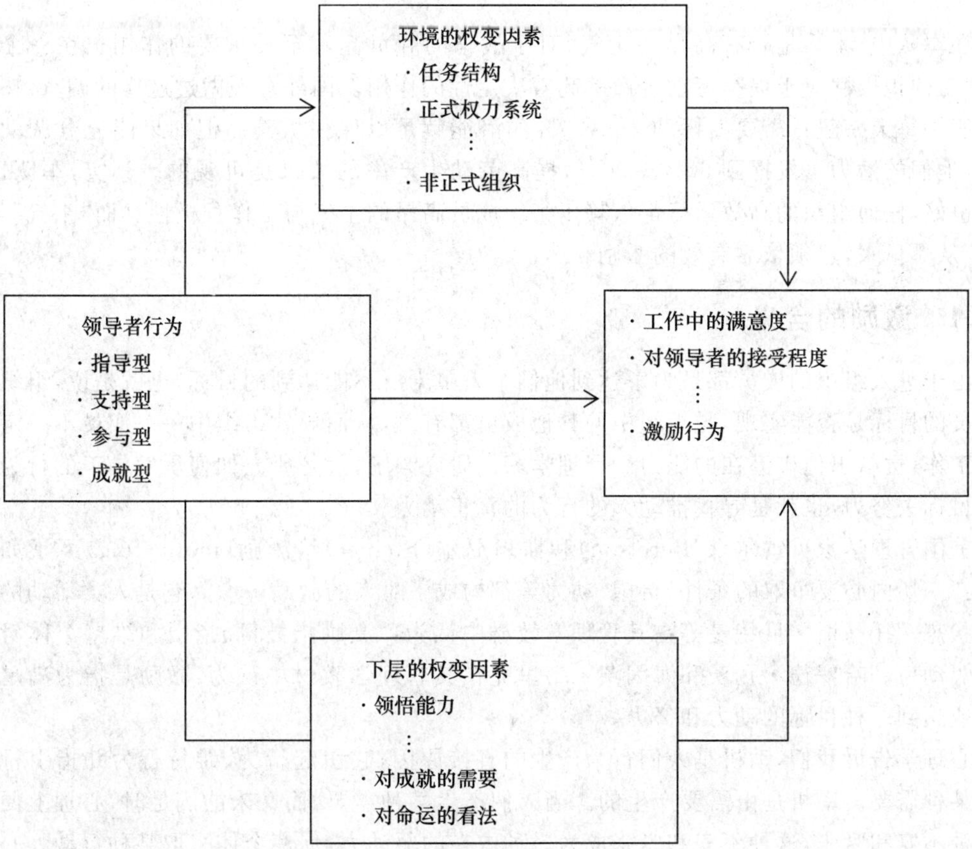

图5-7 领导途径一目标理论

以上分析可得出以下观点。

①相比具有高度结构化和安排完好的任务来说，当任务不明或压力过大时，指导型领导导致了更高的满意度。

②当下属执行结构化任务时,支持型领导导致了员工高绩效和满意度。

③对知觉能力强或经验丰富的下属,指导型的领导可能被视为累赘多余。

④组织中的正式权力关系越明确、越官僚化,领导者越应表现出支持型行为,降低指导型行为。

⑤控制点为内部的下属,对指导型风格更为满意。

⑥当任务结构不清时,成就导向型领导将会提高下属的努力水平,从而达到高绩效的预期。

对这些假设的验证性研究的结果是令人振奋的。这些证据支持了理论背后的逻辑性。也就是说,当领导者弥补了员工或工作环境方面的不足,会对员工的绩效和满意度起到积极的影响。但是,当任务本身十分明确或员工有能力和经验处理它们而无需干预时,如果领导者还花费时间解释这些任务,则下属会把这种指导性行为视为累赘多余甚至是无用。

5.3 激励

在军队中,士兵是否有高昂的士气,对于战争的胜负起着至关重要的作用。在一个企业中,职工的积极性对于提高劳动生产率起着决定性的作用。国外有人做过这样的调查:按时计酬的职工每天一般只需要发挥20%～30%的潜能就足以保住饭碗。但如果能充分调动其积极性,他们的潜力可发挥到80%～90%,提高劳动生产率的效果是可观的。其实,军队也好、企业也好,任何组织的高效运行都依赖于组织成员高昂的士气与工作积极性。而"士气"与"积极性"从哪里来,这须依靠有效的激励。

5.3.1 激励的含义

由于进入组织的成员都是为了达到他们个人单干所不能达到的目标,也就是说,组织中每一成员的目标是否能实现,与组织中的其他成员都有关,从而导致组织中每一成员不一定都会努力工作,贡献出他们潜在的能力。管理学家们研究激励,就是研究如何诱发员工的行为朝着组织目标去努力,也就是寻找推动人的行为的真正动力。

美国管理学家贝雷尔森(Berelson)和斯坦尼尔(Steiner)给激励(motivating)下了如下的定义:"一切内心要争取的条件,希望、动力等都构成了对人的激励……。它是人类活动的一种内心状态。"托马斯·贝特曼等在其管理学教材中认为:"激励指鼓舞、指引和维持个体努力行为的驱动力。"哈罗德·孔茨和海因茨·韦里克在其管理学教材中认为:激励是指为满足一种欲望或达到一种目标的动力和努力。

心理学告诉我们,动机是人们行为产生的直接原因,它引起行为、维持行为并指引行为去满足某种需要。动机是由需要产生的。当人们产生某种需要,而又未能满足时,心理上便产生了一种不安和紧张,这种不安和紧张成为一种内在的驱动力,促使个体采取某种行动。心理学把这种现象称为动机。当人有了动机以后就要寻找、选择和接近目标。找到目标后,就进行满足需要的活动。需要满足后,紧张消除,然后又有了新的需求。在整个过程中,寻找、选择和接近目标的行为,被称之为目标导向行为;满足需要自身的活动被称之为目标行为。上述的行为循环可用图5-8所示。

一个人可能同时有许多需要和动机,但是人的行为却是由最强烈的动机引发和决定的。

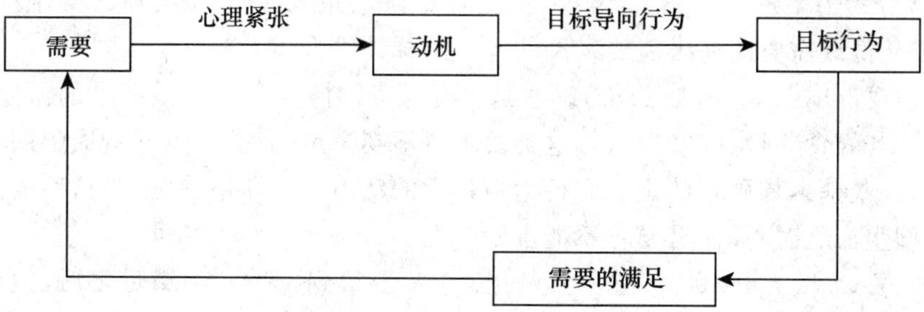

图 5-8　需要—动机—行为—满足的循环过程

因此,要使组织成员产生组织所期望的行为,可以根据组织成员的需要设置某些目标,并通过目标导向使组织成员出现有利于组织目标的优势动机并按组织所需要的方式行动,这就是激励的实质。

由此可见,激励就是创造能使组织成员各种需要得到满足的条件,激发组织成员的工作动机,使之产生实现组织目标的特定行为的过程。

5.3.2　激励理论

有关激励理论主要分为内容型激励理论与过程型激励理论。内容型激励理论认为需要是激励的基础,该理论着重分析了解人的各种需要,解释的是"什么会使组织成员努力工作"的问题。内容型激励理论有许多,其中影响力较大、较有代表性的是马斯洛的需要层次理论、赫兹伯格的双因素理论和麦克利兰的成就需要理论。过程型激励理论主要研究激励机制如何形成,着重分析人们怎样面对各种满足需要的机会以及他们对各种机会的认知过程;解释的是"为什么组织成员会努力工作"和"怎样才会使组织成员努力工作"这两个问题。过程型激励理论也有许多,其中较有代表性的是:弗罗姆的期望理论、亚当斯的公平理论和斯金纳的强化理论。以下我们分别介绍这些激励理论。

5.3.2.1　内容型激励理论

(1)马斯洛的需要层次理论

马斯洛(A. H. Maslo)1954 年在他的代表作《动机与个性》里提出的需要层次理论的需要层次模型,如图 5-9 所示。马斯洛提出,人类的需要虽然有多种多样,但可以将它们归纳

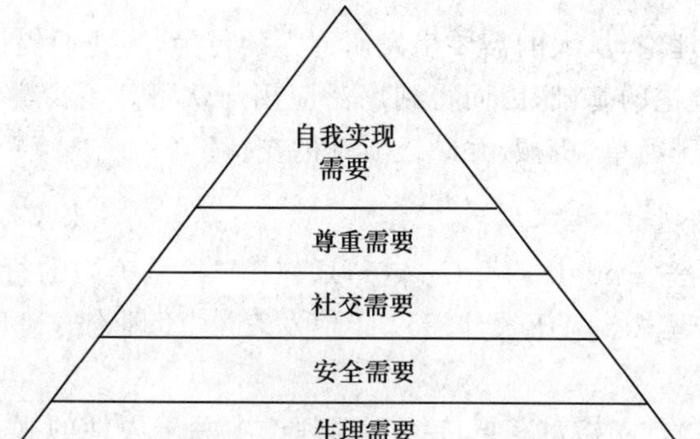

图 5-9　马斯洛的需要层次图

为5个层次,分别为生理需要、安全需要、社交需要、尊重需要和自我实现需要,按其重要性逐级递升,形成从低级需要向高级需要发展的一个阶梯。

1)生理需要(physiological needs)。这是人类为了维持生命存在最基本的需要,也是需要层次的基础。若衣食住行、空气和水等这类要求得不到满足,人类的生存就成了问题。从这个意义上来说,这些基本物质条件是人们行为最强大的动力。马斯洛认为,当这些需要还未达到足以维持人们生命之时,其他需要将不能激励他们。

2)安全需要(safety needs)。当一个人的生理需要得到了一定的满足之后,他就想满足安全的需要。即不仅考虑到眼前,而且考虑到今后,考虑自己的身体免遭危险,考虑已获得的基本生理需要及其他的一切不再丧失和被剥夺。例如要求摆脱失业的威胁,要求在生病及年老时生活有保障,要求工作安全,希望免除战争和意外的灾害等等。

3)社交需要(social needs)。当生理及安全的需要得到相当满足后,社交的需要便占据主导地位。因为人类是有感情的动物。他希望与别人进行交往,避免孤独,希望与伙伴和同事之间和睦相处,关系融洽。他希望归属于一个团体以得到关心、爱护、支持、友谊和忠诚。爱情是较高级的社交需要,它既包括男女之间的爱,也包括父母与子女间的爱、兄弟姊妹之间的爱。社交需要与生理和安全需要相比,各人之间的差别性比较大,它和一个人的性格、经历、教育、信仰都有关系。

4)尊重需要(esteem needs)。当一个人开始满足归属感的需要以后,他通常不只是满足做群体中的一员,而且产生尊重的需要。即希望别人尊重自己的人格和劳动,对自己的工作、人品、能力和才干给予承认并给予公正的评价。希望自己在同事之间有较高的地位、声誉和威望,从而得到别人的尊重并发挥一定的影响力。

5)自我实现需要(self actualization needs)。马斯洛认为这是最高层次的需要,当尊重的需要得到满足以后,自我实现的需要就成为第一需要,自我实现的需要就是要实现个人理想和抱负,最大限度地发挥个人潜力并获得成就,实现自我价值。

以上5个层次中,生存和安全需要属于较低层次的、物质方面的需要;社交,尊重和自我实现的需要,则属于较高层次的、精神方面的需要。马斯洛认为,人的需要遵循递进规律,在较低层次的需要得到满足之前,较高层次的需要的强度不会很大,更不会成为主导的需要。当低层次的需要获得相对的满足后,下一个较高层次的需要就占据了主导地位,成了驱动行为的主要动力。另外,马斯洛认为,由于各人的需要结构发展的状况不同,这5种需要在体内形成的优势位置也就不同,而且任何一种需要并不因为高层次的要求获得满足而自行消失,只是对行为的影响比重减轻而已。

马斯洛的需要层次理论,从人的需要出发研究人的行为,为我们提供了一个研究人的行为的科学方法,成为激励理论的基础,因而得到广泛应用与认可。不少学者也指出,该理论对人的需要的划分与分析过于简单、机械,并缺乏实证的支持。

(2)麦格雷登关于人性的假设理论

道格拉斯·麦格雷登(Douglas M. Gregor,1906-1964)是美国的行为科学家,曾在哈佛大学、安第奥克学院、麻省理工学院任教。1957年他发表了“X理论—Y理论”一文,阐述了他关于人性的思想。

1)X理论(theory X)。麦格雷登把传统管理理论中关于人性的观点称为X理论,其主要内容是:企业管理者出于经济目的把各种生产要素组织起来,人就是其中的一种要素;管理者要求人们的行为符合生产组织过程的需要，为此对人们进行指挥、激励和控制；管理者必须对人们的行为进行积极地干预，否则人们就会表现出懒散、对工作不积极或逃避工作责任。

在X理论中，人的本性是贪图安逸、不思进取、不负责任的，工作只是为谋生而迫不得已要做的事情。对人的管理要采用监督、强制的手段，改善工作条件会使人因满足而不努力工作。

2)Y理论(theory Y)。与传统管理理论相对应，麦格雷登提出了Y理论。在这里他认为人的本性是另一种情形：由于工作是一种消耗体力和智力的努力，这如同游戏或休息一样自然，因而一般人从天性来说并不厌恶工作；人们为实现组织的目标而努力并不完全因为管理者的控制和威胁，他们为了履行自己的工作责任能够实行自我指挥、自我控制；在一定条件下，人们不仅能够接受责任，而且会主动承担责任；大多数人具有相当高度的解决问题的想象力、独创性和创造力，但在现代工业社会中一般人只能部分发挥他们的能力。

麦格雷登认为人们会在工作中表现消极，甚至对管理者采取抵制态度，这一现象的原因是人们在组织中遭受了不当待遇，组织的目标与他们个人的意愿产生了抵触。因此管理者的任务不仅仅是把企业的各项生产要素组织起来，还必须把组织目标和个人目标结合起来，使人们在努力实现组织目标的同时也能很好地实现自己个人的目标。

在现实管理中，对于不同的对象，应施行不同的管理风格，否则会产生混乱和低效。根据我们的教学经验和管理实践，特提出以下管理要点。

年轻人、低收入地区和阶层、操作层、低文化低素质层、体力工人等，相对适合于X理论的假设：严格管理、控制，加强监督、指挥。

中老年人、高收入地区和阶层、管理层、科学研究界等。适合于Y理论的假设：以精神、目标引导，讨论和激励等方法为主。

(3)赫茨伯格的双因素理论

双因素理论是由美国心理学家赫茨伯格(Frederik Herzberg)在20世纪50年代后期对匹兹堡地区的200多名工程师、会计师进行深入访谈研究后首次提出的。调查时，他设计了许多问题，如什么情况下你对工作特别满意，什么情况下你对工作特别不满意等。调查结果发现，使职工感到不满意的因素往往是由外界环境引起的，使职工感到满意的因素通常是由工作本身产生的。造成职工非常不满的原因有：公司政策、行政管理和监督方式、工作条件、人际关系、地位、安全和生活条件。改善这些因素，只能消除职工的不满，但不能使职工变得非常满意，也不能激发他们工作的积极性，促进生产增长。赫茨伯格把这一类因素称为保健因素，即这类因素类似保健因素对人的身体健康的影响，当保健工作达到一定水平时，可以预防疾病，但不能提高体质。即保健因素对职工起不到激励作用。使职工感到满意的原因有：工作富有成就感、工作成绩能得到认可、工作本身具有挑战性、负有较大的责任、在职业上能得到发展等。这类因素的改善，能够激发职工的工作热情，从而提高生产率。如果处理不好，也不会引起职工极大不满，赫茨伯格把这类因素称为激励因素。

赫茨伯格认为，传统的满意与不满意的观点是不正确的。满意的对立面应当是没有满意，不满意的对立面应该是没有不满意。他又认为，凡能够防止员工不满意的因素是“保健因素”，只有那些给员工带来满意的因素才是“激励因素”。如图5-10所示。

赫茨伯格的双因素理论和马斯洛的层次需要论有很大的相似性。只不过马斯洛的理论是

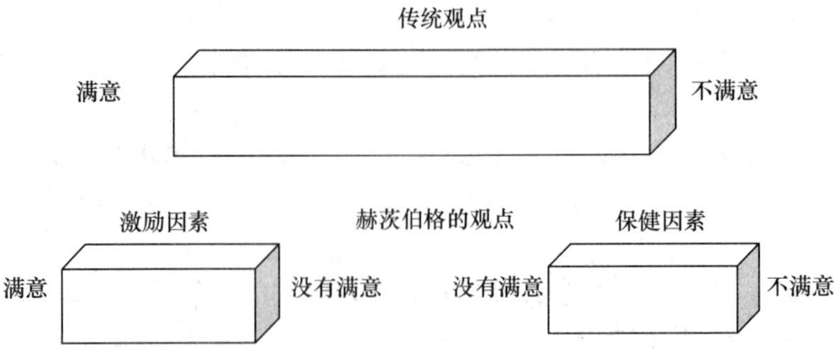

图 5-10　满意—不满意观点的对比

针对需要和动机而言的,而赫氏理论是针对满足这些需要的目标和诱因而言的。两者的关系如图 5-11 所示,由此可见,生理、安全、社交以及尊重需要中的地位为保健因素,而尊重中的晋升、褒奖和自我实现需要为激励因素。

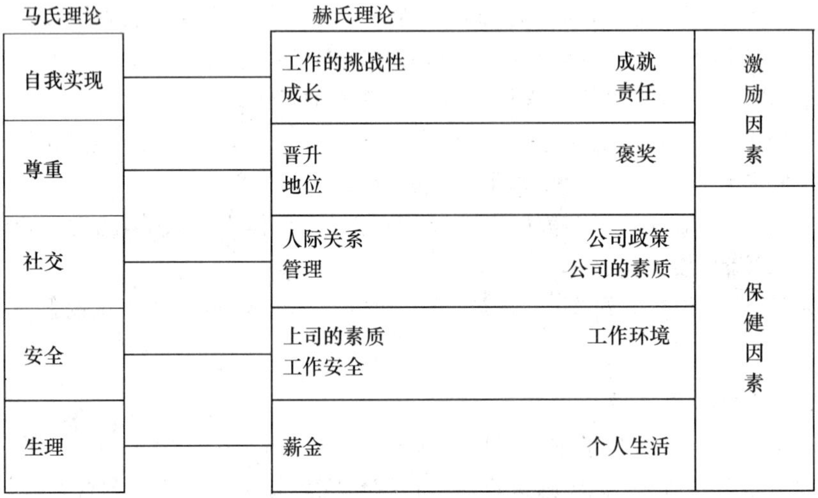

图 5-11　马斯洛层次需要论赫茨伯格双因素理论的关系

按照赫茨伯格的观点,因为现实生活中导致人们对工作满意的因素和对工作不满意的因素是完全有区别的,所以在管理过程中必须明白,消除人们工作中不满意的因素——保健因素(hygienic factors),只能造就和平的环境,而不能激发员工的积极性。只有创造机会为员工提供激励因素(motivators)——与工作相关连的内在因素,如成就、认可、责任、进步、成长等才会增加员工对工作的满意感。激励—保健理论虽为广大管理者所传播,但也有一定的争议,主要是赫茨伯格研究的方法有局限性,对访谈材料的分析带有极大主观性,特别是其中有关满意度缺乏客观评判标准。但不管理论界对此理论怎样评价,该理论对管理的指导意义还是巨大的。

(4)麦克利兰的成就需要理论

美国管理学家大卫·麦克利兰(David McClelland)于 1955 年对马斯洛的需要层次理论的普遍性提出了质疑。经过 20 多年的研究得出结论:人类的许多需要都不是生理性的,而是社会性的。麦克利兰认为,在工作情景中有 3 种需要引导人们的行为,这 3 种需要是对成就的需要、对权力的需要和对归属的需要。尤其在成就需要方面，进行了较为详细而深入的研究。

1)成就需要(need for achievement)。指管理者和企业家对成就的强烈愿望和对成功及目标实现的执著。大多数管理者和企业家都有高水平的成就需要。具有高度成就需要的人有强烈的成功愿望，寻求挑战性的工作，寻求适当难度的目标，敢于承担责任。这类人有种内在的驱动力量，渴望自己将从事的工作做得更完善，更有成效。他希望能在可以发挥其独立工作能力的环境中完成任务，并且使工作绩效能及时明确地得到反馈，以此来显示自己是否有成就。

2)权力需要(need for power)。指影响和控制他人，但不希望受他人控制的愿望。对权力有高度需要的人一般总寻求领导职位，要求行使并保持权力去影响他人。

3)归属需要(need for affiliation)。指被他人喜欢的强烈愿望。有高归属需要的人更愿意与他人和睦相处，可能会较少考虑高水平地履行职责。

麦克利兰的研究表明，管理的成功往往来自于高成就需要、较高权力需要和低归属需要。有效领导的特点就是具有较高的成就和权力需要，高归属需要的人很难作出令别人不快却很必要的决策。不少事实证明，高成就需要的人对企业、对国家都颇有建树，这类人越多，事业发展越快，组织就会更加兴旺发达。成就需要是可以通过教学的方式，在训练中逐步得到发展，甚至对于身处不同文化环境中的人们也可以传授。

5.3.2.2　过程型激励理论

(1)弗罗姆的期望理论

1964年，美国心理学家弗罗姆(Victor H. Vroom)在他的著作《工作与激励》一书中，首先提出了期望理论，该理论是对激励问题的全面解释。期望理论认为，如果人们能够预期到自己的某一行为会给自己带来某一既定目标，而这个目标对自己有极大的吸引力，就可能激励人们去完成这个特定的行为。也就是说，人们在预期他们的行动将会有助于达到某个目标的情况下，才会被激励起来去做某些事情以达到这个目标。弗罗姆认为，人们从事任何工作的被激励程度，将取决于经其努力后取得的成果的价值与他对实现目标的可能性的看法的乘积。即

$$M=V\times E$$

式中：M(motivation)为激发力量。是指调动一个人的积极性，激发出人的内部潜力的强度，即一个人受激励的强度；V(value)为目标效价。是指一个人对某一预期成果或目标对其有用性的主观评价，即对工作目标有用性(价值)的评价；E(expectation)为期望概率。是指一个人对自己特定行为会导致预期成果或目标的可能性大小的判断，即对工作目标能够实现概率的估计。

目标效价与期望概率的不同结合，会产生不同的激发力量。通常存在以下5种情况。

1)E高×V高=M高

2)E中×V中=M中

3)E低×V低=M低

4)E高×V低=M低

5)E低×V高=M低

上述分析表明，要收到预期的激励效果，不仅要使目标效价足够高，而且要使被激励者有足够的信心(即期望概率也足够高)去达到目标。也就是说目标效价与期望概率中有一项的值

低,都难以使被激励者在工作中表现出足够的积极性。

期望理论告诉我们,在管理中,为了有效地激励组织成员努力工作,我们必须注意:①提高期望概率。也就是说,在组织中应注意营造有利于创造绩效的环境,设置力所能及的绩效目标,在岗位设置时,应使工作的能力要求略高于(但这个差距又不能太大)执行者的实际能力,以避免"大材小用"或"小材大用"。②确认正目标效价。了解员工想从工作中得到什么,弄清组织成员对目标效价的评价如何不同,恰如其分地为组织成员设计他们所希望的工作目标。

(2)亚当斯的公平理论

公平理论是美国心理学家亚当斯(J. S. Adams)于20世纪60年代首先提出来的,公平理论又称社会比较理论。亚当斯认为,劳动者的工作积极性不仅受绝对报酬的影响,更重要的是受相对报酬的影响,他们要进行种种比较来确定自己所获报酬是否合理,比较的结果将直接影响今后工作的积极性。这种比较通常有两种,那就是横向比较与纵向比较。

1)横向比较,就是他将"自己"与"别人"相比较来判断自己所获报酬的公平性,只有相等时,他才认为公平,如下式所示。

$$Op/Ip=Oc/Ic \tag{5-1}$$

式中:O(outcome)表示报酬,包括金钱、赏识、工作安排等;I(input)表示投入,包括教育、能力、努力及耗在工作上的时间等;Op表示自己对个人所获报酬的感觉;Oc表示自己对他人所获报酬的感觉;Ip表示自己对个人所作投入的感觉;Ic表示自己对他人所作投入的感觉。

当上式为不等式时可能出现以下两种情况。

$$Op/Ip<Oc/Ic \tag{5-2}$$

在这种情况下,他可能要求增加自己的收入或减小自己今后的努力程度,以便使左方增大,趋于相等;第二种办法是他可能要求组织减少比较对象的收入或者让其今后增大努力程度以便使右方减小,趋于相等。此外,他还可能另外找人作为比较对象,以便达到心理上的平衡。

$$Op/Ip>Oc/Ic \tag{5-3}$$

在这种情况下,他可能要求减少Op或在开始时自动多做些工作,但久而久之,他会重新估计自己的技术和工作情况,直到觉得他确实应当得到那么高的待遇,一切又恢复平衡。

2)纵向比较。除了横向比较之外,人们也经常做纵向比较,即把自己目前投入的努力与目前所获得报偿的比值,同自己过去投入的努力与过去所获报偿的比值进行比较。只有相等时他才认为公平,如下式所示。

$$Opp/Ipp=Opl/Ipl \tag{5-4}$$

式中:Opp表示自己对现在所获报酬的感觉;Opl表示自己对过去所获报酬的感觉;Ipp表示自己对个人现在投入的感觉;Ipl表示自己对个人过去投入的感觉。

当上式为不等式时,也可能出现以下两种情况:

$$Opp/Ipp<Opl/Ipl \tag{5-5}$$

当出现这种情况时,人也会有不公平的感觉,这可能导致工作积极性下降。

$$Opp/Ipp > Opl/Ipl \tag{5-6}$$

当出现这种情况时，人不会因此产生不公平的感觉，但也不会觉得自己多拿了报偿，从而主动多做些工作。

公平理论提出的观点客观存在，但在实际应用中对公平本身的评判是否正确、恰当却是一个相当复杂的问题。其原因主要有 4 条：①公平的评判与个人的主观判断有关。上面公式中无论是自己的或他人的投入和报偿都是个人感觉，而一般人总是对自己的投入估计过高，对别人的投入估计过低。②公平的评判与个人所持的公平标准有关。上面的公平标准有采取贡献率，也有采取需要率、平均率的，例如有人认为助学金应改为奖学金才合理，有人认为应平均分配才公平，也有人认为按经济困难程度分配才适当。③公平的评判与绩效的评定有关。如何评定绩效，方法很多，如可以按工作成果的数量和质量，还可以按工作中的努力程度和付出的劳动量，也可以按工作的复杂、困难程度或是按工作能力、技能、资历和学历来评定，不同的评定办法会得到不同的结果。最好是按工作成果的数量和质量，用明确、客观、易于核实的标准来度量，但这在实际工作中往往难于做到。④公平的评判与个人选择的参照对象有关。组织成员可以选择朋友、邻居、同事或其他组织中的成员相比较，也可以与自己的过去相比较。所选择的参照对象不同，比较的结果也不同。

公平理论给予我们以下启示：①影响激励效果的不仅有报酬的绝对值，还有报酬的相对值。②激励时应力求公正，使等式在客观上成立，尽管有主观判断的误差，也不致造成严重的不公平感。③在激励过程中应注意对被激励者公平心理的疏导。引导其树立正确的公平观：第一，使大家认识到绝对的公平是没有的。第二，不要盲目攀比。所谓盲目性起源于纯主观的比较。多听听别人的看法，也许会客观一些。第三，不要按酬付劳，按酬付劳是在公平问题上造成恶性循环的主要杀手。

(3)斯金纳的强化理论

强化理论是由美国心理学家斯金纳(B. F. Skinner)提出的。斯金纳认为，无论是人还是动物，为了达到某种目的，都会采取一定的行为，当行为的结果对他或它有利时，这种行为就会重复出现，当行为的结果不利时，这种行为就会减弱或消失。在管理上，可以采取各种强化方式，使组织成员的行为符合组织的目标。根据强化的性质和目的可分为正强化和负强化。

1)正强化。就是奖励那些符合组织目标的行为，从而使这些行为得到进一步加强，以有利于组织目标的实现。不要仅把发奖金理解为正强化，对成绩的认可、表扬、改善工作条件和人际关系、提升、安排担任挑战性工作、给予学习和成长的机会等都能起到正强化的作用。

2)负强化。就是惩罚那些不符合组织目标的行为，以使这些行为削弱直到消失，从而保证组织目标的实现不受干扰。负强化的办法也有很多，如批评、处分、降级等，甚至有时不给予奖励或少给奖励也是一种负强化。

根据强化的方式还可以把强化分为连续强化和间隙强化。连续强化是对每一个组织需要的行为都给予强化；间隙强化则是经过一段间隔才强化一次。间隙强化还可按强化时间间隔的稳定性分为固定时间间隔强化和变动时间间隔强化，前者如职工每月定期发放工资或学生定期考试，后者如职工不定期升级和学生不定期的抽查考试。间隙强化又可分为固定比例强化和变动比例强化。前者如计件工资，后者如按销售货物的难易对销售人员进行奖励。

不同的强化形式所起的效果是不一样的。有的只要给予强化刺激，反应很快，立竿见影,但刺激消失,行动马上消失,如连续强化和固定比例强化。有的虽然不如前者反应快,但刺激消失,行为却不马上消失,如变动时间间隔和变动比例强化。虽然每种强化方式所引起的效果不是绝对的,但却说明我们在进行强化时,不仅要注意强化的刺激内容,也要注意强化的方式。如有人建议,正强化的方式应保持间断性,强化的时间和数量也应不固定。因为连续、固定的正强化会使组织成员感到强化是理所当然的,甚至会产生越来越高的期望,从而失去正强化本身的作用。对于负强化,则应维持其连续性,即对每一次不符合组织的行为都应及时予以负强化,清除人们的侥幸心理,减少直至完全消除这种行为重复出现的可能性。

在管理中运用强化理论应遵循以下原则:①准确设立强化目标。在鼓励人前进时,不仅要设立一个鼓舞人心而又切实可行的总目标,而且要将总目标分成许多小目标。完成每个小目标都及时给予强化,不仅易于总目标的实现,而且通过不断的激励可以增强信心。②根据不同对象采用不同的强化措施。由于人们的年龄、性别、职业和文化不同,需要就不同,强化方式也应不一样。③及时反馈。通过某种形式和途径,及时将工作结果告诉行动者。无论结果好与坏,对行为都具有强化的作用,好的结果能鼓舞信心,继续努力,坏的结果能促使其分析原因,及时纠正。因此抓好信息反馈是激励和改变行为的重要环节。④尽管强化理论告诉我们,奖励(正强化)和惩罚(负强化)都有激励作用,但应以正强化为主,负强化为辅,才会收到更好的效果。

5.3.3 激励实践

激励理论非常多,说明对人的激励是很复杂的。也就是说,没有一个激励理论及其应用对所有的情况都适合。管理者必须调查研究自己所处的形势、下级的需求及期望,然后做出一个合适而有效的激励行动方案。在将上述这些理论运用于实践中时,以下这些建议会对我们如何激励员工有实质性的帮助。

(1)认清个体差异

几乎所有的当代激励理论都认为,每个员工都是一个独特的不同于他人的个体,他们的需要、态度、个性各不相同。识别个体差异,是实施激励的基础。

(2)使人与职务相匹配

大量研究证据表明将个体与职务进行合理匹配能够起到激励员工的作用。比如,高成就需要者应该从事小企业的独立经营工作,或在规模较大的组织中从事相对独立的部门运作。但是,如果是在大型官僚组织中从事管理工作,候选人必须是高权力需要和低归属需要的个体。同样道理,不要让高成就需要者从事与其需要不一致的工作,当他们面对中度挑战水平的目标,并且具有自主性和可以获得信息反馈时,能够做得最好。但是记住,不是每一名员工都会因工作的自主性、变化性和责任感而受到激励。这类工作只对高成就需要者具有很强的吸引力和激励作用。

(3)运用目标

管理者应确保员工具有一定难度的具体目标,并对他们工作完成的程度提供反馈。对于高成就需要者来说,外部目标的重要性则比较小,他们靠内部动机激励,但高成就需要者在任何组织中显然都是少数。

目标是应该由管理者单独设定，还是让员工参与设定？答案取决于你对目标的可接受性和组织文化的认识。如果你预期到目标会受到抵制，那么使用参与做法将会增加目标的可接受性程度。如果参与做法与组织文化相抵触，则应由管理者单独设定目标。因为当两者相抵触时，员工们很可能会把参与做法看作被组织所操纵，因而会拒绝这种方式。

(4)确保个体认为目标是可达到的

无论目标是否可以真正达到，如果员工认为目标无法达到，则他们的努力程度就会降低。因而管理者必须保证员工充满自信心，让他们感到只要更加努力，就可以实现绩效目标。对于管理者而言，这意味着员工必须能胜任他的工作，而且他们感到绩效评估系统是可靠而有效的。

(5)个别化奖励

由于每位员工的需要不同，因此对某人有效的强化措施，可能并不适合于其他人。管理者应当根据员工的差异对他们进行个别化的奖励，管理者能够支配的奖励措施包括加薪、晋升、授权、参与目标设定和决策的机会。

(6)奖励与绩效挂钩

管理者必须使奖励与绩效联系起来，主要的奖励如加薪、晋升应授予那些达到了特定目标的员工。管理者应当想办法增加奖励的透明度，如消除发薪的保密性，代之以公开员工的工资、奖金及加薪数额，这些措施将使奖励更加透明，更能激励员工。

(7)检查公平性系统

员工应当感到自己的付出与所得是对等的。具体而言，不同员工的经验、能力、努力等明显的付出项目应当在员工的收入、职责和其他所得方面体现出不同。但是，在公平性问题上，存在着众多的付出与所得的项目，而且员工对其重要性的认识也存在差异，因而这一问题十分复杂。比如，一项对比白领、蓝领员工的研究确定出将近20项付出与所得项目。研究发现，白领员工将工作质量、工作知识列在付出因素的首位，但蓝领员工却将这些因素列在付出因素的末位，他们认为最重要的付出因素是智力和个人对完成任务的投入，这两个要素对于白领员工的重要性程度却很低。在所得方面，也同样存在着差异，只不过差异不太显著。比如，蓝领员工将晋升放在很高的位置，但白领员工却将它的重要性排在第三位。这些差别意味着对某人具有公平感不一定对其他人也有公平感，所以理想的奖励系统应当能够分别评估每一项工作的投入，并相应给予合适的奖励。

(8)不要忽视钱的因素

当我们专心考虑目标设定、创造工作的趣味性、提供参与机会等因素时，很容易忘记金钱是大多数人从事工作的主要原因。因此，以绩效为基础的加薪、奖励及其他物质刺激在决定员工工作积极性上起着重要的作用。有一篇综述报告概括了80项评价激励方式及其对员工生产率影响的研究，其结论证实了这一观点：当仅仅根据生产情况来设定目标时，生产率平均提高了16%；重新设计激励机制以使工作更为丰富化，生产率水平提高了8%～16%；让员工参与决策的做法，使生产率水平提高了不到1%；然而，以金钱作为刺激物却使生产率水平提高了30%。在这里我们并不是要管理者仅仅注重金钱因素，而只是提供了客观的证据：如果金钱作为一种刺激手段被取消，那么人们就不会在工作中付出更多努力，但是取消目标、丰富化的工作或参与决策这些因素却不会出现这种状况。

5.4 沟通

5.4.1 沟通及其重要性

沟通(communication)是指把可理解的信息或思想传递给别人的过程。这里强调两点:一是沟通必须有信息传递;二是要达到有效的沟通,所传递的信息必须互相理解。因此,有人将沟通定义为是信息或思想的传递与理解;也有人直接将沟通定义为是理解的交换。事实上,沟通不仅存在于人与人之间,组织与组织之间也发生沟通。

从某种意义上讲,沟通几乎与所有管理职能有关。计划者与组织外部人士的交流,组织者与被组织者的信息传递,领导者与下属的感情联络,控制者与控制对象的纠偏工作,无不与沟通相联系。沟通在管理学中的作用主要表现在以下几个方面。

(1)协调作用

沟通是协调各个体、各要素,使组织成为一个整体的凝聚剂。每个组织都由数人、数十人、甚至成千上万人组成,组织每天的活动也由许许多多的具体的工作所构成,由于每一个体的地位、利益和能力的不同,他们对组织目标的理解、所掌握的信息也不同,这就使得个体的目标有可能偏离组织的总体目标,甚至完全背道而驰,如何保证上下一心,不折不扣地完成组织的总目标呢?这就需要互相交流意见,统一思想认识,自觉地协调各个体的工作活动,以保证组织目标的实现。因而,没有沟通就没有协调,也就不可能实现组织的目标。

(2)激励作用

沟通是领导者激励下属,实现领导职能的基本途径。一个领导者不管他有多么高超的领导艺术水平,有多么灵验的管理方法,他只有将自己的意图和想法告诉下属,并且了解下属的需求与想法,才能制定出合理的组织目标、工作标准与激励措施,从而激励组织员工努力工作。这样,领导的计划才能付诸实施,组织的目标才能得以实现,而所有这些都离不开沟通。

(3)正确决策的保证作用

沟通为个体和群体提供决策所需要的信息,使决策者能够确定并评估各种备选方案,从而为正确决策提供了前提和基础。所以,没有沟通就不可能有正确的决策。

沟通是领导工作中的一项重要职责。领导者在沟通中促进组织发展,使组织、群体的成员有更好的表现,同时自身也在沟通中完成领导职能。关于领导与沟通的关系,美国学者戴维·平卡斯和尼克·德波尼斯提出了一个公式:领导=建立关系=沟通。他们指出:领导与沟通都是建立关系,领导是建立承诺的关系,沟通是建立了解的关系,两者在现实过程中是相互联系和互动的。因为有了承诺,才有了解的必要和深入了解的可能;而只有深入地了解,彼此才会有真正承诺。所以,领导和沟通是一体两面,不可分开,它们在建立"有意义的关系"这一点上相互统一。

随着时代的进步与发展,以人为中心的管理越来越受到重视,管理的重心越来越从传统的计划、组织、控制等方面的硬管理,趋向于以人为中心的软管理,领导者必须担负起建立有意义的人际关系的重要责任。要与下属建立有意义的关系,领导者就要沟通,了解沟通的基本知识和技巧，具备沟通能力。

5.4.2 沟通的要素与过程

我们可以从前面讨论的定义中分离出沟通过程的一些重要因素。它们是：信源、接收器、信息、渠道、反馈及编码和译码过程。这些因素之间的关系可以通过一修正模型加以显示，如图 5-12 所示。

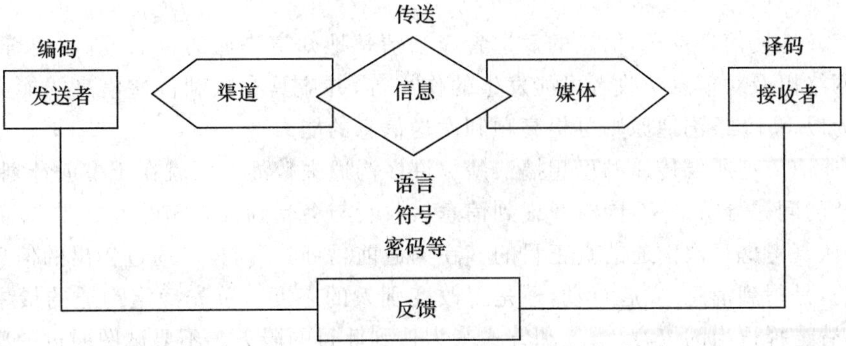

图 5-12 沟通过程

信源是任何沟通过程的基础，正是由信源来选择需要沟通的信息。信源也即发起沟通的个人脑中的想法或观念被编码成信息的形式。编码过程赋予观念或想法可以传递的形式。编码后的信息通过一些媒体或渠道如电话、电视、书面信息等各种形式得以传送。有时信息是通过面对面的声音沟通来传送的。无论采用何种媒体，信息都必须到达沟通过程另一端的接收者。接收者试图理解所收到的信息时，就发生译码过程。在任何沟通过程中，都存在着一些信息失真，这是由于语言使用不当，接收者对信息的误解以及所用的媒体而造成的。该采用什么措施克服这些信息失真呢？信息发送后，信源的责任并没有结束，他还应该确保信息被传送到预定的接收者并且接收者按照信源的意图理解信息。信源可以通过运用某种反馈措施，来确定沟通的有效程度并消除曲解，从而提高沟通过程的有效性。

总之，沟通是一个信息传递过程，该过程发生在信息发送者与信息接收者之间。沟通的过程，也就是信息传递过程，具体步骤如下。

(1)发送者需要向接收者传送信息。这里所说的信息包括很广，诸如想法、观点、资料等。

(2)发送者将这些信息编译成接收者能够理解的一系列符号。为了有效地进行沟通，这些符号必须能符合适当的媒体。例如，如果媒体是书面报告，符号的形式应选择文字、图表或者照片；如果媒体是讲座，应选择文字、投影胶片和板书。

(3)将上述符号传递给接收者。由于选择的符号种类不同，传递的方式也不同。传递的方式可以是书面的(信、备忘录等)，也可以是口头的(交谈、演讲、电话等)，甚至还可以通过身体动作来表述(手势、面部表情、姿态等)。

(4)接收者接收这些符号。接收者根据这些符号传递的方式，选择相对应的接收方式。例如，有些信息是口头传递的，接收者就必须仔细地听，否则信息将会丢失。

(5)接收者将这些符号译为具有特定含义的信息。由于发送者翻译和传递能力的差异，以及接收者接受和翻译水平的不同，信息的内容和含义经常被曲解。

(6)接收者理解信息的内容。

(7)发送者通过反馈来了解他想传递的信息是否被对方准确无误地接收。一般说来,由于沟通过程中存在着许多干扰和扭曲信息传递的因素(通常将这些因素称为噪声),这使得沟通的效率大为降低。因此,发送者了解信息被理解的程度也是十分必要的。图5-12中的反馈,构成了信息的双向沟通。

沟通过程告诉我们,有效的信息沟通主要依赖于两个方面,即信息的有效发送与信息的有效接收。

为了有效地使信息发送,信息的发送者应当清楚地知道沟通的目的、所使用符号的意义、信息传递网络以及对信息接收者可能发生的作用等,并应具有顺利传递信息的能力。美国管理协会认为以下10条沟通原则可提高顺利发送信息的能力。

(1)沟通前应把所要传递的思想搞清楚。许多沟通失败的原因就在于事前计划得不充分,要对所传递的问题分析清楚,同时考虑到信息接收者与会受到其影响的人的要求和态度。

(2)要认真考虑每次沟通的真正目的。在沟通前,要问一问自己通过传出的信息究竟要达到什么目的,是得到消息,发起行动,还是要改变别人的态度。首先确定沟通的最主要的目的是什么,然后选择适当的语言、语气和方式来为达到此目的服务。不要试图通过一次沟通完成过多的事情。信息的目的越集中,成功的把握就越大。

(3)要全面考虑环境因素。意义和意图不仅是靠词语传达的,许多别的因素将对沟通的效果有所影响。因此,一个经理对所处环境的各种情况都必须很敏感,要考虑:时机的选择——在什么情况下宣布一个通知或作出一个决策;方式的选择——是以秘密方式还是以其他方式来进行沟通。要时时注意进行沟通的总环境里的各种情况。像一切有生命的东西一样,沟通也必须能够适应它的环境。

(4)既要注意信息的基本内容方面,同时也要注意到附带的含义方面。说话的语气、表达方式、对听众反应表现出的接受能力等,这些都将对你要达到的目的有极大的影响。这些细小微妙的因素如果总是被忽视,它们对听者及信息的反应的影响将比信息的基本内容要更大些。同样,语言的选择,尤其是你对自己要用的词在意义和情感上的细微差别的了解,在很大程度上将预先就决定了听众对你的反应。

(5)要善于利用机会来传递对听者有益或有价值的东西。如果你能为其他人的利益和需要着想——一种从他的角度看问题的习惯——那就会经常重视向别人传递有关其直接利益或具有长远价值信息的机会。在职的人们对在信息中考虑了他们自身利益的经理的反响是最敏感的。

(6)跟踪检查你的沟通。如果传递信息后不跟踪检查效果究竟如何,可能永远不知道是否成功地表达了你的本来意图。这个工作可以通过询问,鼓励接收者谈对信息的反应,继续同接收者保持接触等方式进行。要确保每次重要的沟通都有"反馈",以取得全面的理解和适宜的行动。

(7)沟通不仅要着眼于现在,也要着眼于将来。沟通应当主要适应当前形势的需要,但在计划安排时也要牢记过去,看看这些沟通是否符合接收者的观点,然而,最重要的是要使沟通符合长远的利益和目标。

(8)一定要用你的实际行动维护你沟通的信息效度。归根到底,最有说服力的不是看你是怎样说的,而是看你是怎样做的。如果一个人的实际行动或态度同他所讲的不一致,他的话就会被看得一钱不值。对每一个经理来说,这就意味着,实施有效的管理措施——明确职责权限,对各种努力给予合理的奖酬等——将比任何高超的演讲才能都有用得多。

(9)力求做到不仅使别人听懂你的意思,而且要能听懂别人的意思,也就是说做一个善于倾听的人。这里所说的听,是从能了解别人未说出的反应和态度这种广泛的意义上讲的。听是沟通中最重要、最困难、也是最容易被忽视的技术环节之一。不仅需要认真地听对方正在表达的明确的意义,而且要十分注意地听他话里含蓄的意义。未说出的话和低声说的话,这些也许是尤为重要的。

为了使信息被有效地接收,信息接收者与发送者都应善于倾听。在某些场合下也许信息接收者更应注意倾听。或许我们可以这样说,信息的有效被接收,关键是倾听的基本要求与技能(详见后面沟通障碍克服中的相关讨论)。

5.4.3 沟通的种类

(1)按照沟通的组织系统分类

按照组织系统,沟通可分为正式沟通和非正式沟通。一般说来,正式沟通指以企业正式组织系统为渠道的信息传递。非正式沟通指以企业非正式组织系统或个人为渠道的信息传递。

(2)按照沟通的功能分类

按照功能划分,沟通可以分为工具式沟通和感情式沟通。一般说来,工具式沟通指发送者将信息、知识、想法、要求传达给接收者,其目的是影响和改变接收者的行为,最终达到企业的目标。感情式沟通指沟通双方表达情感,获得对方精神上的同情和谅解,最终改善相互间的人际关系。

(3)按照沟通的方法分类

按照方法,沟通可分为:口头沟通、书面沟通、非言语沟通及电子媒介沟通等。

(4)按照沟通的流动方向分类

按照沟通的流动方向,沟通可分为下行沟通、上行沟通和平行沟通。下行沟通指上级将信息传达给下级,是由上而下的沟通。上行沟通指下级将信息传达给上级,是由下而上的沟通。平行沟通指同级之间横向的信息传递,这种沟通也称为横向沟通。

(5)按照沟通方向的可逆性分类

按照是否进行反馈,沟通可分为单向沟通和双向沟通。一般说来,单向沟通指没有反馈的信息传递。双向沟通指有反馈的信息传递,是发送者和接收者相互之间进行信息交流的沟通。

(6)按照正式沟通渠道所形成的网络分类

这种分类方法将沟通划分为5种类型:链式、环式、Y式、轮式、星式。见图5-13。

1)链式沟通,在一个组织系统中,它相当于一个纵向沟通网络,代表组织的各级层次自上而下或自下而上传递信息。这种网络表示组织中主管人员与下级部属之间存在若干管理者,属于控制型结构。

2)在环式沟通中,组织的集中化程度和领导人的预测程度都较低,组织成员有比较一致的满意度,组织的士气高昂。

3)Y式沟通在一个组织中大体相当于从参谋、咨询机构到组织领导,再到下级主管人员或

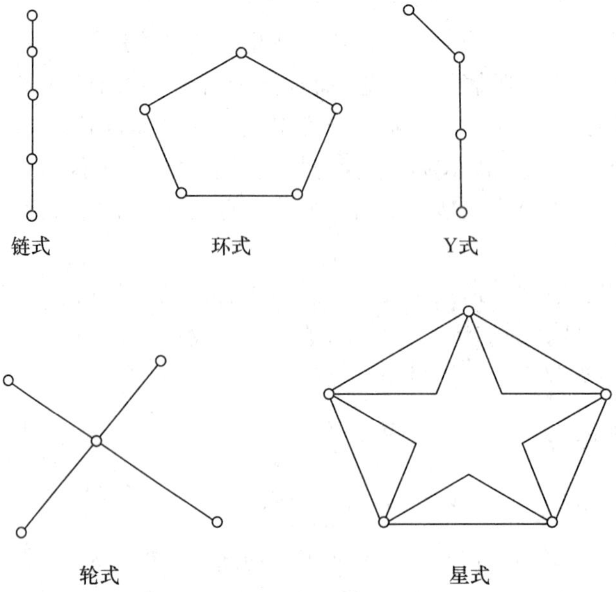

图 5-13　五种信息沟通网络

一般成员之间的纵向关系。这种网络集中化程度高,解决问题速度快,组织中领导人员预测程度高。它适用于领导者工作任务繁重,需要有人协助筛选信息,提供决策依据,同时又要对组织实行有效控制的情况。但这种网络容易导致信息扭曲或失真,影响组织中成员的士气,阻碍组织提高工作效率。

4)轮式沟通属于控制型沟通网络,其中只有一个成员是各种信息的汇集点与传递中心。在组织中,这种网络大致相当于一个主管领导直接管理几个部门的权威控制系统。它集中化程度较高,解决问题的速度快,但沟通通道少,组织成员的满意度低,士气可能低落。

5)星式沟通是一个开放式的网络系统,其中每个成员之间都有一定的联系,组织中的集中化程度及主管领导的预测程度均很低。由于沟通通道多,组织成员的平均满意程度高且差异小,所以士气高昂,合作气氛浓厚。这对于解决复杂问题,增强组织合作精神,提高士气均有很大作用,但由于沟通通道多,容易造成混乱,且又费时,也会影响工作效率。

对于不同的任务、不同的要求,应使用不同的沟通网络。如果有效是指速度快与容易控制,则轮式网络较好。如果有效是指士气和解决复杂问题,则环式网络较好。如果组织庞大,则链式网络较好。如果主管事务繁重,则采用Y式网络较好。此外,不同的沟通网络形成不同的组织权威结构。如轮式代表集权、环式代表分权、链式代表分层、Y式代表秘书受领导者的委托负责沟通。

5.4.4　有效沟通的障碍及其克服

5.4.4.1　有效沟通的障碍

在沟通过程的讨论中,我们已经发现,在任何沟通中都会存在信息失真的潜在可能性。事实上除了沟通过程中所指出的一般类型的障碍之外,还有一些其他障碍也干扰了有效的沟通,现将常见的沟通障碍分述如下。

(1)过滤或选择性知觉

这里的过滤是指在沟通过程中信息发送者故意操纵信息,使信息显得对接收方更为有利。比如,有一位管理者所告诉其上司的信息都是他想听到的,这位管理者就在过滤信息。所谓选择性知觉,是指在沟通过程中,信息接收者会根据自己的需要、动机、经验、背景及其他个人特点有选择地去接收信息,并在解码时把自己的兴趣和期望带进信息之中。

(2)语言与非语言暗示

大多数沟通的准确性依赖于沟通者赋予字和词的含义。由于语言只是个符号系统,本身并没有任何意思,它仅仅是我们描述和表达个人观点的符号或标签。每个人表述的内容常常是由他独特的经历、个人需要、社会背景等决定的。因此,语言和文字极少对发送者和接收者双方都具有相同的含义,更不用说许许多多的不同的接收者。国外研究表明,同样的词汇对不同的人来说含义是不一样的,年龄、教育和文化背景是 3 个最明显的因素,它们影响着一个人的语言风格以及他对词汇的界定。

非语言沟通几乎总是与语言沟通相伴,当人们进行交谈时,常常伴随着一系列有含义的动作。这些动作包括身体姿势、头的偏向、手势、面部表情、移动、触摸和眼神。这些非语言线索与语言信息一致时会强化所表述的含义,非语言线索与语言信息不一致时,会使信息接收者感到迷茫,甚至可能更相信非语言的暗示。研究表明,在面对面的沟通中,仅有 7%的内容通过语言文字表达,另外 93%的内容通过语调(38%)和面部表情(55%)表达。由此可见,非语言沟通与语言沟通同样重要,有时甚至比语言沟通更重要。遗憾的是,人们往往偏重于书面文字的沟通,而忽略了面对面的交往。在不多的面对面交谈中,也低估非语言暗示的作用。

(3)过长的信息传递链

传达和汇报是我们经常使用的沟通方式,但每经过一次传达就多一层丢失和错误,一般每过一个中间环节就要丢失 30%左右的信息。由于人有个别差异,人的性别、年龄、文化程度不同,信仰、观点、态度不同,思维、记忆、想象也不同,从而造成每个人的感觉和知觉不一样以及接受水平上的差异,从而使得信息传递链越长,信息传递的环节越多,信息损耗越多。一项研究表明,企业董事会的决定通过 5 个环节后,信息损失达 80%。其中,副总裁这一级的保真率为 63%,部门主管为 56%,工厂经理为 40%,第一线工长为 30%,职工为 20%,如图 5-14 所示。

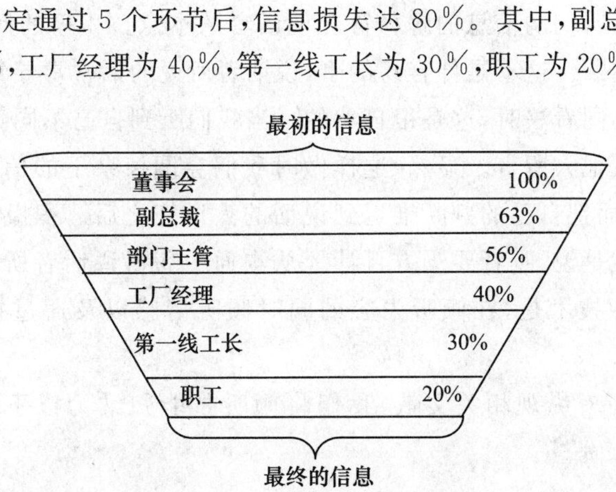

图 5-14 信息传递链损耗现象

(4)地位差别

许多研究表明,地位的高低对沟通的方向和频率有很大的影响。例如,人们一般愿意与地位较高的人沟通;地位悬殊越大,信息越趋向于从地位高的流向地位低的。

(5)职责不明确

当一个组织中的职责不明确时,下级常常会找各种借口和理由为自己的行为辩护,从而造成沟通障碍。我们常常听人说:"我以为这是你要我做的。"或者"我以为这该由A某来做",这正是下级对其所处的职位以及所履行的职责感到模糊。

5.4.4.2 沟通障碍的克服

为了克服前面我们所讨论的沟通障碍,管理人员必须采取一定的措施与方法。以下的建议将帮助你实现有效沟通。

(1)积极倾听

积极倾听,避免过早评价,这是沟通中的一个重要技能。倾听和讲话是沟通中一个问题的两个方面。英国学者约翰·阿尔代说:"对于真正的交流大师来说,倾听和讲话是相互关联的,就像一块布的经线和纬线一样。当他倾听的时候,他是站在他同伴的心灵入口,而当他讲话时,他则邀请他的听众站在通往他自己思想的入口。"当别人说话时,我们在听,但很多情况下我们并不是在倾听。倾听是对信息进行积极主动的搜寻,而单纯地听则是被动的。在倾听时,接收者和发送者双方都在思考。

积极的倾听有四项基本要求:①专注;②移情;③接受;④对完整性负责的意愿。人的大脑容量能接受的说话速度,是一般人说话速度的6倍,这使得倾听时大脑有相当多的时间闲置未用。积极的倾听者精力非常集中地听说话人所说的内容,消除一切容易分散注意力的念头,在大脑的空闲时间里概括和综合所听到的信息,不断把每一个细微的新信息纳入到先前的框架中。移情要求让自己置身于说话者的位置上,努力去理解说话者想表达的含义而不是自己想理解的意思。即听者必须暂停自己的想法与感觉,从说话者的角度调整自己的所观所感,这样可以进一步保证你对所听到的信息的解释符合说话者的本意。积极的倾听表现为接受,即客观地倾听内容而不作判断。这不是件容易的事,说话者所说的话常常导致了我们的分心,尤其当我们对其内容存有不同看法时,这是很自然的。当我们听到自己不同意的观点时,会在心里阐述自己的看法并反驳他人所言。显然,这样做时我们会漏掉余下的信息。积极倾听者的挑战就是接受他人所言,而把自己的判断推迟到说话的人说完之后。积极倾听的最后一项要素是对完整性负责。也就是说,听者要千方百计地从沟通中获得说话者所要表达的信息。达到这一目标最常用的两种技术是,在倾听内容的同时倾听情感以及通过提问来确保理解的正确性。

如何积极地去倾听?纵观相关文献,我们将倾听技能归纳为以下"四要""四避免",详见表5-1所示。

表 5-1 倾听技能

要	避免
1. 以非语言信号(如展现赞许性的点头和恰当的面部表情,使目光接触等)表现出(对话题)感兴趣	1. 有心不在焉的举动,如:看表、心不在焉地翻阅文件、拿着笔乱写乱画等
2. 全神贯注	2. 东张西望
3. 适时提问或复述以保证理解所听到的内容	3. 过快地或提前作出判断,草率地给出结论
4. 该沉默时必须沉默	4. 中间打断说话者去猜测他的想法

(2)运用反馈

运用反馈可以减少许多直接由于误解或不准确造成的沟通问题。这里的反馈可以是语言的,也可以是非语言的。当信息发送者问接收者:"你明白我的话了吗?"所得到的答复便是反馈。但反馈不仅仅包括是或否的回答。为了核实信息是否按原有意图被接受,发送者可以询问有关该信息的一系列问题。但最好的办法是,让接收者用自己的话复述信息。如果发送者听到的复述正如本意,则可增强理解与精确性。反馈有时可以用非语言方式表达,而且往往非语言表达更为准确。比如,某部门主管对其下属说:"A 某的工作程序有点问题,你是否考虑考虑帮助他一下",下属回答"行"。但过了很长时间这位下属仍没动静。此时这位主管得到了一个反馈,这个反馈表明他对自己的指令阐述得不够清楚。因为在后来的对下属的询问中,下属告诉他当时回答只是指"可以考虑",但考虑后下属觉得没必要帮助 A 某,所以一直没做任何行动。同理,当你面对一群人演讲时,你总在观察他们的眼睛及其他非言语线索以了解他们是否在接收你的信息。

如何开发有效的反馈技能,斯蒂芬·罗宾斯提出了如下 6 项具体建议①。

1)强调具体行为。反馈应具体化而不是一般化,我们要避免下面这样的陈述:"你的工作态度很不好。"或"你的出色工作留给我深刻印象。"它们过于模糊。在提供这些信息时,你并未告诉接收者足够的资料以改正"他的态度",或你以什么基础判定他完成了"出色的工作"。

如果你这样说:"鲍勃,我对你的工作态度很感忧虑。昨天的员工会议你迟到了半个小时,并告诉我你还没来得及阅读我们正在讨论的初步报告。今天你又要提前走 3 个小时去看牙医。"或者说:"简,你对我们的客户菲利普公司所做的工作让我很满意。上个月他们在我公司的购买总额提高了 22%。几天前我接到丹·菲利普先生打来的电话,称赞你对于 MJ-7 规格的变化回答得极为迅速。"这两个陈述均针对于具体行为,它们告诉接收者因何批评或赞扬。

2)使反馈不对人。反馈,尤其是消极反馈,应是描述性的而不是判断或评价性的。无论你如何失望,都应使反馈针对于工作,而永远不要因为一个不恰当的活动而指责个人,说某人"很笨""没能力"等常常会导致相反的结果,它会激起极大的情绪反应,这种反应很容易忽视了工作本身的错误。当你进行批评时,记住你指责的是工作相关行为,而不是个人。你可能很冲动地想说某人"无礼且迟钝"(也许这是真的),但这于事无补。最好这样说:"你 3 次打扰了我,都是因为不紧急的事情。而且又知道我正在与苏格兰的客户通长途电话"。

3)使反馈指向目标。不应该把反馈完全"倾倒"或"卸载"到别人身上。如果你不得不说一

① [美]斯蒂芬·罗宾斯.管理学.中国人民大学出版社,Prentice Hall 出版公司,1997 年版,第 447~448 页。

些消极的内容,应确保其指向接收者的目标。如果沟通仅仅是"我把我心里想说的话都说出来了",那么你会自食其苦果。这类反馈降低了你的信誉,并会减弱以后反馈的意义与影响。

4)把握反馈的良机。接收者的行为与获得对该行为的反馈相隔时间很短时,反馈最有意义。比如,当新员工犯了一个错误时,最好紧接在错误之后或在一天工作结束时就能够从主管那里得到改进建议,而不是要等到几个月后的绩效评估阶段才获得。如果你需要花时间重新回想当时的情景和恢复某人的记忆,那么你所提供的反馈很可能是无效的。另外,如果你尤其注重塑造员工的行为,拖延对不当行为的反馈则会降低反馈能起到的预期效果。当然,如果你尚没有获得充足的信息,或者你很恼火,或者情绪极为低落,此时仅仅为了快速的目的而匆忙提供反馈则会适得其反。在这些情况下,反馈的"良机"意味着"一定程度的推迟"。

5)确保理解。为了使反馈有效,应确保接收者理解它,与倾听技术一样,应该让接收者复述你的反馈内容以了解你的本意是否被彻底领会。

6)消极反馈应指向接收者可以改进的行为。让他人记住那些自己无法左右的缺点毫无意义。比如,责备员工因为忘记给钟表上闹铃而上班迟到是有价值的,但要责备她因为每天上班必乘的地铁出了电力故障,使她在地铁里整整呆了1.5个小时而迟到则毫无意义,这种情况是她自己无法改变的。

另外,如果消极反馈强调接收者可以控制的方面,尤其指明如何改进的具体建议,这不但减弱了批评造成的伤痛,并且给那些知道自己存在问题却苦于不知如何解决的接收者提供了指导。

(3)简化语言,缩短信息传递链

由于语言可能成为沟通障碍,因此管理者应该选择措辞并组织信息,以使信息清楚明确,易于接收者理解。管理者不仅需要简化语言,还要考虑到信息所指向的听众,以使所用的语言适合于接收者。记住,有效的沟通不仅需要信息被接收,而且需要信息被理解。通过简化语言并注意使用与听众一致的语言方式可以提高理解效果。比如,医院的管理者在沟通时应尽量使用清晰易懂的词汇,并且对医务人员传递信息时所用的语言应和对办公室工作人员不同。在所有的人都理解其意义的群体内的行话会使沟通十分便利,但在本群体之外使用行话则会造成无穷问题。

与前面反馈的讨论一致,在传递重要信息时,为了使语言问题造成的不利影响减少到最低程度,可以先把信息告诉不熟悉这一内容的人。比如,在正式沟通之前让接收者阅读演讲词是一种十分有效的手段,其有助于确认含混的术语、不清楚的假设或不连续的逻辑思维。缩短信息传递链,拓宽沟通渠道,保证信息的畅通无阻和完整性。信息传递链过长,减慢了流通速度并造成信息失真,这是人所共知的事实。解决组织机构重叠、层次过多的问题势在必行。此外,在利用正式沟通渠道的同时,可开辟高级管理人员至低级管理人员的非正式的直通渠道,以便于信息的传递。

复习思考题

1. 什么是领导?领导需要具备什么素质?
2. 什么是权力?权力类型有哪些?
3. 学习管理方格给我们哪些启示?

4. 为什么倾听很重要?
5. 如何进行有效的沟通?
6. 结合实际,思考如何将激励理论应用于实践。

【案例 5-1】

破网的愧疚

从前,有一个技艺高超的捕鱼者,每天早晨都要去河边捕鱼。他的渔网已经有些破旧,无法网住小鱼。但是,他却每天都坚持用破旧的渔网捕鱼,每当他从河边收网时,破网里的鱼每次都会溜走许多。几十年如一日的捕鱼,破网越来越感到内疚。

有一天,当渔夫再次用它网鱼时,它实在忍不住了,对渔夫说:"我对不起你,每次当你辛辛苦苦用我捕鱼时,我却让许多鱼溜走,你的劳动得不到应有的报偿。你把我扔了,多使用好网吧"。渔夫听完,平静地对它说:"在捞鱼的过程中,如果我一直使用好网,那么这条小溪里的鱼又够我捞多久的?"说罢,破网看到水中游来游去的小鱼苗——在湖光的映照下,它们都显得生机盎然,破网的心情稍稍好了些。

快到家时,渔夫对它说:"你注意到水中的小鱼苗?它们多美呀!""看到了",破网说。"那你注意到你放掉了多少小鱼吗?我用你尽量捞一些大鱼,而放走小鱼,这样,我才可以几十年如一日地捞鱼。"

管理启示:

每人或每件事都有它不完美的地方,但这并不意味着他们一无是处,或者他们并不像人们想象的那么差。损失一部分力气和一些小鱼,也是一件不错的事,不是吗?

(刘树晨改编)

思考题:

1. 金无足赤,人无完人,做领导的应该如何做到这一点才算是明智的?
2. 如果你已一家企业的老板,该如何做到"人尽其才"?

【案例 5-2】

"微笑"产生的难题

李某是某知名连锁餐饮企业的分店店长。一年以来,餐厅的业绩一直不尽如人意,为了改善这种情况,他决定改变餐厅的管理模式。在考察了许多顾客满意的知名连锁餐饮店后,经过认真思考,他发现这些店业绩取得的秘诀:优秀的服务体验。于是,分店领导层商量后,决定在餐厅中进行"微笑服务"训练及"微笑服务考核",店员除了常规服务规则外,还附加了"微笑服务"的标准,并派专人进行考核,表现不好的员工将扣除一定的奖金,除此之外,每周还要进行相关培训。

新管理模式实行之后,不但餐厅的顾客有了些许提升,而且餐厅还减少了一笔人工支出。原来,在这种考核下,习惯了以前服务模式的店员产生了强烈的不适应,许多优秀店员也被扣除了奖金,在这种情况下,李店长并没有及时的与店员进行沟通,依旧沉浸在业绩提升的喜悦中,并着手制定"微笑服务的进一步提升计划"。然而,后来的发展已经超出意外,不少店员选择辞职,而重新招聘店员又会产生一笔很大的费用。李店长陷入茫然:难道"微笑"也错了吗?

思考题:

1. 请简单分析一下李店长的管理模式。
2. 你认为李店长陷入困境的最主要原因是什么?

6 控制与管理咨询

◆本章学习要点：

1. 掌握控制的概念与类型。
2. 掌握有效控制的基本理念。
3. 了解控制的标准。
4. 了解控制的实际应用。

6.1 控制的含义与类型

6.1.1 控制

所谓控制(control)，是对组织内部的管理活动及其效果进行衡量和校正，以确保组织的目标以及为此而拟定的计划得以实现的各项活动，以保证它们按计划进行并纠正各种实质性偏差的过程。预测、决策和计划提出了管理者追求的目标，组织提供了完成这些目标的结构、岗位设置与职责分工，领导与指挥提供了领导和激励的环境，而控制提供了有关偏差的认知以及确保与计划相符的纠偏措施。控制活动使得管理活动成为一个循环过程，如科研管理过程中，资助方对承担科研任务的组织进行年度或中期检查，以根据科研进展确定资金划拨计划，对进展不利的采取相应的措施。控制作为一项管理职能，是和其他管理职能交织在一起的，而不是孤立存在的。

从广义上说，控制的目的主要有两种：一是保持系统原有的状态，如果发生偏差，就要让它恢复；二是引导系统状态，使之变化到一种新的预期状态。控制的第一种目的与监督十分相近，但从第二种目的来看，它又不同于一般意义上的监督，具有更深的意义。监督主要针对已经发生的事实，控制则立足于事实并针对期望；监督是一种衡量的尺度，控制则是指导方向；监督是对目标的维护，控制则是对目标的促成。

从组织管理的角度来看，控制职能具有垂直性和强制性的特点。所谓垂直性，就是指控制职能只能在有隶属关系的组织或人员之间运用，无隶属关系的组织或人员也就谈不上控制；所谓强制性，是指上级组织对下级组织采取的各种控制措施，下级组织必须服从和执行。

控制职能在管理中处于重要的地位，控制从序列上虽然处于管理职能体系的最终端，但在实施管理活动时，与其他职能是相互作用且密不可分。控制和其他 4 个管理职能的关系如图 6-1 所示。

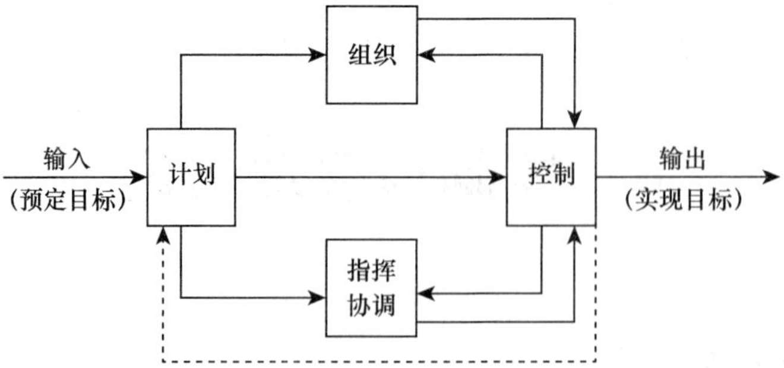

图6-1 控制与其他4个管理职能关系图

计划、组织、指挥协调三大职能和控制职能的关系是相互影响、密切联系的。计划是控制的前提,控制是完成计划的保证;合理的组织机构、人员配备和责权划分是控制职能发挥作用的保障;正确的指挥和协调能够充分调动人的积极性,使人们自觉的进行控制,有了有效的控制,才能有效的指挥、协调生产经营活动;有了通过控制而取得的各种信息,人们的职责分工、权责关系才能得到正确的处理和改善;组织、指挥、协调职能执行的效果,只有通过控制才能反映出来。

6.1.2 控制论的发展历史

在人类文明发展史中,当人类社会活动发展到需要管理的时候,"控制"这一职能便应运而生了。早期西方的议会控制,中国古代的御史制度,均属于控制理论的演变。从古代文明社会起,只要有社会管理的存在,就有了萌芽时期的控制理论。管理科学诞生时,控制被列为管理的重要职能,并在以后的发展中,被各管理学派所公认。如组织管理理论的代表人法约尔认为"在一个企业中,控制就是核实所发生的每一件事是否符合所规定的计划、所发布的指示以及所确定的原则,其目的就是要指出计划实施过程中的缺点和错误,以便于纠正和防止冲犯。控制在每件事、每个人、每个行动上都起作用。"

第二次世界大战以后,由于科学技术、商品经济和社会化大生产的飞速发展,人们对控制科学的认识大大提高,开始有意识地对控制的原理、规律、方法和手段进行系统的科学总结和概括。随后,电子计算机技术、航天技术和自动化技术的应用,为控制理论的进一步发展创造了条件。最早提出控制论思想与方法的是美国数学家诺伯特·维纳(Norbert Wiener),他在研究中发现电子计算机的调节机器的功能与生物体自身的控制功能有着极其的相似性。维纳于1948年发表了自己的观点,从而为控制论的诞生奠定了基础。近些年,随着现代科技的广泛应用,控制理论得到了不断的创新。控制的方式由自上而下的惩罚性的独裁式控制发展为上下左右互相监督同自我监督相结合的民主式控制;控制的功能由单纯的监督发展为能动的积极控制;控制的方法由以经营为基础的传统方式发展为以科学理论和先进手段为基础的现代方法。

总的来说,控制论自1948年诞生以来,大致经历了3个发展阶段。

第一个阶段是古典控制理论阶段。这一阶段大致从40年代末到50年代末,其特点是自动调节器和电子设备开始在控制系统中运用,解决了自动控制中单项输入与输出的控制问题。在此期间,控制论中的一些基本概念和方法得以建立,如系统、控制、调节、反馈等概念以及黑箱原理和模拟模型等方法，这一阶段的控制理论还很不完善。

第二阶段是现代控制理论阶段。这一阶段是从50年代末到60年代末，随着机械化大生产的不断发展，单项输入与输出的线性控制理论已无法满足对大规模的生产和复杂的生产过程的控制要求，因此，以研究多项输入和多项输出为主的非线性控制理论便应运而生了。此时控制理论得到飞速发展，多变量的最优控制理论与自适应控制理论就是在这一阶段建立起来的。

第三阶段是大系统控制与智能控制理论阶段。这一阶段从70年代初开始一直到现在，提出了大系统控制和智能控制两种理论。其中，大系统主要针对大规模的组织或企业而言，主要研究复杂的组织系统的分解与协调，分散控制和集中控制的关系及分层最优控制问题。这一部分研究难度较大，需要进行技术经济和社会经济系统的全面分析和比较。因此，研究成果尚不成熟，还有待进一步的发展。而智能控制理论则是指通过对人脑的电子化模拟，实现电脑控制和全自动化控制，从而使控制真正走向自动化、智能化和现代化的轨道。

6.1.3 控制的功能

人们在计划执行中，经常会出现各种各样的偏差。但对于管理者而言，重要的问题不是工作有无偏差，以及工作是否可能出现偏差，而是能否及时发现已经出现的偏差或者预见潜在的偏差，及时采取措施予以纠正和预防，确保组织的各项活动能够正常进行，从而顺利实现组织的预期目标，这就是控制的功能。控制的功能主要包括以下3个方面。

(1)促使组织对环境的变化做出迅速反应

组织所处的是一个复杂、多变、不稳定的环境。在组织实现目标和计划的过程中，各种环境因素都可能发生变化，如竞争对手可能会推出新产品和新的服务项目，新材料和新技术可能出现，政府可能会制订新的法规或对原有的政策进行调整，组织内部人员可能会发生变动。外部环境的变化给组织带来机遇或挑战，组织必须对新的环境做出迅速准确的反应，才能争取主动。对此，组织必须依靠控制系统对组织的反应进行检测、预测和评估，若发现有超出计划范围的偏差时，应当及时采取相应的对策措施，确保组织既定目标的实现。

(2)协调组织行为

一般来讲，组织规模越大，层次越多，其内部结构就越复杂。一个良好的控制系统不仅可以确保组织各级权力的正确运用，而且能很好地协调组织成员在认识能力和工作能力上的差异，减少各种偏差对整个组织活动正常运行所造成的可能冲击。

(3)提供修改计划的依据

在某些情况下，内外环境的变化往往会使既定计划难以实行，或无法达到预期的目标，这就要求组织修改以前制定的计划，确定新的目标和管理控制标准，使之更切合实际要求，所以，控制是提供修改计划依据的重要途径。

6.1.4 控制的类型

计划工作一旦付诸实施，就会产生许多信息。这些信息以不同的方式，通过不同的渠道反映到各级主管人员那里,经过分析、整理,主管人员对不同的控制对象确定了不同的控制工作重点,并采用不同的控制工作类型进行控制。控制工作的类型,按照不同的标志可分成许多种,但一项控制活动可能会同时属于几种控制类型,各种控制类型并不是相互独立的。以下简要介绍几种主要的控制类型。

6.1.4.1 按照控制活动切入时间分类

控制职能可以按照控制活动切入时间,即侧重于组织活动过程的阶段而将控制划分为前馈控制、现场控制和事后控制。三种控制的位置见图 6-2。

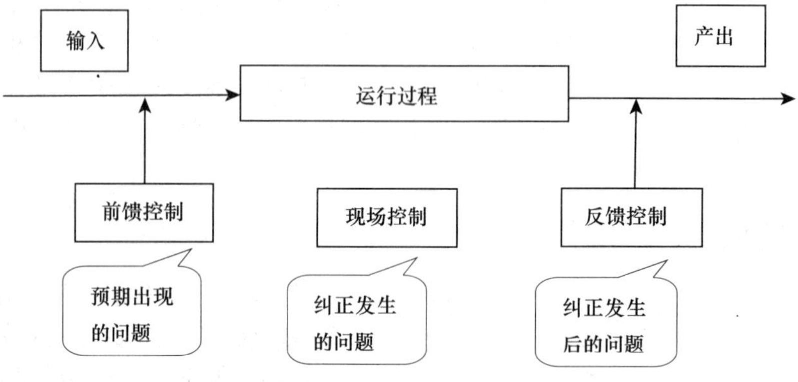

图 6-2 三种控制与运行的关系示意图

(1)前馈控制

前馈控制(control in advance),也称预先控制。是指针对下一步预计可能出现的偏差,提前采取修正行动,使未来的实际结果能够达到预定要求的控制活动。前馈控制实施的依据是被控制系统在未来的运行过程中可能出现偏差,其特点在于根据被控制系统运行的未来结果或可能性偏差去调整被控制系统的未来行为。

前馈控制的中心问题是预防组织中所使用的资源在质和量上产生偏差,控制的重点是企业资源的投入,即预先对组织的人、财、物、信息等合理配置,使其符合预期的标准,从而保证计划的实现。前馈控制具有显著的优点,因为控制是在工作开始之前进行的,所以可防范于未然,避免了事后控制无能为力的弊端。同时,前馈控制是针对某项计划行动所依赖的条件进行的控制,不针对具体人员,不会造成心理冲突,易于被员工接受并付诸实施。在现实生活中有很多前馈控制的实例,如成本预算、原料检查、管理部门制定规章制度及相关的实施细则;工厂在需求高峰来临之前,已添置机器,安排人员,加大了生产量,提前应对需求变化;公司在预计到产品需求量下跌之前就开始开发新产品上市等。

如图 6-2 所示,前馈控制位于组织运行过程的首端,投入与处理过程的交点,对于整个组织活动过程具有特殊的意义。控制活动在这一交点引入,可以提高组织活动的效率,避免运行偏差。但前馈控制也有其自身的局限性,因为前馈控制是基于对未来正确预测的前提下进行的,所以,在实施过程中,无论哪一环节预测不准确,都可能导致整个过程前馈控制的失误,使被控制系统在未来期间的运行偏离既定状态,因此,前馈控制的局限性突出的表现是它的可靠性差和风险性大。

(2)现场控制

现场控制(concurrent control),即在计划执行过程中所实施的控制。现场控制是一种同步的、适时的控制,即通过对计划执行过程的直接检查和监督,随时检查和纠正实际与计划之间出现的偏差。管理者深入现场,亲自检查和监督,可以约束并指导下属人员的活动,同时可以在重大损失发生之前及时纠正问题,是基层主管人员所广泛采用的控制方法。

现场控制通常包括两项职能:一是技术性指导,即对下属的工作方法和程序等进行指导;二是监督,确保下属完成目标任务。现场控制有助于提高工作人员的工作能力和自我控制能力,但现场控制对管理者的素质要求较高,因为不适当的工作方法直接会产生很多弊端。因此,在进行现场控制时,首先,应遵从计划确定的组织方针、政策和标准,避免单凭主观意愿进行工作,否则,将导致标准的多元化,无法统一衡量和评价。其次,现场控制的内容与被控制对象的特点密切相关,对简单劳动或是标准化程度很高的工作,严格的现场监督可能取得较好的效果;但对高级的创造性劳动而言,管理者应该更加侧重于塑造良好的工作环境和氛围,这样才有利于计划的顺利实施和组织目标的实现。

当前,由于计算机技术以及各种信息技术的广泛应用和发展,异地之间已经实现了实时信息的安全快速传送,从而使得现场控制突破了空间上的局限性,在异地之间也可以实现同期控制。例如跨国公司内部通过网络系统,把子公司的销售和财务信息同步传输到母公司那里,确保及时得到新的战略性指导或资金、原料等的补充;通过网络信息技术,各地的医学专家能够同时进行会诊,尤其在病人手术时,可以将病人各项生理指标传输给异地的专家小组,从而实现远程手术。

(3)反馈控制

反馈控制(feedback control)又称事后控制,是在工作结束之后进行的控制。它的控制作用发生在组织活动之后,其特点是将注意力集中在行动的结果上,并以此作为改进下次行动的依据。反馈控制的目的并非是要改进本次行动,而是力求能"吃一堑,长一智",为了完善下次行动的方案,提高行动的质量。反馈控制的对象可以是行动的最终结果,如企业的产量、利润等;也可以是行动过程中表现出来的中间结果,如新产品的工序质量、产品库存等。前者可以称之为端部反馈,后者称为局部反馈。通过这种反馈能够发现被结果掩盖的一些问题,从而有助于以后类似行动的修正。但事后控制致命弱点在于其滞后性,从衡量结果,比较分析到制定纠偏措施及实施,整个活动已经结束,活动中出现的各种偏差已经对组织系统内部造成了伤害,只能由内部吸收并且无法补偿。

反馈控制虽然有一些不足,但在有些情况下,反馈控制又是唯一可选择的控制类型,尤其是在影响组织运行的许多关键性因素不确定程度较高的情况下更是如此。反馈控制能为管理者今后的计划制订与执行提供有用的信息。同时,人们也可以借助反馈控制认识组织活动的特点及其规律,为进一步实施前馈控制和现场控制创造条件,从而使控制工作实现良性循环,并使控制效果得到提高。

以上3种控制方式各有特点,需要相互配合,并与管理的其他职能相渗透。前馈控制通过事先做好准备可以防患于未然,但有些突发事件是防不胜防的,必须有现场控制的辅助,否则就会前功尽弃。而前馈控制一旦失误,就会使被控制系统的运行偏离给定状态,出现偏差,这就需要通过及时、适度、有效的反馈控制修正已出现的偏差。而且,无论前馈控制还是现场控制,都需要由反馈控制来检验,因为计划执行结果是否能与预期目标相吻合,需要由真实的业绩来衡量。

6.1.4.2 集中控制和分散控制

(1)集中控制

集中控制(centralized control)是指由一个中心实施本单位所有的控制工作,控制指令的发出和信息的传输都来自一个控制中心。集中控制的优点是便于整体协调,有统一的整体目标;缺点是工作效率较低,缺乏灵活性而且控制过程繁杂。

(2)分散控制

分散控制(decentralized control)是一种分级控制的体系,控制指令的发出、信息的传输都是多方向和多中心的。分散控制的优点是工作效率高,灵活性强,控制较简便;缺点是缺乏总体的目标,各部门水平差异很大,不易进行整体协调。

鉴于集中控制与分散控制的限制,可以通过建立控制网络的方法将集中控制和分散控制有机地结合起来。如鄂尔多斯公司具有四大职能中心:投资中心、管理中心、财务中心、技术中心,这四大职能中最根本的是财务控制。该公司为了在财务控制上达到集中和分散相结合的目的,集团组建了专门的财务公司,它的主要职能可概括为"四统一分"。

"四统"是指机构、人员、制度、资金统一。

机构统一:集团下属企业财务部门的设立全部由集团财务公司统一决定,大企业设部,中企业设科,小企业设股。

人员统一:全集团所有的财务人员由集团财务公司派驻和管理,实行垂直领导,人员的工资、奖金、升迁、评职,全部实行垂直管理。

制度统一:财务方面的制度由财务公司统一执行。过去各成员企业报销制度各行其是,非常混乱。现在只有一个制度,各成员企业必须严格统一执行。

资金统一:全集团所有的资金由财务公司一个账户统一管理。所有下属企业在外的开户全部取消,成立内部银行,从源头管理资金的流向。

"一分":就是实行分别核算。各个成员企业仍旧是独立核算,自负盈亏。

"四统一分"法通过统一控制与分散控制相结合,把过去管不住、管不到位的地方从源头上把握住,从而有效地提高了企业资金的运营效率。

6.1.4.3 目标控制和程序控制

(1)目标控制

目标控制(object control)是指被控制对象只确定控制目标和相应的控制变量和参数,但不直接规定为实现目标具体采取方式行为的控制,被控制对象有较大的弹性和灵活性。如服装企业根据市场情况预先制定下一季度服装生产的任务量,但具体的生产方式可由各车间自行决定。

(2)程序控制

程序控制(process control)是指控制对象不仅要达到预定的目标,而且要按预定的方式和方法进行的控制。

6.2 有效控制的要求

控制的目的是为了保证组织的行为符合计划的要求，以有效地实现预定目标。虽然不同的组织有不同的目标和各自的计划，所采用的控制系统也有差别，但要使控制目标发挥作用，取得预期的成效，无论是哪一种控制模式，都应当满足以下要求。

6.2.1 适时控制

适时控制(timely control)是指一个完善的控制系统实施有效的控制，一旦产生偏差，系统能迅速监测并做出反应，管理者及时采取措施予以纠正，防止偏差及其不利影响继续扩大，甚至出现偏差之前，就能预警偏差的出现，防患于未然。及时纠偏，要求管理人员能够及时掌握反映偏差及其严重程度的信息。纠正偏差最理想的方法是在偏差产生以前，就注意到偏差产生的可能性，从而预先采取防范措施。

在实践中，人们往往很难预测偏差的产生，但在理论上是可行的，即通过建立特定的预警系统来实现。如质量控制图就是一个简单的预警系统。

如图 6-3 所示，横轴表示进行控制的时间，纵轴表示反映产品质量特征或工作质量特征完善程度的数值。中心线表示质量特征的标准状况，UCL 和 LCL 分别表示上下警戒线，如果表示质量特征的数据始终分布在 CL 周围，则表示质量在控制之中；如果数据超过上下警戒线则表示产品出现了质量问题。所以质量控制人员应随时注意数据的变化趋势，以便在必要的时候及时采取各种纠正措施。

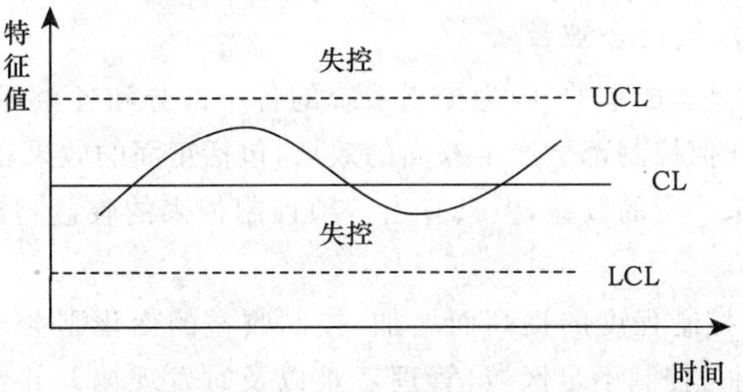

图 6-3 质量控制图

6.2.2 适度控制

适度控制(appropriate control)是指控制系统的作用在范围、力度和频度三方面上作用的效果恰到好处，它包括范围、力度和频度的各自效果和共同的作用效果。适度控制要注意以下问题。

(1)防止控制过度或控制不足

控制常使被控制者产生约束感和不愉快，但缺乏控制则可能导致组织活动的混乱。有效的控制系统应较好地权衡控制的利弊，既要防止与组织成员发生强烈的冲突，又要满足对组织活动监督和检查的需要。评价控制力度是否适当要考虑多种因素,适度的控制标准因管理的层次、管理的跨度、活动的性质以及下属的素质和受培训的程度而异。一般来说,科研机构的控制力度应低于生产部门,这样可以使科研人员充分发挥积极性和创造性;政府机构的控制力度应当高于生产部门,以保证政令畅通;紧急状态下的军队,控制力度最高,确保最强的战斗力。对于不同素质、或处于不同阶段的下属应给予不同的控制,如对于受过严格训练、能力较强的管理人员的控制要低于那些缺乏必要训练的新上任的管理人员和执行者。此外,组织所处的环境不同及发展前景不同对员工的控制程度可能也不同,当企业发展中出现困难或面临危机时,为了共渡难关,部分职工会同意接受比较严格的行为限制,而在企业发展良好的情况下,员工则希望工作中有较大的自由度。

(2)统筹全局,重点突出

在组织结构中,各个部门及其成员都在为实现个别的或全局的目标而努力,但是这种努力必须与全局的目标相吻合。有效控制不仅要考虑各个部门的局部利益,更应当具有全局的观念。因此,有效的控制要求各个部门能够协调一致,统筹兼顾,有时甚至要为全局利益而牺牲局部利益。

全局控制不等于全面控制,组织不可能对每一个部门、每一个环节和每一个员工在任何时刻的工作都进行控制,否则,就会造成管理机构臃肿,行政人员多于业务人员以及多头管理等问题。事实上,管理者没有必要对每一个环节都进行控制,过度的控制只能造成时间、精力和资金的浪费。适度控制要求管理者在建立控制系统时,详细地分析组织和计划的各个组成部分,充分利用现代化的管理分析技术,找出影响组织活动的关键环节和关键因素,进行重点性的、有针对性的控制。

(3)控制要具有经济上的合理性

任何控制的实施都是有成本的,因为控制系统的各个部分和各个环节的运作都需要一定的费用来支持。同时,任何控制都会产生双面的效果,包括正面的效果和负面的效果。纠正了组织的偏差,可能会带来一定的收益,但只有当一项控制带来的收益超出其实施的成本时,才是值得的。

控制成本往往随着控制程度的提高而增加,控制收益的变化则会出现先增后减的趋势。如图6-4所示,在OB间是控制不足区域,管理者难以及时发现偏差并纠正,控制的收益低于所支付的成本,此时,控制系统处于不经济的状态。BC段是适度控制区域,在这一区间内,随着控制程度的提高和控制范围的扩大,控制系统的效率得以改善,能够及时发现偏差并指导管理者进行纠正,从F点开始,控制的收益开始超过其成本,并在E点达到最大值。D点之后,控制的成本再次超过其收益。之所以会出现这种情况,是因为组织活动过程中的主要偏差已基本解决。所以,从控制程度上考虑,C点之后再加大控制规模只能解决一些小的、次要的问题,因此带来的边际收益远远小于其边际成本。同时,过度的控制还会挫伤员工的积极性,影响劳动生产率和经济效益的提高。由此可表明过多或过少的控制都不能带来较高的收益。

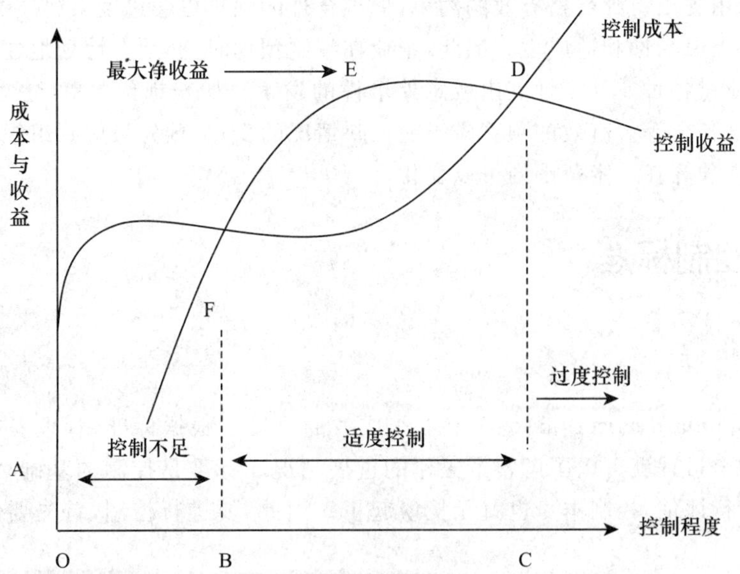

图 6-4 控制程度与本利关系图

6.2.3 客观控制

客观控制(objective control)是指控制的客观性,即要求控制标准、问题分析和纠偏措施都要做到客观,尽量避免主观臆断。控制过程中采取的检测技术及手段必须能正确反应组织在时空上的分布与变化程度,客观、准确地评价各项工作完成的情况与计划相符合或相背离的程度。同时,判断的准确与否还取决于衡量绩效的标准是否客观合理。客观的标准还在于时间环节上的匹配性,如过去制定的客观标准现在还拿来应用就未必准确,或者这个环境下制定的标准放在另一个环境中未必就适用,因此,标准的客观性需要具有动态性。

一个好的控制标准还应当做到客观明确,易于操作。在实际管理中,可以避免众多的主观因素对管理人员判断和评价的影响。例如,在家电行业的售后服务中,有的企业提出的服务质量的标准是"热情周到,上门服务",而海尔的服务标准却十分具体,如"维修电话铃响第一声就有人接,用户来信 24 小时内必须回复,距离较近的保修可在 24 小时内登门服务"。以上两种标准由于其客观性、准确性有差别,实际的控制效果可能截然不同。以"热情周到,上门服务"为衡量标准可能使得客户认为服务与要求之间还有很大的差距,而员工则可能认为他们已做出了最大的努力,而海尔提出的标准则由于对员工的每项服务都作了明确具体的要求,从而会激励员工努力的达到标准水平,提高服务的质量。

6.2.4 弹性控制

弹性控制(flexible control)即控制系统具有灵活性和适应性。在实际的组织活动中,经常可能遇到某种突发的、无法抗拒的变化,这些变化使企业计划与现实条件严重背离,有效的控制系统应当在遇到这些变化时仍能发挥作用,维持组织的正常运营。

一般来讲,弹性控制要求组织制定有弹性的计划和有弹性的标准。例如,企业为了控制成本,必须为各部门或各项活动规定在资金、劳动、材料、能源等方面的支持额度。这种预算标准可以使企业的费用支出得到严格有效的约束,但不合理的预算也会过度束缚决策者的行动,从而使企业经营缺乏灵活性和适应性。因此,企业在编制预算时,必须有计划地建立必要的预算后备力量,以便应付各种非计划性支出或意外事件的发生。如安排预备费,建立预算周转金,增加呆账、坏账准备金等。有效的预算应当能反映情况的变化,预先考虑到组织未来可能出现的意外,从而使得预算在一定范围内可以变化。

6.3 制定控制标准

6.3.1 确定标准

控制标准(standard/criterion)是评定工作成效的尺度。根据标准,管理者在计划执行中无需亲历工作的全过程就可以了解整个工作的进展情况。标准是控制的基础,没有标准就无法对工作绩效进行评估,控制本身也就无从谈起了。因此,要进行控制,首先要制定衡量各种工作的标准。

标准的设立可以有多种不同的衡量方法,包括有形的、无形的、量的、质的依据。最理想的标准是可以考核的目标直接作为标准,但更多的往往是将某个计划目标分解为一系列的标准。事实上,标准的制订应该是属于计划工作的范畴,但由于计划的复杂程度和详细程度不同,计划的标准不一定能适合控制标准的要求,而且控制工作需要的不是计划中的全部指标和标准,而是其中的关键点。

实施控制关键性的步骤是选择关键点。由于实际管理的复杂性,主管人员不可能做到事事亲躬,而必须选出一些需要特别注意的控制点,然后对其观察以确保整个管理活动按照计划进行。实施控制关键性的步骤是选择关键点,因此需要特别关注的控制点应当是关键性的。这是因为关键点或是管理活动中的限制因素,或是明显有利的因素。有了关于关键点的标准,管理人员就可以掌管一大批下属,从而扩大管理幅度,达到节约成本和改善信息沟通的效果。

标准的类型很多,可以是定量的,也可以是定性的,前者是控制标准的主要形式,后者主要是有关服务质量、组织形象等难以量化的标准。一般情况下,标准应尽量数字化和定量化,以保持控制的准确性。不同的组织和不同的部门都有其特殊性,因此各部门的计划方案也不相同。这些不同方案的每种活动、每项政策、规章、预算都可以成为衡量实际业绩和计划业绩的标准。

经常用到以下几项标准。

(1)实物标准。实物标准是企业在耗用原材料、能源,雇用劳动力,以及生产产品质量、性能和用途等方面的标准。例如,企业中的产品质量、单位台时定额、单位产品工艺消耗定额、废品的数量等。

(2)价值标准。价值标准反映了组织的经营状况,包括成本标准、利润标准、资金标准等。例如,单位产品成本、年利润额、销售收入、税金等。

(3)时间标准。时间标准为工作的开展提供了时间限制,表现为一系列的时间标准。例如,工时定额、工程周期、交货期、生产线的节拍、生产周期等。

(4)质量标准。是指工作应达到的要求,或是产品、劳务所应达到的品质标准。

(5)行为标准。是对员工规定的行为准则要求。

标准的制订是全部控制工作的第一步,一个周密完善的标准体系是整个控制工作的质量保证。

6.3.2 制定控制标准的原则

控制标准的制定是控制能否有效进行的关键。任何组织要想实现计划目标,必须有一个适宜有效的控制系统作保证,而这个控制系统必须针对具体的任务来加以设计。总之,所建立的控制系统必须做到:①与具体的计划和职位相适应;②与各个主管人员及其个性相适应;③与所求的效率和效能相适应。在具体实施中,构造这种系统应当遵循以下基本原则。

(1)反映计划要求原则

一切控制技术和控制系统都必须反映所拟定的计划要求。实现计划是控制的最终目标,而计划制定得越明确、全面、完整,控制系统越能反映计划,控制就越有效。控制是实现计划的保障,管理者在设计控制系统时,应当尽量围绕计划进行,要根据计划的特点确定控制标准、衡量方法和纠偏措施。

(2)组织适宜性原则

控制标准的设计必须符合组织结构的要求。计划和控制都需要由人来执行,组织机构既然是明确组织中各个人应当担任什么职务的主要依据,因而它也就成了执行计划的职权所在和产生偏差的职责所在的依据。为此,控制必须反映一个组织的机构状况。不可否认,所设计的控制过程越是能够反映各种活动在组织中的职权所在,就越有助于纠正脱离计划的偏差。

(3)控制关键点原则

为进行有效的控制,在制定控制标准时,需要特别注意在根据各计划来衡量经营绩效时具有关键意义的那些因素。这些因素可能是生产经营活动中的一些限定因素,或者是能使计划更好地发挥作用的一些因素。美国通用电器公司在分析影响和反映企业经营绩效的众多因素的基础上,选择了对企业经营成败起决定作用的 8 个因素,并按照它们建立了相应的控制标准。这 8 个因素是:获利能力,市场地位,生产率,产品领导地位,人员发展,员工态度,公共职责,短期目标与长期目标的平衡。通过对这 8 个关键绩效领域的控制,通用电器公司的各项计划都得到了良好的贯彻和实施。

(4)体现控制趋势的原则

在很多情况下,设计的标准除了为控制的现状服务外还应尽量体现出控制的变化趋势,这样可以使控制更为有效,也更为及时,从某种意义是讲,有效的控制系统应当在控制标准中体现出预警功能,在出现某种险情时能迅速采取措施。由于趋势受多种因素的共同作用,因此很难准确地把握,而且趋势往往被现象所掩盖,从而不易观察,也不易控制和扭转。这就要求管理者平时多注意各种相关信息的收集和整理,以便在设计控制标准时能更好地预测和把握。

(5)控制的例外原则

有效的控制不仅要对关键点进行控制,还要对超出一般情况的特殊点给予足够的关注。

由于注重于计划外实施中的例外情况,可使主管人员有可能探查出需要他们注意和应当加以注意的地方。但仅仅注意例外情况是不够的,因为有些偏离标准的现象是无关紧要的,而另有一些偏离则是非常重要的。某些微小的偏差可能比某些较大的偏差影响更大。比如说,一个主管人员可能对办公室的人工费用比预算高出5%十分关注,而对于比预算高出20%的打印费用却无动于衷。

以上原则之间并不是相互独立的,而是相互制约,互为条件的。所以,在实际的指标设计当中应当全面坚持上述原则,尤其是例外原则必须与控制的关键点原则相结合,控制关键点原则强调选择什么样的控制点,而例外原则强调观察控制指标发生的异常偏差范围标准,因此,应当把注意力集中在控制关键点的例外上。

6.3.3 制定控制标准

控制标准是控制过程中对实际工作进行检查的衡量尺度,是实施控制的必要条件,对计划工作和控制工作起着承上启下和链接的作用。一般来说,控制标准是从整个计划方案中选出的对工作成效进行评价的关键指标,这些是计划已经制定了的具体的、可直接引用的标准。但因各种计划的详尽程度不同,有些计划是比较抽象的、概括的,是对组织工作目标及行动方案的总体规划和安排,这时需要将计划目标转换制定出一套更具体、可测量和考核的控制标准。控制标准要求尽可能简化明了,做到具体化、数字化,容易测定,便于执行。

6.3.3.1 确定控制对象

确定控制标准的具体内容因控制对象而异。因此,在制定标准的时候应当首先确定控制对象,组织活动的预期成果应该成为控制的重点对象。管理者必须分析组织活动想要实现什么样的目标,然后是对影响组织目标实现的各种因素进行分析,找出重点因素并把这些因素作为控制的对象,这是在确定标准的具体内容时要认真分析的。在衡量指标确定之后,还必须赋予指标体系明确的便于操作和把握的定量描述,即规定活动结果在正常情况下的期望水平。

注重结果控制的同时也不能忽视对过程的控制,纠正与预期成果要求不相符的活动,包括纠正一些阶段性的结果,对于确保控制的最终成果都具有积极的意义。一般来讲,影响组织在一定时期活动成果的主要因素,也是主要的控制对象,有以下几点。

(1)对环境特点及其发展趋势的把握

外部环境是组织计划制订的背景和前提,决策者对外部环境的认识和预测决定了组织在特定时期活动的计划安排。如果组织外部发生了某种无法预料或抗拒的变化,或预期的外部环境没有出现,那么原来计划活动就可能无法继续进行。因此,制订计划时所依据的对外部环境的认识应当作为控制对象,即应当明确计划实施的背景和前提。组织结构决定了组织中每个人的职责和分工,因此,控制必须能适应其特定的组织结构。

(2)资源投入

组织活动的过程就是将各种资源综合利用的过程,不同的资源投入会在质量和数量上对组织活动的进行产生不同的影响,从而影响最终的成效。因此,必须对资源投入的过程进行控制,使其在数量、质量以及价格等方面与计划要求相符合。

(3)员工行为

任何计划的完成都是由人来实现的,组织的经营成果是组织活动转化的结果,是通过全体员工在不同环境下利用一定的技术设备对不同资源进行不同劳动加工得到的。因此，组织成员的工作数量和质量是决定组织活动成果的重要因素。要使员工的行为符合计划的要求，就必须建立员工工作规范和各部门在各个阶段的成果标准，以便对他们的活动进行控制。管理者对员工工作进行系统化的评估是一种非常有效的方法，每位员工的近期绩效都可以得到一个明确的评比。如果员工能达到而且超过绩效标准，就应当得到奖励，如增发奖金等，这样可以使之工作的更好；相反，如果达不到绩效标准，就应当按照偏差程度给予适当的处分。

6.3.3.2 选择控制重点

组织在实施控制时，不可能做到面面俱到，对任何事情都同等对待，而应当对被控制因素进行系统的分析和比较，然后从中选出那些最能体现计划执行情况的或最能反映企业现状的重点因素加以控制，即选择控制的关键点。实施有效的控制必须关注这些关键因素，并以此对业绩进行控制，这就是关键点控制原理。

不同的组织有不同的发展目标、不同的实施计划和不同的运作模式，从来没有一组对所有组织、所有活动都适合的控制重点。所以，每个主管人员都必须根据自己的需要选择适当的重点进行控制。我们常说挑选关键控制点的能力是管理工作的一门艺术，要想锻炼自己在这方面的能力，作为一个主管人员就应当经常思考这样一些问题：什么样的因素能最好地反映本部门的目标？什么样的因素能够最容易，也最及时的被把握？当经营工作与这些目标发生偏离时，什么因素能够最好的表明这些情况？当发生问题时，能向主管人员表明谁对此负责的是些什么？什么样的标准最能节省成本？用什么样的标准来衡量信息的经济适用性最好？等。恰当的控制重点选择有利于控制的有效性和经济性，反之，不当的关键点选择则会给管理者带来许多不必要的麻烦和损失。

6.3.3.3 制定标准的方法

标准是为了衡量控制对象而制定的，控制对象不同，考核指标正常水平的标准和方法也不同。制定标准的方法主要有经验评估法、统计法和工程标准法 3 种。

(1)经验评估法

经验评估法是指管理人员主要通过经验来确定标准。在历史资料缺乏或组织刚刚投入一个新的领域时，这种评估方法是非常有价值的。如企业拟将一项新开发的产品投向市场，在给新产品定价时，因市场上没有相同或类似的商品可以类比，主管人员就依据以往的惯例，将产品按不同的级别和功能分别定价为总成本加上 20％的利润、总成本加上 30％的利润和总成本加上 40％的利润共 3 个价位，这种经验定价法对于新产品的市场定位是很有帮助的。但经验评估法在应用时应注意综合考虑各方面的知识和经验，尽量缩小判断的偏差，使制定的标准更加客观合理。

(2)统计方法

统计方法是对组织活动的各种历史数据以及同行业中其他组织的历史记录，按照统计方法进行加工处理后所确定的未来组织活动标准。通常我们所用的统计标准有统计平均值、极大值、极小值和指数等。统计方法常用于制订与组织活动有关的各种标准。而且，在计算机应用技术越来越发达的今天，统计方法对衡量工作有着很重要的意义。

(3)工程标准法

工程标准法是指通过对工作情况进行客观的定量分析以得到各种测量标准的方法。与工程标准法相对应的标准称为工程标准。这种标准主要应用于测量生产者或机器设备的产出定额,如一台机器的产出标准是其设计者通过测算得到的在正常情况下被使用的最大产出量。工程标准法中的测算方法又被称为时间研究法和动作研究法。通过动作研究和时间研究制订出生产额度标准,从而为基层管理人员合理地评价员工的绩效、恰当地安排生产等提供了客观的标准。

6.4 衡量实际工作

6.4.1 对照与衡量

标准是检查和衡量工作业绩的基础和依据,标准建立之后就要收集实际工作中的各项数据,并把这些数据与标准相比较,衡量成效,对各部门、各类人员的工作做出客观评价,并由此发现存在的偏差,分析原因,制订对策。为了能够及时、正确地提供反映偏差的信息,同时又符合控制工作在其他方面的要求,管理者在衡量工作的过程中应注意以下几个方面的问题。

(1)衡量工作必须与标准直接相关,通过衡量成绩,检验标准的客观性和有效性

标准是衡量的准绳,与标准没有直接关系的衡量提供的无关紧要的信息,会造成过度的衡量并导致人力、物力的浪费,如生产的衡量标准有:产品数量、产品质量、生产成本、个人工作绩效等,而营销状况信息、财务管理方面的信息就是与它无直接关系的信息。另外,要注意有些工作的衡量是不可量化的或是不可直接衡量的,但是与标准密切相关,这时衡量也同样是必须的,例如,组织的精神面貌虽然难以直接衡量,但仍然可以通过一些间接的相关指标得以反映。

衡量工作成效是以预定的标准来进行的,这个衡量过程本身也是对标准的客观性和有效性的检验,因为,偏差的产生可能有两方面的原因:一是活动的执行过程中由于人为的或意外的原因导致的问题;二是标准本身存在的问题,如偏高、偏低或根本就不适合作为该项指标的衡量标准;对前者我们直接给予纠正,而对于后者就需要从根本上对标准进行修正,例如,某公司根据熟练工人和非熟练工人的产量水平,给全体工人的平均产量制定为每人日生产200件玩具,但经过一段时间后,检查发现远没达到预定的标准,通过仔细的检查和计算后才发现平均每人每日最多只能生产190件,显然产生这个偏差在于标准偏高。

检验标准的客观性和有效性,是要分析对标准执行情况的测量能否取得符合控制需要的信息。在为控制对象确定标准的时候,人们可能只考虑了一些次要的非本质因素,只重视了一些表面的因素,而忽略了一些主要的、深层次的因素。因此,利用既定的标准去检查人们的工作,有时候并不能达到控制的目的。比如,衡量职工出勤率是否达到了正常水平,不足以评价劳动者的工作热情、劳动效率或劳动贡献;分析某一季度产品销售量是否达到预定的目标,不足以衡量该季度的盈利水平是否达到预定的标准。另外,企业中许多类型的活动难以用精确的手段和方法加以衡量,建立标准也就相对困难,因此,企业可能会选择一些间接的易于

衡量、但并不能反映控制对象特征的标准。衡量过程中要辨别并剔除那些不能为有效控制提供必需信息及容易产生误导作用的不适宜标准，找出控制对象的本质特征，从而制定出科学的控制标准。

(2)确定适宜的衡量频度

频度是指在一定的时间内对同一控制对象的衡量次数，有效控制要求适宜的衡量频度，控制得过多或过少都会影响控制的有效性，对控制对象或要素过于频繁的衡量，不仅会耗费大量的时间和增加控制的费用，而且会引起下属的不满，增加上下级之间的不信任感，影响员工的工作积极性；而检查过少则不利于问题的及时发现和纠偏。一般地，被控制活动的性质和要求决定了衡量频度，如在制造业工厂中的粉尘，空气中粉尘颗粒的含量水平作为一个安全指标，会被持续衡量，而一项投资项目的进展情况，高层管理者一年只需评估一两次。再如，对产量、质量、员工出勤率的衡量，则需要比较频繁的控制，而对预算的控制一般是按月或季度进行。

(3)信息的及时性、可靠性和有效性

衡量工作中，管理人员往往是根据下层提供的信息，如各种报告、财务报表及其他统计资料等，因此，最关键的一条是信息的及时性、可靠性和有效性。

信息的及时性，是信息必须具有时效性。为了进行有效的控制，必须在组织行为尚未大幅度偏离计划或标准时就采取纠正行动；而为了能采取合适的行动，信息系统就必须能在合适的时间把信息提供给合适的人。过时的或迟到的信息对实际控制没有意义。例如，有关原材料库存量信息，必须在没有用完时及时提供，迟到的信息会造成生产的脱节。

信息的可靠性，是指反映的信息必须是真实的、正确的。可靠信息有助于管理者对实际工作做出正确的评价与判断，避免歪曲或掩盖事实真相。不可靠的信息则会误导管理人员做出错误的判断。为了获得可靠的信息，必须严格控制信息获取的渠道，以及找到和运用适宜的测量方法与计量单位。如为了激励工人完成一定的工作量，是采用记时工资制好？还是采用记件工资制好？是用培训人数来衡量培训工作？还是用培训内容来衡量培训工作？但是，信息的可靠性与信息的及时性又是矛盾的，准确性要求占有大量的信息，但由于及时的要求又不可能占有全面的信息。这更需要管理者的经验了。

信息的有效性，是指信息必须能反映与标准有关的情况，对发现和解决活动中存在的问题有重要的价值。如为人事经理提供的信息应该是有关各部门人员的职位、职责、工作绩效及人事变动情况的信息，有关存货方面的信息对他来说就是无效的信息。控制中就要求管理人员凭借经验掌握有用的信息，剔除无效的信息。

(4)建立信息反馈系统

在衡量业绩时，信息的反馈非常重要，要做到准确、客观的衡量，控制人员只有及时掌握了实际工作与预期工作成效之间偏差的信息，才能采取有效的纠正措施，没有准确的信息反馈，衡量也会出现偏差，更不可能为主管人员的纠偏活动提供必需的信息，衡量的目的就是为管理者提供有用的信息。对一个组织来说时时刻刻都有大量新的信息出现，每天都要加工处理许多信息；而且，并不是所有的衡量工作都是由主管直接进行，有时需借助检测人员。因此，必须建立信息反馈网络，使各个层面出现的信息在最短的时间内传送到控制人员手中，使之能与预定的标准相比较，及时发现问题，并把纠正过的信息及时地传送到执行人员手中，缩短纠偏时间，减小偏差造成的损失。

信息反馈系统(system of information feedback)是管理信息系统的重要组成部分,通过反馈信息对组织的活动进行的事后控制,反馈的信息包括:产品的质量、数量、销售量、市场占有率、原料的库存量、产品的库存量、工作进度、财务状况等。通过信息反馈进行的控制有两种类型:一是通过反馈的信息能自动纠正发生的偏差,如自动化的生产车间;二是非自动纠正的,它必须通过人的参与才能完成纠偏,而多数情况是后一种类型。

6.4.2 衡量方法

在收集到各方面的信息并与标准进行了对照之后,具体的就是用什么方法进行衡量的问题了,用什么方法应当根据具体情况而定。一般说来,管理人员主要通过听取口头汇报、书面汇报、直接观察、分析统计报表、抽样调查等方式来获取信息,并以此来衡量实际工作业绩。

(1)口头汇报(spoken report)

口头汇报可分为正式汇报和非正式汇报,正式汇报一般在某些公开场合进行,如会议等;非正式汇报往往是一对一的,如情况通报和信息沟通式的谈话、个别交谈等。口头汇报的优点是方便、快捷生动,往往能得到立即的反馈,缺点是不便于存档,易受报告人主观影响,报告的质量不易控制。

(2)书面汇报(report)

书面汇报往往是在工作进展中期或计划完成后或者完成阶段工作之后形成的,如工作进展汇报、中期汇报、工作总结、会计报表、统计报表等书面汇报比较全面、准确、便于保存和查找,质量更易控制,但比起口头汇报它的时滞较长。

(3)直接观察(observation)

直接观察是管理者亲临现场进行实地考察,如到生产车间观察工人工作状况,和基层人员交谈或听取基层人员的汇报等。这是管理人员获取第一手资料的有效手段,获得信息是未经他人处理的原始信息,避免了信息处理过程中导致的遗漏和失真,尤其是提供了一些报表或书面汇报中不能反映的或无直接标准可衡量的信息,使管理者了解到许多隐情,同时有利于在现场发现问题、解决问题,也有利于管理者和员工之间的信息沟通和感情培养,养成管理者体察下情、关心下属的优秀品格。但是这种方法也有许多局限:①这种方法需要花费管理人员大量的时间和精力;②容易受观察者主观偏见的影响;③由于观察的时间有限,不可能了解到深层次的东西,容易造成误判;④如果不能得到员工的正确理解,可能引起员工与管理者之间的不信任感,从而招致下属的抵触。

(4)统计报表分析(statistical data analyze)

利用统计报表资料也是了解工作情况的常用方法,因为统计报表能提供大量的数据、图表和各因素之间的相关信息,在计算机越来越发达的今天,管理者更加依赖统计报表来衡量实际工作。但统计报表的应用价值受3个因素制约:一是表中提供的信息的真实性,即统计报表中采集的原始信息是否正确,统计方法是否恰当,统计人员对数据的处理是否含有主观因素。二是信息的全面性,即统计报表中是否全部包含了涉及工作衡量的重要方面,是否遗漏或掩盖了其中的一些关键点,管理者难以确定。三是信息的滞后性,各种财务报表和统计报表提供的信息是过去情况的总结,但情况是瞬息万变的,现在和未来的情况可能与报表上反映的事实已经有了很大的不同,如果管理者只依靠统计报表可能会作出错误的判断和决策。

(5)抽样调查(sampling investigation)

在衡量对象数量较大且各对象有相同或相似的标准时,我们可以采取抽样调查的方法来衡量,这种方法可以节省调查的成本和时间,如在质量检查中我们可以对每个车间或其中几个车间生产产品随机抽取一些进行检验。从统计学中我们知道要使样本能完全地衡量整体的特征,样本应具备3个性质,即无偏性、有效性和一致性,因此样本的抽取方法非常重要。

当然,上述各种获取信息的方法各有优缺点,衡量工作不应单一采取某一种方法,而应根据实际情况和各方法的特点把各种方法结合起来综合应用。

6.5 鉴定偏差并采取矫正措施

对实际工作进行衡量之后,将衡量结果与建立的标准相比较,找出计划执行中出现的偏差,对造成偏差的原因进行调查分析,并依据差异的性质和程度不同采取不同的措施:或维持现状,或矫正偏差,或修改标准。这项工作使控制过程得以完整,并将控制与管理的其他职能相互衔接,使组织计划得以执行,组织机构和人事安排得到调整,领导活动更加完善。

6.5.1 找出偏差产生的主要原因

从管理实践中可知,并非所有的偏差都可能影响组织运行的最终成果,有些偏差可能反映了计划制定和执行工作中的严重问题,而有些偏差则可能是由一些偶然的、暂时的、局部的因素引起的。如气温的骤然下降,会对某公司的冷饮销售造成不利影响,但不一定会对组织活动的最终结果产生影响。因此,在采取任何措施以前,必须先对反映偏差的信息进行分析和评估。偏差一般可以分为有利偏差和不利偏差,有利偏差是指那些符合组织发展趋势的偏差,其结果比标准完成得好,这固然是好事,但我们也必须客观分析,究竟是偶然的运气,如竞争对手的实力下降;还是员工的积极性更好地发挥了,或者是原来的标准定得太低。不利偏差是指那些本身或进一步扩大后会导致组织活动偏离计划要求的偏差,即结果没达到标准的偏差,对这种偏差更应该仔细分析,找出导致偏差产生的各方面原因。例如,某公司某季度销售额下降,原因可能是营销不力、产品价格下跌、质量下降、竞争对手实力增强、产品损耗增加、宏观经济不景气或本季度计划定得偏高等。

一般情况下,产生偏差的原因有3种:一是计划或标准本身就存在问题,如我国在新中国成立初期提出的用较短的时间"赶超英美",这就是一个严重脱离实际的标准;二是由于组织的内部因素的变化,如生产人员的懈怠、管理人员彼此之间的不协调、各职能部门之间的摩擦造成的偏差;三是组织外部宏观环境的改变,如政府的财政政策、货币政策、收入政策的改变以及国际政治、经济环境的变化等造成的偏差。纠偏措施的制订应以对偏差的客观分析为基础,同一偏差可能由于不同的原因引起;如生产量在某一段时间内下降,原因可能是设备的老化,也可能是生产作业工序安排出现了问题,或者是生产工人有懈怠现象;不同的偏差可能来源于同一个因素,如利润的下降和成本的上升可能都来自同一个原因:即原材料价格的上涨。因此,不能照抄照搬某种模式,错误分析基础上的纠偏可能比不纠带来更大的损失。

6.5.2 确定纠偏措施的实施对象

在纠偏过程中,需要纠正的可能是企业的实际管理活动,如生产的技术不过关、操作工序不正确导致的产品质量下降,就需要对这些活动进行改进;也可能是指导这些活动的计划或事先确定的衡量标准。如大部分员工没有完成劳动定额,可能不是由于全体员工的过错,而是由于定额水平太高造成的;企业生产成本的上升,可能不是原材料价格上涨,而是由于生产过程中存在严重的浪费;企业产品销售量的下降,可能并不是由于质量低劣或价格不合理,而是由于市场需求的饱和或周期性经济萧条等造成的。因此,纠偏的对象可能是正在进行的活动,也可能是衡量的标准,甚至是组织活动的计划。

6.5.3 选择适当的纠偏措施

根据产生偏差的原因,在纠偏过程中采取的方法有:第一,由工作失误造成的问题,控制工作应当是加强管理、监督,确保工作与目标的接近或吻合;管理人员可以运用组织职能重新分派任务或明确职责来纠正偏差,也可以用增加人员、更好地选择和培训下属或最终解雇的办法来纠正偏差;此外,管理人员还可以通过改善领导方法来纠正偏差。第二,若计划或标准不切合实际,控制工作主要是按实际情况修正计划或标准。第三,若组织外部环境发生变化,使原计划或标准无法执行,管理人员就要启用备用计划方案或重新制订新的计划。当偏差发生时,管理人员可以运用组织职能重新分派任务来纠正偏差,还可以采用增加人员,更好地选拔和培训下属人员,或是最终解雇、重新配备人员等办法来纠正偏差。另外,管理人员还可以对工作作出更全面的说明和采用更为有效的领导方法来纠正偏差。

具体的纠偏措施主要有两种:一种是立即执行的临时性应急措施;另一种是永久性根治措施。对那些迅速、直接影响到组织正常活动的紧迫问题要立即采取应急措施,以最快的速度纠正偏差,避免造成更大的损失;后者是指发现问题后,通过对问题本质的分析,挖掘问题的根源,即弄清偏差是如何产生的,为什么会产生,然后从产生问题的根源入手,进行纠编,力求彻底地消除偏差。在具体控制工作中,管理者应灵活的综合运用这两种纠偏措施,特别是后一种方式的运用,不应经常采取"头疼医头,脚疼医脚"的临时性措施,而忽略对根本原因的挖掘,这种治标不治本的纠偏措施,可能会导致偏差的再度发生。

6.5.4 纠偏措施选择和实施过程中应注意的问题

(1)使纠偏方案双重优化

在纠偏的实施过程中,管理者不仅可以选择多个实施对象,而且可以对同一对象采取不同的措施。在这些措施中,应当根据其实施条件和效果的经济性差异进行筛选,要使纠偏的成本小于偏差可能带来的损失,否则纠偏工作就失去了意义,这就是第一重优化。第二重优化是在此基础上,通过对各种纠偏方案的比较,找出其中纠偏投入最少、解决偏差效果最好的方案来组织实施。例如,由于企业内部的管理不善导致管理费用上升,通过诊断认为是由于组织职能部门缺乏协调,高层管理人员往往考虑是否增设一个专门的协调部门,但必须考虑到增设这个机构的年运行费用(如办公设备、人员工职等)与不设这个机构时年管理费用的增加额,只有前者小于后者时才会采取纠偏行动,即是第一重优化;当确定需增设该职能部门后,人员的选择又有两种方案:一是从组织内部选拔培训,二是从外部引进高素质人才,管理者就要分析两种方案的成本,选择达到要求条件下成本较低的方案,即是第二重优化。

(2)充分考虑原计划实施的影响

由于原计划不合理或者外部环境的变化而引起的纠偏需要,可能会导致对部分原计划甚至全部计划的否定，从而要求企业对活动的方向和内容进行重大调整，这种调整类似于"追踪决策"，即"当原有决策的实施表明将危及决策目标的实现时，对目标或决策方案所进行的一种根本性修正"。

追踪决策是相对于初始决策而言的。初始决策是指所选择的方案尚未付诸实施，没有投入任何资源，客观对象与环境尚未受到决策的影响和干扰，是零起点的决策。进行重大调整的追踪决策则不然，企业外部的经营环境或内部的经营条件已经由于初始决策的执行而有所改变，是"非零起点"。因此，在制定和选择追踪决策时，要充分考虑到因初始决策实施已经损失的机会成本、消耗的资源成本，以及由此造成的对客观环境和人的心理、思想观念的影响。

(3)消除人们对纠偏措施的疑虑

任何纠偏措施都会在不同程度上引起组织的结构、关系和活动的调整，从而会涉及某些组织成员的利益。不同的组织成员对纠偏措施会持有不同的态度。当纠偏措施属于对原先的计划进行重大调整的时候，虽然本来就反对原计划的人会幸灾乐祸，甚至夸大原决策的失误，但更多的人对面对的纠偏措施还可能会持怀疑和反对的态度。尤其是原计划的制订者和支持者会认为计划的改变意味着自己的失败，就把自己过错推卸给计划的执行人员，甚至公开或暗地里反对纠偏措施的实施。执行原决策、从事具体活动的基层工作人员，因对自己参与的、已经形成或开始形成的活动结果怀有感情，或者担心调整计划会使自己失去某种工作机会，影响自己的既得利益而极力抵制纠偏措施的制订和执行。如由于内部非经营成本的大幅度增加，高层管理者决定合并或撤销某些部门时，就会招致这些部门及相关部门管理人员的抵制。因此，控制人员要充分考虑到组织成员对纠偏措施的不同态度，特别要注意消除执行者的疑虑，尽可能争取到更多的人理解、赞同和支持纠偏措施，避免在纠偏方案实施过程中可能出现的人为障碍。

6.6 控制的方法

找出偏差并采取矫正措施并不是控制的目的，控制的目的是能在偏差发生之前，采取合理的控制手段和方法避免或减少偏差。常用的控制方法包括预算控制、财务控制、生产控制、组织结构控制、人事控制、审计控制、盈亏分析法控制、规章制度控制、目标控制等。

6.6.1 预算控制

6.6.1.1 预算控制的概念及特点

在管理控制中，使用最广泛的一种控制方法就是预算控制。预算控制清楚地表明了计划与控制的紧密联系。预算是计划的数量表现，预算的编制是作为计划过程的一部分开始的，而预算本身又是计划过程的终点，是转化为控制标准的计划。预算是政府、企业及其他组织广泛使用的一种管理方法，它是一种计划方法，是数字化的计划，同时也是控制的手段，是用财务数据来表明预期的结果，是对各个部门、各项活动的收入目标和支出数量所作的规定。

预算控制是通过编制预算并以此为标准来执行和控制组织的各项活动，它的优点包括：一是预算能把组织内所有部门的活动用可考核的数字化形式表现出来，方便了控制过程中的绩效衡量工作,更易测量实际活动与预期效果的偏离程度,使之更加客观可靠。二是它使企业在不同时期的活动效果和不同部门的经营绩效具有可比性,使管理者了解到企业经营状况的趋势和组织中的优势部门及问题部门,从而为调整企业活动指明了方向。如它可作为原材料采购、生产、销售、研究与开发等不同部门共同的衡量指标,可以比较不同部门之间的绩效;三是预算的货币性意味着它可以直接传递组织的关键性资源——资本和组织的关键目标——利润的信息;四是预算为某一特定时期组织的绩效建立了一个明确无误的标准。此外预算还被作为一种协调组织活动的重要手段,在编制预算过程中,管理者与下属相互沟通,相互协调,有助于规范并整合组织成员的协作。

尽管预算控制有许多的优势,但在预算的编制和执行中也存在一些局限性,主要表现在:它是依过去的信息进行编制的,但企业的外部环境是不断变化的,有许多未来因素是难以预测的;预算不可能穷尽所有的方面,过于详尽的预算不仅耗费大量的人力、物力,而且也会使管理失去灵活性。另外,预算主要控制企业那些可以计量的、特别是可以用货币计量的活动,而对那些不能计量的活动可能容易忽视。

6.6.1.2 预算控制的分类

根据不同的分类标准,预算可以分为以下几种类型:按预算的主体不同分为国家预算、部门预算、企业预算、个人预算;按时间的长短分为长期预算、中期预算、短期预算;按照预算的范围不同,可以分为全面预算、分预算。下面主要按预算的内容,谈谈几种分类。

(1)收入预算(budgeting by income)

收入预算主要用来衡量未来某个计划周期各项收益及来源。它从财务角度计划和预测了未来活动的成果,可以用来衡量营销和销售的效率,它是由预期的销售数量乘以预期的单价构成。因为组织收入主要来源于产品和服务的销售,因而销售预算是收入预算的实体内容。销售预算是通过分析企业过去的销售情况、目前和未来的市场供求变化,做出未来一段时间内组织收入的估计。销售预算是在销售预测的基础上编制的。在实际工作中,组织内部的各个经营单位往往根据自身的业务发展需要,预计不同季度和月份的销售额。

(2)成本费用预算(budgeting by cost)

企业进行各项活动都需要消耗一定的人力、物力和财力,就必须编制从事各项活动及实现预定目标所花费的各种支出的预算,它包括直接生产支出预算和灵活成本预算两部分,前者用于任何产出所需开支都能被准确衡量的活动,如每种产品生产所需的厂房、机器、原材料、其他设备和人工费用,后者用于产出无法精确衡量的费用如企业的行政、法律、会计、研究、营销、财务和其他部门的各项开支预算。

(3)实物预算(budgeting by object)

实物预算即以实物数量为单位进行的预算,它涵盖的范围很广,如产量预算、销量预算、库存量及人数预算等。

(4)现金预算(budgeting by cash)

现金预算是对企业未来生产、销售及投资活动中现金的流入与流出进行预测,以此来衡量现金使用效率。通过现金预算,可以帮助企业发现资金的闲置或不足,从而指导企业及时利用暂时过剩的现金,或及早筹备维持运营所短缺的资金,以便比较经济地维系组织的正常运营,避免出现支付危机。如果一个企业的销售收入和利润相当可观,但有大量的应收账款或资金积压在存货上,或者大量资金投资在固定资产或长期投资上,都有可能导致短期的支付危机。

(5)投资预算(budgeting by investment)

投资预算是指一般基础设施建设,包括更新改造或扩充厂房、添置机器设备、改进技术或工艺的研究与开发投资,以及其他方面的投资预算,这些费用一般较大,且回收期长,应当进行充分论证,并列出专项预算。

(6)综合预算(comprehensive budgeting)

综合预算是考虑各种因素后的多项内容的总体预算,它的单位可以是货币也可以是实物,如资产负债表预算等。

6.6.1.3 预算控制的方法

由于预算的结果常用来作为控制的标准,因此,用何种方法预算非常重要。在实践中,经常采用弹性预算法、零基预算法和可选择的和补充的预算。

(1)弹性预算(elastic budgeting)

弹性预算的基本思想是按照固定费用和变动费用分别编制固定预算和变动预算,以确保预算的灵活性。在编制可变预算时,应当根据具体情况研究各种费用变动的程度,以确定各种可变预算系数,这样更有利于预算的合理性和准确性。

(2)零基预算(zero-base-budgeting)

零基预算的基本思想是对任何一个预期,任何一种费用项目的开支,都不考虑各项目基期的费用开支情况,一切都以零为基础,从"零"开始考虑各种费用项目的必要性及预算的规模。这种预算方法在西方政府及企业中广泛应用。

(3)可选择的和补充的预算(optional budgeting)

可选择的和补充的预算是为可能发生的各种不测情况制定可供选择的预算。一个企业常常分别按高、中、低 3 种不同的营业量来编制预算,并且把这 3 种预算都提前半年或一年批准为部门和整个企业的预算,然后,根据实际情况的变动,在某一个预算不符合时,启动备选的预算方案,减少了时间的浪费和仓促应战情况下的损失。

6.6.2 财务控制

财务控制是管理人员根据财务、会计制度来规范和控制组织活动的各项财务收支,防止资金的滥用和成本、费用的增加。它常用的工具是财务报表分析,是对组织过去的财务状况和经营成果进行的评价,以及对组织未来前景的预测。管理者通过现在的财务报表与过去的报表的比较,与竞争对手相比较,用以衡量组织在一定时期内的业绩状况和进展情况,找出偏差并采取措施纠正。

6.6.2.1 财务控制的内容

财务控制中,对财务报表的分析主要包括 3 个方面:流动性、盈利能力分析、资产负债结构分析。流动性分析主要分析组织的流动负债与流动性资产支付能力是否相适应、资金的周转状况和收支状况是否良好等;盈利能力分析是对组织目前获利水平的评价和对组织潜在的、未来的获利水平的估价;资产负债结构分析是对组织的资产与负债是否在安全的范围以内,是否会出现短期或长期的支付危机。

6.6.2.2 财务控制的方法

财务报表的分析方法主要有比率分析法、趋势分析法、结构分析法。

(1)比率分析法

比率分析法就是将企业资产负债表和收益表上的相关项目进行对比,形成一个比率,从中分析和评价企业的经营成果和财务状况。利用财务报表提供的数据可以列出许多比率。常用的有两种类型,即财务比率和经营比率。

1)财务比率:财务比率可以帮助了解企业的偿债能力和盈利能力等财务状况。常见的财务比率指标如下。

①流动比率。流动比率是企业的流动资产与流动负债之比,反映了企业偿还需要付现的流动债务的能力。

②速动比率。速动比率是流动资产和存货之差与流动负债之比。和流动比率一样,该比率也是衡量企业资产流动性的一个指标。当企业有大量存货且这些存货周转率低时,速动比率比流动比率更能精确地反映客观情况。

③负债比率。负债比率是企业总负债与总资产之比,反映了企业所有者提供的资金与外部债权人提供的资金的比率关系。

④盈利比率。盈利比率是企业利润与销售额或全部资金等相关因素的比例关系,反映了企业在一定时期从事某种经营活动的盈利程度及其变化情况。常用的比率有销售利润率和资金利润率。

2)经营比率:是与资源利用有关的几种比例关系。它们反映了企业经营效率的高低和各种资源是否得到了充分利用。常用的经营比率有以下3种。

①库存周转率。库存周转率是销售总额与库存平均价值的比例关系。它反映了与销售收入相比库存数量是否合理,表明了投入库存的流动资金的使用情况。

②固定资产周转率。固定资产周转率是销售总额与固定资产之比。它反映了单位固定资产能够提供的销售收入,表明了企业资产的利用程度。

③销售收入与销售费用的比率。这个比率表明单位销售费用能够实现的销售收入,在一定程度上反映了企业营销活动的效率。

(2)趋势分析法

趋势分析法是指根据组织连续数期财务报表,以某一年为基期计算以后每一期间各项目对基期同一项目的趋势变动方向及幅度,使之成为一系列具有比较性的百分比或指数,以揭示组织各期间财务状况和经营成果的变动趋势。

(3)结构分析法

结构分析法,又称构成分析法,它是指在组织编制的财务报表中选择一项共同基数,一般以某一类项目的合计数为准，计算各组成项目占共同基数的百分比，以显示该财务报表中各项目间相互关系以及内部整体结构分配的百分比。

6.6.3 生产控制

生产控制是对组织活动进行控制的重要一环，其内容主要包括对生产过程中产品的品种、规格、数量、质量、生产进度的控制；对生产投入的人力、物力、财力资源、技术和产品目标成本的控制，以及对投产前的各种准备和生产条件的控制。生产控制的目的就是要及时、全面地掌握生产过程，正确地处理生产过程中出现的各种矛盾，克服薄弱环节，使生产过程的各个环节、各个方面都能够协调一致地工作，保证生产计划和生产作业的全面完成。因此，生产控制既包括把生产计划下达给生产部门，进行作业安排，也包括调整生产计划和实际完成的差异，把结果反馈给生产计划部门。生产控制涉及人、财、物 3 个方面，具体包括计划控制、作业控制、质量控制、存货控制及成本控制等。

(1)计划控制(program control)

生产计划是在产品生产之前对生产的目标、资源的投入进行的规划和对制造过程、进度、日程进行的安排。生产计划主要是规划作业标准和范围，科学的生产计划必须根据预期利润、市场需求、生产能力、人员负荷、设备状况进行制定。生产计划控制的目的就是监督作业是否遵循制订的计划和标准，并对出现的偏差随时进行纠正。

(2)作业控制(operational control)

作业控制是一种按照日程计划进行生产业务控制，它需要准确地掌握作业的进行情况，了解计划与实际生产的差异及其原因，并采取措施使生产接近计划，确保预定的生产数量、质量与成本开支。为减少计划与实际生产之间产生的各种差异，需要对作业过程进行时时控制。生产作业控制的主要内容是生产调度、物料管理、作业分配、生产工序安排、作业核算与在制品管理等。

(3)质量控制(quality control)

质量是由产品使用目的所提出的各项适用特性的总称，对产品质量特性按一定的尺度、技术参数或技术经济指标规定必须达到的水平形成质量标准。质量控制就是以质量标准为基础，监控生产过程，以确保制造出来的产品符合既定的标准，即为了提供合乎质量的产品所从事的一切程序、方法、检查和测试活动。全面质量管理的方法是一套确保产品质量、满足用户需要、完善而高效的质量管理系统和质量管理制度。全面质量控制的内容包括市场调查、研制设计和制订标准、制订生产计划、原材料采购、配备设备、加工制造、工序控制、检验、测试、销售以及售后服务等环节，都要严格管理，确保质量。

(4)库存控制(inventory control)

库存控制也是生产控制的重要组成部分，是对企业储备的各种原材料、半成品及产成品等进行的动态掌握和调整，使库存量保持合理的水平，减少资金的占用并使库存成本最低。库存控制的主要内容有：制订原材料的库存数量和原材料的订购批量，制订半成品及产成品的库存数量，以及在此过程中的资金占用、人员安排等。

(5)成本控制(cost control)

成本就是对生产过程中的原材料费用、生产作业费用、库存费用、工人工资、管理费用及其他费用的控制,它的目的就是以最少的物资和资金消耗获得最大的经济效益,把各种费用控制在计划和标准之内。

6.6.4 正式组织结构控制

正式组织控制是指在正式组织中实施的一切控制,它是依据正式组织中建立的规章制度、各种预算和实施计划等实施的控制。组织可以通过规划指导组织成员的活动,通过预算来控制消费,通过审计来检查各部门或各个人是否按照规定进行活动,并提出更正措施。例如中纪委按照我国法律规定实施的反腐败工作、各工商企事业单位按照单位的规章制度、预算及计划实施的控制等,都属于正式组织控制的范畴。

正式组织结构控制通常包括以下内容。

(1)实施标准化,即制订统一的规章、制度,制订出标准的工作程序以及生产作业计划等。

(2)保护组织的财产不受侵犯,如防止偷盗、浪费等,这包括设备使用的记录、审计作业程序以及责任的分派等。

(3)质量标准化,包括产品的质量及服务的质量。主要采取的标准化措施有对职工培训、工作检查、质量控制以及政策激励。

(4)防止滥用权利,这可以通过制订明确的权责制度、工作说明、指导性政策、规划以及严格的财务制度来完成。

(5)对员工的工作进行指导和考核,这可通过评价系统、产品报告、直接观察和指导等方式来完成。

6.6.5 人事控制

组织资源中最重要的资源是人,即人力资源,组织对人员行为的控制则是管理中最关键和最重要的控制。人事控制(personnel control)的目的就是为确保单位目前和未来都能正常运营,为组织结构中各个职位配备合适的人员,它不仅是人事部门的职责,也是单位主管人员的职责,人事控制是各职能中具有决定性的一项职能,是一项事关组织成败的职能,任何领导都要给予足够的重视,如不能有效地进行人员的选择、使用、考核与培训工作,可能会使组织陷入瘫痪。人事控制包括人员配备控制和人员行为控制,前者主要指对人员的选拔、任用、考评、培训及奖惩等的控制,控制的目的是人尽其才,才尽其用,减少人事任用中的失误,后者通过思想教育或制订规章制度来减少员工的非期望行为和态度的发生,使员工的行为和组织预定的目标始终保持一致。然而,由于人的行为是由人的思想、性格、经验、社会背景等多种因素综合作用的结果,而这些因素本身又很难用精确的方法加以描述,这就使对人员行为的控制成了管理控制中相当复杂和困难的一部分,在这部分控制过程中,对人的行为和绩效进行评价最为困难。

常用的绩效评定方法有如下几种:鉴定式评价方法,实地审查方法,列表定量评价方法,及偶然事件评价法。

(1)鉴定式评价方法

这种方法是最简单最常用的人员绩效评价办法。具体方法是评价人写一篇针对被评价者长处和短处的鉴定,管理者根据这种鉴定给予被评价者一个初步的估计。这种方法的基本假设是评价人对被评价者有很好的了解,确切地知道被评价者的优缺点,并且能够客观地撰写鉴定。然而,在实际工作当中,上述基本假设有时并不完全满足。况且,由于鉴定的内容不同,标准也不一致,所以用此种方法只能给人一种初步的估计,完全依赖这种办法往往会造成评价的失误。这种方法适用于调换或任免等人事方面的决策工作。

(2)实地审查方法

这种方法往往是复查的一种手段。当通过其他方法对被评价人有了初步的估计之后,为了核实这种估计的准确性,而到被评价者所在单位或工作现场实地调查了解。这时要召集当地评价者共同讨论,确定评价的统一标准。然后对于这些评价者的不同意见加以审查。管理者在实地审查时能够发现这些评价人的宽严态度,从而对被评价者有了更加深入的了解。但是这种方法将耗费相当多的时间和精力,只适用于重要的人事决策工作。

(3)列表定量评价法

这种方法是为了克服个人偏见和主观意念,建立比较客观的评价标准。先由管理者列出一系列有关被评价者的可能情况,然后让评价者在其中选择最适合被评价者的条目,打上标记。管理者据此加权评分,得分高者就是好的,得分低者就是差的。这种方法比较客观,但它只限于应用在性质类似或标准的工作,超出这个范围其准确性将大为降低。

(4)偶然事件评价法

采用此种方法时,管理人员设计一份记录表,随时记录职工积极或消极的偶然事情,依据这种记录定期对职工的工作绩效进行评价。根据这种偶然事情进行评价比较客观,但关键是能否把职工的所有偶发事项全部记录下来。由于对职工都有各种责任制,如果责任制所规定的工作标准得到了职工的赞同,这种方法就能有效地调动职工的积极性,否则职工会有不公平感。这种方法和目标管理配合起来使用,可以有效地监控职工的工作情况。

6.6.6 审计

审计(audit)是对组织中的经营活动和财务记录的准确性和有效性进行检查、监测和审核的一种工作,它是一种常用的控制方法,包括财务审计和管理审计两大类。所谓财务审计是以财务活动为中心内容,以检查并核实账目、凭证债务以及结算关系等客观事物为手段,以判断财务报表中所列出的综合会计事项是否正确无误,通过审计可以判断财务活动是否合法,即是否符合财经政策和法令。它又可分为两部分:外部审计和内部审计。

(1)外部审计

外部审计是指由外部机构选派的审计人员对企业财务报表及其反映的财务状况进行独立的评估,这些外部机构主要有国家审计局、地方审计所及注册会计事务所等。外部审计主要是检查财务报表及其反映的资产与负债的账面情况与企业真实情况是否相符,对财务报告的完整性和准确性进行核实,它的目的不是为企业准备财务报告,而在于证实企业在编制财务报告和对资产负债进行估价时遵循了一般的会计准则。

外部审计在鼓励诚实方面的重要作用,不仅体现在财务报表的准备方面,而且体现在组织的实际经营中。实际上,外部审计是针对组织内部欺骗的一种主要的检查系统。为组织外部的人如银行家和潜在投资者提供了重要的参考信息。

外部审计的优点是审计人员与被审计单位不存在行政上依附关系,可以保证审计的独立性和公正性。但是由于外来的审计人员不了解内部的组织结构、生产流程和经营特点,在对具体业务的审计过程中可能产生困难。此外,处于被审计地位的内部组织成员可能产生抵触情绪,不愿积极配合,这会增加审计工作的难度。

(2)内部审计

内部审计是有企业内部的机构或财务部门的专职人员独立进行的,其目标是保证组织的资产得到正确保护,以及为财务报表准备的数据保持足够的可靠性和准确性。内部审计也帮助管理者评估组织的经营效率和控制系统的效果,因为内部审计集中于组织的经营,所以又被称为经营审计。

内部审计对管理者了解和控制组织有十分重要的作用,主要体现在:一是检查各项指标是否达到了预定的目标,各种操作是否规范,如收入额是否达到预定的目标,成本是否被控制在既定的限制范围之内,各项预算是否超支等;二是通过对现有系统的有效检查,内部审计人员可以发现以前制订的目标及其他各项政策措施存在的问题,以促使公司政策目标制订更加合理;三是能有效检查和约束下属的行为使之符合既定的规章制度;四是内审不仅能发现生产和财务等方面的问题,同时也能从财务角度对各部门人员的工作态度、方法、手段进行初步的检查,能加强对下属的控制。

内部审计虽然有上述优点,但它在实际应用中也有一些局限性。如:第一,详细的审计可能需要审计人员投入大量的精力,增加费用开支;第二,审计需要搜集在报告中不能体现的事实会引起下属的不满,导致员工及管理者与审计部门的矛盾。第三,受人际关系的影响,有些下属可能会采取不正当的手段,如贿赂审计人员。

(3)管理审计

管理审计是检查一个单位或部门管理工作的好坏,评价人力、物力和财力的组织及利用的有效性,其目的在于通过改进管理工作提高经济效益。管理审计比起财务审计的对象和范围更广,它是一种对企业所有管理工作及其绩效进行全面系统的评价和鉴定的方法。

管理审计的方法是利用公开记录的信息,从反映企业管理绩效及其影响因素的若干方面将企业与同行业的其他著名企业相比较,以判断企业经营与管理的健康程度。可以为指导企业在未来改进管理系统的结构、工作程序和结果提供有用的参考。

6.6.7 盈亏分析法控制

盈亏分析法是指根据产量、成本和利润三者之间的相互关系,对企业的盈亏平衡点和盈利情况的变化进行分析和控制的一种方法,又称量本利分析法,它是一种很好的控制方法,常用在销售量控制、目标成本控制、销售价格控制及企业的经营安全率控制等。它描述了销售量、费用和价格之间的相互关系,并以此来说明生产量达到多少时收支相等,要实现预定的利润,销售量至少要达到多少。也就是说通过盈亏平衡分析有助于对实现目标利润时的产量、销量、产品的单位成本及产品价格的控制。比起比率分析法控制,它的优点是更强调边际的概念,更加注重固定费用在利润实现中的影响，更突出了销售额或费用对利润的影响。

6.6.8 政策法规及规章制度控制

政策法规及规章制度控制是指通过国家相关政策法规和组织自己制订的各种规章制度所进行的控制，如国家制定的《公司法》《会计准则》《劳动法》《环境保护法》，以及对组织的经营目标和经营范围所作的各种规定。另外，组织制定与实施的生产责任制度、技术操作制度、劳动管理制度、财务管理制度、经济核算制度等，借以控制各项经营管理活动，约束和规范各生产人员、营销人员、财务人员、各层管理人员及其他执行人员的行为，防止个人和部门的主观臆断。

6.6.9 目标控制

即采用目标管理方法进行控制，它是现行企业普遍实行的一种管理方法。它与预算控制相似，预算控制是用货币表示的计划，而目标控制是用具体可参考的目标对组织的各项活动进行的控制。目标控制的方法是先制订总体目标，然后层层分解落实到基层单位甚至个人，并层层制订出相应的控制措施与方法，以确保各种目标的最终实现。但要注意的是目标的制订应该是全体人员的参与，包括管理人员和职工都必须亲自参加制订目标和实施计划，争取领导和绝大多数下属的支持，目标要具体、有重点、有顺序而且要切合实际，既有现实的可能性又要留有余地。

6.7 管理咨询

管理咨询(management consulting)是一项科学性很强且具创造性的工作，是现代企业科学管理的一种重要的控制方法，这种方法很像医生给患者诊治疾病的过程，所以也称管理诊断，组织诊断等。

6.7.1 管理咨询的定义

咨询(consulting)，其本意是指商量、请教、询问并回答所提问题。通俗地讲，就是起参谋作用，它是一种智力服务工作。

什么是管理咨询？美国管理咨询公司对管理咨询的定义是："由独立的和外部的专职人员或组成咨询公司的一群人员，为了一定的费用而提供的服务，他们帮助经理分析和诊断管理经营中的问题。"从该定义中可看出，这里的管理咨询，一是指企业管理咨询；二是指由专职人员或独立的公司所进行的咨询；三是管理咨询是一种以收费为目的的服务。

管理咨询在美国仅限于对高层管理的目标、任务、政策、策略、行政、组织机构以及其他原则性和起控制作用的内容的咨询。但是，随着科学技术和生产的发展，管理咨询的范围不断变化，除了上述咨询的范围之外，还涉及人和系统等方面的咨询。虽然，管理咨询起始于工业，今天，它已超越了最初的界限，向非营利性机构，如行政、文教、法律部门扩展，它已成为一项艺术和科学并重的职业。

日本自从第二次世界大战后，从西方引进咨询知识，把咨询改作诊断(diagnosis)，把企业管理咨询叫做企业诊断，基本上是借用了医学上的名词。企业诊断和管理咨询这两个名词的内涵大致相同,没有什么重大的区别。但是,日本人认为咨询好比医生给病人看病,改善方案好比医生给病人开的处方,病人必须按处方买药、服药。这样,把管理咨询工作更加强化了。也正因为如此,在学术界产生了管理咨询和企业诊断这两个内容大致相近,而叫法不一的概念。

我国有学者对管理咨询的定义是:它是由掌握专业知识与科学技术方法并具有丰富实际经验的专家,深入企业的现场,进行调查研究,根据企业现状和存在问题以及企业提出的决策目标,通过报告书,有针对性地提出改善建议和措施或决策方案;在必要时还可进一步实施指导的管理活动。

对于管理咨询与企业诊断的内涵在不同的著作中有不同的认识,我国学者认为企业诊断的内涵主要是:通过对企业环境和企业能力的分析,在对企业的经营状况作出综合评价的基础上,以产品、市场战略为核心,制订企业经营战略,明确为实现该经营战略必须解决的经营课题,针对课题提出具体的改善建议,进而指导和帮助企业贯彻落实,谋求企业持续发展的一种改善企业经营,提高企业经济效益的服务性活动。

6.7.2 管理咨询的发展

管理咨询最早出现于泰罗1890年在美国的《工业工程》和《时间和动作研究》等著作中。泰罗、甘特、弗兰克等创导这种新的科学管理思想的人都是最早的管理咨询者。这些人一大部分的工作时间,是从事研究并解决企业的生产问题。但是,由于社会对管理咨询的需求日益增大而远远超过了他们的能力,致使无法满足社会对管理咨询的需求。到20世纪20年代,尽管咨询工作仍未得到广泛的应用和接受,但它已逐渐地扩展到经营管理的其他方面。到了30年代,布兹、麦金西等又一代咨询师的出现,为管理咨询建立了信誉,并扩大了应用范围。接着由于30年代的经济萧条,面对处境困难的企业财务改革和机构改组,管理咨询又开创了一个新的重要活动领域。从此,咨询者的作用又变为研究挽救"病态"企业。美国的管理咨询直至目前仍对改善企业的经营状况,健全企业组织结构,挽救"病态"企业发挥着巨大作用。现在美国已拥有3 000多家咨询公司,从业人员30余万人,从事内容广泛的咨询工作。美国一些大型咨询公司的咨询服务已经国际化,分支机构遍及全世界,还有数以万计的服务站,这些组织在美国经济管理中起到很大的作用,他们的活动受到法律的保护,在法律制约下从事咨询活动,并受到社会的尊重和重视。

近年来西欧各国与日本的咨询事业发展迅速,不但专业公司从事咨询服务,各高等院校普遍实行"教学、研究、咨询"三结合的教学方针,既教学,又搞咨询服务。

我国引进并开展管理咨询,是从20世纪80年代初期开始的。近年来,随着我国经济建设的发展,经济体制改革不断深入和转换,已开始重视企业经营管理水平和素质的提高。管理咨询或企业咨询、企业诊断作为一种现代化管理方法,逐步被经济管理部门和企业所接受,我国的管理咨询事业有了较快的发展,从中央到部分省、市建立起了各种管理咨询机构,为企业生产经营进行正确决策,为改善企业素质提供建议、实施方案做了大量的工作。

但是,我国的管理咨询在发展过程中也遇到了一些阻力和困难。当前影响我国咨询事业发展的因素主要是:①在现有体制下,企业经营者缺乏改善企业管理的内在动力,一般没有要求对企业进行咨询的愿望;②有些企业经营者不愿意通过咨询来暴露企业的问题和弱点,即使咨询主要是为企业设计改善方案,有利于企业素质的提高和生产的发展,有些人处于"做官"心理，认为这样会暴露自己无能，而有损尊严。所以对咨询表面上赞同而实际上有抵触情绪，他们对咨询不是拒之门外，就是“叶公好龙”。目前，我国开展管理咨询，主要在一些具有科学头脑又比较开明的企业经营者管理的企业中进行；③有些经济领导部门和企业经营者对咨询工作的意义及知识缺乏足够的了解和认识，因而不能引起他们的重视，缺乏开展咨询业务的积极性；④专业咨询机构不健全，有的大中城市还没有专门机构，专业咨询人员数量较少、质量差，造成咨询质量普遍不高，影响了咨询事业的发展；⑤缺乏推进企业咨询工作发展的政策性措施。目前，对咨询成果的认可，以及咨询人员资格的认定，还有咨询的收费标准等，都没有明确的法律依据，影响了咨询人员的工作积极性；⑥处于困境中的一些国营大中型企业，苦于资金问题及工资问题等客观原因，对咨询问题根本排不到议事日程上来。

要使我国咨询事业得到较快的发展，必须加强对有关政策的研究并且要立法，同时采取一些切实有效的措施，创造一些有利于咨询事业发展的条件，建立一支强大的管理咨询队伍。只有这样，才能真正使管理咨询在促进经济增长上发挥出更大的作用，使管理咨询事业也得到更大的发展。

6.7.3 管理咨询的特点

(1)独立服务性

企业管理咨询是为企业经营管理活动提供独立服务的活动。其目的是为了帮助企业改善经营管理活动，解决企业经营管理过程中“新、大、难”问题。咨询工作具有其自身的独立性，这种独立性主要表现在工作过程和改善方案的制订上，这就是说，咨询组织不是用户的执行机构，他们的任务是根据用户委托的经营咨询课题，组织专家深入调查研究，搜集掌握第一手资料，坚持从客观事实出发，独立地进行科学分析和客观论证，不受社会环境和企业内部各种权力因素的影响和干扰，从而能保证向用户提出符合客观实际发展的科学咨询方案。

(2)科学性

现代企业管理咨询具有很强的科学性。这种科学性表现在咨询本身属于高智力、高科技产业，是一种以输出现代企业经营知识为特征的智力型服务活动；现代企业管理咨询已由传统的经验性分析咨询转向深入调查研究，掌握确凿信息，使课题研究分析论证以充分的客观事实作为依据。咨询过程必须遵循一定科学程序，即：确定课题、调查研究、方案论证、撰写咨询报告等环节。企业管理咨询只要认真坚持了这一咨询程序，就能有效地提高咨询课题的科学性。

(3)群体性

现代企业管理咨询不是咨询者个体行为，而是咨询组织的群体行为，咨询组织一般有外部和内部咨询组织两种。内部咨询组织是企业的智囊参谋机构；外部咨询组织主要有两种：一种是实体性组织，即由独立的专业性机构承担咨询课题，这种机构一般直接拥有咨询专家、咨询师，能够独立承担咨询课题任务。另一种是虚体性机构，也就是挂牌机构。这种机构自身并不直接拥有承接咨询课题的人才，主要是聘请社会上的咨询师进行咨询。但是，无论哪种咨询组织形式，都必须是咨询组织的群体研究活动。

(4)创造性

对企业的经营管理活动进行咨询是一种创造性的活动。因为，咨询对象的情况千差万别，咨询课题又是企业经营管理过程中的“新、大、难”问题，并没有现成的方案可供参考，这就要求咨询人员既要有扎实的经营管理理论知识,又要有丰富的咨询经验,善于把经营管理理论与企业实际结合起来,具体问题具体分析,要勇于开拓,大胆创新。

(5)实用性

企业作为委托方,申请咨询的目的是要求咨询组织帮助解决企业经营管理中的重大难题,使企业的经营管理活动纳入良性轨道。所有咨询方案和建议都必须从企业实际出发,具有较强的针对性和实用性。即使是对于企业经营战略、经营方针等重大决策的咨询,也必须建立在深入调查研究和掌握充分资料的基础上,采取定性分析和定量分析相结合,掌握充分信息进行综合分析,而不能进行演绎推理,高谈阔论。因此,要求咨询专家既要重视对企业经营管理活动实际资料和数据的调查分析,更要重视对企业外部环境各种不可控变量因素的调查了解。

6.7.4 管理咨询的分类

企业管理咨询可以从不同的角度,按照不同的标准进行分类。一般说来 ,可以根据下列标准来划分。

(1)按咨询主体的不同分为内部咨询和外部咨询

内部咨询(insider consulting)是指组织企业内部人员自己进行咨询改善的活动。一般挑选有丰富企业经营管理经验和咨询技能的经营管理者、工程技术人员和一线员工组成咨询组,对本企业经营管理活动进行分析调查,进行咨询。内部咨询的优点是保密性强,确保企业内部情报不外泄;机动灵活,何时进行以及时间的长短都由自己把握;节约费用,不必另付咨询费;企业内部人员比较了解情况,容易很快进入角色。其缺点是:看问题常带有偏面性和倾向性,有时不够重视企业存在的问题。内部咨询一般适用于技术和经营管理人员充足、力量雄厚,有咨询能力的大企业。

外部咨询(outsider consulting)是指企业在经营管理过程中遇到难以解决的问题,向咨询机构提出申请,邀请咨询人员来企业调查分析,进行咨询。这种咨询的优点是比较客观、科学,有较强的针对性,效率较高。缺点是时间长,费用大。因为从咨询人员阅读资料,熟悉情况到正式咨询一般要花费较长时间,外部咨询一般适用于企业实力薄弱,很难适应市场变化的需要,并且常对企业存在的问题熟视无睹,需要外部力量的协助。

(2)按咨询对象的不同分为个别咨询和集体咨询

个别咨询是指对单个企业所进行的,目前,我国商业企业进行的就是这种咨询。

集体咨询是指对有相互关联的多个企业进行咨询。如:对美国的“麦当劳”连锁店进行咨询。

(3)按咨询的时间的不同可分为长期咨询、中期咨询和短期咨询

长期咨询是指咨询机构对企业连续进行3～5年甚至更长时间的经营管理咨询。在这种情况下,咨询机构对企业是一种长期的咨询关系。要经常与企业保持联系,定期或不定期地对企业进行回访和指导。

中、短期咨询是指一次性咨询,特别是短期咨询为期一个月、半个月、一个星期甚至只有一天,这大多为解决特定问题而进行的局部或专题咨询。目前,我国普遍进行的就是这种中、短期咨询。

(4)按咨询内容的不同可分为综合咨询和专题咨询

综合咨询(comprehensive consulting)是指对企业的整个经营管理活动进行的咨询。即从企业的经营能力、效率、财务成本、经营管理组织等基本情况,一直到企业的经营目标、方针和经营产品等进行全面的综合性调查分析,在此基础上为企业指出需要解决的各类问题的轻重缓急和基本方向,并进行综合性的实施指导。

专题咨询(special consulting)是指对企业经营活动中的某些专项课题进行咨询。如财务咨询、销售渠道咨询等。专题咨询课题具有局部性、专门性和较强业务技术性。企业在进行专业经营管理中遇到某些难题所提出的咨询也属于专题咨询。

通常,专题咨询适用于大企业,如跨国公司、连锁店或者是经营管理基础工作搞得好的企业。综合咨询适用于中、小型企业或基础工作搞得不太好的企业。

(5) 按咨询的专业性可以分为经营战略咨询、市场营销咨询、组织咨询、物资管理咨询、质量管理咨询、财务管理咨询、人事管理咨询等。(具体内容见本书有关章节)

6.7.5 管理咨询的任务

企业管理咨询是由具有丰富经营管理理论知识的专家,应企业的要求,在调查研究的基础上,通过提供改善经营管理的方案,为企业改善经营管理活动服务。因此,企业管理咨询的任务主要包括以下 3 个方面。

(1) 发现或判断企业经营管理活动中的主要问题

企业经营过程中存在的问题通常有 3 种。

第一种,阻碍企业开展经营活动的显性问题。这种问题明显、突出、容易确定,但企业无力解决。

第二种,影响企业经营顺利进行的潜在问题。这种问题深藏于企业繁杂的经营过程之中,企业无法察觉。

第三种,企业开拓经营业务可能会出现的新问题。这种问题有些是常规性问题,有些则是突发性问题,它不是“近虑”而是“远忧”,是企业发展中必须解决的问题。如企业的投资决策问题、多元化经营问题、发展连锁店业务等问题。

(2)查明问题原因,提出改善企业经营的方案

根据咨询课题的要求,咨询人员要深入实际进行调查研究,查明产生问题的主要原因并对症下药,向企业提出改善方案。提交的改善方案既包括制订规划和选择目标,也包括实现规划的要求,达到目标应采取的主要措施,以及实施步骤等。

(3)通过培训,提升企业各级经营管理人员素质

帮助企业培训各级经营管理人员,从根本上提高他们的素质,增强企业文化凝聚力,树立全局观念;使企业发展成为自主经营、自负盈亏、自我发展、自我约束的竞争实体。

6.7.6 管理咨询的作用

有关专家认为,今后 10～15 年内,在世界经济和企业领域里,世界最主要的咨询公司的力量和影响将大幅增长。其主要原因是这些咨询公司在信息技术领域拥有最丰富的材料和经

验。企业管理咨询的作用可以概括为以下几个方面。

(1)优化企业经营决策

在市场经济中,竞争优势是策略管理中的概念,能够成为竞争优势的资源可包括市场定位、技术、品牌等。由于企业外部市场的瞬息万变,对上述资源的决策通常是复杂的和多变的,当今的管理者凭个人的知识、经验和和智慧已远远不能胜任。因此现代企业决策必须建立参谋智囊系统,收集和分析消费者需求变化的市场信息、技术动向信息和有关法规的变动对企业经营生产产生影响的信息,为经营管理者作出决策提供参考。咨询组织则是企业决策的支持系统,成为优化决策的重要保证。

(2)提高企业管理水平和经济效益

企业管理咨询主要是由咨询人员深入现场,帮助企业解决经营过程中的"新、大、难"问题。由于咨询工作是由专家群体进行的高智力服务活动,其咨询过程具有较高的科学性,咨询方案要反复论证,确保方案的可行性。因此,有利于推动企业经营管理的科学化、现代化进程,从而提升企业管理水平和经济效益。

(3)落实盘活存量和生产要素的最佳组合

管理咨询不单针对一个企业、提高一个企业的经济效益。一个企业在社会经济活动中不是孤立的,需要从企业彼此之间的关系来分析,为提高整个国民经济效益,可能要作结构性调整,包括对产业结构调整、产品结构调整,真正落实盘活存量,落实生产要素的重组,落实资源的优化配置,管理咨询就是一个很好的手段。

6.7.7 管理咨询的程序

企业管理咨询的基本程序可分为3个阶段,即准备阶段、咨询阶段和实施指导阶段。

6.7.7.1 准备阶段

进行咨询前的准备阶段是从咨询机构受理企业申请开始,到咨询小组进入企业前的全部准备过程。这一阶段的准备工作,主要是咨询组织审查申请企业提出的咨询申请,以及根据申请企业提出的具体咨询要求和希望,进行初步调查研究,搜集有关信息资料,做好进入企业前的一切准备工作。

(1)咨询手续

申请企业根据经营活动的需要,主动提出申请要求进行咨询。首先,企业要主动填写《企业咨询申请表》。然后向有关咨询机构提交申请。咨询机构接到申请后,要立即搜集申请咨询企业的有关资料,根据企业提出的问题以及要求,评价其可行性。衡量本咨询机构是否有能力承接。通常情况下,咨询机构只要具备能力,就应尽量满足企业的要求,接受企业的咨询申请。如果暂时条件不具备时,要尽量向企业说明。如果咨询机构接受了企业的咨询申请,就要向企业以文件的形式发出通知指令,企业接到通知后,要积极做好咨询的准备工作,配合咨询小组进入企业进行咨询,咨询机构在接受了申请企业的咨询要求以后,要与企业签订委托协议,以合同的形式将二者责权利明确下来。

(2)咨询前的准备工作

开始咨询前的准备工作可以从两方面进行,即申请企业的准备工作和咨询机构的准备工作。

1)申请企业的准备工作

申请企业在咨询小组未进入企业调查前应做好 4 个方面的准备工作,即资料准备、组织准备、认识准备和后勤准备。

资料准备。企业在申请咨询或接到咨询机构的咨询通知时,要为咨询小组准备好有关方面的资料。通常准备的资料有以下几个方面:①企业经营状况一览表。企业经营状况一览表一般有 10 个方面,即企业经营、生产、营销、原材料供应、经营渠道、经营促销、职员状况、福利设施、经济效益状况、企业建筑物布局等。②经营组织状况。应提供企业组织结构图,说明企业职能组织的构成情况。③企业主要产品的工艺流程和制造过程概况。应提供主要产品的工艺流程和制造过程概况资料,以便于咨询人员深入了解。④企业财务状况。主要包括企业长远规划和本期计划,连续 4 年的财务报表等。如企业的《资产负债表》《现金流量表》《利润表》等。⑤企业经营管理者对企业经营状况的自我认识以及对咨询小组的具体要求等。

组织准备。组织准备的主要任务是确定企业参加咨询小组的工作人员和联络人员的人选。企业应由业务部经理或副经理负责,并抽调一些中层职员参加,这样既可以为咨询小组担当联络员,又可通过咨询活动学习有关技能,也可以在咨询小组离开企业后,落实改进方案的具体实施,努力促进企业经营水平的提高。

认识准备。主要是对企业进行经营咨询活动,要从思想上认识到其重要性。在企业内部要通过多种宣传形式,提高广大职员的思想认识,为咨询活动的开展创造有利的条件。此外,还要根据企业的特点和经营水平,安排企业经营管理教育活动,邀请咨询专家在企业举办讲座,努力提高企业经营管理者和一般职员的业务素质。

后勤准备。申请企业要为咨询小组搞好后勤工作,如提供办公地点,准备好必需的咨询用具,安排好咨询人员的住宿、饮食等。

2)咨询机构的准备工作。咨询机构接受企业咨询申请后,要根据咨询任务的要求,订出日程安排,并针对申请企业的具体情况和咨询要求,选聘咨询专家,组成咨询小组。咨询小组建成后,应做好以下几方面的工作。

第一,咨询小组负责人向咨询成员介绍申请企业的基本情况。

第二,公布和讨论咨询任务、目标、内容和范围。

第三,编制具体咨询日程计划,对咨询小组成员具体分工。

第四,搞好有关信息资料的搜集,通常要搜集和掌握两方面的资料:一是有关企业经营内部因素的资料,这方面的资料通常要由申请企业提供,但申请企业有时提供的资料是不全面、不系统的。因此,咨询人员有必要进行调查搜集,弥补企业造成的漏洞,同时还要对申请企业提供的资料进行校对和更正;二是有关企业经营外部因素资料,一般要搜集以下几方面的资料:申请企业经营产品的质量和技术先进标准;同行企业的有关资料;本企业产品销售的目标市场;市场竞争状况;原材料库存以及购买情况,有关物价、财税、信贷和投资市场的资料;该企业经营产品的市场定位;企业主管的评价;企业的长远发展规划等。

第五,整理资料。要将搜集到的所有资料进行归纳、综合,使其成为有条理的信息资料。

6.7.7.2 咨询阶段

咨询机构在完成咨询准备工作后,应按预定时间派咨询小组进入企业进行咨询。在咨询过程中,可以分为预备咨询和正式咨询两个步骤进行。

(1)预备咨询

预备咨询是指咨询小组进入企业后听取企业领导介绍企业情况;视察企业经营现场;进行职工意见调查;深入了解企业经营状况等活动。在初步找出企业经营活动中存在问题的基础上,要确定企业咨询的重点方向和关键课题,以便制订出切实可行的咨询计划,为正式咨询作好准备,这一阶段具体步骤如下。

1)听取企业情况介绍。企业经营管理者要向咨询小组介绍企业的发展历史、企业规模、生产结构、组织层次结构、固定资产、流动资产、产品销售状况、企业经营现状、经营水平、企业的经营方针、目标、经营战略以及企业对咨询小组的要求,同时企业经营管理者还要对企业经营管理中现存问题作补充说明。

2)亲临企业经营现场。即根据企业提出的经营咨询要求和调查提纲,结合企业的情况介绍,对企业进行有目的、有针对性的现场视察。一般以参观的形式,由企业经营管理者陪同,按照经营流程进行观察,要做到全面视察,重点了解。要利用目标捕捉法,捕捉到问题及其要害,为选定咨询课题提供依据。

3)调查、征求职工的思想和意见。调查企业职员的思想和意见常用"调查问卷"式方法。即由咨询人员提出调查提纲,企业职员在独立的情况下以匿名的形式填写职员意见调查表。采用"职员意见调查表"进行调查,以召开调查会的方式,当场填写当场交卷效果最好,也保证了问卷的回收率。

4)选定咨询课题。咨询人员一到企业,通过调查就会发现各种各样的问题,尤其是那些基础比较差的企业,问题之多可能难以预料。咨询小组先将企业经营中最关键、最迫切的问题作为企业咨询的重点,设立正式咨询的目标,选定咨询的课题。一般咨询明确咨询课题时首先要明确问题的相对性、客观性和可比性;其次要找出有代表性和主导性的主要问题,最后要使问题具体化。

首先要明确问题的相对性、客观性和可比性。

问题的相对性。咨询人员在没有弄清企业的经营目标及了解到各个经营领域的具体目标、要求之前,是很难判定问题的严重性的,就要分析经营目标和现状的差距,即"目标－现状＝差距"。这个差距有着较为强烈的相对性。例如,同一情况在落后企业可能被视为是经营管理中的小问题,但在先进的企业就有可能是严重的问题,这是现状相对于现存目标的差距,在这里,差距就成为企业咨询的问题,这类问题是显在性的问题。又如,在同一企业里,某种情况当时不被认为是影响企业经营活动的问题,但当原有的问题大都解决了,目标基准提高之后,当时的问题对现在或未来而言,就成了大问题。这是现状相对于今后某一时期新目标的差距,属于潜在性问题。

问题的客观性。了解问题的客观性,是为了更好地掌握企业存在问题有多少及严重程度。经营目标是由企业经营管理者制订的,并随着实现这种目标的决心大小,对自己要求的高低而可以调整变化的。因此,衡量企业存在问题的多少及其严重性,必须从问题的相对性和客观性原则出发,充分掌握了解企业现状的途径和目标内容的方法,找准企业经营咨询的改善点,并对症下药。

问题的可比性。在相对比较的时候,要注意问题的可比性,问题只有有可比性,才有科学性。

其次,要找出有代表性和主导性的主要问题。由于企业内部存在的问题往往是互为因果,相互交错在一起，对咨询人员来说并不是见问题就咨询，经验丰富的咨询专家常常采用由近而远、由易而难、由局部而总体、由一般而特殊的思考顺序，善于从诸多问题中剔除现象或从属问题，找出具有代表性和主导性的问题，也就是在复杂的因果关系中找出关键性问题，并从中选择咨询课题。

至于选择课题的要求，比找问题又要高一级，即并不是凡有代表性、主导性的问题都可以列为咨询课题，而是应看它们需要解决的紧急程度、影响企业管理水平提高的程度、改善的难易程度、落实改善后效果程度，以及咨询人员能力、精力的许可程度等，经过综合考虑以后才能确定咨询课题。对于难以解决或预期效果一般化的问题，即使很紧急，也不宜列为课题。

最后，问题的确认和具体化。问题的确认需要有证据的定量或定性分析。必须严格按照咨询的程序和所用的技术方法，认真进行调查、测定。管理咨询人员可从各自擅长的专业方面着手分别进行调查，着手点各不相同，但最终都要进行系统的归纳总结，对每天获得的资料要及时整理和研究。

在选定课题的讨论会上，每个咨询人员都应按下述程序进行论证：①列出具体项目，指出企业在经营管理上存在的主要问题；②逐项论证提出问题的依据；③论证改善和解决问题的可行性，提出改善后的效果预测。

5)组成课题小组，制订咨询计划。正式的咨询计划应包括的内容：咨询课题的题目和咨询的目的；咨询人员的编制计划以及分工安排；咨询进度计划；初步预测的咨询效果。

(2)正式咨询

正式咨询是企业咨询的最重要环节。它是对企业经营活动深入研究、详细咨询的过程，也是咨询方案的设计和形成过程。一般包括以下环节。

1)专题调查分析。即咨询小组根据负责的专题，深入到企业现场调查研究，进行定量分析和实际测定工作，为咨询报告的形成提供充实的客观依据。

专题咨询的项目可根据咨询项目和咨询目标的需要设立。如按企业经营活动的范围划分，专题调查分析项目包括：企业总体经营方面，如经营环境、经营方针、经营战略、目标、经营者的分析评价等；市场营销方面，如企业的市场竞争力、市场定位、营销渠道、经营促销分析等。生产方面，如经营产品、新产品开发、工序分析、定额分析、工艺流程分析等。经营成果方面，如资金运用分析、资金的周转分析、损益分析、现金流量分析、盈利能力分析等。

2)综合调查分析。综合调查分析，一般是由申请咨询企业的特点和咨询的范围而决定的。通常的综合调查分析项目包括。

①企业经营现状分析。

②企业素质和能力分析。

③企业组织与生产控制水平分析。

④企业竞争能力与市场定位分析。

⑤产品供应能力分析。

⑥成本、价格与利润水平分析。

⑦职员培训能力分析。

⑧企业经营素质和能力分析。

⑨产品质量控制水平分析。

⑩企业信息管理系统机能分析。

3)制订改善方案。咨询小组进行专题综合分析之后,基本掌握了企业的经营状况,明确了改进方向。在此基础上,要立即研究和制订企业咨询的改善方案。在制订企业经营咨询的改善方案时,要遵循以下原则。

第一,各种改善方案都要以提高企业整体的经济效益为前提,以提高企业素质为着眼点,不应追求于个别指标的提高。企业经营咨询的目的不仅要帮助企业解决眼前的问题,更重要的是帮助企业健全各级经营组织职能并发挥其作用,增强企业自主经营、自负盈亏、自我发展、自我约束的能力,最终要达到企业整体效益的最佳化。为此,必须把提高企业经营素质和各级经营职能作为制订改善方案的着眼点。

第二,凡是经营咨询改善方案,咨询人员都要与企业领导及有关人员一起研究,并应取得与实施方案有关的各部门的认可。改善方案的最终选定,应由企业有关经营管理人员表态,做出决策,经营人员不应从提出方案一直到选定方案都全部包下来。

第三,每个改善方案都应有预期的经济效益。如果需要一定的投资,则应附有经济效益计划书,个别情况还应有可行性研究报告。

第四,每个改善方案都要兼顾企业的现有状况和长远目标。企业无论在经营产品品种、经营组织机构、经营管理者素质,还是经营能力上都应有一个长计划和短安排。在提交改善方案时,要从现有经营基础出发,不提与现状距离太大、太远或耗资过多的改善方案,而应该以循序渐进为指导思想,多提一些阶段性的改善方案,以便激励企业职工落实改善方案的积极性。同时,经营咨询人员又必须考虑经营咨询改善意见与实现长期目标的一致性,把它们作为实现企业长期经营目标的具体措施。

第五,各种经营改善方案都要以市场经济为指导思想。市场经济就其本质而言,是损益性经济。在竞争激烈的买方市场上,企业的经营活动直接影响着企业的经营效益,企业要么盈利,要么亏损,持平的企业在市场动态中只是一个不经意的巧合。因此,所有的改善方案都要以市场为出发点,一切改善方案都要有利于企业尽快地迎合消费者的兴趣偏好,发挥企业的经营优势。

4)筛选最佳改善方案。咨询小组在制订了经营改善方案的基础上,还要在多种方案中筛选出适合本企业经营特点的最佳方案。最佳方案的选定,最重要的是做好如下工作。

第一,改善方案的协调。如新产品的开发与老产品的生产、成本与质量、产品与利润、价格与销售、销售量与库存量等之间的协调。

第二,改善方案的平衡。如职员、原材料、能源动力、资金、设备与技术能力等资源与经营任务需要之间的平衡。

第三,征求申请企业对改善方案的意见。在确定改善方案的过程中,要认真与企业协商,虚心听取职工的意见,弥补和修正改善方案中因咨询人员的片面性和局限性所造成的不足。征求意见,讨论改善方案的过程,也是把咨询过程中所确定的改善方案变成企业意愿实现的过程。这对落实和实施改善方案都具有重要意义。

第四,改善方案的优化。优化筛选最佳方案的根本方法主要有以下几种。

①集体鉴定法。这种方法是把不同的改善方案,提交有关人员集体讨论鉴定,进行优选的方法。在讨论的过程中,要求经营咨询人员各抒己见,通过大量的数据资料来论证自己的观点,以杜绝少数权威左右他人意见的现象,既能集思广益,又能统一意志,最终达到筛选出最佳方案的目的。

②因素评分法。它是对几个不同的方案，按照改善方案所要求的各种因素和满足这些特性因素的优劣顺序进行打分评价的选优方法。

③顺位评定法。它是对几个参加选择的方案，根据目标要求的主要因素对各个评定顺位。这种方法是根据各个因素的优缺点，将各个方案评上顺序，然后统计每个方案所得的顺位分数。所得总分最高的方案是最优的方案。

④最优化法。这种方法是利用严谨的数学模型，对所有的备选方案进行比较，最终筛选出最优方案的一种方法。在企业管理咨询中，常用的最优化法有：盈亏临界点法、边际分析法、线性规划法、价值工程法、ABC 法、网络图法、系统工程法等。

5)撰写咨询报告。经过论证修改并征得用户同意后的咨询方案，要认真进行文字整理，写成企业经营咨询报告。经营咨询报告大体包括以下内容。

①绪言。阐明咨询的背景、目的、意义。

②企业概况。说明企业人、财、物资源状况、经营规模、范围和方式、经营管理水平、经营发展历史。

③管理咨询调查内容、范围和基本方法。

④改善方案具体意见(综合报告与专题报告分述)。

⑤实施方法、步骤与预期目标、效果。

⑥对咨询企业的期望与要求。

撰写咨询报告时要求定性分析与定量分析相结合，要贯彻以下几方面原则。

科学性原则。科学性是撰写咨询报告的首位原则。所谓的科学性就是咨询报告必须真实地反映客观事物的本质和变化规律，引证的数据资料必须正确无误。采用的方式方法必须正确，有科学性。

逻辑性原则。咨询报告的段落与段落之间、句与句之间的连接要符合逻辑，否则将会影响咨询报告的效用。

清晰性原则。咨询报告只有文字清晰，人们才能领悟其极含经济价值的内容，其感染力才能增强。

主题性原则。企业经营咨询报告必须突出主题，要抓住企业经营活动中的主要问题和问题的主要方面。主要问题解决了，其他问题就容易处理了，切忌面面俱到。在现实生活中，面面俱到有时极有可能是浅尝辄止，不能对某一问题深入下去。

6.7.7.3 帮助实施阶段

帮助实施这一阶段，是实施咨询方案的指导落实阶段。

(1)咨询答疑。在申请企业落实咨询方案过程中，咨询人员应负责进行答疑，帮助企业解决咨询方案实施过程中某些疑难和技术问题。

(2)帮助落实与培训人才。经企业同意可派出咨询专家深入企业帮助实施计划，对实施负责人进行个别指导，或协助企业培训骨干和经营管理人才。

(3)信息反馈和回访指导。咨询机构应建立咨询用户档案，经常与企业保持联系，定期或不定期地了解咨询方案的实施情况、效果与意见，做好回访记录。并定期进行回访指导，进行申请企业情况调查，防止问题反弹。

6.7.8 管理咨询人员的素质要求

管理咨询是一项科学性很强的创造性劳动，管理咨询人员需要很高的素质，他同其他咨询工作一样，在思想、作风、学历、知识、能力、精力、思维等方面，对咨询人员都有特定的要求。

6.7.8.1 道德准则

我国企业管理咨询协会对咨询人员的道德准则提出以下要求。

(1)坚持四项基本原则，严格遵守党和国家的有关方针、政策、法令。

(2)恪守独立、公正、客观的立场。

(3)坚持社会效益与企业效益的统一。

(4)一切判断基于事实。

(5)咨询人员的服务不仅要为企业解决问题，更要着眼于提高企业管理水平。

(6)为委托者恪守秘密。

(7)不做因维护委托者的利益而损害第三者的事。

(8)不接受力不能胜任的委托。

(9)不做诋毁同行的事。

(10) 除事先商定的报酬外，不接受其他额外酬金。

6.7.8.2 职业素养

管理咨询人员应具备下列的能力和管理理论与实践。

(1)管理咨询人员应具备以下专业知识

①咨询工作的性质、目的和历史。

②咨询公司的专业、职责、组织和管理。

③咨询的类型，有关咨询的术语。

④咨询人员的基本任务和特点。

⑤各种咨询职务之间的关系。

⑥咨询人员与受咨询企业之间的关系。

⑦工作及行为准则。

⑧咨询公司的行政及财务管理。

(2)管理咨询人员应具备以下主要的技术方法

①在咨询中解决问题的系统方法。

②了解企业组织现状，鉴别问题技巧。

③计划和安排工作任务的管理技术方法。

④掌握事实的方法和技巧，工作研究、会谈和其他技术方法。

⑤调查、分析事实的方法和技巧。

⑥形成可供选择的方案，论证可取得的效益。

⑦提出解决问题的建议、详细办法的技巧。

⑧设计工作制度、程序和管理体制的方法。

⑨制订实施方案的具体措施，培训受咨询企业的人员的能力。

⑩提出继续服务的措施。
(3)管理咨询的思想交流和改革包括以下内容
①介绍行为科学、企业内思想交流和改革的建议。
②进行口头交流,倾听具有实效的陈述,有目的地找有关人员交谈。
③领导和参加小组会议,掌握情况,了解问题。
④进行书面通信,利用信息和传递的工具,撰写报告。
⑤提出实行改革的战略和策略。
(4)管理咨询人员应具备以下管理理论和实践能力
①具有分析经济、社会、市场和其他环境对管理影响的能力。
②具有管理机构设置和管理职责制订的理论基础。
③具有企业综合管理的理论与实践的才能。
④具有企业财务管理、销售管理、生产和供应管理的基本知识。
⑤具有新产品研究和开发管理的一般知识。
⑥具有企业人事管理的基本知识。
⑦具有企业资料管理的基本知识。
⑧具有现代管理的定量分析和定性分析的知识与才能。
⑨具有管理信息系统和计算机在管理中运用的知识与技巧。

复习思考题

1. 什么是控制?
2. 控制职能特点有哪些?
3. 控制论自1948年诞生以来,经历了哪几个发展阶段?
4. 什么是前馈控制、现场控制和事后控制?
5. 如何实施有效控制?
6. 制定控制标准的原则是什么?
7. 产生偏差的原因是什么?
8. 什么是管理咨询?
9. 如何进行管理咨询工作?
10. 做好管理咨询需要哪些素质?

潜能提升:

控制"作弊"行为

1. 问题提出:目前,大学生学风问题是一个值得普遍关注的问题,尽管学校三令五申,但作弊现象仍十分严重,有的老师抓了作弊之后,采取"捉放曹"的办法,理由是给学生改过自新的机会,你认为这样做怎么样?如果你是学校校长,会采取哪些有效措施来有效地遏制作弊行为?

2. 场景设计:辩论

正方:“捉放曹”是人性化管理,给学生重新做人的机会,有助于学生认识错误。

反方:作弊是严重的错误,不是简单的认识问题,必须严惩,不能原谅!

结果要求:总结出结论,提出可行性措施。

3. 评分标准设计原则:具有正面引导性;具有可操作性;具有思维拓展性;紧紧围绕所学本章知识的应用。

分数评价可以划分为两种类型:同学评、老师评,权重为:0.4 和 0.6。

【案例 6-1】

扁鹊 VS 他大哥

魏文王问名医扁鹊:“你们家兄弟三人,都精于医术,到底哪个水平最高?”

扁鹊答道:“长兄最好,二哥次之,我最差。”

文王一脸疑惑:“可据我所知,你的名气是最大的,天下皆知啊,这又如何解释呢?”

扁鹊答道:“我长兄治病,往往是在病情发作之前,从表面上看,他是不能看病的,一般人也不知道他能事先铲除病源,所以他的名气没有传出去,只有家里人知道。二哥治病往往是在病情初起,一般人认为他只能治小病,故而只是在我们本乡本土小有名气。而我是之所谓大病,也就是病情严重时由我来进行经脉扎针、放血,甚至手术等治疗,别人以为很了不起,名声也就越来越大了,乃至享誉全国。”

文王点头称许。

事实上,事后控制不如事中控制,事中控制不如事前控制。可惜现实中,太多的人重视的是事后控制,等到问题出了,才想起分析原因,采取措施,弥补损失,但毕竟损失已经造成了。但愿更多的人做扁鹊之长兄,而不仅仅亡羊补牢,到处“救火”。

(资料来源:郭朝阳编著.管理学.北京:北京大学出版社.2006,第416页.

【案例 6-2】

河南“一加一”天然面粉小麦原料品质检验控制管理

河南“一加一”天然面粉是河南面粉行业健康面粉的倡导者和排头兵,他们连续增长的业绩,取决于严格地质量管控体系,尤其是从面粉制作的源头抓起。为加强天然面粉质量管理,提高产品质量,增强产品的市场竞争力,促进公司质量管理的制度化、规范化,结合实际,特制订本制度确保产品符合天然面粉企业标准。具体由采购部(负责所有原辅料样品的取样、订货及采购合同的签订)、品保部(负责所有原辅料、产成品品质指标的检验,保证符合控制标准,对检验记录及档案进行管理)、研发部(负责新品研发、原辅料、产成品品质指标的抽检及送第三方检验机构外检工作)负责。

小麦检验的检验要求、标准及流程。

1　小麦品质调研

每年7月份由采购部按市级为区域对小麦进行混和取样,由研发部对各样品品质指标进行检验,并形成检验分析报告,指导全年小麦采购,对于重金属、农残和真菌毒素超标的小麦产地严禁采购。

2 原粮质量检验要求、标准及流程

2.1 各指标检验要求

——常规指标(感观、气味、容重、水分、白度、面筋、不完善粒):

由品保部负责检验,每车必检;

——理化指标(粉质拉伸、黏度):

A. 由品保部根据当天到厂原粮按照产地区域进行检验;

B. 由研发部每月 2 次对到厂的已知区域原粮随机抽取一个样品进行检验。

C. 新开发区域原粮或新品原粮由研发部进行指标普检。

——重金属、农残、真菌毒素:

A. 由研发部每月 2 次对到厂原粮随机抽检一个样品进行检验;

B. 由研发部每年对公司采购区域原粮指标进行一次普检。

2.2 指标检验标准

——混样:原粮化验员收到小麦样品后,第一时间将小麦进行混合;

——感观、气味评价:颜色、气味;

——不完善粒检测:将小麦样品随机从大样中取出 30 克小麦进行不完善粒检测;

——水分、白度、面筋检测:将小麦样品随机从大样中取出 100 克采用粉碎机进行粉碎两次,每次时间为 20 秒;将粉碎后的样品放入小麦样品筛,筛格型号为上筛 50GG 下筛 90GG,筛理时间为 2 分钟,筛理后将面粉搅拌均匀进行白度、面筋指标检测;

——容重检测:将小麦样品用 600 毫升量杯装至平杯以后放至筛选器中,进行筛理 2 分钟(上筛为 5.0 目,下筛为 2.5 目);

——粉质拉伸检测:优质麦粉质拉伸项目为每车必检项,普通麦为每批进行检测;同批次每超过 3 车做粉质拉伸检测,特殊情况另行要求;

——真菌毒素检测:严格按照所使用试剂盒检测方法进行检测;

——重金属、农残检测:严格按照国家标准 GB 2762 中所要求的检测方法对每项指标进行检测。

按以上要求做出检测数据并填写小麦检验记录单;小麦检验记录单必须有检验人签字经品保经理审核,品保经理不在公司时有化验组长代理进行审核,并出具检验结果加盖质检专用章后生效。按照《原粮卸车时间》确保每日在 8:30 分准时卸粮入仓。

3 原粮样品送检流程

3.1 所有外来小麦样品必须经过采购部登记,由采购部统一递交品保部。

3.2 所有提取的小麦样品由采购部填写《采购部小麦样品送检单》,注明编号、品种、年份后交分公司品保部,品保部按照对应编号进行登记化验。品保部将化验结果 24 小时内反馈给采购部。如遇需紧急化验或可延迟化验的小麦,经双方商协确定检测时间,小麦检验结果只反馈对应编号的小麦是否符合公司要求(反馈用语见标注),其他详细指标不得反馈。品保部严禁私自接收未经采购部编号的外来小麦样品进行检测(研发部样品除外)。

3.3 为了建立小麦样品的详细档案,采购部于每周将本周登记的小麦样品详细资料(包括小麦编号、品种、年份、地点、仓号、数量),特殊品种小麦或需要及时拉运的小麦,有品保经理与采购经理进行对接。

3.4　样品确认后，由品保部在样品室统筹管理，样品须在半月定期清理一次，确保样品的有效性。

4　样品留存

原粮化验员负责对每车原粮进行样品留存，留存数量为1.5千克；留存期限为1个月。

5　留样抽查

绩效专员每月不少于3次，每次不低于5个麦样，提取本月已卸原粮的封存样品，编号后发送其他分公司进行化验指标复检，品保经理并对误差超出允许范围的样品说明原因和处理意见。

6　原粮入仓

公司依据原粮品种指标做为分仓依据，由品保部下达给原粮主管进行入仓；原粮仓以动态管理的原则，如有质量问题，应及时换仓。原粮主管应切实履行质量监督检查职责，掌握各品种小麦品质动态及库存，并及时将信息反馈品保部。

(改编自："一加一"天然面粉品牌和品质汇报)

思考题：

1."一加一"天然面粉是如何从原料把控产品质量的？

2.你认为制订一个检验标准应该注意哪些原则？

7 战略管理

◆本章学习要点：

1. 了解战略的定义及特征。
2. 掌握 SWOT 分析。
3. 掌握价值链概念。
4. 了解 CIS 的设计与实施。
5. 了解危机管理的解决思路。

7.1 战略管理与环境研究

当今世界企业的经营环境发生着剧烈的变化，要在这样激烈的市场竞争中生存与发展，仅依靠组织好企业内部的生产远远不够，必须制订出适应这种变化的发展战略。美国早在 50 年代中期，“企业政策”在一些管理院校开始讲授，但当时对此课程的研究仅停留在管理理论的探讨上，到 1973 年石油危机涉及到了西方社会和企业的每个角落，这使西方管理界人士深思，如何才能在较长时期内适应企业外部环境的急剧变化呢？所以，从此有关企业战略的研究如雨后春笋般出现。日本企业成功超过美国，原因之一就是重视企业经营战略的研究。进入 80 年代后，战略管理、自主管理和在职教育成为日本企业新的三大法宝。许多国家也都在学习日本，成功的企业都有较明确的经营战略。因而，当今世界企业管理实践和理论的中心就是企业的经营战略问题。企业战略是企业现代经营管理思想的综合体现，是企业为了自身的生存，并赢得最大限度的发展，通过对企业外部环境和内部条件的分析而制订的指导未来较长时期的全面性的总的策划，是企业在激烈的竞争中求得生存和发展的根本保证。企业战略管理就是通过制订具体行动方案保证战略加以实施并取得成功的整个过程。随着改革开放的深入和商品经济的发展，我国越来越多的企业也发现战略管理已成为保持自身长期稳健发展的基本手段。

7.1.1 企业精神与宗旨研究

企业精神(enterprise spirit)是企业有意识地提倡、培养全体员工的优良精神风貌，是在共同的价值观、世界观、人生观的基础上，在企业长期生产经营活动中形成的企业整体精神风貌、集体意识，是经营管理、行为规范、职业道德等企业整体素质的反映，如企业的拼搏精神，一丝不苟的精神、开拓进取的精神等。很显然，企业精神的形成需要经过企业全体职工的长期共同努力，并加以提炼、概括和实践。企业精神是企业文化发展到一定阶段所形成的，企业文化是企业精神的源泉，企业精神体现在企业经营哲学、宗旨、方针、目标、计划和体制等方面。企业精神是企业文化的一项重要内容,是企业文化的灵魂。企业精神的实质是指企业经营管理的指导思想,在美国被称为"企业哲学",在日本被称为"社风"。其内容表现在:坚定的追求,强烈的群体意识,正确的竞争原则,鲜明的社会责任和可靠的价值观念及方法论等。企业精神的特殊内涵决定了它具有个性特征和共性特征,个性特征指每个企业都有自己独特的企业精神,由于企业哲学、价值观念、行为准则、道德规范的不同,企业精神必然有自己独到的特点;共性特征是企业精神对企业全体职工的信念和追求的高度概括,同时又使这种共性产生共同的思想和行为。共性和个性特征是企业精神认识的起点,企业精神的形成受不同企业特殊的经营方式、经营内容的制约,不同的经营内容和方式决定了不同的竞争观念、质量观念、劳动观念等意识,从而制约企业的精神的形成。因此,每个企业由于独特的经营方式及经营内容而形成自己独特的企业精神,这种精神在企业生产经营中形成,反过来又为企业的生产经营活动提供精神支柱和前进的动力。

企业宗旨是企业的最高目标。企业是一个经济主体,必须获取利润,但我们绝对不能把盈利作为企业的宗旨,企业应以为社会、顾客及职工的服务作为其最高目标或宗旨,并积极生产适销对路、物美价廉、能创利润的产品,为国家、社会提供物质财富和效益财富,为企业自身的生存和发展提供条件。宗旨的陈述应说明企业要满足哪些消费者的什么要求,应具有激励员工的作用,使员工认识到本身的工作对社会所做的贡献,引导员工为完成共同目标而独立工作。企业宗旨是企业在一定时期内,按照企业精神,考虑内外条件和可能性,沿其经营方向所要达到的理想成果,它是企业经营战略的基本内容之一。确定企业的宗旨是有效地建立企业目标和选择企业战略的必要前提。企业宗旨的确定是企业内外环境分析规定范围,它限制企业战略的选择。因此,企业的战略应与企业的宗旨一致。总之,对于战略管理的研究离不开对于企业精神及企业宗旨的研究。

7.1.2 行业选择

行业是指企业直接参与竞争,彼此用类似的产品和服务为同一个特定的市场服务;行业是企业生存发展的空间,也是对企业生产经营活动最直接发生影响的外部环境。各个行业的社会使命、产品和生产过程以及发展条件等方面都会存在着不同的差异,每个行业都有不同的性质。企业选择所要进入的行业,是为了把握企业的行业环境,要更好地进行企业战略管理。

企业进行行业选择需要考虑的首先是行业结构。行业结构对于企业决定竞争原则和可能采取的战略等方面具有强烈的影响,行业结构分析就是制订企业经营战略的最主要的基础。

按照美国著名的战略管理学者迈克尔·波特(M. E. Porter)的观点,在一个行业中,存在着5种基本的力量,即新进入者的威胁,行业中的现有企业间的竞争,替代品或服务的威胁,供应者的讨价还价能力及用户的讨价还价能力。这5种基本力量的现状、消长趋势及其综合强度决定了行业竞争的激烈程度和行业的获利能力。见图7-1。不同行业的竞争力的综合强度是不同的。各行业的最终潜力也不同。在竞争激烈的行业中,一般不会出现某个企业获得非常高的收益的情况;在一个竞争相对缓和的行业中,会出现相当多的企业都可获得较高的收益。另外,行业竞争力量的综合强度决定着资本流入的程度,迫使收益趋向竞争最低收益水平,并最终决定企业保持较高收益的能力。如果行业中竞争持续,会导致投资收益率下降,甚至趋近于竞争最低的收益率,此时,行业的收益率基本一致。若企业的收益率长期低于行业的收益率,企业将会停止经营,并将资本转投入其他行业。反之,会吸引外部投资进入。

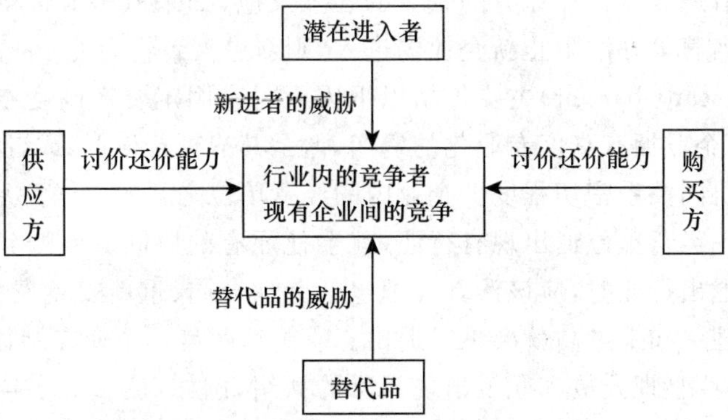

图 7-1 行业中的竞争力量示意图

7.1.2.1 新进入者的威胁

所谓新进入者(new entrant)可以是一个新的企业或是一个采用多元化经营战略的其他行业的企业，这个新进入者给这个行业带来了新的生产能力，并要求取得一定的生产份额，特别是那些进行多种经营的企业从其他行业进入后，常常运用已有的资源优势对新进入的行业产生强有力的冲击，造成行业产品价格下跌或成本上升，从而行业的获利能力降低。另外，新进入者要进入该行业也需要克服进入的障碍、退出的障碍以及进入后原企业的反应强烈程度。

⑴进入壁垒(entry barrier)的构成取决于以下因素。①规模经济。规模经济是指在一定时期内，企业所生产的产品或劳务的绝对量增加时，其单位成本趋于下降。经济规模可以构成进入壁垒，迫使企业进入时考虑以较大规模还是较小规模进入。如果行业内原有的企业的生产都达到一定的规模，新进入者若以较小的规模进入该行业就将处于成本上的劣势地位，若以较大的规模进入该行业则风险较大。②经营特色。如果行业内现有的企业已经树立了较好的企业形象并取得了用户的信任，进入者就要树立起良好的企业形象、取得用户的信任就要付出相当大的代价，甚至在开始的时候就要承受一定的损失。③投资。进入一个新的行业需要相当大的投资，除了建设厂房、购买机器设备外，还要培训员工、招聘技术人员、做广告、进行研究开发、开拓市场等，所有这些工作都需要较多的资金。④转换成本。它指企业从一个行业转向另一个行业从事生产经营活动时，或从一种产品转向另一种产品时，所要支付的成本，包括企业购置新的辅助设备的成本、产品再设计的成本、职工的再培训的成本等。如果转换成本超过企业本身的承受能力，则就面临一种进入障碍。⑤资源与技术优势。如果行业内现有的企业已与原材料及技术供应渠道建立了良好的稳定的供应关系，则新进入者的进入壁垒就相当高。因此，新加入的企业进入一个新的行业时，无论怎样扩大自己的规模，都难以消除这种壁垒。⑥销售渠道。新进入者要想加入现有企业已建立起的良好的分销渠道，则往往要求新进入者提供更加优惠的批发价格或加强广告宣传，以让消费者更愿接受其产品，这样必然将减少新加入企业的利润。⑦其他成本因素。如果行业内现有的企业已掌握了某种技术，积累了丰富的生产经验，工人操作熟练，废品率低造成其成本较低，而新进入者在短时间内还不能达到这一成本水平，这对新进入者就构成了一种障碍。⑧政府政策。国家对一些行业颁布许可证(如药品、食品、邮件、通信设备等)，或对于某些原材料进行严格的控制等都能对新进入者构成进入壁垒。另外有关控制环境污染的法令、卫生法令等也会构成新进入者的障碍。⑨原有企业的

反应。如果新进入者遇到该行业原有的企业的强烈反应,如采取压低价格、加强广告宣传、扩大生产规模或建立名牌等办法阻止新企业的进入,则新进入者将会处于十分困难的境地。

(2)退出障碍(escape barrier)主要包括以下因素。①固定资产高度专业化。在特定经营业务或地理位置上,企业拥有高度专业化的资产,但是其清算价值低,或者转换成本高,难以退出现有的行业。②协同关系密切程度。企业内的经营单位之间的协同关系是企业战略的重要因素。如果其中某一经营单位退出现有行业,就会使原有的协同关系遭到破坏。③退出成本过高。企业在考虑退出行业时,应该认真考虑包括劳动合同、重新安置费用、保养备件的生产能力等成本是否合理。如果过高就会难以退出。④感情障碍。企业在制订经济合理的退出决策时,往往会引发一些管理人员和职工出现相反的情绪,例如,员工对多年所从事的经营业务具有感情,不愿意放弃;或担心个人的前途而拒绝采纳合理的决策。⑤政府和社会的限制。政府考虑到失业问题和对地区经济的影响,有时会出面反对或劝阻企业轻易退出的决策。

进入和退出障碍间有密切的经济联系。当进入障碍高而退出障碍高,则企业潜在的收益高,但风险大。因为,此时新加入者被阻止进入,而经营不好的企业也不能退出竞争行业;当进入障碍高而退出障碍低,新加入者会受到阻拦,而且经营不好的企业会退出竞争,从而保证企业有较好而且稳定的经济收益,从利润角度看,这是最好的情况;当进入障碍低而退出障碍高时,新加入者易进入,还会因为经济条件好转或其他暂时的经济利润而吸引其他更多的行业进入该行业,但是企业不易退出,这是最不好的情况;当进入障碍和退出障碍都较低时,对企业的影响不大,可以保持较低的但是稳定的收益。

7.1.2.2 可替代品的压力

替代品(substitute goods)是那些与本企业产品具有相同功能的或类似功能的产品,如洗衣粉可部分替代肥皂,圆珠笔可部分替代钢笔。在质量相同的情况下,替代品的价格会比被替代品的价格更具竞争力。来自替代品的压力主要有3个因素。

①替代品的盈利能力。若替代品具有较大的盈利能力则会对本行业原有产品形成较大的压力,它会把本行业的产品价格压低在一个较低的水平上,使本行业的企业在竞争中处于被动地位。②生产替代品的企业所采取的经营策略。如果生产替代品的企业采取迅速增长的积极发展战略,如积极的广告宣传、改进产品的质量、提高产品的利用率、改善市场营销等活动,这些会构成对本行业的威胁。③消费者的转变成本。消费者如果改用替代品的成本大,则替代品对本行业的压力就相对较小。

另外,考虑企业产品与替代品的竞争关系时,还要考虑双方的寿命周期阶段与总的发展方向,因为有些替代物是新技术的产物,符合社会的需要,是社会的必然,因此如果原有行业坚持用旧技术,最终会被淘汰。

7.1.2.3 购买者的讨价还价能力

购买者(buyer)对于本行业的竞争压力表现为要求产品价格更低廉、质量更优质,并提供更多的售后服务,而且他们会利用各行业的竞争来施加压力,所有这些都会对企业获利能力产生影响。购买者对于企业的压力主要来源于以下9个因素。

①购买者的集中度。如果行业的大部分产品由某个固定的或数量有限的购买者购买,即处于买方市场,则该购买者对于本企业的压力会很大。②用户从本行业购买的产品的标准化

程度。如果产品标准化程度高,则购买者选择的余地也越大;相反,购买者对具有特色的产品很难施加压力。③购买者的转换成本。转换成本高,会迫使购买者不得不固定地从某个或某些特定的销售企业处购买产品。反之,转换成本低,购买者不必固定地从某个或某些特定的企业处买产品,其竞争力便会提高。④购买者从本行业购买的产品在其成本中所占的比例。购买者的本行业产品在其成本中占的比例很大,则在购买产品时对价格、质量等问题就更为挑剔;反之,购买者在价格上不很敏感。⑤购买者的盈利能力。购买者的盈利能力低,则在购买时,对价格特别敏感;反之,不会特别敏感。⑥购买者采用向后一体化,会威胁作为供应者的企业。购买者实行向后一体化后,会使其在交易中取得优惠的条件和地位,即增强它对本行业的竞争力。如公司在自己内部生产所需的一部分零部件,从而了解了零部件的生产成本,在公司从外部的供应者一方购买该零部件时,就会处于有利的地位。⑦本行业企业向前一体化的可能性。假如有此可能性,则会降低它们对于购买者的依赖性,从而削弱购买者对本行业的竞争压力。⑧供应者的产品对购买者的产品的质量或劳务质量的影响程度。如果有举足轻重的影响,则购买者对价格不敏感,对本企业构成的压力也较小。如采煤设备产品对于采煤业影响很大,一台设备发生故障会造成巨大损失。这样,采煤设备制造企业就对采煤企业有较高的讨价还价能力。⑨购买者掌握的信息。如果购买者掌握了有关市场需求、市场价格、供应者制造成本等详尽的信息,就会具有较强的讨价还价能力。购买者便会在交易中获得优惠价格。在受到供应者的威胁时,购买者可以进行有力地回击。

随着时间的推移或公司战略决策发生变化,购买者的竞争力也会发生变化。企业应将对于购买者的选择看作为一项具有决定性的战略决策。在进行购买者选择时,企业应了解其所面临的各种购买者对本企业的影响,从而改善自己的战略态势,企业必须寻找那些对本企业影响力较小的购买者。

7.1.2.4 行业中的现有企业间的竞争

行业内的抗衡(degree of rivalry)指行业内各企业之间的竞争关系与程度。行业内各企业都要为增强自己的竞争力而展开竞争,竞争的激烈程度一般由以下几个因素决定。

①竞争者的多少及力量的对比。行业内企业的数目越多,行业竞争就越趋于激烈,因为每个企业都想改善自己的竞争地位,而且,都认为自己的行动不会引起多大的反应。行业内的企业数目不多,但各个企业都处于势均力敌的地位,也会导致竞争激烈;反之,行业内的企业有很大的差距,则行业内竞争不会太激烈。②固定费用和存储费用。在行业存在剩余生产能力时,固定成本高,会对行业中所有的企业造成巨大的压力,迫使他们进一步满足生产能力,宁愿降低产品的价格从而扩大销售量,也不愿使企业生产设备闲置,因而导致企业间的竞争加剧。存储费用高的行业内,企业急于想把产品卖出去,也使行业内竞争加剧。③行业发展缓慢与否。如果行业发展缓慢,企业为了求得发展,便转向在市场占有率上进行竞争;反之,竞争不会太激烈。④产品差别化情况。企业的产品缺少差别化时,购买者在挑选企业的产品时,常常从产品的价格或服务上来考虑。此时,企业间会有激烈的价格战或服务战。⑤购买者的转变成本。购买者从一个企业的产品转到另一个企业的产品的费用较低时,竞争就比较激烈。相反,竞争不激烈。⑥生产能力大幅提高。如果行业内生产能力由于规模经济或技术要求而大幅提高时,将导致一段时间内的生产能力过剩,竞争加剧;反之,竞争不激烈。⑦退出壁垒。退出壁垒高时,过剩的生产能力不能离开本行业,且经营遇到困难的企业也不能轻易地作出退出行业的

决策,这就加剧行业内的竞争,使企业获利能力一直保持在较低水平上。

7.1.2.5 供应者的讨价还价能力

供应者通过抬高产品和服务的价格或降低产品的质量,对作为购买者的企业进行威胁,以发挥他们的讨价还价能力(bargaining ability, or supplier power)。一般供应者加强竞争力的方式如下。

①供应者的集中程度及本行业的集中程度。如果本行业的集中程度高,即本行业原材料的供应仅有少数几家公司控制,则供应者通常会在价格、质量和供应条件上对购买者施加较大的压力。②供应者的可替代程度。在存在合适的替代品时,既使供应者再强大,他们的竞争力也会受到牵制。③本行业对于供应者的重要程度。本行业是供应者的主要用户,供应者的命运将和该行业密切相关,此时来自供应者的压力会减少;反之,压力会很大。④供应品对本行业的重要性。如果供应品对本行业的生产起关键性作用,则供应者会提高讨价还价的能力。⑤供应者产品存在的差异化。购买的产品存在差异化,购买企业将不再打供应者的牌子,而是承认供应者的竞争力。⑥供应产品的特色和转变费用。供应产品具有特色,并且转变费用很高时,供应者的讨价还价的能力就会增强,会对本行业施加较大的压力。⑦供应者向前一体化的可能性。如果有此可能,则增强了它们对本行业的竞争压力。⑧本行业向后一体化的可能性。如果本行业内的企业有可能向后一体化,这样就降低了他们对供应者的依赖程度,从而减小了供应者对本行业的竞争压力。⑨行业竞争中的政府作用。分析行业结构时还应认识各级政府对行业结构的许多方面施加的直接和间接的影响。一般来讲,政府是一个购买者或供应者,政府会利用某些指令性的计划、政策、法令和条例对供应者和购买者进行限制,从而影响企业的成本结构。因此,要把政府作为一个影响企业战略的活动者,分析它如何综合的影响行业的竞争。

影响5种基本力量的各个因素是动态的,企业通过一定的策略行动可以影响这些力量的消长,从而改善企业的行业环境。因此分析行业环境,可以选择有利的行业,以形成制订企业竞争战略的基础。

7.1.3 SWOT分析

7.1.3.1 基本原理

SWOT(斯沃特)是实力(strengths)、弱点(weaknesses)、机会(opportunities)、威胁(threats)的英文缩略语。它是一种综合考虑企业内部条件和外部环境的各种因素,进行系统评价,从而选择最佳经营战略的方法。环境对战略的影响可以归结为企业存在的机会和面临的威胁,对企业资源的分析在于明确企业拥有的优势和弱势。实际上,企业的机会和威胁、实力和弱点都不是绝对孤立的。机会在经过企业的资源、企业的文化和预期、可选战略和战略实施的可行性后就可能不再是机会了,所以战略的制订是需要反复磋商和修改的过程。首先,环境因素十分复杂,哪些环境因素的哪些变化会给企业带来机会或者威胁,不是固定不变的。另外,如何利用企业优势克服所面临的威胁也含有许多不确定因素,如何能发现具有潜在危险的偏见的确是对决策人的挑战。斯沃特分析就在于提出一种分析相互交织的复杂因素的系统方法。其目的在于分析企业的现行战略、企业具体的实力和弱点以及建议的新战略在何种程度上对于所识别的环境变化进行响应和处理。

企业内部的优势和劣势一般表现在企业的资金、技术设备、职工素质、产品、市场、管理技能等方面。为了评估企业的综合优势和劣势，应选定一些重要因素，然后根据其重要性按加权确定。企业外部的机会是环境中对于企业有利的因素，如政府支持、高新技术的应用、良好的购买者和供应关系等。外部威胁指环境中对于企业不利的因素，如新竞争对手的出现、市场增长率缓慢、购买者和供应者讨价还价的增强、技术老化等。

7.1.3.2 分析方法及应用

SWOT 分析法是依据企业的目标，列出对企业生产经营活动及发展有重大影响的内外部因素，并且根据所确定的标准，对这些因素进行评价，从中判断出企业的优势与劣势、机会和威胁（表 7-1）。常用的方法是对所列出的因素各项打分，然后按照因素的重要程度加权（每一个因素的作用是不同的，因此要赋予不同的权重），并求它的代数和，以判断其中的内部优势与劣势以及外部环境的机会和威胁。企业在此基础上，选择所要从事的战略。作为分析工具，SWOT 分析方法看上去很粗糙，但其宗旨在于通过系统分析对战略制订作出贡献。

表 7-1 SWOT 分析的基本内容表

潜在的外部机会	潜在的外部威胁
卓越的能力	模糊不清的战略方向
充足的金融来源	恶劣的竞争地位
良好的竞争技能	脆弱的生产能力
买主的良好看法	低下的利润水平
公认的市场领导者	缺乏管理深度和人才
优秀的职能支持战略	没有某些关键的技能或能力
避开（至少是一定程度上）强大的竞争压力	战略实施中的糟糕记录
先进的技术	严重的内部经营问题
成本优势	沉重的竞争压力
竞争优势	落后的研究开发
产品创新能力	过窄的产品线
游刃有余的管理部门	卑微的市场形象
超群的经验曲线	竞争劣势
其他	笨拙的市场营销技能
	难以适应必要的战略变动的融资能力
	较高的总单位成本
	其他
潜在的内部优势	**潜在的内部劣势**
新增的客户集团	新竞争者的进入
进入新市场或市场面	替代产品销售额的提高
扩大产品线以满足更广的客户需求	市场增长缓慢
相关的产品多样化	不利的政府政策
增加互补产品	竞争压力的增强
纵向一体化	可能的衰退和经济周期
走向更好的战略集团的能力	客户或供给者谈判力的增强
竞争对手的骄傲自满	买主需求和嗜好的改变
较快的市场增长	不利的地理变动
其他	其他

从图 7-2 可以看出,第①类型的企业具有的内部优势和众多的外部机会,应当采取增长型战略,如开发市场、增加产量等;处于第②类型的企业外部有机会,而受到内部条件的限制,应采取扭转型战略,可以采用先稳定后发展的战略,充分利用外部带来的机会,设法清除劣势;处于第③类型的企业内部状况不佳,外部又有威胁,应该采取避开威胁,消除劣势,可以采取防御型战略;处于第④类型的企业具有内部优势而外部存在威胁,宜采用多角化的经营战略分散风险,寻求新的机会。

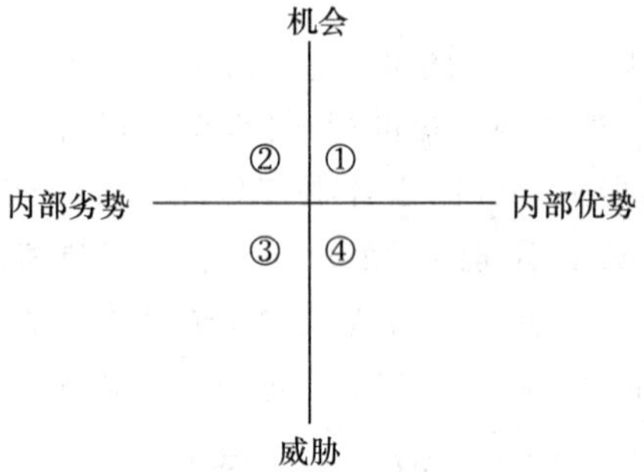

图 7-2 SWOT 分析图

7.1.4 企业外部环境分析

企业是一个开放的经济系统,它的经营管理必须受到客观环境的控制和影响。把握住环境的现状及将来的变化趋势,利用有利于企业发展的机会,避开环境威胁的因素,这是企业生存和发展的首要问题,分析企业外部环境对企业经营具有极其重要的意义。

外部环境(external environment)是国家的方针、政策、法令、法律形势、宏观的计划、交通、信息、物资和能源的供应、资金和信贷等一系列的制约因素;企业环境是一个多主体的、多层次的发展变化的对外结构系统。由于研究环境的目的、任务、要求多不相同,对环境的划分方法也不同,以时间为坐标,可分为过去环境、当前环境和未来环境;以空间为坐标,可分为微观环境、中观环境和宏观环境;以企业与环境的关系划分为直接环境和间接环境;以企业与环境的性质来划分,可分为战略环境和策略环境等。其中最常用的,也是本书要介绍的就是以空间为坐标,按微观、宏观和中观环境来分析。

7.1.4.1 微观环境分析

微观环境指与企业生产、供销、人、财、物、信息、时间等直接发生关系的客观环境,这是决定企业生产发展的基本环境和核心环境,主要指企业与顾客、竞争对手、同盟者以及与能源、资金、原材料、劳动力、技术等资源的供应者、运输部门、中间商与批发商、商业企业、业务主管部门、税务财政部门以及企业所在社区等有关机构之间的关系,其中企业与供应者、同盟者、顾客及竞争者的关系是微观环境分析的着重点。

(1)供应者的分析

企业供应者(supplier)包括企业维持正常生产经营活动的各种要素(人、财、物、信息、技术等)的来源单位,他们的基本要求是与企业建立稳定、合理的交易关系,并能取得一定的利润。企业与供应者关系的性质基本和企业与顾客关系的性质类似,只不过双方的地位发生了交换,企业变成了供应者的顾客。因此,企业与供应者同样存在着服务与被服务、购买与销售、选择与被选择、争夺与被争夺的关系。在资金短缺、原材料紧张、能源供应紧张、劳动力供应及技术供应不理想的情况下,企业为了获得必要的资源,必须积极主动地吸引资源所有者把资源投入本企业,他们之间又存在吸引与被吸引的关系。

(2)同盟者的分析

在企业经营中,对同盟者(league)的分析也是不容忽视的。从企业经营角度看,同盟者可分为基本同盟者(全面合作)与临时同盟者(某时、某事、某方面的合作)、直接与间接同盟者、现实与潜在的同盟者、长期与短期的同盟者等。同盟者与本企业具有利害共同性或优劣势以及利益的互补性,企业与同盟者的关系随着内外环境的变化又具有可变性及复杂性,即同盟者有可能变成竞争对手,而竞争对手也有可能变为同盟者,本企业的合作者也有可能同时又是竞争对手的合作者。因此,企业对各种类型的同盟者的状况、发展趋势及特点均应进行分析。

(3)顾客的分析

顾客(client)是企业产品和劳务的购买者,包括企业产品或劳务的用户和中间经销商。企业与顾客存在 4 种基本关系:①服务与被服务的关系,顾客是企业服务的对象。②购买与销售的关系,即商品货币关系,企业的商品或劳务通过买卖转归顾客所有。③选择与被选择的关系,顾客对企业的商品或劳务以及企业本身都要进行选择。④争夺与被争夺关系,顾客是企业与其竞争对手的争夺对象。由以上 4 种关系的分析可以看出,顾客分析对于制订战略来讲是至关重要的。企业为了制订战略应充分了解顾客需求的内容、趋势及特点、顾客的规模结构、消费心理、习俗及层次,同时也应用产品、价格、销售渠道及促销手段等营销组合去满足顾客的需要,达到企业经营的目的。另外,顾客是需要创造的,要根据生产力发展的需要,为企业开拓市场,打开经营的新局面。了解顾客还可以在顾客那里得到创新的源泉,产品的创新思想主要来源于顾客的需要。

(4)竞争对手的分析

竞争对手(rival)指与本企业争夺销售市场及资源的对手。前者指那些生产相同或相似功能产品的企业,包括生产代用品的企业,而后者指争夺资源的竞争者除生产相同或相似功能产品的企业外,还应包括其他使用相同资源的需用者。对于竞争者的研究主要是为了知彼,即通过对对手的全面研究来发现对方的优点和弱点,争取竞争中的主动权。企业与对手存在的关系有 2 种,一是相互争夺的关系,即双方都为了自己的生存和发展设法在市场、顾客中,在资源配置中力争占有更大的份额,不仅要争夺对方的市场,还要积极争夺潜在的市场,不仅争夺现在的资源来源,还要积极争夺新的资源来源;二是相互削弱对方经营能力的关系,在竞争中设法削弱对手与自己争夺市场及资源的能力,进而扩大自己的争夺能力,产生控制对手的动机和行为。因此,应具体了解以下情况:①竞争对手的生产规模、地理位置、经营思想、经营战略、发展规划、领导集团的素质和决策风格;②竞争对手的产品组合,包括产品线的构成、产品的技术水平、功能、质量、成本、价格、工艺、生产效率、所采用的标准和各产品对企业利润的贡献;③竞争对手的市场地位,包括目标市场、销售量及增长率、市场覆盖率、市场占有率、信誉及在市场上的成本、新技术、新产品、新工艺等方面的力量;④竞争对手的销售系统,包括销售组织、人员、产品分配强度、流通渠道的构成、销售网点的分布、各个流通环节的价差、各代理商的态度、销售服务的内容、服务网点的分布等;⑤竞争对手的促销活动,包括销售策略、推销方式、广告宣传等;⑥竞争对手的财务状况,包括竞争对手的产品成本和价格的组成、企业资金来源和资金占用情况、企业的主要经济指标、信贷能力及筹款能力;⑦竞争对手的技术素质和管理素质;⑧竞争对手的自然资源状况、能源状况、原材料供应渠道以及对原材料价格的承受能力;⑨潜在竞争对手的情况。

(5)中间商等流通渠道的分析

具体来说,企业销售产品时,首先应当研究和比较可能用到的渠道模式,结合产品、市场、顾客、竞争者、国家政策和企业自身条件,确定企业使用哪些流通渠道。要根据企业产品的特点和顾客购买特点确定使用多少家中间商(包括批发、零售、代理商等)。由于中间商在社会商品流通中具有重要的作用,其好坏直接关系到企业产品销售乃至经营的成败。因此,理想的中间商一般具有以下条件:①中间商与企业所希望的顾客有较密切的联系;②中间商所处地理位置较理想;③中间商经营管理水平较高,经济状况良好;④营销技术性较强的产品中间商应具有专门的技术知识和经验以及销售服务能力。

(6)其他微观环境的分析

企业还应对运输部门、外贸部门、业务主管部门、财政部门、税务部门等部门的联络进行认真的分析,对企业所在的社区机构如派出所、公安局、粮店、学校、托儿所、卫生部门、计划生育等部门的关系也应处理好,否则,这些部门都会给企业的正常经营活动等带来直接不利的影响。

7.1.4.2 中观环境分析

中观环境即联系宏观环境和微观环境的桥梁,包括2个方面,即企业所在的行业的环境分析及企业所在的地理位置的环境分析。

(1)行业环境分析

1)行业竞争结构的分析:如前所述,按波特的观点,一个行业的激烈竞争根源于其内在的经济结构,一个行业中存在5种基本竞争力量,即新进入者的威胁、行业中现有的企业间的竞争、替代品或服务的威胁、供应者的讨价还价能力和用户的讨价还价能力。这5种基本力量的作用是不同的,问题关键在于该行业中应找到能较好地防御这5种力量的最佳位置,甚至对这5种力量施加影响,使它们有利于本企业。因此,有必要对这5种基本力量逐一加以分析。这一点在行业的选择中做了详细讨论,在此不再赘述。

2)影响行业发展的因素的分析:包括行业在社会经济中的地位分析,行业的特征分析,行业数量结构分析,行业规模结构分析,行业组织结构分析,行业市场结构分析,社会环境方面限制的分析等。

行业在社会经济中的地位主要表现在行业的产值、利税额及吸收劳动力的数量、在全国工业产值财政收入和就业总量中的比重;行业的现状和未来对整个社会经济及其他行业发展的影响程度;行业在国际市场上的竞争及创汇能力。

行业特征分析主要从行业在工业生产过程中的位置、行业所用资源和技术、所用的资源可靠与及时性、行业技术发展前景和技术进步状况等方面来分析。在分析行业环境时,要掌握行业的特性。由于使命、发展条件以及产品和生产过程等方面的不同,使各行业具有不同的性质。通过分析,可以掌握企业所进入的行业与其他行业的差别,来把握行业环境。

行业数量结构分析指市场规模与企业数目的关系分析。市场规模大，企业数目就多，行业集中程度低，大企业少；反之，市场规模小，企业数目少，行业集中程度高，大企业多。

行业规模结构分析指行业内大企业与小企业的数目比较分析，如果行业内大企业占主要地位即大企业与小企业在规模与实力上差距很大，则竞争不激烈；如果行业内大企业与小企业在规模与实力上差距不大，则竞争激烈。

行业组织结构分析指对行业内企业联合的状况进行分析。

行业市场结构分析指分析行业处于供不应求、供求平衡还是供大于求，从而分析企业竞争激烈程度及价格、销售变化情况。同时还对行业市场的需求分布、对行业产品需求变动的频繁性进行分析。

社会环境方面限制的分析指行业发展中应该防止对空气、森林、地貌、水源等自然环境的破坏，这些都在不同程度上对行业的发展起限制作用。

以上各个因素并非孤立的，每一方面的变化都会引起其他方面的改变，因此要全面分析，以便做出恰当的反应。

(2)地理环境分析

企业的地理环境影响企业原料及产品的运输、产品销售、劳动力素质、企业的社会负担，生产的组织、信息的收集、传递加工处理以及资源的供应科研开发能力等一系列的问题。因此应当分析企业所处地区的经济结构、资源条件、人口分布、交通运输、通信条件、文化教育、土地草原、河流及生物等社会经济条件及自然条件环境，以明确企业所能利用的环境优势与应该避免的劣势。

7.1.4.3 宏观环境的分析

宏观环境的分析包括对政治环境、法律环境、经济环境、科技环境和文化环境 5 个方面的分析。

(1)政治环境分析

指分析制约和影响企业的各种政治要素及其运行所形成的环境系统，包括政治制度、政党和政党制度、政治性团体、党和国家的方针政策以及政治气氛等因素。这些政治因素对于企业的生产经营活动具有控制和调节的作用。

(2)法律环境分析

指分析与企业相关的社会法律系统及其运行状态，包括法律规范、国家司法、执法机关、企业的法律意识。这些因素监管企业的生产经营活动，同时也保护企业的合法权益和合理竞争，促进公平交易，以及保护消费者的利益等。企业在生产经营中要树立法律意识，遵纪守法，并能够运用法律手段保护自己的正当权益。法律环境对企业的影响具有刚性特征，对企业的发展形成强制性的约束。

(3)经济环境分析

指分析构成企业生存和发展的社会经济状况及国家经济政策，包括社会的经济结构、经济发展水平、经济体制、宏观经济政策 4 个方面。衡量这些因素的经济指标有实际平均收入、平均消费水平、消费支出分配规模、实际国民生产总值、利率和通货供应量、政府支出总额等。

(4)科技环境分析

即分析企业所处的社会环境中的科技要素及与该要素直接相关的各种社会现象的集合，包括社会科技水平、社会科技力量、国家科技体制、国家科技政策、科技立法和科技发展趋势等。随着国家科学技术的发展，新技术、新能源、新材料和新工艺等的出现与运用，企业在战略管理上需要作出相应的战略决策，以获得新的竞争优势。

(5)社会环境分析

包括对社会阶层的形成和变动，人口的地区性流动，人口规模，人口年龄的变化，社会中的权力结构，人们的生活方式及工作方式的改变等的分析，这些方面都要反映到企业中，也改变着企业的战略决策。其中，人口规模制约着个人或家庭消费产品的市场规模；人口的地理分布决定消费者的地区分布，消费者的地区分布密度越大，消费者的嗜好也越多样化，对于市场的商品的选择性也越大，这就意味着出现多种多样的市场机会；年龄分布决定以某年龄层为对象的产品的市场规模，各个年龄层都使用的产品市场，对于商品的选择性大，将带来产品多样化的机会；人口流动，无论是从郊区流向城市或从城市流向郊区还是从东部移至西部，都会引起市场需求的变化。

(6)文化环境分析

文化环境始终如一的影响企业，企业活动绩效的好坏在一定程度上由企业能否适应当地的文化来决定，因此文化环境的分析是必要的，它包括对哲学宗教、语言与文字、文学艺术等的分析。

7.1.5 企业内部条件分析

企业内部条件(internal environment)与企业外部环境分析是密切联系的，两者相辅相成，因为不断变动着的外部环境给各个企业都带来潜在的可利用的机会，而如何利用这些条件？在这些条件下，可采用哪些经营战略和策略？要由企业自身的内部情况来决定。企业内部条件是企业进行生产经营活动的基础，系统分析企业内部条件是企业有效地运用外部环境提供的机会的必要条件。

7.1.5.1 企业内部条件分析的方法

在进行企业内部条件分析时，主要采取实证分析与规范分析相结合，定量分析与定性分析相结合，整体分析与局部分析相结合的分析方法。实证分析在于说明企业内部条件的客观状况，回答企业内部条件是什么的问题，规范分析则是要说明企业内部条件是否合理，回答企业内部条件该是什么的问题；定性分析是侧重于企业形象、组织结构、管理水平、人员素质的分析，而定量分析是侧重于技术、资金、设备、劳动力、生产能力等方面；企业是一个整体，进行企业内部条件研究时要从整体出发，重视整体分析，描述企业的整体情况及特征。同时整体又是由局部构成的，所以局部分析将局部从整体中分解出来，进行较为详细地、更深层次的研究。

7.1.5.2 企业内部条件分析的主要内容

企业内部条件分析主要包括企业素质与企业活动分析、企业的产品分析、产品市场营销能力分析、企业资源分析、企业经济效益分析、企业组织效能与管理现状的分析及其他内部条件的分析。

企业素质(enterprise making)指构成企业各个要素的质量及其相互结合的本质特征,它是决定企业生产经营活动所必须具备的基本要素有机结合体所产生的整体功能。对于企业素质的分析不仅要考虑各个要素的质量,还要考虑各个要素之间的内在联系以及相互结合、相互制约的整体功能。企业素质的优劣不仅与企业创建初期的各个因素的素质有关,而且与企业创建后随社会客观条件变化而进行自我素质的改善和提高有关。企业素质可分为3部分:技术素质(企业的基础素质)、管理素质(企业的主导素质)、人员素质(企业的关键素质)。其中技术素质又分劳动对象的素质和劳动手段的素质,前者指原材料、半成品及产成品的质量水平,而后者指企业设备、工具工装及工艺水平;管理素质指企业领导体制、组织结构、企业基础管理水平及管理方法、管理手段、管理制度的水平、企业经营决策能力、企业文化及经营战略;人员素质指企业干部队伍和职工队伍素质,前者指企业经营者、管理人员、科技人员的政治素质、文化素质、技术素质及身体素质,以及与各种工作结构配套情况,后者指基本工人、辅助生产工人、生活后勤工人等的政治思想素质、文化技术素质及身体素质。另外,人员素质还包括企业各部分人员的年龄结构、政治结构、文化结构及技术结构等及员工的作风,各部门人员的工作积极性、主动性的高低。

企业活力(enterprise energy)指企业作为一个有机整体,通过自身的素质和能力,在与外界环境交互作用的良性循环中所呈现出的自我发展的旺盛生命力的状态。可用图7-3表示。

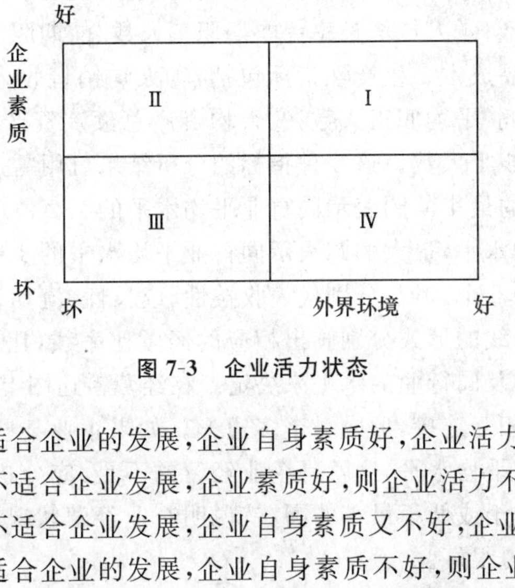

图7-3　企业活力状态

第Ⅰ象限:外部环境适合企业的发展,企业自身素质好,企业活力强;

第Ⅱ象限:外部环境不适合企业发展,企业素质好,则企业活力不会很强;

第Ⅲ象限:外部环境不适合企业发展,企业自身素质又不好,企业活力一定很差;

第Ⅳ象限:外部环境适合企业的发展,企业自身素质不好,则企业活力不会很强。主要因为企业不注意自身素质的提高,即使在良好的外部环境下,也会由于企业自身素质不佳而被淘汰。

企业活力不佳可能由于企业自身的原因,也可能由于外界环境的问题。因此,研究企业活力的目的是既要为企业创建良好的外部环境,又要使企业有较好的素质。企业活力可以用企业获利能力、竞争能力、生长能力、适应能力及凝聚力来表示。企业获利能力包括资金利税率、成本利税率、销售利润率及附加价值率;竞争能力包括市场占有率、产品质量水平、产品技术领先地位、成本领先地位、销售渠道与售前售后服务及供应协作渠道;生长能力包括新产品在销售额中的比例、利润总额增长率、资金利税的增长率、企业自有资金的增长率、设备改造与更新以及新产品开发费在销售额中的比例;适应能力包括信息渠道、信息收集处理及应用、决策速度与决策质量、企业内部改革、企业组织机构协调统一以及组织目标与环境适应性;凝聚力包括领导、管理人员与职工的积极性及主动性,干、群、管的相互关系,突发事故的处理能力,职工对企业的满意度以及离职、缺勤和抱怨率等。

企业经济效益分析主要从企业收益性、流动性、安全性、成长性及生产性指标来分析。企业收益性指标包括:①总资产报酬率=净利润/资产总额;②所有者权益报酬率=净利润/所有者权益;③毛利率=销售毛利/净销售收入;④销售利税率=利税总额/净销售收入;⑤净利润率=净利润/净销售收入;⑥成本费用利润率=(净收益+利息费用+所得税)/成本费用总额;⑦每股利润=(净利润-优先股股利)/普通股发行在外平均股数;⑧每股股利=支付普通股的现金股利/普通股发行在外平均股数;⑨股利发放率=每股股利/每股利润;⑩股利报酬率=(净利润-优先股股利)/平均普通股权益;⑪市盈率=普通股每股市场价格/普通股每股利润。流动性指标包括:①存货周转率=销货成本/平均存货;②应收账款周转率=赊销收入净额/应收账款平均额;③流动资产周转率=销售收入/流动资产平均额;④固定资产周转率=销售收入/固定资产净值;⑤总资产周转率=销售收入/资产总额。安全性指标包括:①流动比率=流动资产/流动负债;②速动比率=速动资产/流动负债;③负债比率=负债总额/资产总额;④权益乘数=资产总额/股东权益;⑤负债与股东权益比率=负债总额/股东权益;⑥利息保障倍数=(税前利润+利息费用)/利息费用。成长性指标包括:①销售收入增长率=本期销售收入/前期销售收入;②税前利润增长率=本期税前利润/前期税前利润;③固定资产增长率=本期固定资产/前期固定资产;④人员增长率=本期职工人数/前期职工人数;⑤产品成本降低率=本期产品成本/前期产品成本。生产性指标包括:①人均销售收入=销售收入/平均职工人数;②人均净利润=净利润/平均职工人数;③人均资产总额=资产总额/平均职工人数;④人均工资=工资总额/平均职工人数。这 5 种指标的分析结果可用雷达图表示。其绘制方法是:先画 3 个同心圆,同心圆的最小的圆表示同行业平均水平的 1/2 值(或同行业的最差水平),中间的圆表示同行业的平均水平,最大的圆表示同行业平均水平的 1.5(或同行业的最好水平)。把 3 个圆的 360 度角分为 5 个区域,分别代表收益性、成长性、流动性、安全性及生产性。在 5 个区内从圆心开始以放射线的形式分别画出相应的经营比率线,比率线的比例尺及同心圆的大小由该经营比率的大小及同行业的水平来决定。在经营雷达图上把一个财务决算期的该企业的经营比率都标出来,相互连接,形成一个多边形。如果企业某些指标位于中间的圆以内,就说明该指标低于同行业平均水平,这就是企业经营的不足,应分析产生问题的原因,提出改进的方向。若多边形接近于或低于最小的圆,就说明企业经营状况很差。如果多边形接近于最大的圆,就说明企业做得很好。

企业的产品分析即为企业产品市场竞争力的分析,是对于企业当前销售的各种产品自身的市场地位、收益性、成长性、竞争性及产品组合等方面进行分析。产品的市场地位分析除通过企业形象进行定性的评价外,还要从市场占有率(=本企业产品销售量/市场上同类产品销售量)和市场覆盖率(本企业产品投放地区数/全市场应销售地区数)来分析。收益性分析的内容为:①进行销售额的 ABC 分析,确定深入调查的 A 类重点产品;②进行边际利润分析,以明确企业各种产品的边际利润贡献度;③进行量本利分析,以查明经营安全率和确定目标销售量。产品成长性分析用近 3~5 年的销售量或销售额,按时间顺序画成曲线来观察增长趋势,一般用销售增长率(本年度销售量(额)/上年度销售量(额))来表示。产品竞争力即为企业产品相对于竞争对手的产品在技术性能、质量、外观、包装、商标、成本、价格、售前及售后服务、销售渠道、促销策略等指标上的优越性,用综合评分法进行分析:首先选择几个竞争产品,确定产品竞争力的评比项目,规定各项目的评分标准,然后确定评比人员,进行客观评价,依据评分结果确定本企业产品的竞争力是否处于优势地位。企业产品组合分析即产品的结构分析,用市场增长一市场占有率的矩阵(图7-4)来分析,其中相对市场占有率=本企业某项业务本期销售额/最强的竞争对手该业务本期销售额。A区为"明星"(stars)产品,它具有较高的销售增长率和相当的相对市场占有率,能收回大量的资金也需要投入大量的资金,因此,两者相抵,企业并没很大的资金收回;B区为"金牛"(cash cows)产品,是企业主要的资金来源;C区为"问题"(question marks)产品,是由于企业市场迅速增长具有吸引力,但没有在生产上占有适当地位,企业需要决策是否继续生产还是退出;D区为"狗"(dogs)产品,即产品既没有吸引力又处于软弱地位。较为合理的产品结构为A类产品占30%~40%,B类产品占40%~50%,C类产品占20%~30%,D类产品占5%~10%。必须指出的是企业产品结构不是一个固定的比例。而是一个动态的优化过程,应该不断开发新产品,剔除衰退产品来达到企业产品结构的优化。

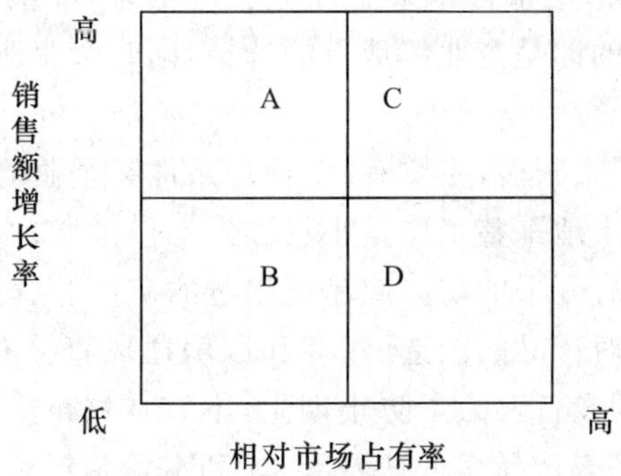

图7-4 市场增长—市场占有率矩阵示意图

企业营销能力分析指企业为了适应市场变化,积极引导消费、争取竞争优势以实现经营目标的能力,是企业决策能力、应变能力、竞争能力和销售能力的综合体现。企业营销能力决定企业的生存发展,因此企业营销能力的分析是企业内部条件分析的核心。市场营销能力分析要结合市场环境分析,因此市场营销能力分析体系为:①市场环境分析,包括基础环境和相关环境。前者指政治、人口、经济、自然、科技和社会文化环境;后者指供应者、竞争者、营销中间人和顾客;②产品市场强度分析,包括产品的市场地位、收益性、成长性、竞争力及结构分析;③市场营销能力分析,包括销售组织、销售绩效、销售渠道、销售活动及销售计划分析;④新产品研究与开发能力分析,包括开发组织、开发效果、开发过程及开发计划分析;⑤市场决策能力分析,包括经营方针、经营计划、经营过程及经营系统分析。各个方面的分析均在前面作了描述,在此不再赘述。

企业资源分析指对人力、财力、物力、技术、管理资源的分析。人力资源包括企业职工、技术人员及经营管理人员等;财力资源包括现金流量、负债能力等;物力资源包括原材料、厂房设备、仓储存货等;技术资源包括正在使用的技术、已经开发但尚未使用的储备技术及尚未被人们认识但在不久的将来也将成为储备技术或可使用的潜在技术;管理资源是继天然资源及其他劳动对象等一级资源和技术等二级资源后的第三级资源。企业的经营战略必须要与企业资源相适应,因此,企业资源的分析对经营战略的选择及决策有重要作用。

企业组织效能与管理现状的分析是企业内部条件分析的基本环节和主要内容,因为企业的活动都是人的活动,都是组织的活动,而组织是进行有效管理的手段。企业管理现状的分析包括以下内容:企业内部人员对本企业组织状况的看法;每个管理者的任职情况和实际业绩;组织职位的设置情况及各个职位的管理幅度;整个企业组织和各个局部组织的管理层次;组织内权力的分配情况;职位标准的规定;组织内信息的沟通情况;组织气氛(团结协作精神、对组织目标的认识统一程度、对企业的负责精神、对企业前途的看法等);企业内与组织问题有关的重大问题的发生过程;企业高层领导者对本企业组织方面存在问题的看法和组织变革的设想;企业中下层管理者对本企业组织方面存在问题的看法及组织变革的想法及建议。

7.1.6 地点的选择

地点(location)的选择就是确定企业坐落的区域位置。企业建立在什么地区,什么地点,不仅影响建设投资和建设速度,而且影响企业的布置和企业建成后的生产经营费用、产品质量与成本。企业选址不当,会给企业布置带来难以克服的困难,严重影响企业的经济效益。所以,企业战略管理首先要考虑的即是企业的地点的选择,同时企业地点的选择也影响企业战略的制订及管理。

企业地点选择要考虑的因素很多,主要有:①地理条件。企业的面积与外形适合工厂总平面布置的要求。地势平坦,则土地平整工作量小;反之,工作量大。在地震断裂层地带、下沉性地带、地下有稀泥或流沙以及有开采的矿床或已开采过的矿坑上,均不宜建立企业。②气候条件。温度、湿度、气压、风向等对产品的制造、库存和厂房通风直接有关,并且影响职工生产情绪。它决定企业是否增加空调设备。为了防止烟尘,不宜在城市中心或上风地区建立。③交通运输条件。运输量大的工厂应选择靠近铁路、河流和有管道运输的地方。④资源条件。尽量接近原材料地或易于获取原材料的地区。⑤能源供应条件。尽量接近产煤、油和电的地方。⑥水源和排水条件。尽量选择水源充足、水质好、距水源近而且排水方便的区域。⑦企业四周有可供扩展的余地。⑧环境保护。应考虑企业附近其他企业对环境造成的污染,便于三废处理。⑨符合防震、防火、防水等安全要求。⑩职工的生活条件。包括住房、生活设施、服务网点、交通条件和美化环境。⑪开展科研、教育和生产协作的条件。⑫劳动力的来源。最好能就近取得符合一定质量要求的工人来源。⑬产品销售条件。尽量接近消费地,便于运输。⑭料场条件。在车站、码头附近有足够面积的料场来堆放原材料、燃料等。⑮建立企业的投资费用。是全部的投资费用,包括占地、移民、现有建筑的拆迁及赔偿所需的费用。

以上各因素对于不同的企业、不同的产品生产有着不同的影响,这关系到企业的生产和发展,因此不能草率。要综合考虑各个因素的影响作用,并抓住重点,使生产建设和生活设施协调发展,力求支出最低的建设费用和生产经营费用。屠能的孤立国理论、韦伯的工业区位理论等是研究布点的重要理论,线性规划和重心法是比较有效的具体选点方法。

7.1.7 目标整合

目标(goal)是一个组织奋力争取达到的所希望的未来状况。具体地讲,目标是依据企业宗旨提出的企业在一定时期内要达到的预期成果。企业在谋求自身发展的进程中确立了战略目标,要实现这一战略目标,还必须对各个部分或要素的目标加以有机整合。根据系统理论的观点，任何事物都是由相互联系、相互作用的要素或部分按一定的结构方式组成的具有一定功能的有机整体。构成总体性战略目标这一整体系统的部分或要素，因其各自的条件、利益关系等的不同，往往会有各不相同的具体目标，这种具体目标，有的可能与总的战略目标相一致，有的则可能不尽一致。这种不一致的目标，就会影响人类自身发展这个大系统整体功能的发挥和总目标的实现。因此，要实现总体目标，就必须进行各部分或要素的目标整合，使其与系统整体目标整合一致。这种目标整合也体现了企业发展的内在要求。

另外，企业目标有纵向性，可分为3个层次：①环境层，即社会施加于组织的目标，如为社会提供优质产品和服务，创造出尽可能多的价值；②组织层，作为一个利益共同体和一个系统的整体目标，如企业创造经济效益，增强自我改造和发展的能力，改善员工生活、保障员工的劳动安全，以及创造良好的工作环境等；③个人层，组织成员的目标，如经济收入、工作丰富化、兴趣、爱好、荣誉和成就感等。目标的多层次性有助于深入分析各层目标之间的矛盾，并认识各层次目标之间的有机联系，即目标整合的可能性和必要性。如个人层与组织层之间存在如何取得最大的和谐一致的问题。企业组织层的目标是其成员共同利益的体现，个人要实现自己的目标必须参加到某个组织中去，即必须作出最低限度的牺牲，交付出个人行为的自我控制权，必须愿意为一个组织的目标实现作出贡献，个人目标只能是在实现组织的目标过程中而实现，因为这是组织与个人目标取得和谐一致的基础。但是个人为组织目标作出贡献的意愿的强度和时间分布是变动的，因为它受到个人所感到的满意程度的影响。组织与个人目标矛盾及两者之间取得最大限度的和谐一致的必要性是目标管理产生的主要原因之一。环境层和组织层的一致性表现在：一方面社会的发展依赖于企业的效益和贡献；另一方面企业实现自己的宗旨，就必须向社会提供有经济价值的产品和服务，并承担起就业，保护环境等社会责任，这是企业取得经济效益的前提和基本途径。环境层目标的实现程度直接影响到组织层的目标的实现效果。但两者之间也有矛盾，一方面企业有只顾自己眼前的利益而损害国家和社会的利益的倾向；另一方面国家和社会在利益分配中“取”得太多，企业的负担过重，无力进行自我积累和发展。企业目标中环境层与组织层得到和谐一致是十分必要的。

企业的战略管理是将企业视为一个不可分割的整体来加以管理的，目的是提高企业的整体优化程度。在制订战略时整体比部分更重要，如何使企业各个部分有机结合而产生出整体的优化是战略管理的主要目的。一项正确的企业战略可以使企业兴旺发达，好的企业战略就是看企业的社会经济效益，就是看企业各个目标之间的和谐程度。因此企业要想有好的战略就必须进行目标的整合，这也是战略管理的基本内容。

7.2 竞争及竞争优势

产业革命以后，企业从生产导向阶段、销售导向阶段、营销导向阶段步入当今的竞争导向阶段，企业之间的竞争已成为全球性经济发展的动力。如何取得竞争优势是每一个企业都无法回避的问题。从经济学角度来说，企业竞争是企业之间在经济利益上的争夺，围绕商品生产和商品流通进行，它是商品经济的产物，并随着商品生产的发展而不断发展和提高。竞争优势是指企业通过其资源配置的模式与经营范围的决策，在市场上所形成的与竞争对手不同的竞争地位。

7.2.1 价值链及成本优势

7.2.1.1 价值链

(1)基本原理

美国哈佛商学院著名的战略管理学家迈克尔·波特(M. E. Porter)提出的“价值链(value chain)”概念,描述了厂商内部和厂商之间为生产最终交易的产品或服务,所经过的增加价值的活动过程。波特将价值创造活动区分为5种基本活动(进货后勤、生产操作、出货后勤、营销与销售、服务)和4种支持性活动(企业基础结构、人力资源管理、技术开发和采购),如图7-5所示。价值链从根本上将企业作为价值创造活动的综合体来描述。

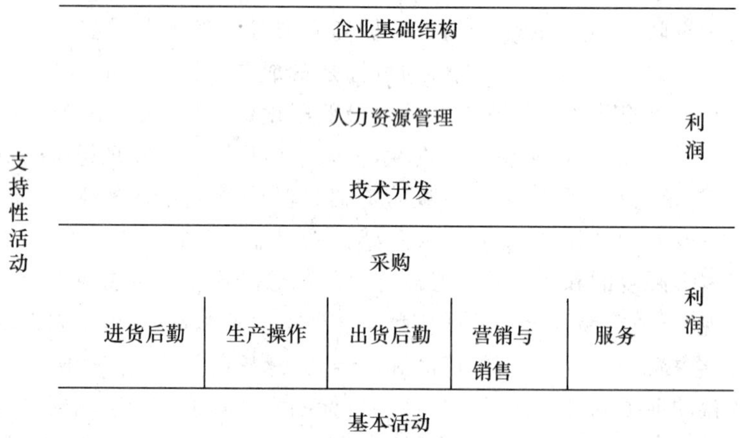

图7-5 迈克尔·波特的价值链

(2)价值活动的界定

企业要分析自己的内部条件,判断可以由此产生的竞争优势,首先要确定自己的价值活动,然后识别价值活动的类型,最后构成具有自身特色的价值链。

1)主体活动

主体活动一般可细分为5种活动,而每一种活动又可根据具体的行业和企业战略再进一步细分为若干项活动。

①原料供应是指与产品投入品的进货、仓储和分配有关的活动,如原材料的装卸、入库、盘存、运输以及退货等。

②生产加工是指投入品转换成最终产品的活动,如机器加工、装配、包装、设备维修、检测等。

③成品储运是指与产品的库存、分送给购买者有关的活动,如最终产品的入库、接收订单、送货等。

④市场营销是指与促进和引导购买者购买企业产品有关的活动,如广告、定价、销售渠道等。

⑤售后服务是指与为保持或提高产品价值有关的活动,如培训、修理、零部件的供应和产

品的调试等。

行业不同,每项主体活动所体现的竞争优势也不同。对于从事商业服务活动的企业来说,成品储运是关键的要素;而对于生产彩电的企业来说,售后服务是最为重要的活动。

2)支持性活动

在任何行业,支持性活动一般可以分为4种活动,而每一种活动又依行业不同进一步细分为若干项独具特色的活动。

①采购管理,是指采购企业所需投入品的职能,而不是被采购的投入品本身。这里的采购是广义的,既包括生产原材料的采购,也包括其他资源投入的管理。

②技术开发,是指可以改进企业产品和工序的一系列技术活动。企业中每项生产经营活动都包含着技术,只不过其技术的性质、开发的程度和使用的范围不同而已。这些技术开发活动不仅仅是与企业最终产品直接相关,而且支持着企业全部的活动,成为判断企业竞争实力的一个重要因素。

③人力资源管理,是指企业职工的招聘、雇佣、培训、提拔和退休等各项管理活动。这些活动支持着企业中每项主体活动和支持性活动,以及整个价值链,影响着企业的竞争实力。

④基础结构,是指企业的组织结构、控制系统以及文化等活动。企业的基础结构与其他支持性活动有所不同,一般是用来支持整个价值链的运行,即所有其他的价值创造活动都在基础结构中进行。

(3)构造价值链

价值链不是一些独立活动的集合,而是相互依存的活动构成的一个系统,在这个系统中,各项活动之间存在着一定的联系,这些联系体现在某一价值活动进行的方式与成本之间的关系,或者与另一活动之间的关系。价值活动的联系不仅存在企业价值链内部,而且存在企业与企业的价值链之间。其中,最典型的是纵向联系,即企业价值链与供应商和销售渠道价值链之间的联系。后者往往对企业活动的成本和效益产生影响,反之亦然。

企业为了诊断自己的竞争实力,需根据价值链的一般模式构造具有自己特色的价值链。企业在构造价值链时,需要根据价值链分析的目的以及自己生产经营活动的经济性,将每一项活动进一步分解。分解后的每项子活动要有自己的经济内容,或者具有高度差别化的潜力,或者在成本中有重要的百分比。企业应将可以充分说明企业竞争优势或劣势的子活动单独列出来,以供分析使用。那些不重要的子活动可以归纳在一起分析。活动的顺序应该按照工艺流程进行,但也可以根据需要进行安排。无论怎样的顺序,企业的管理人员都应从价值链的分类中得到直观的判断。

7.2.1.2 成本优势

竞争优势(competitive advantage)可以来源于成本优势(cost advantage)。如果企业进行的所有价值活动的累计成本低于竞争对手的成本,企业就具有成本优势。如果企业成本优势的来源对竞争者来说是难以复制或模仿的,其持久性就会存在。事实上,许多企业将创造成本优势作为取得竞争优势的突破口。为了选择创造成本优势的具体措施,企业还需要与竞争对手进行成本的比较分析,判断企业的相对成本地位。

(1)认识企业的相对成本地位

企业的成本优势是相对于竞争者而言的,对竞争对手的不同判断有可能形成不同的战略。

要创造成本优势就有必要与竞争对手进行成本比较,以判断企业的相对成本地位,明确企业的优势与需要重点改进的领域及应该采取的防范措施,使企业最终取得成本优势。

分析竞争对手的成本,首先要明确谁是企业真正的竞争对手。企业实际的和潜在的竞争对手如下。

①向目标市场提供相似产品或服务的企业和采用相似技术的企业。

②经营具有相互替代性的产品或服务的公司。

③在细分市场上试图改变和影响消费者的消费习惯和消费倾向的竞争,如咖啡和茶叶、白酒和红酒制造商之间的竞争。

在第一类竞争对手之间,由于彼此产品的性能相同且基本稳定,竞争主要表现在价格和服务质量上,核心是营销手段和成本,第二类和第三类竞争涉及消费者的消费习惯和消费能力,在这类竞争对手之间,成本竞争被当作企业综合竞争战略的组合内容之一。竞争对手的成本分析应以第一类竞争对手为主,其中又以最具有竞争力的对手的成本分析为主。确定竞争对手成本的第一步是识别竞争对手的价值链以及他们是怎样进行价值活动的,分析竞争对手的成本和确定企业的相对成本地位。

(2)创造成本优势

1)控制成本动因

通过控制成本动因来控制成本是企业取得成本优势的关键措施之一。成本动因是引起一项活动的成本发生变化的原因,它属于一项活动的成本结构性原因,识别和控制成本动因为创造成本优势提供了有效途径。

①利用规模经济对成本的影响。规模经济可以产生于以新的方式和更高的效率在更大范围进行生产或者活动的能力,也可以产生以更大的产品销售量来分摊固定成本的能力。在扩大规模的同时,应该避免用相互矛盾的方式抵消规模经济所带来的优势,如品种的增加会冲销规模经济的效果。有意识地制定政策推动重要活动的规模、进行横向整合、建立新的生产线、对原有生产线进行技术改造和设备更新、收缩产品品种以扩大核心产品和业务的规模等,都有可能实现规模经济。

②保持学习的专有性。这里的学习是指通过经验的积累和总结,以及专有技术的开发而提高效率、降低成本的过程。学习常常是许多小改进的积累而不是重大突破。在引进高效率的机器时,学习的进度可能反映了机器技术变革的速度。由学习而积累的降低成本的经验和技巧有可能流传到其他企业,这一过程称为学习的溢出。学习的溢出无损于溢出企业的成本而有助于获得这种溢出的企业降低成本,但无助于溢出企业创造成本优势。竞争和取得竞争优势的需要决定了各企业会尽可能地设法降低这种溢出,以保持学习的专有性。

③改善价值活动之间的联系。价值活动之间的联系是指各项活动连接起来构成价值链的方式。竞争优势经常来源于价值活动之间的联系。创造成本优势要重视价值活动之间联系的根本原因有:一是各项价值活动之间的联系方式决定了价值链的性质,成本地位源于价值活动的成本行为,价值活动之间的联系及其变化必然要影响到成本。另一原因是各项成本动因之间存在相互代偿的特性,相同的功能可以用不同的方式来实现。当价值链中的活动相互联系时,改变其中一项活动的实施方式有可能改变另一项活动的成本。

④选择恰当的企业政策和时机。政策往往对成本起到关键性的作用。对成本影响最大的政策选择包括产品的性能、特点、组合与种类;所提供服务的水平;市场营销和技术开发活动的

费用比率;交货时间;客户的选择;所使用的销售渠道;所选用的工艺技术、规模、时机选择或其他成本动因;所使用的原材料或其他外购零部件;人力资源政策,包括招聘、培训和对雇员的激励;生产进度安排;维修、推销队伍的组织和其他活动的程序。

政策选择常常在很短的时间内对成本产生影响。与企业政策密切相关的是时机的选择,时机的选择会影响成本,作为率先行动者,开发新产品投放市场可以获得许多优势。但后来者却有可能避免率先行动者所需投入的巨额研究开发费用,也有可能购买到最先进设备而取得竞争优势。时机选择对于成本地位的作用在更大程度上取决于选择与经济周期或市场条件有关的时机,而不是选择绝对意义上的时间。恰当选择时机至少可以带来短期成本优势,有时甚至是持久性的成本优势,从而改变企业的成本地位,如在经济周期的低谷时购买价格被低估的设备。

⑤谨慎抉择成本与质量之间的关系。一般而言,提高质量可以显著地增加收入。质量越高,产品在市场上的售价越高,或者占有的市场份额越大。但质量通常需要一定的成本费用加以维系。技术条件决定质量的现实可能性,而成本则决定质量的现实可行性。有意识投入的成本越高,质量的保障程度就越大,企业可以用因此而增加的收入补偿来维持一定质量标准所付出的成本。但是在市场上,大多数消费者追求的是性能与价格的平衡,消费者对价格的敏感性及竞争限制了价格的上行空间。在企业表现为成本与性能、成本与质量标准之间的一种平衡。因此,企业需要对成本与质量之间的关系谨慎抉择。

⑥提高瓶颈资源的利用效率。企业的整体生产能力取决于企业的薄弱环节,只有当薄弱环节的生产能力得到提高,企业整体生产能力才会提高。在资源限制条件下,企业整体效率的高低取决于受限制资源利用效率的高低,瓶颈资源是企业资源中的薄弱环节。提高瓶颈资源利用效率的方法主要有消除瓶颈工序的闲置时间、只加工能增加产量收益的零件、将不必非得在瓶颈工序上生产的零件转移到非瓶颈工序或设备上、减少瓶颈工序的生产准备时间和加工时间等。同时要注意提高瓶颈工序生产的零件的质量,瓶颈工序生产低质量产品比非瓶颈工序生产低质量产品的代价更大。非瓶颈工序生产低质产品只浪费材料成本,而瓶颈工序生产低质量产品的成本却是损失的材料成本和损失的产量收益之和。

⑦其他相关因素。除前述最基本的成本动因以外,由于企业的特点、条件不同,还会存在一些对企业而言至关重要的成本动因,如地理位置、政府法规、免税期、关税,以及本土化规定等。地理位置既是政策选择的结果,也是由历史原因所形成的。地理位置对成本的影响主要表现在原材料、能源和劳动力的供应、销售渠道、信息来源等方面。政府法规、免税期、关税等影响成本的因素在很大程度上属于外部因素,常常超越企业的控制能力,如果能对这些因素的变化趋向及其对企业可能产生的潜在影响有所预见,对企业会有所帮助。

2)重构价值链

企业成本优势最常见的来源是采用与竞争对手有显著差异的价值链。企业总是首先倾向于在现有价值链中争取更多的成本改善而不是寻求重构价值链。改进逐步增加最后可能会达到收益递减点,进一步的成本改进有赖于新的技术和新的观念,依赖于重构价值链。与零散的改良相比,重构价值链能够提供从根本上改变企业成本结构的机会,从而改变竞争的基础。新的价值链有可能效率更高、活动的成本更为低廉,也有可能使联系得到更为充分的利用。重构价值链的内容包括改变生产工艺、改变推销方式、建立新的分销渠道、采用新的原材料、迁移与供应商和顾客有关的厂房设施、进行整合等。整合就其本身的含义而言,是将相互独立的构成要素或组成部分连接成一个有机的整体。整合是增强企业战略优势的方法,包括纵向整合、横向整合。横向整合主要是同类业务的强化,如购并同类业务的企业等。纵向整合通常与规模和规模经济相联系,是同类业务的强化,如购并同类业务的企业等。纵向整合是以企业的核心业务为基础向前整合或向后整合。纵向整合涉及的成本影响因素更多。如果能够达到有效的规模经济,纵向整合的最大好处是在采购、生产、分销或其他领域节约成本。

整合可以节约交易成本,同时也会增加企业的经营风险。整合会增加企业的固定成本,提高经营杠杆,使企业收益和单位活动的成本随着销售量、销售收入的变化而发生大幅度的波动;整合有可能使企业降低改换业务伙伴等方面的灵活性。纵向整合意味着一个企业的命运至少部分地由内部供应者及顾客来决定,企业无法轻易撤消这些内部环节,从而提高了企业的退出壁垒。内部单位竞争关系的弱化会侵蚀追求效率的动力。同时,当新的业务领域存在原材料来源限制时,纵向整合也需要克服由此而增加的成本。

3)建立专项的成本控制措施

重构价值链是取得成本优势的重要措施,控制成本动因是比重构价值链更为经常性的工作。企业要采取一些专门的措施控制对成本有较大影响的因素,这些措施包括强化技术创新、改善生产能力利用模式和应用过程控制中的制度方法等。

技术创新是成本降低的源泉,是使成本持续降低的保证。新的技术和方法往往会带来设备的性能、能源消耗、生产工艺、产品结构、材料等方面的变化,新技术的应用也往往意味着效率的提高、规模的扩大、消耗的降低、经济资源利用率的提高等,这些都是成本持续降低的来源。固定成本的存在要求提高生产能力利用率,生产能力利用率的变化通常会改变成本。

加强日常活动中的成本控制也会降低成本。日常成本控制的重点是建立和应用制度控制方法。制度控制分为两个方面,一类是保障性制度,这类制度为成本控制提供基本规范。另一类则是方法性制度,它直接作为成本控制的方法使用,如目标成本管理、标准成本制度、责任成本制度、作业成本控制等。

(3)保持成本优势的持久性

成本优势只有在企业能保持状态时才能产生高于平均水平的收益。成本优势的持久性因不同的成本动因、不同的产业而异。具有持久性的成本动因通常有以下几个方面。

1)规模。规模是一个较为关键的进入壁垒。仿效规模的代价通常是巨大的,也需要较长的时间,只有实力雄厚的竞争者才会进行这种模仿。

2)相互关系。同密切相关的业务单元之间的相互关系能迫使竞争对手进行多样化经营,以求与企业的成本优势相抗衡。如果相关产业的进入壁垒很高,竞争对手的这种模仿很难取得成功,企业维持成本优势持久性的可能性就会高。

3)学习的专有性。保持学习的独家专有会使竞争对手要迎头赶上就相当困难。

优势的持久性不仅产生于使成本优势得以保持的因素,而且也产生于这些优势的数量。如果企业仅仅在一两个方面获得成本优势,竞争对手便容易模仿。成功的管理者通常把从价值链里相互作用和相互增强的若干个来源所获得的竞争优势积累起来,使竞争者模仿起来十分困难并且代价高昂。

保持成本优势的持久性要特别防止成本领先陷阱。实践中,人们常常会犯一些习惯性的错误,落入成本领先的陷阱。这些错误包括以下几个方面。

1)过分重视生产成本。市场营销、服务、技术开发、基础设施等方面的成本在现代企业中比重越来越大，在成本控制中对此应给予高度重视。

2)忽视采购。购买方法的适当改变会产生成本上的巨大效益。

3)忽视间接的或小的成本活动。

4)错误认识成本动因。

5)无法认识相互联系。利用联系的能力构筑了许多企业成功的基础。无法认识联系会导致诸如采取一刀切的方式，要求每个部门按照同样的比例削减成本的错误做法。

6)成本削减中的相互矛盾。成本动因有时是背道而驰的，以相互矛盾的种种方式来削减成本往往造成方法上的冲突。

7.2.2 差异化与多样化

7.2.2.1 差异化

企业所面对的顾客需求来自于各种原因引起的消费心理，可以用不同的产品或服务的特性加以满足。大多数企业是通过提高产品和服务的差异化来满足顾客的需求。一些企业的产品差异化程度高于另一些企业的差异化程度，它们便具有竞争优势。

(1)采用差异化战略的动因

差异化战略是指企业提供与众不同的产品和服务，满足顾客特殊的需求，形成竞争优势的战略。企业运用这种战略主要是依靠产品和服务的特色，而不是产品和服务的成本。企业采用这种战略，可以很好地防御行业中的5种竞争力量，获得超过平均水平的利润。主要表现在以下几方面。

1)形成进入障碍。由于产品的特色，顾客对该产品或服务具有很高的忠实程度，从而使该产品和服务具有强有力的进入障碍。潜在进入者要与该企业竞争，则必须掌握这种产品的独特性。

2)降低顾客敏感程度。由于顾客对企业产品和服务某种程度的忠诚度，当这种产品价格发生变化时，顾客对价格的敏感程度不高。生产该产品的企业便可以运用产品差异化战略，在行业的竞争中形成一个隔离地带。

3)增强讨价还价能力。产品差异化战略可以为企业生产较高的边际收益，降低企业的总成本，增强企业对付供应者讨价还价的能力。同时，由于购买者别无其他选择，对价格的敏感程度又低，企业可以运用这一战略削减购买者讨价还价能力。

4)防止替代品威胁。企业的产品与服务具有特色，能够赢得顾客的信任，便可在与替代品的较量中，比同类企业处于更有利的地位。

(2)形成产品差异化的方法

形成差异化产品的方法，大致有两种：一种方法是产品的内在因素差异化；另一种方法是产品外在因素差异化。

产品内在因素差异化是指企业在产品性能、设计、质量及附加功能等方面与竞争对手相区别的独特性，即应当把本企业产品与竞争对手产品进行对比，仔细分析每一零部件的不同之处，确定本企业产品能够在哪些方面相对于竞争对手取得优势，使产品别具一格，开创独特的市场。为此企业应加强研究开发，使用专有技术(或专利)改进产品的设计，提高产品的性能和质量,或增加产品附加功能。但是一味地在技术设计、质量等方面下功夫,往往需要大量的研究投资和营销成本,有时即使提高了市场占有率,利润都会相对降低。要以较少的费用争取较大的市场占有率,就要采用产品外在因素差异化方法。

产品外在因素差异化是要创造良好的商品形象,即要充分地利用产品的定价、商标、包装、销售渠道及促销手段等方法,使其与竞争对手在营销组合方面形成差异化,因而开创独特的市场。主要措施如下。

1)企业可采用订价、改进包装、树立名牌的方法实现产品差异化,即高价显示优质,精美包装显示优质,借此树立企业产品的形象。

2)通过宣传,利用广告形成产品的差异化,要通过各种传播媒体和传播手段,将有关产品特征的信息传达到国际市场,使顾客感到产品差异,从而在顾客心目中树立与众不同的形象。

3)通过优质服务来实现产品差异化,如免费送货、分期付款、一定时间内实行保修等方法,使产品形成差异化。

4)通过分销渠道来实现产品差异化,如采用零售或上门推销等方法,使产品直接与顾客接触,使产品形象在顾客心目中产生差异。

(3)产品差异化的缺点

在企业发展中,产品差异化战略表现出了不少优势,但也有一些缺点。

1)要保持产品的差异化,往往要以成本的提高为代价,因此企业产品差异化所取得的利润的一部分或大部分就被产品成本的提高所抵消。

2)买主对差异化所支付的额外费用是有一定支付极限的,若超过支付极限,低成本、低价格产品的企业与高价格、差异化产品的企业相对就显示出竞争力。

3)由于特色产品价格较高,很难拥有很大的销售量,因此该战略不可能迅速提高市场占有率。

4)产品差异化使同一产业内的不同企业产品之间减少了可替代性。

7.2.2.2 多样化

企业可以利用规模与范围经济策略来减少成本和改善营销效果,因此许多著名的公司都是多样化经营的,它们在不止一种的产品市场中从事经营活动,取得较好的效益。

(1)多样化经营的定义

多样化经营(diversity),也称为多角化经营或多种经营,是指企业在新的产品领域和新的市场领域形成的战略,同时生产和提供两种以上基本经济用途不同的产品或劳务的一种经营战略。目前,多样化经营战略已成为大中型企业适应新形势、开拓新市场的必然选择。

(2)采用多样化经营的动因

1)外部原因

①产品需求趋于停滞。当企业的主导产品销售额增长缓慢,甚至出现负增长而企业又有余力时,企业要考虑采用多样化经营战略。即当企业原有的主导产品已达到产品生命周期饱和期的后部分时,企业要再延长产品寿命,就必须在产品质量上下功夫,进行产品差异化。但有时这种产品差异化战略只能够取得短期效益,要想取得长期的效益及稳定的发展就必须向新产品及新市场进军,这时企业应当考虑是否需要采用多样化经营战略进行产品结构的调整,

向新兴经营领域开拓。

②市场的集中程度。这里所说的集中程度是一个卖方结构指标。在集中程度高的行业中，企业想追求较高的增长率和收益率，只有进入本企业以外的新产品、新市场。企业所在行业的集中程度越高，越能诱发企业从事多种经营。

③需求的不确定性。由于市场需求的不确定性，企业经营单一产品或服务便会面临着很大的风险，其增长率和收益率会为该产品的需求动向所左右。假如该产品的需求动向有很大的不确定性，企业为了分散风险，便要开发其他产品，从事多种经营。

2)内在动机

①挖掘企业内部资源潜力。企业要充分地利用富余的经营资源时，要考虑采用多样化经营战略。企业的资金、人力、技术、设备加工能力、厂地、原材料、本厂的废料等有形资源及企业的信誉、形象、信息、商标都是促使企业考虑多样化经营战略的因素。企业的经营资源越有富余，多样化经营的刺激因素就越强。

②实行企业规模经济。企业规模是一种经营资源，导致规模经济的具体要素一般拥有特殊用途的机器设备、专门的技术技能、专门的营销服务与专门的信息网络等。为此，企业从事多种经营，扩大企业规模，能在质量和数量方面占有丰富的经营资源，也就能享受规模经济效益；同时，企业进行多种经营，可以弥补企业规模不当的弱点，提高企业的盈利水平。

③转移竞争能力。企业进行多种经营，是希望将企业中现有竞争能力转移到新的经营业务中去，以改善新的经营单位的竞争能力。

(3)多样化经营战略的类型

目前，按产品组合的特点将多样化经营战略分成如下6种类型。

1)单一产品战略：即企业的一项产品的销售额占企业销售总额的95%以上。

2)优势产品战略：即企业的一项产品的销售额低于企业销售总额的95%，高于其销售总额的70%。

3)技术相关产品战略：即企业的一项产品的销售额低于企业销售总额的70%，但其技术上相关联的产品群的销售额大于企业销售总额的70%，而这些产品的基本经济用途或目的是不同的。这种战略的特点是利用了企业原产品新产品之间在研究开发、原材料、生产技术、生产设备及工艺等方面较强的技术关联性，能获得技术上的协同作用，使新产品在产品质量和生产成本方面都具有一定的竞争力。

4)市场相关产品战略：即企业的一项产品的销售额低于企业销售总额的70%，但其市场相关产品销售额大于企业销售总额的70%，而这些产品的基本经济用途或目的是不同的。这种战略的特点是它利用了企业原产品和新产品之间在销售渠道、销售对象、促销方法、企业形象及知名度等方面的较强的市场关联性，能够获得市场营销方面的协同作用，使新产品在市场营销方面具有一定的竞争力。

5)市场技术相关产品战略：即企业的一项产品的销售额低于企业销售总额的70%，但其市场相关产品和技术相关产品的销售额超过其销售总额的70%。

6)非相关产品战略：即企业市场相关产品的销售额和技术相关产品的销售额低于企业销售总额的70%，企业开拓和发展与原有产品在技术与市场营销上均无关的新产品。这种战略的特点是：分散经营风险；把多向发展新产品和多个目标市场有机地结合起来，多方面地长久地占领市场，提高了企业的应变能力，这种战略的产生是市场扩大化和竞争复杂化的结果。

7.2.3 企业核心竞争力

自1990年普拉哈拉德和哈默在《哈佛商业评论》上发表"The Core Competence of the Corporation"一文以来,一场核心竞争能力(core competence)研究热潮得以掀起,研究者及有关报道层出不穷。同时,欧美业界也很快接受和应用了其概念和理论。

7.2.3.1 企业核心竞争力概念产生的背景

竞争是市场经济的重要特征之一,企业竞争理论是市场经济条件下企业理论的重要组成部分,企业竞争理论的发展经历了3个阶段,企业核心竞争力理论是企业竞争理论发展的第三阶段。

(1)从20世纪60年代开始的以战略管理为中心的竞争理论阶段。构成企业竞争理论主体的许多基本理论与方法都是产生于这一时期,如著名的安索夫的产品市场矩阵、通用电气的GE九方图、SWOT分析等。它们共同特点是通过对企业所处的内外部环境的综合分析,为企业制订战略提供依据。这类分析方法称为战略分析法,这些理论构成战略管理的基本内容和基本框架,因此可以把它们统称为战略管理为中心的竞争理论。

(2)从80年代开始的以市场结构为中心的竞争理论阶段。这个阶段的代表人物是迈克尔·波特和他的几个重要理论:①5种力量行业结构竞争模型(同业者、替代业者、潜在业者、购买者和供应者);②基本战略理论(成本优势战略、差异化优势战略和集中优势战略);③国家行业竞争力模型。该理论将竞争分析的注意力重点放在企业外部环境上,认为行业的吸引力是企业盈利水平的决定性因素,市场结构分析是企业制订竞争战略的主要依据,因此这一阶段的竞争理论被称为市场结构为中心的竞争理论。

(3)从90年代开始的以企业核心竞争力研究为重点、以企业素质为主要内容的竞争理论阶段。近年来市场结构为中心的竞争理论受到挑战。支持者和非难者争辩的事实之一是:同行业的不同企业之间利润率的差异程度往往比不同行业之间的企业利润率水平的差异程度大得多。这种争论就为企业素质为中心的竞争理论的出现创造了一个背景条件。以企业核心竞争力为代表的企业竞争理论强调企业竞争力分析的注意力应集中到企业自身上来,以培育企业核心性的竞争能力为主方向,以创造企业可持续性的竞争力优势为战略目标,不断提高企业自身素质,确保企业在激烈的竞争环境中长盛不衰。

7.2.3.2 企业核心竞争力的定义和特性

(1)定义

企业核心竞争力是企业独具的、长期形成的、并融于企业内部,支撑企业竞争优势的,使企业能在竞争中取得可持续生存与发展的核心性能力。

(2)特性

①局部优势性。企业核心竞争力存在于向客户提供服务或产品过程的某一两个环节或方面,而不是在每个环节都优于竞争对手。或者虽然每个环节都不优于竞争对手,但是由各个服务环节集成的业务流程的综合效率明显优于竞争对手。

②显著增值性。企业核心竞争力能够显著实现客户看重的价值,如显著地降低成本,提高

产品质量、提高服务效率，包括客户主观效用的增加等，从而可为企业带来显著的竞争优势。

③延展性。企业核心竞争力能够较大程度地满足客户的需要，不仅是当前的而且包括潜在的需要，这种需要的满足往往是通过核心竞争力在新领域的积极运用得以实现，从而可为企业不断创造新的利润点。因此，核心竞争力更是一种"通用"的技术专长，而不是对应于某一两种产品本身。

④独特性。企业核心竞争力必须是企业所特有的并且不易被竞争对手模仿的，如果竞争对手也有或者易被模仿，则这种竞争力就很弱，无法给企业创造较大和持续的竞争优势。

⑤时间性。具有领先性并且不易被竞争对手模仿并不意味着永远不能够被模仿。企业若想保持核心竞争力的领先优势，就必须对核心竞争力持续不断地进行创新、发展和培育，以维持或扩大核心竞争力与竞争对手之间的领先距离。否则，随着时间的推移，核心竞争力的领先优势就会丧失。

上述5个方面也正是企业核心竞争力与一般竞争力相区别的"核心"所在。核心竞争优势是企业与竞争对手竞争时核心竞争力的外在表现，核心竞争力则是核心竞争优势的内在支持。

7.2.3.3 企业核心竞争力的相关理论

(1)企业核心竞争力寿命周期理论。一个企业的企业核心竞争力的发展演变过程称为企业核心竞争力寿命周期。企业核心竞争力寿命周期可划分如下几个阶段：无竞争力阶段、一般竞争力阶段(核心竞争力未形成阶段)、初级核心竞争力阶段、成熟核心竞争力阶段、核心竞争力弱化阶段、核心竞争力新生阶段。

企业要通过不断对其核心竞争力的整合，使核心竞争力不断得以发展，从一个阶段升到另一个阶段。企业连续成功运作会自动加速这一进程。在企业经营环境发生转折性的突变时，如企业所处行业要求的关键能力产生质的变化，致使企业核心竞争力与行业关键能力的匹配性发生了问题，企业核心竞争力就要进入弱化阶段；同样如果企业决策层因某种原因对企业运作方式等作出彻底性的调整，而这种改变是不利于企业现有核心竞争力的，也会使其进入弱化阶段。企业为了制止这种倾向发生，应该进行有预见性的主动调整，进入其重新整合阶段，使企业核心竞争力得以新生。

(2)企业核心竞争力的层次竞争理论。该理论认为，企业核心竞争力的竞争是在4个层次上展开的。

第一层次竞争的目标在于获取和开发构成核心竞争力所需的技术、人才、结盟伙伴和知识产权等。

第二层次竞争目标在于将所获取和开发的能力与技术整合成核心竞争力，是对企业内部能力、技术调整和组合的过程，只有经过整合，这些单个的能力和技术方能升华为支持企业可持续生存和发展的核心竞争力，不同企业的竞争表现在整合能力和整合效果的差异上。

第三层次表现在由核心竞争力产生出来的核心产品的竞争，核心产品可以是实体性的中间产品，也可以是无形产品如服务等。一个行业内部的竞争往往可归结为核心产品的竞争，竞争目标在于争取核心产品的更大市场占有率。

第四层次是通常意义上的竞争，是企业核心竞争力强弱的最终结果。

此理论阐明了企业竞争的本质是企业核心竞争力的竞争，同时这样的竞争是围绕着企业核心竞争力在多层次上开展竞争。该理论另一个启示是：企业独家拥有控制生产其核心产品的能力和技术时，企业只须集中于核心产品的生产上，并通过将核心产品销售给竞争对手，来保证自己在行业中的主导地位。这是一种创新性的经营思路。

(3)企业核心竞争力的源流理论。该理论认为企业的竞争优势源于企业核心竞争力，核心竞争力又源于能力，而能力又源于资源。企业需要包括有形资源和无形资源在内的各种资源的投入才能得以运行，资源的战略价值取决于其对核心竞争力形成的贡献程度，单一资源无法形成产生核心竞争力的能力。

企业核心竞争力是企业在积累和学习如何应用不同资源和能力的长期过程中形成的，是一种能够使企业在长时期内为顾客提供价值的能力。不是企业的所有资源与能力都属于企业战略资产，而只是核心竞争力才能成为竞争优势之源。

企业必须通过不断创新来提升自己的核心竞争力，只有当竞争对手试图模仿企业竞争优势却无法成功，或者失去模仿的信心时，企业的竞争优势才是一种可持续性的竞争优势，由核心竞争力创造出的竞争优势才是一种可持续性的竞争优势。

该理论集中阐明了企业可持续性的竞争优势是由企业的长期运行中将具有战略价值的资源和能力进行综合，升华而形成的核心竞争力所产生的。这样一个整合过程正是企业素质的提升过程，企业只有自觉提升核心竞争力，才能保持竞争中的长期主动性。

(4)企业核心竞争力与市场机会匹配理论。该理论将核心竞争力划分为现有核心竞争力和要培育的核心竞争力，将市场机会划分为现有市场机会和可能出现的新的市场机会，形成了一个核心竞争力/市场机会矩阵，如图 7-6 所示。

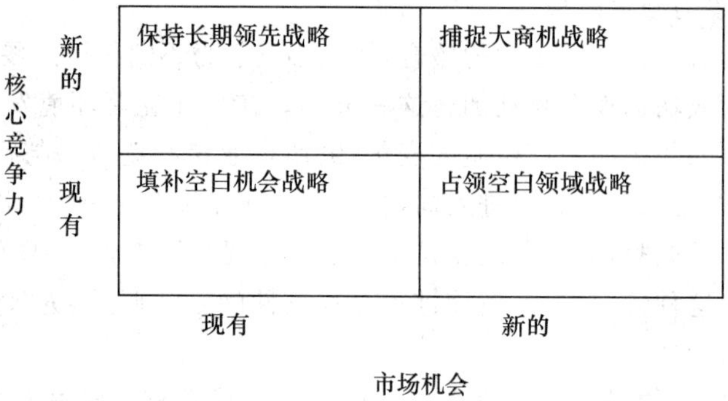

图 7-6 核心竞争力/市场机会矩阵

①填补空白机会战略，是通过发挥现有核心竞争力，来捕捉现有市场尚未被充分利用的商机。

②占领空白领域战略，是通过创造性地重组现有核心竞争力，来捕捉企业现有事业域外的和可利用的商机。企业往往由于运行的惯性而忽视了现有企业核心竞争力也能够充分发挥优势的现有业务范围外的商机空间。这种战略思路极好地利用了核心竞争力延展性的特征。

③保持长期领先战略，是通过培育发展新的企业核心竞争力，使企业能在未来的同一市场环境中继续保持领先位置。企业环境总是在不断变化，现有核心竞争力的作用在未来环境变化中可能功效衰退，因此必须通过对未来环境变化的预测，从现在就开始培育应对未来变化的新的核心竞争力。

④捕捉大商机战略，是通过培育发展新的企业核心竞争力，来捕捉那些与企业现有核心竞

争力及现有市场都不相关的但却是价值重大的大市场商机,尤其当这些商机还未被竞争对手所觉察或所重视时,这样的战略极具有其深远的意义,用兼并或其他一些方式,往往能获得这样新的核心竞争力。

这个理论从市场机会(外部角度)来认识核心竞争力,提出要针对企业环境中不同的市场机会来进行核心竞争力管理,才能确保核心竞争力的有效性和战略性。同时它也为企业开拓新事业领域(多样化经营)提供了新思路:一是认准自己现有核心竞争力,开拓相关的空白领域;二是培育新的核心竞争力,开拓新的空白领域。

7.2.3.4 企业核心竞争力的培养

企业的核心竞争力与企业现在拥有的资源、过去的经验及这些经验的积累等有关,也与企业长期从事一个专业领域有关。一些从事多样化发展的企业通常很难培养出多个领域的核心专长,从而在世界市场上缺乏竞争力。如何培养企业核心竞争力?从世界500强和中国上市公司50强的成长经验看,可从如下几个方面着手。

(1)集中企业资源从事某一领域的专业化经营。在专业化经营过程中逐步形成自己在经营管理、技术、产品、销售、服务等诸多方面与同行业的差异。在发展自己与他人上述诸多方面的差异中,就可能逐步形成自己独特的可以提高消费者特殊效用的技术、方法、方式等,而这些有可能是构成以后企业核心竞争力的重要要素。事实上,在市场需求多样化的今天,公司进行差异化经营与管理是非常必要的,决不能总搞"大路货","大路货"的市场风险太大了。

(2)寻找自己的潜在能力,真正了解自己。真正寻找自在潜在能力是发现和建立企业核心竞争力的前提。以我国上市公司为例,部分上市公司并不真正了解自己的资源实力和创新能力,甚至往往过高估计了自己的能力,进入了许多当时看来有盈利的空间,但对自己又十分陌生的领域,最终以失败或亏损告终。寻找自己的潜在能力,分析这种能力与其他同行的差异性,并把它建立培养起来,这是建立竞争力的重要途径。

(3)从竞争对手和市场空间中寻找机会,建立自己的比较优势,并构建支撑这种优势的潜在核心能力。所谓从竞争对手那儿寻找机会是指通过对竞争对手的分析,发现他们的弱点,发展自己的比较优势,而从市场空缺中寻找机会则是指通过对消费者需求变化的分析,找到自己能够为消费者提供特殊利益的方式与方法,而这本身就是在建立和发展核心竞争力。

(4)核心竞争力是成长在企业良好的土壤中的,即这个企业在管理方面有特色,在生产方面的技术工艺、质量控制等都很有经验,在市场经营方面也有良好的业绩等。能否培养出自己的核心竞争力,很关键的一点就是要看公司是否在生产、经营与管理等方面有良好的基础。

7.3 CIS 战略

7.3.1 关于 CIS

7.3.1.1 CIS 概念

CIS 是 Corporate Identity System 的简称。其中 Corporate 是指法人,团体,企业。CIS 一般译为企业识别系统,或称为企业形象战略。它是在激烈的市场竞争中形成和发展出来的一种有效的制胜的招法。

CIS所研究的是企业的第四种资源——无形资产。它的定义可表述为以下内容:CIS是一个社会组织为了塑造自己的形象,透过统一的视觉设计,运用整体传达沟通系统,将组织的经营理念、企业文化和企业经营活动传递出去,以凸显企业的个性、品格和企业精神风范,与社会公众建立双向沟通的关系,从而使社会公众产生认同感和共同价值观的一种战略性的活动和职能。CIS包括理念识别MI,行为识别BI和视觉识别VI(包含嗅觉识别SI)。CIS不仅适合于企业组织,而且也适合于个人。如果你在求职前进行了个人形象、行为的策划,你就有可能收到意想不到的效果。

有需求,就会得到发展。在激烈的市场竞争中,欧美企业界率先导入CIS;日本及亚洲其它国家和地区的企业旋即跟进;80年代中期,随着开放的浪潮和中国商品经济的发展,中国大陆的企业产生了这种需求,于是CIS传入中国并率先落户于沿海及经济发达地区。首先导入CIS的太阳神取得了巨大的成功,此后,"健力宝""李宁牌""乐百氏""亚细亚"等先后导入CIS,也获得成功。CIS的名声也就慢慢地传播出去了。

7.3.1.2 CIS精神

现代社会,各企业间的竞争已不再是单一层次上的竞争,而是从局部的产品竞争、资源竞争、资金竞争、人才竞争、技术竞争和信息竞争发展到立体的全方位的整体实力性竞争,企业的形象和品牌资产成了一个企业最宝贵的财富,谁能将良好的企业形象树立在社会公众面前,谁就能在对手如林的激烈竞争中脱颖而出而出,稳操胜券,处于不败之地。

21世纪的世界经济,正日益从狭小的地方经济、区域性经济向全球一体化经济发展,市场机制日益成熟,不规范的竞争转向规范性竞争。生存和发展的巨大压力,国内和国际的双重竞争促使中国企业必须努力寻求获得竞争优势的法宝。企业怎样才能在市场竞争中脱颖而出、出奇制胜呢?

CIS以企业形象战略为核心的企业识别系统被称为当代工业社会最时髦的竞争战略,该系统可以帮助企业树立产品形象、企业形象,制定营销战略,提高消费者对企业的认识程度,在日益复杂的市场经济中扮演着越来越重要的角色。

CIS的开山鼻祖,可以追溯到公元五世纪的佛教,佛教有复杂的教义和教规,其理念识别为慈悲为怀,普渡众生,其活动识别模式是化缘吃斋,早晚祈祷,念佛颂经,其视觉识别模式则是合掌、剃发等,形成极其鲜明的识别认同系统。

将CIS最早引入企业的是德国的AEG电器公司,1914年在其电器上设计统一的视觉性传达设计,展示统一的视觉形象,努力使电器用品和包装、广告、海报、信笺、橱窗的设计形成统一的风格,形成最初的CIS雏形。

在1930年,美国著名的设计家雷蒙特·保罗·兰德最早提出CIS这一用语。

20世纪50年代,IBM公司率先导入CIS,随后,60年代的RCA(radio corporation of America),70年代的可口可乐,80年代的AT&T,后来的NBC电视台、美国通用汽车、日本的富士、本田汽车、中国的亚细亚、李宁牌运动服、世界连锁市场等也纷纷导入CIS。

国内外的无数事实证明,导入CIS企业识别系统,是投资少、效益高的活动,据国际设计协会统计,企业形象设计投入1元的资金可以获得227元的收益。企业形象的价值被先知先觉者认识,并付之于实践,得到良好的经济效益。

坦率地讲,CIS在中国刚刚开始,甚至很多人尚不明了CIS的缩写意义是什么。

一个企业需要有个性,区别于其他企业。企业的个性需要在不同的活动领域表现出来,在整个社会背景下构成传播情报。一家企业,地址在哪里,质量怎么样,如何发布关于自己企业与产品的信息,如何组织员工从事生产与社会活动,所有的这些方面,都在说明这家企业的性质与特色。

对于一个生产性的企业,产品是企业自身最好的说明,是识别的核心,产品的性能如何,外观如何,价格高低,使用是否方便,都是企业最主要的情报因素。

这种整合性的关于企业本身性质与特色的情报传播,就是所谓的企业识别。实际上,不管一个企业是否明确地导入CIS,它都在实行着CIS的基本精神与事务。

7.3.1.3 导入CIS的作用

CIS是企业在经营环境中设计和塑造企业形象的有力手段,其主要功能是通过传播媒介将企业的存在与社会的认知连接起来,从而树立良好的企业形象,最终目的则是为企业带来更好的经营效益。

CIS被国际称之为赢的战术的法宝,它给企业带来了无形资产。CIS可以帮助企业树立产品和企业形象,制订营销战略,提高消费者对企业的认知程度,它已经成为企业牵着市场走的新型竞争战略,在日渐活跃的市场经济中扮演着越来越重要的角色。如今,企业形象竞争与品牌形象的竞争已成为了企业最宝贵的财富,导入CIS可以给我们带来以下好处。

(1)自行管理功能。在开发和导入CIS的过程中,企业最终应当制定CIS的行动手册,作为企业内部的"宪法",让企业全体职工共同遵守,这样才能保证行动的统一性和权威性。通过总结和提升企业的历史、信仰、所有权、技术、人员素质和战略规划,从而确定企业与众不同的身份,保证企业自觉地向着既定的发展方向进行有效的管理。

(2)提高企业的知名度。企业识别功能CIS的开发与导入,能够促使企业产品与其他同类产品区别开来。在市场经济条件下,生产同一类型的产品的企业很多,如何使自己的企业深入人心,在公众心中产生良好的亲和感,取得独特的市场定位和市场份额,是至关重要的。

(3)协调功能。统一的CIS系统可以保持下属机构与分支企业的统一性和协调性。

(4)提高产品在市场中的知名度,增加竞争能力,为企业增加经济效益。从平均水平讲,每投入1元钱用于CIS策划,就会有227元的回报。

(5)促进企业的基础工作,提高企业整体素质。

(6)有利于企业广招人才,增强企业发展实力。

(7) 文化教育功能。营造一种良好的文化氛围,能够激励员工士气,增强企业凝聚力和向心力。

(8)有利于团结关系企业,建立相互信任,合作的关系。同时也大大提高企业信誉,增强银行贷款和投资的信心和实力。

(9)有效地强化广告宣传效果。

7.3.1.4 CIS的构成与功能

CIS一般分为3个方面,即企业的理念识别——Mind Identity(MI),行为识别——Behavior Identity(BI)和视觉识别——Visual Identity(VI)。企业识别系统的这3个方面不仅具有紧密的关联性,而且具有很强的层次性,CIS的核心目的是通过企业行为识别和企业视觉识传达企业理念,树立企业形象。

MI企业理念是指企业在长期生产经营过程中所形成的企业共同认可和遵守的价值准则和文化观念,以及由企业价值准则、企业精神、经营理念和文化观念决定的企业经营方向、经营思想和经营战略目标、企业目标、企业文化、企业性格等的统一化。

BI企业行为识别是企业理念的行为表现,包括在理念指导下的企业员工对内和对外的各种行为,以及企业的各种生产经营行为;是指企业在实际经营过程中所有对内对外具体执行行为于操作中的规范化、协调化,以便经营管理的统一化。

VI企业视觉识别是企业理念的视觉化,通过企业形象广告、标识、商标、品牌、产品包装、企业内部环境布局和厂容厂貌等媒体及方式向大众表现、传达企业理念;是指纯属视觉信息传递的各种形式的统一,是具体化、视觉化的传递形式,是CIS中的分列基础上最多,层面最广、效果最直接的构成部分。

企业识别系统是企业经营理念、行为规范和视觉传达的统一体,是企业的整体经营战略,是全新的、全方位的企业公共关系战略措施,是现代化企业与公众沟通的最有效的手段,企业形象战略就是要为企业塑造个性,并使之深入人心,现已成为企业经营发展的必备工具和市场竞争的先锋,更是今日提升企业形象的最佳途径。

MI、BI、VI三者互相推动,带动企业的全面发展。MI是CIS的基础和基本精神所在,是企业在长期发展过程中形成的,具有独特个性的价值体系,是企业不断成长的根本驱动力,MI决定企业的差别,左右企业的素质,更在相当程度上影响企业的市场定位。

BI是在企业理念的指导下逐渐培育起来的全体员工自学的行为方式和工作方法,也可以说是行为活动的动态形式,可以显示MI的内涵。

VI是企业所独有的一套识别标志,是最外在的最直观的一部分,因为人们接受外界信息有83%来自视觉,因此,视觉传达成为企业信息传达的最佳手段,VI能将企业识别的基本内涵差异充分表达出来,并可让消费者一目了然地掌握其中传达的情报信息,达到识别、认知的目的。

有人把CIS形象地比喻为一棵树。MI是树根,BI是树枝,VI是树叶,三者共为一体,不可分离。

7.3.1.5 CIS的发展历程

在激烈的市场竞争中,企业有计划地将自己企业的各种特征向社会公众主动地展示与传播,使公众在市场环境中对某一个特定的企业有一个标准化、差别化的印象和认识,以便更好地识别并留下良好的印象。目前的企业都知道这个道理,甚至知道这一科学过程。

CIS的早期实践可以追溯到1914年德国的AEG电器公司。AEG在其系列电器产品上,首次采用彼德·贝汉斯所设计的商标,成为CIS中统一视觉形象的雏形。紧接着,1932年至1940年之间,英国实施伦敦地下铁路工程,该工程由英国工业设计协会会长佛兰克·毕克负责,被称为“设计政策”的经典之作。

第二次世界大战后,国际经济复苏,企业经营者感到建立统一的识别系统,以及塑造独特经营观念的重要性。自1950年,欧美各大企业纷纷导入CIS。1956年,美国国际商用计算机公司以公司文化和企业形象为出发点,突出表现制造尖端科技产品的精神,将公司的全称

“International Business Machines”设计为蓝色的富有品质感和时代感的造型“IBM”。这即是这8条纹的标准字在其后四十几年中成为“蓝色巨人”的形象代表，即“前卫、科技、智慧”的代名词；也是CIS正式诞生的重要标志。60年代以后，欧美国家的企业CIS导入出现了潮流般的趋势。60年代的代表作是由无线电业扩展到情报、娱乐等8种领域的RCA；70年代的代表作是以强烈震撼的红色、独特的瓶形、律动的条纹所构成的Coca-Cola标志。总之，60年代到80年代，是欧美CIS的全盛时期。日本企业在70年代以后，我国企业在90年代后也开始创造自己的CIS，从而使之发展成为一个世界性的趋势。

从2000年初，中国的CIS策划进入了一个快速发展的阶段，市场需求量大，从业公司多，策划产品好，服务价格高。

纵观市场需求，主要有以下几个原因：政府作为国有企业的最大股东，积极推进国有企业的管理创新，要求国有企业树立战略眼光，进行战略性的策划。

中国加入WTO步伐的加快，使许多国内企业面临很大的压力。这些企业为了能在竞争中站稳位置，或在竞争中求得更好的发展，仅靠自己的智力资源是远远不够的，所以，向CIS策划及专业性的咨询公司求助是在情理之中的。

经过CIS及管理咨询业在中国的运行10多年经典事例，一些公司把CIS作为开拓市场，树立良好形象的主要方式之一。事实上，这种方法大多数是成功的，特别是年轻高知识阶层掌握了企业的权力后，对知识方面的投资有明显增加的趋势。

7.3.2 CIS模式

CIS的产生和发展是与其生存发展的环境分不开的，也就是说它与国家的政治、经济、文化的发展是密切相关的。每一个国家都有自己的历史文化，每一个企业都有自己的个性，每个策划公司都有自己的风格，CIS的做法也各有特色。从全球角度看，大致可以归纳出两种主导模式——美国模式与日本模式。其中最主要的一种是美国的模式，欧洲的做法与美国的相似。

7.3.2.1 CIS的美国(欧洲)模式

美国企业文化，美国是一个企业发展较早，科技水平、管理水平都处于世界领先地位的国家，又是一个多民族、多元文化、多种语言并存的社会，一切都是从个人主义和实用主义的价值观念和文化观念出发，所以，美国的企业非常重视：①企业和个人思想和行动的充分自由；②效率。美国的文化、思想总体上体现出一个实用主义的精神，以效益为价值标准，因此评价一个企业的好坏，特别强调生产效率和利润指标；③创造力。非常重视个人能力的发挥，讲个人自由，把个人的创造力看作是个人自由的发展动力；④责任心。主要是个人责任，强调个人的荣誉感。

美国模式的CIS有四大特点：①注重从视觉统一入手，强调标准化，色彩、标志、图案在全世界都一样，宏观世界是工业标准的具体体现；②偏向于理性制度条规的管理；③从管理学角度讲，比较系统、规则化，便于操作；④主要用于外部宣传，是一种以行销为导向，以最终消费者为诉求对象，而对公司的形象加以精致包装的宣传手段。

麦当劳(MCDANAND)的案例被日本人收进他们的CIS专著《日本型CIS战略》(台湾风堂出版社)，因为麦当劳的理念、行为、视觉识别均很出色，不过从未见麦当劳从整体CIS的角度标榜过自己，麦当劳的初衷和思路，恐怕主要是在连锁经营的概念上，麦当劳无心插柳,却成了日本人认同的CIS典范,这说明CIS与经营、管理在某种意义上是殊途同归。

以黄色M字为标志的麦当劳企业,在世界各地拥有超过30 000家连锁店,是世界上最大的饮食企业。麦当劳的企业识别有三大特点:第一,企业理念很明确,第二,企业行动和企业理念具有一贯性,第三,企业外观设计的统一化。

麦当劳企业在美国现代社会中具有强烈的存在意义,其企业理念是Q、S、C、V,即优质(Quality)、服务(Service)、清洁(Clean)、价值(Value)。

优质,麦当劳的品质管理十分严格,食品制作后超过一定时限,就舍弃不卖,这并非是因为食品腐烂或食品缺陷,麦当劳的经营方针是坚持不卖味道差的食品,这种做法重视品质管理,使顾客能安心享用,从而赢得公众的信任,建立起高度的信誉。

服务,包括店铺建筑的快适感、营业时间的设定、销售人员的服务态度等。在美国,麦当劳的连锁店和住宅区邻接时,就会设置小型的游园地,让孩子们和家长在此休息。"微笑"是麦当劳的特色,所有的店员都面带微笑,活泼开朗与顾客交谈、做事,让顾客觉得亲切,忘记了一天的辛劳。

清洁,麦当劳要求员工要维护清洁,并以此作为考察各连销店成绩的一项标准,树立麦当劳"清洁"的良好形象。

麦当劳忠实地推行它的企业理念。而且渗透到整个现实组织内,推出具体的企业行动,这就是麦当劳企业识别的优点。在现代社会中,大多数企业都提出自身的企业理念,但能使之行动化的不多。所以,麦当劳的作风赢得了良好的评价。

麦当劳的视觉传达也独具特色,企业标志是弧形的M字,以黄色为标准色,稍暗的红色为辅助色,标准字设计得简明易读,宣传标语是"世界通用的语言:麦当劳"。这个标语没有设计成"美国口味,麦当劳",实在是麦当劳的又一成功之处。

麦当劳的视觉识别中,最优秀的是黄色标准色和M字形的企业标志。黄色让人联想到价格统一的企业,而且在任何气象状况或时间里黄色的辨认性都很高。M形的弧形图案设计非常柔和,和店辅大门的形象搭配起来,令人产生走进店里的欲望。从图形上来说,M形标志是很单纯的设计,无论大小均能再现,而且从很远的地方就能识别出来。

麦当劳企业识别的优越性就在于企业理念实施得非常彻底,为了达到这个目的,麦当劳进行员工的教育、发行编制相当完备的行动手册,同时,还完成了非常优秀的视觉识别设计。从企业识别的立场来审视麦当劳的历史,可以发现,麦当劳是综合性企业识别的范本,实行得很成功。

7.3.2.2 CIS的日本模式

日本的企业、产品及市场做得很好,在CIS设计方面虽然其起步时间稍晚些,但其成效是非常显著的。日本传统文化,日本在传统文化上强调:①稳定大于一切;②家庭模式。以家族为本位,处理各种社会和组织关系;③团结生存,集体高于一切,由于以家族为模式,所以不主张突出个人,个人的任何发展必须建立在整个家族的综合发展之上,必须以团结向上为前提;④求精心理。日本文化以精致著称,饮食、住居、庭院、艺术都非常精美,日本文化虽然缺乏美国式的创新精神,但是它的模仿力、加工力非常强,一种产品到日本企业手里,经过不长的时间就能演绎出非常上乘的产品;⑤日本对待优秀人才的态度刚好与美国相反,他们把优秀人才当成自己的宝贝，千方百计地将其保下来。

在这种文化背景下，企业的 CIS 设计也有其不同于美国的独特之处，主要有：①不单纯强调 CIS 视觉符号上的表现，而是强调整体性、系统性的设计规划，尤其注重企业文化与经营理念的传达；②具有人性管理精神，整个 CIS 的设计偏向以人为主；③注重前置性的企业实际调查研究；④日本的 CIS 模式主要以公司内部为重点，企图整合全体员工的工作意识，确立企业的经营理念。

7.3.3 中国的 CIS 行动

7.3.3.1 中国企业的现状与问题

中国企业界对 CIS 的兴趣很高，但多年来的效果很有限。日前大型的国有企业，包括银行、保险公司、电信公司等只凭国有的实力、雄厚的资源、国家的垄断、特殊的政策来竞争；对 CIS 理解上有偏差，把主要的精力和用于店面的装修；企业理念、经营理念、行为理念在一些企业几乎是清一色的口号，很少有个性化的体现。据有关资料，当前我国企业口号中“团结”的使用率达到了 41%，创新与开拓的使用率超过 20%，进取的使用率达到了 10%。CIS 系统存在不少问题。

(1)企业内部的经营目标、经营策略和管理手段上的不良形为。

许多企业的领导由于没有自主权，一味地听上级的指挥，得过且过，在位者只做任期内可能见效的工作，急功近利的观念相当风行，短期行为相当普遍。

(2)从企业的外部环境看，我国的市场经济体制还很不健全，在市场竞争中的讲人性、拉关系、凭权势、区域性行业保护现象还非常盛行。

(3)在市场经济大潮中，应运而生的中小企业目前还处在财富的最初积累阶段，这些企业多数已经具备了动用广告推销产品以求更多利润的能力，但多数还没有完整的 CIS 意识。主要表现为：企业“四重四轻”：重规划、轻调查；重形式、轻内容；重设计、轻实施；重眼前、轻长远；CIS 创意公司水平低下，经验不足。

7.3.3.2 对目前中国 CIS 的反思

“中国的 CIS 做得还远远不够”、“中国的 CIS 已做得有点过头了”，这两句话乍听起来是矛盾的，实际上，这就是中国现实。我们认为，在中国，CIS 这个词语有滥用的迹象。由于 CIS 这个词在市场上已有一定的水分和误区，为此不再是 CIS 原本的真正内容。

中国的市场经济能让企业寻求更好的发展机会。如何在旧体制下脱胎换骨？这就需要依靠手段。许多人很自然把视线留在 CIS 上，但在中国搞 CIS 的人不少是一知半解的。到目前为止，许多中国大型企业的 CIS 策略无非只是做了个形象手册，而整个精神理念部分和如何灌输实施部分根本没有做到。原因是一方面在旧体制向新体制转移时，企业缺乏对新理论体系的接受切点，旧东西不想放弃，新东西也不能理解。另一方面，从事 CIS 工作这类部门也没有足够的说服能力、没有很成功的案例、没有很好的手段去让客户认同其新思维。这就成了客户想做 CIS，广告公司想赚钱，一个 CIS 手册即可，只几十天或二、三个月便完成了。这种情况在中国很普遍，对企业来说是没有什么帮助的。

7.3.3.3 CIS的实施与效果测评

按照CIS战略理论和操作技法的要求,成功的实施CIS战略应遵循下述几个原则:①坚持战略性的原则。为现代企业形象战略,就必然具有长期性、全局性和策略性的特征。CIS战略应立足当前,放眼长远。它绝非是1～2年、3～5年的近期规划,而是企业未来10年、20年甚至更长时间的具体发展步骤和实施策略。②坚持民族性的原则。“愈是民族的,愈是世界的”。CIS战略是从企业发展方向、经营方向上设计与规划自我,CIS的创意、策划、设计工作的基础应该立足于我们民族的文化传统、消费心理、审美习惯、艺术品味等,才有可能为公众所认同从而获得成功。③坚持个性化的原则。CIS战略是企业为塑造完美的总体形象在企业群中实施差别化的策略,重要一点就是要求企业形象具有鲜明的个性特征和独具一格的特质,不能“千人一面”。IBM与可口可乐就是个性成功的典范。④坚持整体性的原则。从CIS的3个方面来看,它们不是相互脱节的,而必须表里一致,协调统一,BI、VI为MI服务,外美内秀,才是值得称道的。

CIS的效果评价一直是比较困难的,因为其涉及范围广,收效也难于量化度量。日本日经研究所曾设计了一套CIS效果调查指标体系,包括市场因素、外观因素和现代因素3类。不同企业在导入CIS时,会注重不同的因素。日本日经研究所认为,企业的销售额和广告认知度是评价CIS效果的决定因素。我国学者也对此进行了深入的研究,提出了更为详尽科学的CIS导入效果的量化评价体系,包括MI、BI对外活动识别部分、BI对内活动识别部分、VI应用要素部分、VI基本要素部分等5类30个指标。这套指标较为全面细致地反映了CIS的内容,但指标较抽象,实际运用时存在一定的问题。

应该说,CIS导入是企业追求内在美和外在美和谐统一的过程,而同时企业的CIS战略实施是一个不断运动发展的系统工程。它要求企业根据自身各个时期的不同情况加以修正、补充与创新,这样企业才有可能长久保持和发挥CIS的强大作用与优势。

7.4 CI战略设计与企业形象塑造

7.4.1 企业形象

7.4.1.1 形象

所谓形象是人们的感官收集到的某一客观事物的总信息量,经过大脑加工后而形成的总的印象。《现代汉语词典》对形象的解释是:能引起人的思想或感情活动的具体形状和姿态。形象是针对具体客观事物而言,先有形而后生象,它既是一种抽象物,又是一种综合的感觉,而且这种感觉还不是一种非常静态的动态感觉。形象的内涵是十分丰富的。以一个人来说,他的知识、修养、风度、心灵的善良等,都是他形象的重要组成部分。此外,还有他的言谈举止、待人接物、美容化妆、穿着设计等。一些文艺明星要聘请专门公司或顾问对自己的个性、气质、服装特色、发型、舞蹈动作,以及平时社交活动,对传媒的发言、社会活动的特色进行咨询、包装设计。西方某些社会活动家、政治领袖人物更是如此。1960年尼克松与肯尼迪在竞选中,尼克松由于脸型棱角突出,爱出汗,加上带病竞选,体重大减,又拒绝电视顾问费尽心机为他设计的补救办法;相反,肯尼迪与电视导演精密筹划,养精蓄锐,精心彩排。结果,观众在电视屏幕上看到的尼克松是两眼深陷、面色苍白、汗流如注、声嘶力竭，而肯尼迪则是意气风发、红光满面、从容论道、挥洒自如。由于这是美国历史上第一次电视竞选，选民注意的并不是双方的政见，而是他们的仪表风度。对形象的好恶决定了他们的投向。尼克松在竞选中败北。1968 年尼克松再次参加竞选时，接受前次的教训，雇佣了一批公共关系及广告专家，为他精心设计电视形象，结果成功，竞选取胜。又如英国首相撒切尔夫人过去是上了年纪的家庭主妇，后来，当上了保守党领袖时，里斯就担任她的公共关系顾问。里斯对撒切尔夫人经过充分调查研究后，建议她改掉嗓音尖的习惯，要保持稳重的拖腔和适中的音调，从容沉着、不亢不卑、温文尔雅。甚至在什么样的场合采用什么样的发式，也由里斯设计。因此，记者评论说："里斯素有撒切尔夫人塑造师之称。"从上面的例子说明，政治家的谈吐、风度、气宇，待人接物等，都会影响人们对他的评价，而他们的个人形象会直接影响组织机构的声誉。

对一个人个人形象和媒介形象的设计十分重要，对一个国家一个民族来说更是不言而喻的。在当今世界中，美国最善于利用各种国际性的文化活动，诸如体育比赛、文艺演出宣传自己的国家的形象。1980 年美国洛杉矶奥运会令人难忘。这方面日本也不落后。第二次世界大战后，日本面对的是一片废墟和一个战败国、侵略者的恶劣形象。针对这种情况，他们把重建的重点放在改善形象上。在这一前提下，日本从举办国际性的大型活动入手。1972 年札幌冬季奥运会，在短短 8 年内，日本借着国际认同的大型活动，使日本成功的在国际上建立起新的国家形象。随着国家名声的不断提高，日本制造的产品也跟着在全球市场上受到肯定。现在，只要一提日本企业，马上会让人联想到日本团结、进取、服务；一提日本产品，会联想到高质量、高技术。

韩国为了全面提升其国家实力和形象，通过 1988 年在汉城举办夏季奥运会，促使韩国电力公司、邮局、高速公路、电信局、银行、地铁、机场等企业全部导入 CIS(企业识别系统)。他们以黄、橙、红、蓝等色作为高速公路、邮局、电力公司和电信局的标准色。这样一来，即使是外国人或不识字的人，只要看到醒目的颜色也会辨认出目标。此外，还通过汉城奥运会老虎标志、88 牌出租车和香烟，以及响彻全球的奥运歌曲"心手相连"由卫星电视的快速转播，受益全球。在全世界 40 亿人的关注下，汉城奥运会的巨大成功在世界人民心目中留下深刻和美好的回忆，使韩国的国家形象日渐升高，使韩国一下子打开了外交局面，与 100 多个国家建立了关系，从而带动国内经济和社会的发展。

再以北京市成功举办的第十一届亚运会为例，它的形象设计，不仅体现了亚运会的精神风貌与宗旨，而且反映了生气勃勃的中华民族的形象，反映了当代中国人的风采，提高了中国的国际地位与声誉，为中国申办 2000 年奥运会创造了有利条件，作了有力的铺垫。

以上事实充分说明"形象的塑造"对一个人、一个地区、一个城市或者一个国家都是十分重要的，应当引起人们的足够重视。

7.4.1.2 企业形象内涵

企业形象(corporate identity or enterprise image)是决定企业在竞争中生存发展的关键性因素之一。企业形象是 CIS 企业识别系统工程学的核心概念，而 CIS 最主要的目的，是在于塑造良好的企业形象，使企业永续经营。企业形象的好坏是企业生存与竞争成败攸关的大事。企业形象的构成，即它的内涵，可分为以下 3 种表现形式。

1)物质表现形式

包括办公楼、车间设施、设备、产品质量、环境、团体的标志、装饰、资金实力等。其中最重要的是产品质量,它是树立企业形象的核心,是给人的第一印象。

2)社会表现形式

包括企业的职工队伍、人才阵容、技术力量、经济效益、工作效率、公众关系、管理水平等。其中最重要的是员工的素质。

3)精神表现形式

包括企业的信念、道德水准、口号精神。

在现代经济社会里,商标和公司形象已变得比产品和价格更为重要。因为商标和公司名称就代表着比商品本身更多内容的东西,这说明经济发展进入成熟期之后,人们的兴趣、需求在基本满足之后,已经渐渐转向更高层次,追求心理和精神的满足。日本的上野明朝在《日本优秀企业成功的条件》一书中,将企业形象列为一个重要条件。他指出:"企业形象难以用数量表示,是单凭道理难以说清楚的一种复杂微妙的东西。最近流行语称之为CI。"他认为CI可译为"靠建立鲜明的企业个性感染外界",或者更明确译为"企业形象"。换句话说,即广泛地对外部公众宣传企业的个性和特色,确立企业的个性,让人听到某个企业的厂名时,就会想到它究竟是怎么样的企业。

企业形象是多种要素构成的综合体,企业形象要素体现于产品形象、环境形象、员工形象、企业家形象、公共关系形象、社会形象、总体形象之中。要想准确地把握企业形象构成的各种要素,深入认识多种要素的发展趋势、相互关系和表现特征,必须既广泛了解和认识企业展示于外的各种行为特点,又深入分析贯穿于内的精神价值和行为方式,力争完整地把握企业形象全貌。要做到这一点,不深入搞好企业形象调查不可能达到目的。

企业形象调查主要是设想大众对本企业的认知、态度和印象。其中有两个指标:一是知名度,是指一个企业被公众知道、了解和熟悉的程度及社会影响的广度和深度;二是美誉度。是指一个企业获得公众信任、赞颂的程度及好坏的评价。

知名度与美誉度相辅相成,但总体上讲,美誉度的建立更多的是靠内功,知名度的建立可以运用多种手段,但根本的还是靠商品和服务的质量。有些企业靠媒体的炒作,在消费者和行业圈内产生了一定的知名度,俗称"混了个脸熟"。但时间一长,一经使用,却显出劣质的本质,反而成了耻笑的例子。

7.4.2 企业形象宣传

7.4.2.1 面向客户的MI策划

客户,是具有共同利益、相生、相竞、相成关系,又相互博奕,并存在舍不掉的持续的贸易关系,包括进货方、大型社会消费团体、原料供应方、零售店和企业集团等。

制造业、流通业和消费的关系是一种相互依存、互惠互利又相互对立的关系,制造业良好的形象宣传,为流通业的开展提供了良好的基础条件,拥有通畅的售货渠道和网络的流通商,是制造业界最想得到的合作伙伴。流通业对产品知识的增加,会提高在商场对顾客进行详细讲解的可能性,从而大大提高产品的销售量。在商品功能和使用越来越复杂的条件下,对推销员和修理人员的产品知识的培训和销售技巧的培训,是非常必要的。

面向客户的宣传,一般采用以下几种形式。

(1)对客户的PR刊物

面对客户的杂志,少数有偿,大多数是免费的。派送对象是客户,这种杂志不能有太多的促销色彩，也不能成为单纯的企业宣传性杂志，应办成一种对读者来说既有趣味，又具有商品再销售价值的杂志。创办面向客户的PR刊物的目的，就在于形成有利于本单位产品销售的大众环境，这是与以产品销售为目的的便览、小册子、传单的不同之处。

1)向客户持续地提供有关本单位的信息和产品信息、销售技巧信息等。

2)持续地提供与产品、服务有关的行业信息。

3)介绍产品开发的动向。

4)提供产品使用方法、生活改革方案等。

5)提供本企业产品陈列技巧和广告宣传、说明方法等信息。

6)提供有利于客户经营效率的知识。

如果是大众很熟悉的商品，又不需要特别知识的产品，就没有必要发行面向客户的PR刊物。由于面向客户的PR刊物，需要专业知识和编辑，设计技巧，因此很多企业依靠外部专家提供稿件，委托PR代理公司制作。

(2)与客户举行恳谈会

与客户进行恳谈会，并不是展销会，而是就新的经营战略，正在进行的研究开发方向等加以说明的宣传性会议。定期召开的恳谈会，是客户与生产部门人员见面、产生亲和感的极度好机会。这是一种行业内普遍关注的地方，为进一步减弱推销的色彩，可邀请外部知名人士到会作有关题目的演讲，则将使效果更佳。

(3)业界报刊和技术杂志

业界报刊和技术杂志，是与相关业界交流的一个重要渠道。由于它们通过一般的报刊、书籍发行网络而传播，因此可以说是吸引潜在客户的媒介。不仅正在业界内活动的企业，准备加入业界的企业，也将其视为必读资料。与一般的报纸杂志相比，产业和专业报刊提供的信息更为详细，置身于业界的经营者、经营人员、技术人员和财会人员等，都十分关注并以专业眼光研究这些信息。为读者提供有新闻性、趣味性、新奇性的有价值的文章和最先进的技术信息，同时署名的专业性很强的文章，能大大地提高拥有这些优秀人才的企业的声望。

面对消费者的建议和投诉。消费者权益保护法规的实施，使消费者对策发生了根本性的变化。迄今为止，消费者对策都终结于来自消费者的投诉和意见自理阶段。从民法角度看，消费者提出损害赔偿等要求，需要证明生产者确有过失。然而，随着生产技术的高级化，消费者要证明生产者的过失变得十分困难。就是说，过去的意见处理，只要接待消费者的咨询、对问题给予解决，就足够了。随着市场经济和各种法规的完善，原来的游戏规则会发生很大程度的变化。

基于今后各企业所面对的投诉会有增无减的现象，各企业为了良好的形象、同时也避免无谓的损失，可将处理的基本原则整理如下。

①以诚意对应。虽说一切工作都要求有诚意，但就意见处理而言，特别要求有诚意。由于顾客购买的商品不符合其心意，因此对消费者窗口的处理态度会特别敏感。

②快速处理。顾客总是有需求才购买商品，希望即刻能满意地使用。所以，接受了投诉却不出示解决方案或迟迟不予回答是大忌。即便是临时措施也好，关键在于速度。

③坦诚地承认错误。要确立"不存在十全十美的商品"的认识，虚心听取顾客的意见。即便是在设计阶段和制造阶段看来很完美的产品，也难保不在流通阶段发生问题。或者以偏重技术的生产者的眼光看可称合格的产品，以消费者的眼光看却不合格。

④消费者窗口需资深者。负责意见处理的窗口,会遇到多种多样的投诉。最好由经验丰富、知识广博的人员负责。当然,还需要拥有专门的商品知识。如果以为轻声慢语很重要而配备缺少经验的年轻女性,那就只会使问题复杂化。

⑤彻底落实商品知识的教育。在零售店,有必要让全体从业人员参加生产厂家的消费者问题研讨会。消费者的商谈、意见,最先到达零售店。如果从业人员的商品知识、对应态度不确切,小问题就有可能发展成为大的赔偿要求。

⑥不知道的事情待了解后再回答。产品的多样化,导致商品知识跟不上,这是整个产业界的共同问题。如果以靠不住的知识应对,很可能引发更大的意见。只有向消费者就不知道而致歉、在请教内行后再给予回答,才是获得信赖的正道。

⑦单靠商品的替换无法恢复信赖。对不良商品的意见处理,多以商品的替换告终。替换和免费修理其实只是必要条件。特别是关系到安全性的食品,对方怎么肯再度消费?因此,希望能诚恳地调查不良商品出现的原因,在致歉的同时说明采取了什么防止重蹈覆辙的措施。

⑧公平地处理意见。意见如果欠公平,就会产生新的意见。例如,有的商品通常只承诺免费修理,对某个消费者却同意在修理期间借给同类商品,或干脆以新产品替换。这种显失公平的做法,如果被知晓,自然会产生不信任感。某个特定消费者如果是消费者团体的首脑或社区组织的干部,情况则更糟。

⑨科学地分析意见。意见是改良产品、开发新产品的最好数据。科学地分析意见、探明问题发生的原因以防止重犯错误,必能恢复消费者的信赖。把这个过程告知消费者,则还能提高信赖度。如果本单位没有能力作科学的分析,可委托各地的有关机构。

⑩充分利用公共的意见处理机构。关于商品缺点的有无,如得不到消费者的首肯,则应信赖公共的意见处理机构的裁决,这也很重要。消费者感情用事的话,应当请第三者出面,如消费者协会等。

7.4.2.2 招聘宣传

企业的经营资源,长期以来被公认为人、物、财,近年来,又加上了信息和企业文化。

在丰饶的现代,由于软件社会的出现,人才的重要性日益浮现。随着技术革新的日益进步和业务范围的全球化,人才成为决定企业生存和发展的最重要因素。

通常说"企业的寿命30年"。如今的趋势是,企业的盛衰周期进一步缩短。怎样获得优秀的人才?这就是招聘宣传的课题,也是企业形象宣传的重要组成部分。

(1)招聘宣传的任务如下

①将本单位的魅力告诉希望就业者。可是,那魅力如果是虚假的,就会导致辞职者增多,成为破坏企业形象的原因。如果是当年的毕业生,还会将此信息反馈到母校的就业部门,造成来年招募的困难。②要吸引住优秀人才,必须建构有梦想、有工作意义的企业。为此,必须充分发挥宣传的交流作用,致力于企业文化的变革。③要对外宣传有魅力的企业文化、优化企业形象、有效地开展招聘活动,不可缺少的是人事部门和宣传部门的携手合作。④学生的就业意识,与企业的种类相比,更倾向于选择能符合自己志趣的企业。企业必须适应学生就业意识的变化,积极地表明企业方面需要什么样的人才。如果学生的就业观念和企业的招聘需求不合拍,自然会导致辞职者的出现。

(2)招聘宣传的方法

1)传播企业实际状况的招聘宣传

招聘宣传的目的在于,获得优秀人才,丰富本单位的经营资源。如何向符合企业需要的学生和劳动力资源传播企业信息,是主持招聘工作的重要工作,因为企业传播的信息是他们择业的依据。这种企业信息如果不能真实反映企业的情况,会导致优秀人才的跳槽,这种利用虚假信息把优秀学生骗来,继尔纷纷外逃,招聘费用和上班后的培训费用就都白费了。对企业来说,这种做法的损失是很大的。特别是刚毕业的学生,会把这种情况反馈给母校的就业部门和下几届的学生们,从而影响企业的形象和以后的招聘。

根据企业实际情况,如实地制作招聘广告、公司简介,对开展长期、稳定的招聘活动十分重要。一切荣誉和成绩都建立在努力的基础之上,如果企业的领导真心地想搞好企业,先通过一些手段招聘到一些高素质的学生,在他们的压力和参与下,可以作为企业改革和进一步发展的巨大动力。这样就可以把有创业心的、能吃苦的、品学兼优的、志同道合者留下来。

2)企业文化为旗帜

所谓企业文化,即"默契中共同拥有的思考和行动方式的体系",也就是企业本身的实际状态。如能正确地把企业文化传递给学生,应该不会发生"企业言行不一致"的现象。与企业文化共鸣而加入的职员,可以说就是符合企业需要的人。对企业来说,职员的录用是长期发展计划的一部分投资。录用与企业文化共鸣的职员,必能进一步巩固企业文化,丰富经营资源。如果不确立企业文化,没有长期经营计划,招聘方针年年变更,就会失去学校就业部门和老职员的信任。

招聘宣传不应只限于人事部门向学校和学生发布信息,而应与宣传部门联手,有意识地开展广义的宣传活动。如今,当企业形象与经营战略不协调之际,通常导入以革新企业文化、改变企业形象为目的的 CI 战略。这从招聘角度看,也有其必要性。

在招聘活动中,对编写指南的基本要求:①封面由能表现企业形象的彩色照片和插图构成,引入 CI 的视觉化个性。②正文的开头,刊载首脑人物的照片和致词。还可介绍企业的历史、经营理念,使企业的概要一目了然。③正文以照片、文章等介绍各个部门的活动状况。通过部门负责人和奖赏人员的言词,描述部门的特点和意义。并通过介绍研究开发设施、生产部门和主要客户,使业务活动能被具体的把握。④以彩色照片介绍福利设施。通过文化俱乐部介绍周末生活。紧张的工作和快乐的余暇必须保持均衡。⑤教育设施和报到后的教育活动等,也是学生们感兴趣的。教育和工作的内容,多以老职员介绍经验的座谈会形式加以披露,如表明老职员的母校出身,则更能引起学生的兴趣。⑥在最后的资料部分,应介绍销售额、利润的推移等事业发展概况。以照片介绍分公司、子公司,使企业的总体面目得以把握。有关数据,最好用图表进行视觉化表示。

7.4.2.3 面向投资者的对策

(1)投资者关系

投资者主要包括几个部分:①股东:记载于股东名册的股东。②机构投资者:信托银行、生命保险、损害保险、退休基金、法人股东及其资金运用负责人。③卖方分析者:证券公司的分析者及影响股东买卖的人。④买方分析者:机构投资者一方对股票买卖有影响力的分析者。⑤证券记者、经济学者、一般个人投资者。企业传送给投资者的信息,包括投资者作投资判断所必须的企业经营理念、经营方针、事业内容、财务情况等。所谓IR,即是发出这些信息的企业和接受信息的投资者之间相互交流的关系。IR的目的,首先是将这些信息正确、及时地发送给投资者和分析者,使之准确地了解企业,形成完备的投资环境。其次,还有一种见解,认为融资机构的义务也属于IR活动。即投资者的投资行为应与企业的价值相对应。从而,IR就有贡献于企业的价值。

全美IR协会,则将IR的目的分成以下项目:①证券的市场价格正确地反映企业的资产价格和将来的创利能力。②常被资本市场看好,降低证券发行费用。③在证券市场中确保流动性,由此提高证券交易的可能性。④向经营者提供对企业长期、短期计划决策有用的资本市场展望信息。

此外,还可以把IR的目标概括为:对企业状况了解的促进、企业形象的提升、本单位神话的造就、股份的稳定、资金筹措能力的增强、稳定股东的形成、个人股东的增多等。

对新上市的企业来说,由于知名度尚低,应以提高知名度为主要目的;对已上市的企业来说,通过促进对企业实际状况的了解而提升企业形象,应成为主要目的。

(2)面向投资者的宣传活动

1)股东大会

股东大会是由经营者向股东报告企业的活动业绩、经营方针等,从而接受股东审查的相互交流的场所。即,股东大会本来是围绕决算期间的工作业绩,由经营者汇报,与股东交换意见,并就今后如何促进事业发展进行协商的IR活动的用武之地。

然而,日本的股东大会,不开展实质性议论而很快结束。股东大会变成了一种形式,使外国的投资者感到惊奇。

只要看一下就可以发现,主要企业的决算期都集中在3月份,股东即使想出席大会也无法做到,可见现今的股东大会离开IR的思想是多么遥远。要知道,公司是属于股东、服务于股东的,必须回到这样一个出发点上来。

美国的股东大会,决议事项很少,而注重发挥股东和经营者和股东之间进行建设性议论的机会,重要的是,还应在整个休会期间作为IR活动而持续地开展。

2)企业说明会

股东大会以外的IR活动,是将已有股东以外的潜在股东、证券分析者、资金运转负责人、金融记者等也作为对象。

企业说明会一般在总决算和中期决算时举行,一年两次。

说明的方法有:与内外机构投资者和分析者恳谈会、来访说明会等。还有日本分析者协会主办的说明会,面向分析者的个别说明会、面向机构投资者的个别来访说明会等。

面向个人投资者的说明会几乎没有,但索尼公司从1993年起举行,分30处召开说明会,有3 000人参加,十分引人注目。

企业说明会派发的资料有:年度报告、调查报告、投资者指南等专业性分析资料。

在企业说明会上,由企业的首脑或准负责人进行介绍情况,在信息同步性和面对面交流的意义上比较有效。

不过,有的投资者可能希望听到更详细的说明,对此可个别接待。

3)年度报告

年度报告是对海外投资者所作的年度报告书,记载企业的商务信息和各种财务表格。

年度报告的内容,包括董事长的致词、企业目标和企业理念、企业活动、在业界中的位置、财务表格、对企业未来的展望、研究开发状况、企业的社会责任、从业人员的福利健康、顾客服务等。

关于年度报告制作需注意的要点,可列举如下。

①明确的概念。以一贯制的概念为基础而编制,逻辑性强、有说服力。

②稿件必须有年度报告的意识。特别是不要忘记收入海外子公司和相关公司的信息。

③文本以明白、简洁的英文写作。专业用语统一,使用业界当前通用的言词,作为能说服外国人的文本,有必要吸收外国人参加写作。

④采用通俗易懂的设计。规格以信纸大小为原则,使用通俗易懂的文字、不反射光线的纸张,彩色照片,照片附加文字说明。

7.4.3 危机时的战略策划

7.4.3.1 企业危机日益多样化

近年来商业伦理的变化、环境保护运动的进展、顾客满足需求的增长和人权意识的提高,使企业危机出现了显著化、多样化的趋势。电器爆炸、食品中毒、经营首脑被绑架、假种子、财务危机等,不断出现在媒体上,有些企业因此而被击倒,甚至倒闭,而有的企业却可以绝处逢生,不同的结果产生于对危机的不同处理意识和措施。并且这些危机,不能构成投保对象的危机。无法将危机产生的风险转嫁出去。

①危机管理(crises management)就是对危机进行管理,以达到防止和回避危机,使组织或个人在危机中生存下来,并将损害限制在最低限度内的目的。

②美国公司雇用了约3 000名专业的危机管理人员;北美有50家独立的危机管理咨询公司。

经过总结,我们认为,企业危机主要有以下几大类。

①经营体制:主要经营者的突然事故和后续体制,围绕接班人的内部争斗,经营者的私生活问题。股票风波,企业兼并,内部交易,股东大会的混乱,破产、倒闭。

②劳动管理体制:解雇、挖墙脚,内部告发,歧视问题,职业病。

③企业质量问题:食物中毒,工程坍塌,火灾和爆炸事故,飞机和铁路、公共汽车、船舶事故,工程现场事故。

④企业内犯罪:贪污,渎职,行贿、受贿,泄漏机密。

⑤经营环境变异:行政、法律、行政举措的新设和放宽。

⑥诉讼。

⑦经济和社会变异:石油冲击,美元冲击,股价暴跌,大停电。

⑧国际和政治变异:战争和内乱,政变,平息,贸易摩擦,对手国家的制约。

⑨天灾:地震,台风,火山爆发,气候异常。

7.4.3.2 企业危机显性化的背景

(1)发展取向的挫折

市场的地盘竞争,造成产品品种的多样化和产品寿命周期的缩短化;产出过头的经营行为和欠缺商品,引起“损失填补”等各种问题。

(2)商业伦理标准的变化

“企业的常识”与“社会的常识”的不协调,即“义与利”的不一致成为企业危机的原因。

(3)从业人员的归属意识的变化

铁饭碗、终身雇佣制和论资排辈制,使劳动市场固定化,有力地强化了职员对企业的归属意识。但近年来职员就业意识发生了很大的变化,降低了对企业的忠诚度,成为“内部告发”、集体跳槽的主要原因。

(4)大众传媒姿态的变化

大众传媒加强了对经济活动的监督、暴露和牵制功能,但大众传媒对企业的严厉批判,恶化了企业形象,增大了企业的危机的可能性。

7.4.3.3 危机的预防管理

正像医疗工作的重点从治疗医学向预防医学转移那样,危机管理也将重点从危机发生后的处理转移到预防管理。企业危机的多样化,加大了事先对应的难度。必须尽最大努力,谋求危机的事先防止。以下是确立事先防止体制的顺序。

第一阶段:危机信息的收集

从消费窗口、市场营销部门、生产部门和人事部门等方面,收集显著性和隐性的危机信息。

第二阶段:专家小组的设置

危机评价,不仅需要有专业知识,还需要有相关知识。因此,组成一个由各方面相关人才参加的小组,就能有效工作。

危机管理并不是宣传部门特有的问题,而是企业全体组织的共同课题。小组的活动应向企业内部公开,以求得大家对信息的收集和集中管理的协助。

第三阶段:危机信息的收集和评价

在全体人员协助下,将显性的、隐性的信息集中起来,进行评价。危机会由于企业种类、状况、规模、发展程度的不同而各有很大的差异,因此要从本单位实际出发,将危机信息分类、整理,估计危机发生的概率,建立主要危机因子的预警系统,拟定应急方案。

第四阶段;危机后的评估

7.4.3.4 企业危机公关

企业危机公关(public relation on corporate crises),是企业碰到危及企业生存事件时的公关活动。一个企业在社会中生存、发展,总归会因种种原因而碰到一些危机事件,能否在碰到危机时,采取巧妙的手段加以处理,甚至反败为胜,因祸得福,这就需要公关人员不仅要具备丰富的公关理论知识,还要有临场不乱的修养。这就要求企业平时就有这种思想准备,做好危机预警才能在关键时刻出神入化地使用公关技巧。当然更多的危机事件是突发的,出人意料的。如果一个企业不能就其发生的危机与公众进行及时合理的沟通,不能很好地通过一切手段向公众表现自己对所发生的事故的态度,那么带来的恶果将由企业自己品尝。反之,处理得好,就是另一种结果。

很多情况下,危机往往是一个企业的转折点。它可以为企业建立富有竞争力的声誉,树立企业形象和处理企业的重大问题创造机会;它也可能让企业的声誉在几天甚至几小时内丧失殆尽,全部毁灭。这完全取决于企业在面对危机时所采取的态度与行动。

如果一个企业在危机一开始就采取抗拒抵御的心理,态度必然是冷漠的、不友好的,行动也会跟着向负面发展。不能够积极去了解事件真相及时解决问题,不能够真诚地面对公众挺身而出,采用一切手段与社会沟通,争取公众的同情与谅解。跟消费者对立,只有令公众愈加反感,认为该企业傲慢自大,毫无同情心和社会责任感。企业花费巨大投入塑造的企业形象和产品信誉也就随之灰飞烟灭了。

相反,如果一个企业在危机发生时抱着积极真诚的态度,广泛与社会沟通,将公众利益置于首位,充分表明自己积极真诚的态度,同时认真检讨事件发生的原委,开诚布公,迅速采取补救措施,引导事件向着有利于企业的方向发展。通过对重大危机事件的积极处理,增强消费者的信心,扩大企业影响,有时不仅"亡羊补牢,为时未晚",还能借机脱颖而出,大放光芒。作为一个高素质的企业,应注重以下几个方面。

(1)企业的危机意识与危机管理

中国有句古话:人无远虑,必有近忧。意思就是说人要经常居安思危。一个企业更当如此。平时多一些危机意识,设想种种危机可能,制订种种危机对应策略,提高危机管理水平,在危机来临时能够镇定从容,就已经赢得了第一步。遗憾的是,很多企业"在危机管理战略由被动应付转向积极主动行动,往往是通过一场大的企业灾难或一连串的错误之后的教训而造就,这实际上已经给企业带来了难以弥补的损失。"

(2)企业人员危机应对的素质

在危机发生时,能否临危不乱保持冷静的头脑,是衡量企业领导人素质的一条重要标准。同时,企业应该有组织、有目的地培训公关人员这种应付危机的能力和素质,才能在危机来临时帮助企业顺利渡过难关。

(3)强有力的危机处理机构

危机发生时,要以最快的速度设立危机处理领导小组,配备训练有素的专业人员,或负责与外界的联络,处理外界打来的大量热线电话;或调查分析危机事件的原委、真相,掌握第一手真实资料;或与传媒协调,保证有效的传播沟通,要掌握对外报道的主动权,以企业为第一消息发布源,控制危机局面;或借助公正、权威性机构来帮助解决危机,以便确保社会公众对企业的信任,争取公众站在企业一边,共同解决有关问题。

(4)与新闻媒体的关系

媒体是企业与公众沟通交流的窗口,这个窗口必须在平时保持交流畅通无阻。在危机事件中,媒体的配合往往起着关键性的作用。人们希望了解事件的原委与处理结果,与自己的关系如何,这是只有媒体才能胜任的角色。另外,危机事件中不免有种种毫无根据的猜测,小道消息四处流散、混淆是非、扰乱人心。企业必须及时通过传播媒体将事件发生的真相、处理进展,传达给公众,以正视听,杜绝谣言、流言,稳定公众情绪,争取社会舆论的支持。

企业危机公关正是应这些要求而生的,它除了负担正常时期企业内、外部的沟通与交流,还随时警惕着危机的来临,以及实施应付危机的种种公关行为。任何一个具有现代意识的企业,应该也是一个具有危机意识的企业,更应该是一个具有危机管理能力、在危机中寻找发展的企业。

7.4.3.5 企业危机的善后管理

危机过去之后,留下的是利益的减少、设施的损坏、损害赔偿的支出、人才的损耗、企业形象的恶化等损失。财务损失如何挽回暂且不论,作为宣传活动的课题,要考虑如何恢复企业的形象及采取防止重蹈覆辙的措施。

恢复形象的对策,首先是制作致歉信。事件结束后,为表明企业的态度,以公司或首脑的名义制作致歉书,送交受害的有关各方。致歉书的内容,包括道歉、关于重建现状的报告、危机发生原因的报告、防止危机再发生对策的具体化和落实状况、责任的明确化等。还可以进一步表明企业重建的决心及今后期待对方支持、帮助的愿望。为显示诚意,宜用毛笔书写姓名地址,当面送交,以获得求援的机会。最后的工作是,刊播广告。目的在于,将重振雄风的决心和期待援助的愿望,准确无误地传递给有关各方,特别是客户和消费者。

复习思考题

1. 按照迈克尔·波特(M. E. Porter)观点,在一个行业中,存在着哪5种基本的力量?
2. 进入壁垒主要由哪些因素构成?
3. 退出障碍主要包括哪些因素?
4. 讨论SWOT分析的基本原理。
5. 企业外部环境分析的主要内容是什么?
6. 企业内部条件分析的主要内容是什么?
7. 价值链基本原理是什么?
8. 如何创造成本优势?
9. 什么是企业核心竞争力?
10. 如何培养企业核心竞争力?
11. 什么是CIS? 它的构成要素和功能是什么?

【案例7-1】

A公司的经营之道

麦当劳、肯德基在国内大受欢迎,中餐连锁一直愤愤不平,不断有人试图挑战洋快餐。2002年A企业横空出世,致力于中餐连锁。该企业的中餐连锁以饺子为主,以充足的资金为基础,高薪聘请了多位国内知名面点大厨,开展了高水平、长时间的培训,并在全国多个省市展开试营业。聘请专业人士,分析当地消费水平,采取低价策略,对不同城市的连锁店制订出不同标准的饺子售价。不仅如此,还坚持保证原料供应的统一渠道,保证现吃现包。仅仅5年,便收获了极好的口碑与效益,很快,连锁店雨后春笋般的出现在我国许多城市。

然而,近几年,虽然营业额很高,但是,物价的不断上升,餐饮行业同行的竞争,使加盟商的盈利越来越少。加盟标准过于严苛,拒绝了众多的加盟者,有加盟意愿的企业不如前几年多,使得A公司仿佛无法再维持现在的投入。外卖行业的出现又给予该企业一个沉重的打击,现吃现包的饺子与其他餐饮业不同,需要更多的时间,连锁店常常因为供不应求而损失大批顾客。这样一来，坚持现吃现包、高水平的培训、标准化的原料供应以及低价策略的A公司陷入了瓶颈，公司无法像以前一样的获利，公司内部开始出现不同意见，有的认为要提价，有的认为要降低加盟标准，有的认为要降低产品的成本……A公司该何去何从？

案例讨论题：

1. 试对A企业的营销进行环境分析。A企业初期为何可以“风调雨顺”？
2. 面对该企业的困境，您认为该如何扭转乾坤？

【案例7-2】

幸福的烦恼

A公司是一家集研发、生产、贸易于一体的私营电子产品企业。公司拥有员工2 000余人，是该行业极具竞争力的企业之一。

建立之初，该公司致力于产品的生产和研发，投入了大量的资金吸引人才，并在当地建立了两个工业园区，拥有现代化标准厂房5万多平方米，形成了完整的产品研发团队，专业化生产体系、质量管理体系和“以创为先、以质取胜”的核心价值理念。2012年，该公司的产品畅销于市场。

凭借其优秀的研发和生产团队，终于在2014年，该企业同时接到了国内外知名企业的订单，所需产品数额巨大，每笔订单中都充满了机会与挑战。然而该公司在发展过程中却出现了公司治理不规范的问题，股东代表、董事会、监事会和经理层的责权不清晰，公司的重大决策机制不合理。面对如此大的挑战，各部门各执一词，无法确定公司今后的发展方向，无法及时的作出决策。亟需外部的咨询专家给予帮助解决。

思考题：

1. 试分析该企业的战略管理所面临的环境。
2. 你认为该企业该如何调整才能走出困境？

8 管理创新

◈本章学习要点：

1. 掌握管理创新的概念及特点。
2. 了解管理创新的动因。
3. 掌握管理创新活动的职能特征。
4. 了解管理创新的基本方向。

8.1 管理创新的概念与作用

8.1.1 管理创新的概念

创新(creativity)原本是一个非常宽泛的概念，指破除旧事物、创立新事物，其意突出“首创”和“前所未有”。到了近代，随着科学技术的发展，创新更多地用于发明创造和应用新的技术。创新活动多是指新发明、新发现，对旧产品或服务的改造，以及在生产工艺中应用新技术的全过程。

技术创新(technology creativity)是一个从新产品或新工艺设想的产生，经过研究、开发、工程化、商业化生产，到市场应用的完整过程的一系列活动的总和。技术创新活动不仅包括产品创新、工艺创新、产品和工艺的显著技术提升，也包括与之相关的科学、技术、组织、金融和商业活动。美国管理学家认为：一项发明，当它被首次应用时，可以称之为技术创新。“创新是第一次引进一个新产品或新过程所包含的技术、设计、生产、财务、管理和市场诸步骤。”技术创新方面的著名学者弗里德曼在其《工业创新经济学》中指出：“技术创新就是指新产品、新过程、新系统和新服务的首次商业性转化。”80 年代中期，萨谬尔塞曾对大量技术创新概念作了较为系统的整理，他把技术创新定义为“以其构思新颖性和成功实现为特征的有意义的非连续性事件。”

第一位从经济学角度全面研究创新理论的是美籍奥地利经济学家熊彼得(Joseph Schumpeter)。1912 年熊彼得在《经济发展理论》(Theory of Economic Development)一书中提出了“创新理论”，1942 年《资本主义、社会主义和民主主义》(Capitalism, Socialism and Democracy)出版后，熊彼得形成了他的“创新理论”体系。熊彼得认为“创新”是建立一种新的生产要素组合函数，即通过一种生产要素与生产条件的重新组合，使企业获得潜在的超额利润。生产要素的组合有 5 种方式，包括：生产新的产品或为一种产品提供新的特性，采用一种新的生产方法或新的工艺过程，开辟一个新的市场，获得新的原料或半成品供给来源，实行一种新的企业组织形式等。熊彼得还特别强调了组织创新、管理创新、制度创新、社会创新和技术创新之间的联系，他认为“创新是新的、重新组合的或再次发现的知识被引入经济系统的过程”，“创新才是资本主义增长的主要源泉”。

熊彼得的“创新理论”影响深远。在熊彼得之后，许多学者开始在管理领域研究创新问题。美国著名管理学家彼得·德鲁克在1974年出版的《管理：任务、责任、实践》(Management：Tasks，Responsibilities，Practices)中将创新定义为“一项赋予人力和物质资源以更强的创造财富能力的任务。”他还指出：创新是“能够产生崭新绩效的变革”，“管理者必须把社会的需要转变为企业的盈利机会，那也是创新的一种定义。”德鲁克在“创新实践”中探讨了创新的来源和原则，他认为创新是企业的基本功能之一，它是管理者的一种工作手段。彼得·德鲁克在1985年出版的《创新与企业家精神》中指出：“创新可以作为一门学科展示给大众，可以供人学习，也可以实地运作。”德鲁克的定义赋予了创新重要的地位，同时这一定义也指出创新是一项管理职能。与德鲁克观点类似的还有美国管理学家戴尔，他认为管理除了计划、组织、指挥、协调和控制职能外还应加入“创新”，“这是现代管理的需要”。

管理创新(management creativity)是指为了达到组织的根本目标，引入新的管理思想、管理方法、组织方式以及新产品、新技术的一系列工作，以此创造一种更有效的资源整合模式。

第一，管理创新的对象是组织运用资源的模式。熊彼得所言的生产要素是企业拥有的各种资源，这些资源有些是有形的，有些是无形的。产品、生产方法、市场、原材料和企业组织构成了企业资源调配、运用的有机体。企业资源运用模式有多种，除了熊彼得所列举的5项要素外，企业文化、企业财务和知识信息等都在不同场合、不同程度上影响着企业资源运用模式。

第二，管理创新的任务是寻求更有效的资源运用模式。资源运用模式存在效果上的差异。只有当资源运用效果达到社会的一般要求时，企业才能生存；只有使资源运用更加有效时，企业才能发展。资源运用模式的有效性体现着企业根本目标。管理创新就是通过提高资源运用模式的效能来为企业发展服务的。

第三，管理创新是一个工作过程。管理创新是在管理意义上的创新，它既要遵循创新的法则，又要结合管理的特点。像管理活动的其他工作一样，管理创新也是一个管理过程，这个过程需要总结管理经验，寻找发展机会，进行合理的分析、设想，提出并建立新的资源运用模式。目前，人们对创新在管理中的地位认识不一，多数研究者认为创新是管理的一个职能，它在次序上位于其他职能之后，是管理活动的进一步提高。

正确地认识管理创新还需要区别管理创新和技术创新。管理创新在产生过程中深受技术创新的影响，但二者却是不同的范畴。技术创新虽然也涉及经济、教育、文化，但它的核心是技术，它强调产品和生产方法的变革，其他因素是技术的延伸。技术创新成果常与专利、专有技术相联系，常以市场成功作为衡量其效果的基本标志。管理创新则强调生产要素的综合性，它在广泛意义上涵盖了技术创新，但与技术创新的侧重点完全不同。

8.1.2 管理创新的动因

管理创新是组织生存、发展的客观需要。从来源看，管理创新的动因主要有3个方面：组织环境影响、组织内部活动需要和管理工作要求。

(1)组织的生存环境要求组织不断创新

组织不是一个封闭的系统，它存在于社会、经济、技术、文化等多种因素构成的复杂环境中。这些环境因素的变化促使组织不断变化,组织生存就是一个适应环境的过程。创新是组织的不断更新、不断提高,它的内容和进程受外部环境的影响。

①科学技术进步的影响。科学技术是第一生产力,科学技术进步为人类社会发展开辟了广阔的空间,是社会进步的重要动力。科学技术的作用日益加大,20世纪后半叶,世界先进国家的技术进步对经济增长的贡献已接近或超过50%。与此同时,科学技术进步也大大加快了脚步。据科学家测算,人类科学知识在19世纪每50年翻一番;20世纪中叶每10年翻一番;70年代每5年翻一番;到了80年代,每3年就会翻一番;21世纪这一增长速度将更快。科学技术进步速度的加快对管理形成了巨大挑战,例如产品生命周期缩短、劳动知识更新加快、技术信息贸易扩大、先进管理手段应用增多等。

②经济发展的影响。经济发展影响着社会生产力发展、人们生活水平提高、科技文化和整个人类社会的进步。纵观历史,人类经济发展也在加速,19世纪世界经济年均增长率为1%,而20世纪世界经济年均增长率约为3%。因此管理必须创新,这样才能使企业跟上社会生产力的发展。

③社会文化的影响。社会文化的变迁将改变人们的价值观和行为方式,影响社会群体和组织行为。21世纪人类开始了一场世界性文化转型,多种文明融合,全球文化走向一体化。这些使管理有更多的借鉴,也使管理面临更复杂的问题。

④制度政策的影响。政府是整个社会经济活动的组织者,其制度、政策的变化对社会、企业和个人会产生重要影响。当今各国越来越重视政府的功能,以及利用国家法律、政策协调宏观与微观领域的各个方面。

⑤市场因素的影响。市场是影响企业经营的重要因素,需求、产品、材料、设备、人力资源的变化,要求企业能做出迅速反应;市场竞争驱使企业不断进行自我改进、自我更新、自我提高。市场因素是企业管理创新的直接动因。

(2)组织的自身发展需要不断创新

组织是一个有机整体,它由众多要素构成,与外部不断发生物质、信息、能量交换,具有动态性、开放性和动态平衡性。首先,组织外部环境的变化会导致组织内部各要素的变化。环境变化或有利于组织要素,或不利于组织要素;处于有利条件下的组织要素将发展,处于不利条件下的组织要素将衰败,甚至死亡。其次,组织内部各要素是相互联系、相互影响的。某些要素的变化会导致其他要素的变化,并对组织的整体目标、工作内容和运作效能产生影响。再次,组织存在新陈代谢。组织需要不断更新,从环境中吸纳对其有益的成分,并排出自身内部衰败、死亡的成分,通过新陈代谢维持自身的动态平衡。最后,组织还具有一定寿命期限,它必然历经孕育、成长、成熟、蜕变到衰亡这一过程。

组织生存和发展的必要条件是保持自身的有机性和对环境的适应性。保持自身的有机性就是组织内部要素需协调一致,有序地进行新陈代谢。适应环境是指组织对环境的变化能够进行正确反应,充分利用环境中的积极因素,努力消除环境中的消极因素。

创新是组织生存和发展的高级形式。适应环境不是一个被动行为,组织可以通过预见环境的变化,实施创新,主动进行自身变革。创新体现着组织的发展意识和主动精神,对提高组织的竞争力、生命力有重要意义。

(3)管理工作要求必须创新

管理工作本身是一个发现问题,解决问题,按照管理者意志,推动组织向既定目标前进的过程。在管理中,组织目标确定、计划制订与决策、组织结构设计等诸多工作都是从无到有,这些工作或多或少都是创新。管理体现着管理者的意志,自我实现的愿望和永无止境的追求,使管理者总是在谋求组织更好地发展,这是管理创新的根本动力。

现代管理倾向于把创新作为管理的一个职能,这是因为管理本身也是在发展的。管理的新经验、新知识、新方法为创新提供了条件,创新是完善管理理论、提高管理技能的必然。

8.1.3 管理创新的特点

管理创新的特点来自创新和管理两个方面,主要表现在管理创新具有创造性、持续性、风险性和艰巨性。

(1)管理创新的创造性

创造就是把已知的材料重新组合,产生出新的事物或思想。管理创新是以原有的管理思想、方法和体制为原料,吸取外界的各种养分,在对旧事物扬弃的同时,创造出新的管理思想、方法和体制。创造不可能照搬他人的东西,管理创新需要从事他人未曾想到和未曾做到的事情,需要敢于突破原有框架和规范,进行开创性的工作。创造带来了新功能、新作用,是改进、提高或更好地利用,因此创新是一种增值性活动。

(2)管理创新的持续性

管理创新是一项持续进行的工作。创新可以有突破性创新、渐进性创新、根本性创新和转移式创新等多种形式,但无论哪种形式的创新都是相对的。组织内部的不断发展、变化会使原有创新失去作用,外部竞争者的跟进也会使原来的优势消失。因此,管理创新是动态的,组织必须以更新、更先进的创新活动推动组织的发展。

(3)管理创新的风险性

管理创新并不总能获得成功。创新作为一种具有创造性的过程,包含着许多可变因素、不可预知因素和不可控制因素,这使得创新必然存在着技术风险、管理风险和社会风险。充分认识创新的不确定性,才能规避风险因素,提高管理创新的成功率。

(4)管理创新的效益性

人们很早就已经认识到创新是企业效益的源泉。技术创新可以改进产品、工艺方法以及企业的供应、生产、营销,使企业在市场中占据竞争优势,获取更高利润。管理制度、管理组织以及企业在服务、市场策略、资源配置等方面的创新,能使企业建立起效能更强、效率更高和费用更低的经营管理系统,提高管理水平和管理人员的素质,为企业带来持久的综合效益。

(5)管理创新的艰巨性

与其他管理工作相比,创新的难度较大。观念创新、制度创新、技术创新和组织创新的理论性、综合性和先进性较强,认识和把握较为困难。管理创新需要涉及组织目标、组织结构、组织制度,关系到人的意识、权力地位、管理方式和资源的重新配置,这使得管理创新在实施中也会遇到诸多问题。

8.1.4 管理创新的类型

按不同标准,管理创新有多种分类方法。

(1)按创新方式分类

抛开技术和管理,创新本身也具有很多特点。人们常根据创新的程度、影响范围、开展方式和其他特点对创新进行分类,这种分类有助于我们把握创新的自身性质。

①渐进性创新和突变性创新。从创新的程度看,渐进性创新是一些持续的、小型的创新;这种创新往往针对某些局部问题,创新的周期也较短;通过大量小创新的积累可以产生导致质变的大创新。突变性创新是导致组织发生根本性、飞跃性变化的创新;这种创新会打破现有的组织格局,对整个组织产生重大影响,并会引发出其他创新活动。

②局部性创新和整体性创新。从创新的影响范围来考察,局部性创新不涉及组织的性质和根本目标,只是依据某些创新思想对一定部门、一定方面进行的变革。整体性创新涉及组织的多个部门或领域,以及组织目标、内部关系和运行方式,会使组织产生全面变革。

(2)按技术创新来源分类

①产品创新。产品是企业对社会作出贡献的成果形式。产品生产需要对各种生产要素进行组合,并经过产品销售回收生产成本、取得经营利润。产品代表着企业与社会的关系,表明了企业在市场中的地位。因此,产品是企业的生命,产品创新是技术创新的核心。产品不只是物质形态,产品创新涉及品种、结构、效用等多个层面。

②工艺创新。工艺创新是指产品生产技术的变革,包括新的工艺方法、工艺装备和生产过程组织方式等。工艺是产品生产的条件,可以独自创新,也可以伴随产品的改变而改变。工艺创新有利于改进产品质量、降低产品成本和提高劳动生产率,增强产品的综合竞争能力。工艺过程涉及生产设备,因此工艺创新与设备创新是密切相关的。

③设备创新。设备是主要的生产手段,是现代企业生产能力的重要标志。设备创新包括企业提高机械化和自动化的程度、提高设备效能和完好率、对设备进行更新和改造等。设备创新有助于企业生产新产品、提高产品产量和质量、降低物耗和成本、缩短生产周期、提高经济效益。

④材料能源创新。材料能源用于构成产品或生产过程的消耗,对产品成本和质量有重要影响。材料能源创新就是采用新材料、新能源,是技术创新的重要内容。

⑤市场创新。市场创新是指积极地开拓市场,包括发现新市场和采用新的营销方式。市场左右企业经营,企业需要研究市场、发现需求、正确进行市场定位,企业还需要在营销策略、渠道、方法、广告促销策划等方面进行创新,这样才能确保企业在市场中的地位。

⑥组织管理创新。在技术创新中,组织管理创新是围绕生产过程的组织与管理进行的。组织管理创新包括配合产品创新、设备创新,建立新型的生产系统;通过生产流程改造、生产组织方式改造、部门和职责的调整提高组织生产的效率。

(3)按管理涉及领域分类

管理创新所涵盖的范围扩大,使创新已不局限在技术范围。这时管理创新种类变得多种多样,其中最主要的创新如下。

①观念创新。观念创新是一切创新的先决条件,它也是最活跃的创新。观念创新要求人们追求变化,追求先进;观念创新的基础是掌握新知识,跟上时代步伐;观念创新的体现是寻求新目标,发现新思路。

②制度创新。制度是组织运行机制和运行方式的原则规定。就企业而言,制度主要包括

产权制度、经营制度和管理制度。产权制度规定了企业所有者的权利、利益和责任，经营制度规定了企业经营权的归属、行使的范围和要求，管理制度是进行经营和组织企业日常活动的具体规则。制度创新是对现有制度的完善，或引入新的组织机制和运行规范。制度创新旨在调整组织各个方面的权益关系，使组织活动更加合理，是各种管理创新得以实现的根本保证。

③组织创新。组织目标与组织活动要求与之相适应的组织形式，制度创新也会导致组织形式的变革。组织创新包括机构和人员调整、职权重划、改善信息沟通、优化工作流程等。通过组织创新，可以提高组织机能，促进组织目标的实现。

④技术创新。技术创新是企业创新的主要内容，有时人们甚至把技术创新等同于企业创新。但在这里的技术创新是狭义的，是指从发明创造，到新发明创造得到应用、实施的全过程，包括产品创新、生产工艺创新、操作方法创新、材料创新、设备创新和人力资源创新等。技术创新是社会技术进步和企业经营实力提高的重要内容。

8.2 管理创新的过程与组织

8.2.1 管理创新的过程

管理创新是一种创造性的行为，是人们获得新思想，并使其付诸实施的过程。管理创新过程需要不断认识和实践，一般包括以下几个阶段。

(1)发现创新机会

创新机会是有可能进行创新的领域，发现机会是一切创新活动的开端。创新机会对管理者而言有两个基本特征，一是创新机会不是现实，而仅仅是一种可能；二是这些创新一旦得以实现，将给组织带来或多或少的好处。

创新机会的来源是多种多样的。管理学家彼得·德鲁克(Peter F. Drucker)认为组织创新机会的来源有 7 类，即：①意外情况。意外的成功、失败或其他事情往往包含着特殊原因，或促使企业改变原有的行为方式，因而意外常常带来创新。②现实存在的不协调现象。当现实情况与人们预想的不一致时，差异常意味着机会。③工作过程的需要。整个工作过程由诸多工作环节构成，其中存在的缺陷环节或影响工作进程的瓶颈需要改进。④产业与市场结构的变化。当产业与市场结构变化时，企业需要跟随这些变化，这样才能利用新市场，或避免成为被淘汰的产业。⑤人口的变动。人口的变化会在时间、空间上对劳动力市场、消费需求产生影响。⑥人们观念的变化。人们文化与价值观念的转变可能引起消费行为、劳动观念、生活态度的变化，因而可以跟随新观念发现创新机会。⑦新知识。各种科学发现和其他新知识会带来新发明、新事物或其他不可预知的东西。上述 7 类创新机会中，前 3 类来源于组织内部，后 4 类来源于组织外部。

在德鲁克看来，创新是对旧事物的重新组合，因而变化或问题常常是最好的创新机会。但实际上，创新机会是一个最不受约束的事物，潜伏于广阔的空间，例如：①在交叉领域往往存在很多的创新机会。交叉领域包括学科交叉领域、业务交叉领域等，当今众多新兴学科都产生在学科交叉领域，而业务之间的不同组合也是业务创新的来源。②风险和困难背后往往隐藏着创新机会。人们习惯于回避风险，或因惧怕困难而不前，然而控制风险因素和敢于挑战困难能够给人们带来大量机会。③突破传统将有很多创新机会。传统思维方式、传统习俗、传统制度也许本身并没有问题，以致于人们习以为常；但改变传统能带来提高，这也是创新机会。④持续发展的创新机会。持续发展就是自我否定、自我提高，这是创新的无限源泉。

创新机会隐藏在与企业相关的信息中，这些信息包括市场、行业、技术、国家政策、竞争者、相关产品的信息，以及企业运作状况、工作人员意见、各种数据和现场情况等。企业需要有意识地收集、整理、加工这些信息，进行持续的机会监测。从中发现可能对企业有益或有威胁的内容，并对这些机会的价值进行评定。

(2)提出创新设想

提出创新设想是对创新机会进行分析，在此基础上形成完整的关于创新产品、项目和工作的方案，是对创新活动的前期筹划。这项工作需要利用各种知识和经验，对创新活动进行周密、细致的研究，其工作步骤大致包括以下3个阶段。

①提出创新创意。创意是指前所未有的、创造性的构想。创意是针对一定事物或问题的，是一种物品、思想或解决问题方法的抽象意念；创意要有新颖性，要破旧立新、不墨守成规；创意要有独特性，别出心裁、与众不同。创意的形成要基于创新机会，通过收集资料、分析资料、酝酿创意、产生创意、发展创意等一系列活动，最终产生一个清晰的概念。创意构想十分复杂，其理论体系至今尚未成熟，据统计目前已提出的创意、创造方法就有数百种。

②设计创新方案。设计方案是对创意的具体化、科学化。它要把创意的概念转变为一种形象、过程，使之不再是一种空洞的东西；它要进行理性分析，找出方案的科学机理和内在关系；它要使方案系统化、有机化；最后以人们可以理解的方式表达出来。

方案设计方法因创新内容的不同而不同，一般要视不同情况遵循该类设计的规范。例如产品开发过程通常包括产品规划、概念设计、方案设计、详细设计、工艺设计、试制、试验等阶段，产品开发成果表现为图纸、样品、配方、程序等。一个商业项目的筹划过程包括调查研究、优化和选取最佳方案、详细研究、编制可行性研究报告，可行性研究报告包括技术分析、市场调查与预测、项目实施方案、投资与融资、经济评价、社会效益分析等。管理工作中的计划也是方案设计，一般步骤包括认识机会、确立计划目标、拟定前提条件、确定可供选择的方案、评价可供选择的方案、挑选方案、制订派生计划、编制预算等。

设计创新方案要注意两个方面：第一，方案必须科学、细致、严谨，符合相应方案的形式要求。第二，方案要突出创新内容，包括创新点、创新范围、创新程度等。

③创新方案的评价。方案评价和选择是一切计划工作的关键环节，创新方案评价的重点是方案的应用效果、方案操作的可行性和方案的创新程度。

(3)实施创新方案

创新方案通过评审后将进入实施阶段。创新方案实施往往涉及多方面，要保证创新活动的成功需要周密计划、严密控制。创新受到机会和竞争因素的影响，因而创新方案一旦确定，必须迅速实施。延迟可能使创新方案的效益下降，甚至丧失实施的条件。在创新领域存在激烈竞争，今天先进的东西到明天可能就是落后的东西。创新方案在实施过程中，需要相应的配套措施。创新的根本特征是与旧事物不同，它有新作用，也有新要求。一项创新的出现必然带动相关领域的变化，这种连带性要求管理者对相关领域进行改革；另一方面，一项创新是否能够成功也取决于其生存环境，管理者需要进行配套改革，为创新提供条件。

(4)坚持不懈的创新工作

创新活动经常遇到失败，失败会造成损失，也会提供经验。创新是一个不断尝试、不断失败、不断提高的过程。所以人们应正确面对失败，保持自信心，从失败中发现成功的道路。创新是一个长期不断的过程。创新的作用只存在一定时期、一定范围，随着时间的变化，新事物将变成旧事物。人们需要进行不断的创新，在创新中发展。

8.2.2 管理创新的组织

创新活动是组织发展的不竭动力。就企业而言，创新可以提高企业的市场竞争力，为企业带来巨大的经济效益。然而创新具有随意性，过多依靠个人的主观意志，创新中充满风险，其成效也难于预知。为了更好地激励所有的成员参与创新活动，使创新更好地为组织服务，管理者必须把握创新的特点，为创新活动提供条件、创造环境。具体来说要做好以下几方面工作。

(1)把管理创新作为管理者的一项基本工作

管理者通常是在一定的组织结构中，依据组织规章制度和工作计划，在自己的职权范围内进行工作。管理者的职责是完成组织工作，他们更重视维护组织内部秩序，希望保证工作质量、提高工作效率。创新具有风险性，常常不可预知和难以把握。为了避免过多风险，防止意外情况发生，管理者常常会选择保守的做法。管理者对下属的创新活动也有意无意地加以抵制，刻意批评创新尝试中的失败，或随意惩罚创新尝试的失败者。这一现象的根本原因是传统管理思想很少认为创新是管理工作的必要职能，在实际工作中缺乏对创新价值的认识。传统管理思想多认为：出于劳动分工原则，研究新问题和处理意外事件是计划部门和高层决策者的职责，直线人员只是负责执行决策和计划。随着创新价值的日益显现，全员参与创新正在成为一种趋势。现代管理理论倾向于把创新作为管理工作的一个职能，这意味着管理者不应仅仅是现行决策的执行者，还应是创新活动的参与者、组织者和领导者。

(2)提高组织成员的创新意识

在组织内部开展创新活动的前提是使每一个组织成员树立创新的意识，使人们认识到创新的价值和自身的创造潜力，鼓励人们自觉大胆地开展创新活动。提高人们创新意识的方法可以通过正面宣传，使人们奋发向上、努力进取、跃跃欲试、大胆尝试，在组织中建立人人谈创新、时时想创新、处处有创新的氛围。提高创新意识，更重要的是帮助人们提高知识水平、丰富见闻、开拓思路、树立信心，激发人们的创新潜能。

(3)注意使用弹性计划

弹性计划(flexibility plan or elasticity plan)是指组织制订计划时，给人们的工作日程留有空间，不实行“满负荷工作制”。一位美籍犹太人宫凯尔曾对日本人高节奏的工作制度不以为然，他说：一个人“成天在街上奔走，或整天忙于做一件事……没有一点清闲的时间可供他去思考，他怎么会有新的创见？”他认为每个人“每天除了必须的工作时间外，必须抽出一定时间去供思考”。据《创新者与企业革命》一书介绍，美国一些成功企业，如IBM公司、3M公司、杜邦公司等都允许员工用5%～15%的工作时间去发展自己的兴趣和设想，这样可以使企业加快创新步伐。弹性计划的另一项内容是保持物质资源的富余。创新需要有物质条件，如果企业的各种物质资源完全被占用，那么当创新构想出现后会因为无法实施而自生自灭。最后，弹性计划还需要组织在规章制度等方面保持灵活和宽容，为创新者留有行为和心理的回旋空间。

(4)正确对待失败

创新与其他工作不同，它没有已知的路径，是一个充满着失败的过程。管理者应该充分认识到创新中的失败是正常的,甚至是必需的。拒绝失败将没有创新,责难失败将使人们丧失信心。管理者必须鼓励人们探索,允许失败,甚至支持失败。允许失败不意味着鼓励人们草率工作,而是希望人们在失败中汲取有用的教训,缩短通向成功的路程。正确对待失败的一种有效方法是创新方案实施前要进行严格论证、精心组织,创新失败后要仔细分析、认真总结,这样可以尽可能避免人为错误,求得最快成功。

(5)建立有助于创新的奖酬制度

传统的报酬制度强调根据人们的实际业绩支付报酬,如果人们的努力没有成效将得不到报酬。尽管人们从事创新活动的动机来自好奇心、成就欲或自我实现的需要,但人们的创新热情常常受到奖酬制度的影响。如果创新努力得不到社会的承认、组织的公正评价和合理报酬,人们的创新热情将会逐渐丧失。另外,以成功作为支付创新报酬的依据,将使人们承担尝试失败所带来的损失,这也会阻碍人们进行创新尝试。正确的奖酬制度应该是一种既能体现组织利益,又能促进创新的奖酬制度。建立有助于创新的奖酬制度要注意以下几点。

①物质报酬与精神奖励相结合。物质报酬适于作为衡量人们工作成果和努力程度的标准,在创新活动取得成效时应使报酬充分反映创新成果的价值。精神奖励比物质报酬更能驱动人们创新的心理,是激励创新的重要手段。

②奖励应成为创新努力的报酬。努力不一定能获得成果,但不努力必然不会有创新。为了激励人们从事创新活动,就要奖励为创新作出贡献的人,包括成功的创新者和未获得成功的努力者。这种奖励制度虽不能保证每一分钱都花得有效,但对组织发展有积极的、长远的作用。

③奖励既要激励竞争,更要促进合作。适度的竞争是有益的,它能激发个人的创新欲望,促进创新活动的展开。但创新活动更需要人们之间的合作,通过综合各种不同的知识和能力,完成个人所不及的工作。相互交流和思想碰撞是产生创新火花的重要途径,片面鼓励竞争会导致组织成员之间相互封锁和保密,对创新有阻碍作用。

8.3 技术创新

8.3.1 技术创新的概念、特点与作用

技术创新是管理创新产生的渊源,同时它又是管理创新中重要的组成部分。1912年熊彼特提出技术创新的概念后,直到30年代这一概念才得到人们重视。20世纪50年代,人们发现科学技术成果商业化的过程对国民经济有重要影响,这一过程包括科学研究、开发设计、生产制造和市场营销等一系列环节。60年代,一些学者开始围绕技术创新进行专门研究,并重新定义了技术创新的概念。70年代初至80年代初,冯希伯尔、伦德尔等提出用户、供应商等的许多方面对技术创新起着作用,并由此形成了技术创新系统理论。90年代以后技术创新逐步成为一个兴起的研究领域,受到企业、政府和其他各界的普遍关注。

我国在《关于加强技术创新发展高科技实现产业化的决定》中对技术创新定义是:“技术创新,是指企业应用创新的知识和新技术、新工艺,采用新的生产方式和经营管理模式,提高产品质量,开发生产新的产品,提供新的服务,占据市场并实现市场价值。企业是技术创新的主体。技术创新是发展高科技、实现产业化的重要前提。”

这一定义明确说明技术创新不是单纯的技术概念，而是一个经济概念，它是科技成果的商业化和产业化，是指科技成果变成商品并在市场上得以销售，从而获得经济效益的过程和行为。技术创新是一项系统工程，包括研究开发创新、产品的设计创新、工艺创新、制造创新、管理创新、市场的开拓创新等许多环节。在创新体系中，企业是技术创新的主体，高等学校和科研机构是主要的技术依托。

技术创新具有一般创新活动的所有特性，即创造性、持续性、风险性、效益性和艰巨性。除此之外，技术创新还有自己本身的一些特性。

(1)技术创新以技术为对象。技术是人类用科学成就有目的地改造世界和认识世界的物化形式。技术以基础研究和应用科学为背景，但不是科学研究本身；技术的成果形式是物化的产品和工艺方法，技术创新的直接对象是发明、创造和方法革新。

(2)技术创新以市场为导向。技术创新是一个从引入新技术、新产品，到提升企业生产水平，并把新产品推向市场的过程。技术创新不仅要考虑技术上实现的可能性，还要考虑其商品化、产业化的可能性。衡量技术创新成功的标准是市场的实现程度和企业商业利益的多少。因而技术创新的出发点是市场，通常沿着达到市场的反方向开展创新活动。

(3)技术创新具有资产性。技术创新需要投资，这些投资用于研究开发、产品生产和开拓市场，而一旦取得成功，这些投资将作为企业的无形资产。企业对技术创新具有专有权，政府通过专利制度等对企业技术创新行为进行保护。

(4)技术创新具有系统性。技术创新是一个严密的过程，一般经过产品设计、试产、定型、进入市场多个环节。技术创新又涉及许多方面，需要制度创新、组织创新的配合。

技术创新提供了新产品、新工具和新方法，拓展了人们认识世界、改造世界的能力，对社会进步和企业发展有重要意义。

从社会角度看，技术创新的作用首先表现在提升了人类的自身能力和生活质量。技术创新拓展了人类的体力和脑力，拓展了人类活动的时空。随着新技术的不断涌现，人类的物质生产向着优质、高效、安全和舒适的方向发展，人类的物质生活越来越富裕、称心和优美。其次，技术创新大大促进了社会生产力的发展。社会生产机械化、自动化、信息化使产品开发和生产周期缩短，使设备利用率、资源利用效率、生产过程自动化程度和劳动生产率提高。再次，技术创新提高国民经济整体素质和综合国力。技术创新程度提高、产品的附加价值增大是创造社会财富的重要途径，技术创新可以解决国民经济中的深层问题，有助于国家实现跨越式发展。

从经营角度看，技术创新是企业生存的关键。企业生存依赖适销对路的产品，市场需求的变动要求企业不断通过技术创新开发新产品。企业通过技术创新可以更新技术落后、原材料能源消耗多、产品质量低下的陈旧设备，可以有效地促进生产手段和方法的进步。技术创新把科技成果转化成生产力，是企业增强实力、适应产业调整、参与激励市场竞争的需要。

8.3.2 技术创新的管理

技术创新是一项涉及企业许多方面的系统工程。加强对技术创新的管理，可以调动技术创新的各种资源，协调技术创新中各项工作，使创新活动有序地进行，从根本上提高技术创新的效率。

(1)技术创新能力管理

技术创新管理的首要工作是提升企业的技术创新能力。技术创新能力是指企业依靠新技术推动企业发展的能力，是通过引入或开发新技术、使企业满足或创造市场需求，增强企业竞争力的能力。企业技术创新能力是企业竞争力的核心和企业发展的基础，不断增强技术创新能力才能搞好企业技术创新工作。技术创新能力受多种因素影响，其中最主要的是创新投入能力、研究开发能力、创新的管理与实现能力、承受风险的能力。

①创新投入能力。创新投入能力是指对技术创新活动所作的财力、物力支持。技术创新需要大量财力、物力，如果现有资金仅够维持日常生产，那么企业将没有能力进行技术创新。创新投入一般分为研发投入和非研发投入，前者用于研究人员、研究设备和其他直接研发经费，后者用于市场研究、产品设计、工艺和材料准备、试制、试销和广告的经费，以及技术引进、技术改造的投资。

②技术研发能力。技术研发能力是技术创新的实力，它是指在一定创新投入条件下企业获得技术创新成果的能力。研究研发能力包括基础研究和应用研究能力，开发新产品、新工艺的能力，以及对引进技术的消化吸收和再创新能力。

③创新的管理与实现能力。技术创新离不开管理，创新管理能力是指企业发现和评价创新机会，组织技术创新活动的能力。良好的创新管理包括可行的创新战略和有效的创新机制，能够根据企业创新目标对人力、物力、财力进行合理安排，促进内部沟通和对外合作，对创新项目进行科学管理，对人员进行有效激励。技术创新还离不开成果实现，这一过程包括把研发成果转化为产品和把产品推向市场。良好的成果实现能力表现为企业拥有先进的装备，工人具有较高的技能和适应性，企业能够进行积极的市场营销。

④承受风险的能力。创新可以认为是一项投资活动，具有不同程度的不确定性。企业承受的创新风险包括财务风险和企业发展风险。

(2)技术创新源管理

技术创新源是指最初提出技术创新要求，或新产品、新工艺、新方法的设想，以及解决技术创新问题途径的机构或个人。技术创新是一个复杂过程，创新设想来源是技术创新的关键，它关系到技术创新方式、技术投资决策和企业发展战略。

技术创新源从主体上分为企业、用户、大学、科研结构、政府和个人。企业是技术创新的主体，在市场机制的作用下企业会从自身内部主动提出创新目标，并直接实施技术创新。大学和科研机构是重要的技术创新源，大学是教学中心和基础研究中心，科研机构重点从事应用科学研究和技术开发，大学和科研机构使科学技术产生最大的公共利益，在社会创新系统中起重要作用。

一项技术创新通常是多方面协作的结果，因而技术创新源并不一定是创新的最后完成者。用户、制造商、供应商在技术创新中扮演不同角色，并以不同方式从技术创新中获得利益。一个机构或个人，如果从使用技术创新中获利，他就是用户；如果从制造过程中获利，他就是制造商；如果通过为他人创新提供支持而获利，他就是供应商。

企业在技术创新源管理中需要注意两方面工作。第一，技术创新并不仅仅来自企业内部，企业应分析不同类型技术创新源的特点，加强企业与外部的交流，这样将有助于发现创新的机会。第二，企业可以采用不同方式利用技术创新。如果能够取得经济效益，企业可以是技术创新的用户、制造商或供应商。

(3)技术创新模式管理

技术创新是一个复杂的过程，技术应用于企业的多样性决定了技术创新的形式也是多种多样的。根据自身的技术创新能力和技术创新源，企业可以选择不同的技术创新模式，这些模式一般包括自主技术创新、引进技术创新和合作技术创新。

①自主技术创新模式。企业依靠自己的科研机构和技术实力，独立开发新产品、新技术，形成具有自我知识产权的科研成果；或以自身为主体把新技术应用于企业，把科研成果转化为商品。自主创新型企业要拥有数量众多、水平较高的研究人员和技术队伍，要有充足的资金和先进的技术设备。自主技术创新的成功，可使企业获得垄断性技术，在一个时期内拥有绝对的竞争优势。自主技术创新按时效又可以进一步分为率先型技术创新和模仿型技术创新。

率先型技术创新是指领先于他人获得新技术，或首次将新技术商业化。这类技术创新不但使企业获得原创技术，而且可以利用时效优势获得超额利润，通过领先于其它竞争者而占据市场的领导地位。

模仿型技术创新是在学习他人创新成果基础上，企业通过模仿取得类似的新产品、新技术。这类技术创新可以减少初始研究开发费用，使企业少走弯路，回避率先创新的失败风险和损失；企业也可以通过学习他人经验，超越率先创新者或使新产品、新技术具有适于市场的其他特性。

②引进技术创新模式。企业通过购买他人的专利技术、先进设备，使自己的技术水平迅速提高的创新模式，具体而言包括以下几种方式。

购买型技术创新指企业购买已被认可的先进技术或专利。这种方式时间短、见效快，但成本高、风险大。购买技术要求企业必须进行市场调查，鉴定技术的先进性和实用性，确定最优的购买方式；对于购买的技术，企业还要组织人员学习、消化吸收。

引进型技术创新指企业直接引用先进设备、关键技术，使自身的技术水平、工艺能力、经济效益得以提高的创新方式。这种方式是利用先进技术的捷径，但它不能从根本上增强企业的竞争力、适应力和创新力。

引进技术后再创新。当前技术更新日趋加快，企业不可能使所有技术长期处于领先地位，因此大多数企业常把引进与自我创新相结合，以引进技术为基点进行二次开发。

③合作技术创新模式。这是最普遍的技术创新模式，是企业间或产、学、研间的联合创新方式。合作技术创新以各方的共同利益为基础，有明确的合作目标、期限和规则，通过资源共享或优势互补，使各方参与技术创新的全过程或某些环节。合作技术创新强调共同参与、共享成果、共担风险。合作技术创新又有多种具体形式。

委托研究型技术创新指企业将科研项目交由研究单位、高等院校进行研究，企业负责提供研究费用的创新方式。创新内容可以是基础研究、应用研究、产品、工艺技术开发或市场开拓，以合同形式确定合作方式。

产、学、研型技术创新指企业与大学、研究机构共同建立的长期技术创新合作。一般由企业提供资金或设备，大学或研究机构提供场地和研究人员。这种方式为企业提供技术成果、中间产品和技术培训，企业可以进行一次性投入或分散性投入。

企业间的技术创新合作可以按项目合伙方式或创建合作组织方式进行。在项目合伙方式中，为完成特定项目的研究与开发，多个企业将作为合伙人共同投入并参与研究开发过程，共享研究开发成果。合作组织是由各方以股份制形式出资设立的研究开发结构。

(4)技术创新战略管理

技术创新战略是企业对技术创新活动中一些带有全局性、长远性和方向性问题的设计安排。技术创新战略对企业发展有重大意义,它明确了企业技术创新的思路、方案,协调了企业内部技术创新工作,是企业整体发展战略的基本组成部分。

技术创新必须基于企业经营战略来制订。企业经营战略规定了企业发展总体目标,它以市场为导向,明确了企业产品方向和相应的技术、生产、管理等配套措施。企业经营战略和技术创新战略之间是目的和手段的关系,企业通过技术创新来实现企业目标,同时也要根据企业经营战略来选择、制订技术创新战略。

制订技术创新战略需要全面分析企业外部环境和内部条件,重点考虑企业的技术创新能力、技术创新源和可能的技术创新模式,以及市场变化、行业发展和技术进步状况。制订技术创新战略的主要工作包括确定技术创新的总体目标、选择策略和相关措施等。

①确定技术创新目标。技术创新目标要与企业发展总体目标相一致,通常是那些对企业经营战略贡献最大、开发成功率最高的技术。针对长远发展目标,企业可以从基础研究入手,选择能够为企业带来突破性发展的技术;针对中期发展目标,企业可以利用新理论、新知识,对原有生产工艺、作业方法、产品结构进行创新;针对一般生产经营活动,企业可以利用现有创新成果进行常规技术改造。技术创新可以涉及产品、生产工艺、技术装备和材料、能源等许多领域。选择创新对象要考虑生产状况和市场竞争,通常是生产经营过程中的瓶颈,或能够减少竞争差距、增加竞争优势的技术。一般说来,技术可行性、创新成本和创新成果的竞争优势是选择技术创新目标的主要依据。

②选择技术创新策略。技术创新有自主开发、引进技术、合作开发等模式,依据这些模式演化出了不同的技术创新策略,例如合作型策略、模仿型策略、进攻型策略、防御型策略、依赖型策略、切入型策略等。企业需要根据自身技术创新能力、技术创新源状况选择技术创新策略,当技术创新能力较强时可以采用自主型、进攻型策略;当技术创新源分布在企业之外时选择合作型、引进型策略。企业选择技术创新策略还受技术竞争的影响,可以根据不同情况采用低成本策略、差异化策略或集中化策略。

③制订技术创新措施。技术创新策略确定之后,企业还需要制订相关的措施以保证其实施,包括信息提供、组织方式和资金支持等。组织方式对实施技术创新策略最为重要,一般可以选择创新小组、产品开发部、网络结构和虚拟组织等形式。

8.3.3 企业的产品创新、生产技术创新和市场创新

(1)产品创新

所谓产品创新是以产品为对象的创新活动。在制造业中产品是一个有形的概念,而对服务业来讲产品常常是指所提供的服务。企业技术创新以产品为最终落脚点,其他各种创新活动围绕产品来进行,因而产品创新是企业最重要的技术创新活动。产品创新对企业发展也有深远意义,一方面是由于企业的经营对象是产品,产品是企业与市场间的纽带,是企业经营成果的直接体现;另一方面也是由于市场需求在不断变化,要求企业必须不断进行产品创新。

产品不仅是一个物质形态,而是一个包含着反映其各种特性的完整概念。构成产品的核心要素是使用价值;在核心要素之外是实体要素,包括产品的质量、功能、外观、品牌、包装等;产品还有引申要素,即企业为用户提供附加服务,如产品的质量保证、购买信贷、运送、安装、技术指导、维修等。产品创新就是改变其构成要素,这种变化将引起产品特性在不同程度上改变。

进行产品创新，企业需要制订创新战略，明确将要开发的核心技术和产品线，并将具体工作落实到单项新产品开发。

产品创新的根本来源是市场需求。当市场有变化、有更新时，或原有产品将要步入衰退阶段时，企业需要采取新产品战略。企业产品创新战略包括对市场发展的预测和对未来产品的性质、投入时间的规划，其制订过程需要考虑技术创新能力和产品创新资源。核心技术是产品创新战略的关键，它是共同技术要素的集合，表明一系列产品创新所依赖的共同的、核心的技术。产品线是产品创新战略的更具体表现，它是一定时期内开发新产品的顺序，这一顺序受市场、竞争、资源和产品线生命周期的影响。

新产品开发是一个从提出产品概念，到设计、试制、鉴定、发布的一系列过程。概念设计是提出产品方案的初始阶段，它说明了产品的大致轮廓，包括功能、原理、技术、材料、工艺等设想。制造业的产品设计一般经过 3 个阶段，第一阶段是制订技术任务书，即向有关部门提出体现产品合理设计方案的改进性和推荐性意见；第二阶段是技术设计，即根据技术任务书的要求，完成产品的主要计算和主要零部件的设计；第三阶段是工作图设计，即绘制产品设计的全部工作图样和编制设计文件。产品设计完成后需要进行新产品鉴定，包括技术测定、性能试验、生产考核等。

(2)生产技术创新

生产制造系统是加工劳动对象，生产合格产品的物质条件。生产技术创新与产品创新是相互依存的。企业要生产出新产品，就必须建立相应的生产制造系统，因而产品创新将导致生产技术创新。生产技术创新会改善企业生产资源的利用状况，提高企业技术创新能力，这将进一步加速产品创新。生产技术创新贯穿企业生产过程，其最重要的部分是工艺创新、设备创新和材料创新。德国提出工业 4.0，中国提出工业制造 2025，很大程度上属于本类创新。

生产工艺是指生产制造产品的具体方法，例如工艺过程、材料配方、工艺参数等，工艺创新即指生产制造方法上的重大变革。工艺创新的一种来源是产品创新，产品开发一般包括工艺设计，即对工序、工装、材料和加工要求进行事先规定，因此新产品必然要求相应的新工艺。在另一个场合，人们希望对生产过程不断优化，以提高产品产量、产品质量、设备利用率，降低物耗和其他成本，这种改进也是工艺创新。

设备是现代化生产的基础，它决定着企业产品的种类、质量、产量、消耗，影响着企业的发展和经济效益。当今趋势是设备技术水平越来越高，设备更新速度越来越快，设备投资越来越大。设备状况是衡量企业生产能力的重要标志，很多时候也是企业进入某一市场的条件。设备创新受产品更新的影响很大，它是工艺创新的延伸；同时生产效率、加工质量、物耗等也要求设备创新。设备创新首先应着眼于提高生产过程的机械化、自动化程度，改善劳动条件；其次应加强现有设备的技术改造，及时将新的技术应用于企业的现有设备，延长其技术寿命，提高其效能；再次是要有计划地加快设备的更新，用较先进的设备取代陈旧过时的设备，从而保证企业生产建立在先进的物质技术基础之上。

材料是构成产品的物质基础，材料费用在产品成本中占很大比重，材料性能制约着产品的质量。材料创新可以认为是技术创新的实物形式。选用材料是产品设计中的一个环节，所以产品创新会直接引起材料创新。材料创新的着眼点是寻找材料的新功能，提高材料质量、降低材料成本。与之相对应，材料创新的工作一般包括：开辟新材料的来源、开发利用廉价替代材料、改造材质和性能。

(3)市场创新

市场需求是独立于企业之外的,所以市场创新并不是指企业创造了市场,而是指将原有产品通过改进或直接进入一个新的市场,从而扩大目标市场的范围。它对产品、工艺、设备和材料有重要影响,所以,市场创新也是创新的一项内容。

市场创新(market creativity)包括开拓新市场和对现有市场的营销组合。企业可以采用多种方式开拓新市场,例如把现有产品打入以前不曾进入的新地区,开发新产品以满足市场消费者已有需求,或改变原有产品的特性以满足不同细分市场的需求。市场营销组合是企业针对现有市场,通过改变其投放产品的规格、比例、价格等,实现最优化组合,以创造总体上的最佳效益。

市场战略和市场营销是影响企业市场创新的关键因素。市场创新是探索性活动,制订正确的市场战略是保证其成功的首要环节。市场战略有多种多样,例如新产品战略、价格战略、市场差别战略、竞争联盟战略等。企业制定市场战略的依据是市场、竞争者和自身的状况,企业一方面要挖掘自身的潜力,最大限度地满足市场需要;另一方面要谋求对其他企业的竞争优势。市场营销是开拓市场的基础工作,为了达到市场创新的目的,企业必须在品牌形象、服务理念、人员素质、产品定位、产品价格、营销渠道、促销方式等方面进行长期的改进。

8.4 观念创新、制度创新和组织创新

8.4.1 观念创新

管理观念是管理思想的精髓,是指导一切管理活动的、最基本的理性认识,是管理文化中的核心内容。人们在管理观念的指导下,提出相应的管理职能、原则和方法,再依据这些管理职能、原则和方法去解决具体的管理问题。

观念创新(conception creativity)是人们基于管理对象和管理环境的变化,科学地认识这些变化的基本规律和发展趋势,以此建立新的管理思维和管理理念,并从根本上提高对管理活动认识的过程。观念创新是意识变革,它具有抽象性、含蓄性,是人们思维方式、观点倾向方面的变化。观念创新是永恒的,它伴随着客观世界的变化而变化,是一种持续不断的过程。观念创新还是渐进的,它是管理文化诸要素的积累、酝酿和升华,是各种管理推陈出新的综合。观念创新的根本来源是客观世界的变化。管理理论来自管理实践,管理的具体问题要求人们采用相应的解决方法,人们对这些管理方法和经验进行总结而最终形成了管理理论,这其中包含着管理观念。随着社会、经济、技术的发展,人们面临的管理问题和人们能够依据的管理手段改变了,这时管理思维和管理理念也必然随之而变化。

观念创新的另一个来源是管理科学自身的发展。回顾管理学演进的历史,管理范畴在不断扩大,管理学体系在不断完善,管理学内容在不断丰富。人们对管理活动的认识从感性发展到理性,从局部发展到整体,从低级发展到高级。管理学的发展和人们认识能力的提高将使人们站在一个新高度审视管理活动。

观念创新不是一个臆造过程,它必须基于客观实际,从社会、经济、技术发展和管理学演进中摄取养分。观念创新要适应客观世界的变化趋势,只有这样它才能在解决未来管理问题中发挥效用。观念创新还要把握全局,从整体角度建立新思维、新理念。

人类进入21世纪后，科学技术和社会生产力的发展进一步加速，知识化、全球化、信息化成为社会发展的重要特征。在这种条件下，管理观念必然走向"知识化、全球化和科学化"。

(1)知识经济对管理的影响

20世纪40年代出现了信息技术革命，70年代以后计算机、信息、生物和航天等高新技术迅猛发展，90年代末知识和科技已成为世界生产力和经济发展的核心要素。1996年，联合国经济合作发展组织在《以知识为基础的经济》中指出："知识经济(knowledge economic)是指建立在知识和信息的生产、分配和使用上的经济。"知识经济是相对于农业经济、工业经济而言的，农业经济以土地资源为基础，工业经济以能源、原材料为基础，而知识经济以知识为基础。这里的知识包括人类发明和发现的所有知识，其中主要是科学技术、管理和行为科学的知识。

知识经济的出现有深远意义，它对人们的生产、生活和思维方式生产了重大影响。为适应知识经济，人们的管理观念也必须进行调整。

传统经济中，生产要素是指劳动力、资本和资源。20世纪中叶，人们又加入了信息，知识经济则更是强调了生产要素中的知识内容，而非信息形式。知识成为企业核心的生产要素和重要的资本，这意味着管理对象的扩展，人们在管理中必须看到企业的知识成分。

知识经济下，产品中蕴含的知识量成为衡量其价值的基础，生产活动趋向敏捷性、分散性和及时性，市场呈现出高度自由化、信息化、全球化和动态化，企业效益的提高更加依赖创新，企业决策注重信息、知识，企业经营把实现知识的社会、经济价值作为追求的目标。

传统生产方式中，生产过程在企业内部，它是企业组织的基础。知识经济下，企业专注于核心竞争力，而把生产过程分散到企业外部。这种变化使组织结构更倾向于经营活动，而不是生产过程。计算机、通信和信息技术的高速发展，使企业内部的管理跨度增大，组织结构趋向扁平化；企业加大了外部合作，更多地使用网络结构和虚拟组织。

传统管理强调人的生产力特性，以工作时间、工作强度和劳动技能衡量人的价值。知识经济下，人的价值更多地体现在其所掌握的知识上，人的经验和创造力更为重要。因此，知识经济下的管理应更加强调尊重知识、尊重人才。企业家、管理团队、技术人才是知识、经验、胆识、智慧的综合体。

(2)经济全球化对管理的影响

第二次世界大战后，国际贸易高速增长、生产经营呈现跨国化、科学技术迅猛发展、产业在国际范围内加速转移优化、各国实行对外开放与贸易投资自由化、国际间经济合作的步伐加快。20世纪70年代以信息技术为核心的新技术革命迅猛发展。90年代冷战结束，世界政治格局发生重大变化。这一切使经济全球化成为不可逆转的大趋势。

所谓经济全球化(economy globalization)，是指商品、资本、劳务、技术、知识、信息等生产要素跨国界流动的规模与形式不断增加，技术与信息在各国间广泛而迅速地传播，以及通过深化国际分工，在世界范围内提高生产经营资源的配置效率，从而使各国经济相互依赖程度日益增强的经济发展趋势。

这种经济资源的相互参与、渗透和融合使资源得到更合理地配置和更有效地利用，使世界范围内形成了一个统一的大市场。经济资源的流动加速了企业系统的开放，加剧了企业间的竞争，企业从强调控制资源，转变为强调更好地利用资源。

跨国公司(cross-nation company)在经济全球化中扮演着重要角色，它的迅猛发展是经济全球化的一个主要标志。跨国公司是最能体现国际分工的新形式,它把生产过程分散到世界各国,充分利用世界各地的技术、资本、劳动力和市场优势进行生产和经营,通过世界范围的贸易投资使各种资源最大限度地合理配置。跨国公司实行生产国际化、经营多元化、交易内部化和决策全球化,在世界范围内形成了庞大的生产、销售和经营体系,它使世界产业日益紧密地联系在一起,主导着国际经济贸易活动。

交通和通信的进步是经济全球化的基础条件,特别是现代通信和因特网的发展使世界成为真正意义上的"地球村"。跨国管理成本的大大降低,使企业可以实行更大规模的经营计划,在企业内部进行更为快捷的管理。科学、文化的交流和相互渗透,使人们更多地相互借鉴,使创新速度加快。与此同时,经济全球化使管理问题更为复杂,企业活动必须遵守不断强化的国际经济规则,企业活动也要受到整个世界经济、政治和文化的发展状况的影响。

(3)科技进步对管理的影响

巴比奇、泰罗等都试图通过寻找科学方法来改进管理工作,20世纪以来这种思想结出了丰硕成果。源于"甘特图"的网络分析法(PERT)已成为企业管理十分有效的手段,全面质量管理(TQM)提高了企业专项管理的水平,运筹学、决策学为计划、决策提供了数量分析方法。

20世纪70年代后,对管理方法影响最大的是以信息技术为核心的新技术革命。70年代初到80年代中,信息系统进入企业,这些系统着重于对企业活动的替代,例如管理信息系统(MIS)、物料资源计划(MRP)、计算机辅助设计(CAD)、计算机辅助制造(CAM)、并行工程(CE)、成组技术(GT)、决策支持系统(DSS)等。80年代中到21世纪初,出现了计算机集成制造系统(CIMS)、精益生产(LP)、高级计划与排产技术(APS)、企业资源规划(ERP)、供应链管理(SCM)、客户关系管理(CRM)、企业业务流程重组(BPR)等技术,这些技术正在替代和改造企业原有的管理活动模式。

计算机集成制造系统(CIMS)是由美国的约瑟夫·哈林顿博士于1974年提出,80年代中期在一些国家开始应用。这个系统是针对企业产品,在产品的设计过程、管理决策过程、加工制造过程、产品的质量管理过程中,采用计算机辅助和优化技术而形成的一种新型企业生产组织模式。计算机集成制造系统把生产系统、技术系统和管理系统集成起来,使各部门相互密切配合、协调一致。精益生产(LP)是美国麻省理工学院的研究人员于1990年提出的一种生产方式。这种生产方式以市场需求为依据,按反工艺顺序组织生产和运输,通过一个环节拉动一个环节的方法,消除了生产过程中一切松弛点,从而减少了企业内部的资源浪费,提高了企业对市场的响应能力。企业资源计划(ERP)是90年代中后期盛行的一种企业管理系统。这一系统着眼于企业内部垂直管理,使业务和生产过程管理实现了数据共享和集成,它实现了事务处理自动化和对财务、制造和分销资源进行跟踪,提高了企业的灵活性和应变能力。供应链管理(SCM)是在企业资源计划基础上发展起来的,它把公司的制造、库存和供应数据合并,对供应链中的信息流、物流和资金流进行了全面设计、规划和控制,从而使企业内外部活动整合在一起,可以有效地分配资源、提高效率和减少生产周期。企业业务流程重组(BPR)于90年代中后期进入中国,其作用是对企业活动进行优化。企业业务流程重组以工作目标为中心,减少了不需要的、非增值的工作流程,按照经过优化的工作流程重新组织业务。这种业务重组突出了团队的作用,使组织结构扁平化,改变了企业业务管理方式。21世纪初,电子商务(EB)初露端倪,网络营销、全球采购中心、虚拟工厂等将对管理活动生产更深远的影响。中国电子商务、网上支付迅速发展对商业系统、银行系统、物流系统的管理提出新的要求。

8.4.2 制度创新

创新的概念是不断深入的，从技术创新到管理创新，人们一直试图探求更本质意义上的创新。制度创新(institutional creativity)被认为是高层次的创新，它对组织以及其他创新活动有重要影响。

(1)制度与制度变迁

制度是在社会条件下人与人之间的行为规则。人在社会中不是孤立的，他需要与他人交往，需要与他人之间建立一定的行为规则；当这些规则行之有效并被人们长期接受时就形成了制度。组织是人们构成的社会群体，无论是自发形成的组织，还是人们特意建立的组织，其内部总存在一定的用以约束成员的行为规范，这些规范即组织的制度。可以说人是制度的来源，制度约束着人的行为；制度是组织的精髓，组织是制度的外在形式。

人们之所以需要制度是出于两方面的原因。第一个原因是个体行为能力的有限性，人们不得不相互依赖，通过分工协作完成个人所无法完成的工作，这时制度成为人们协作的协定。另一个原因是个体之间的矛盾性，为了避免相互冲突，人们需要使用协定约束各自行为。制度产生于人，但制度具有生命力，它不但要求人们服从，还对以后的制度产生影响。换句话说，人们生来受过去制度的制约，自己又创造着新制度，并使这些新制度影响着后人。

组织制度是组织成员的行为规范，它同样也具有生命特征。当制度符合各方面要求时，它会推动组织成长；当制度产生缺陷时，它会影响组织运行，甚至导致组织衰亡。不过，组织也在谋求延续制度的生命，通过自觉或不自觉的变革，使制度消除缺陷或更加完善。

组织中制度的变迁有多种类型。被动的制度变迁常出于组织内外部的某些诱因，制度沿着诱因的方向不自觉地变化；主动的制度变迁则常常是人们预见到可能出现的情况，并根据需要对制度进行的自觉变革。

(2)制度创新的特点

制度创新是指改进现有制度体系，引入新制度以使企业生产经营活动更有效率的重大变革，如领导制度改革、人事制度改革、科技体制改革、投融资体制改革等。制度创新是企业最重要的创新活动，通过它来调整企业各方面的利益关系，规范企业内部的各种行为。制度创新是主动的变革活动，它通过对企业制度的完善和调整，使企业适应不断变化的外部环境，为企业持续发展注入新的活力。制度具有相对的稳定性，这使得制度创新常常以渐进方式进行，有时也会出现变革滞后的现象。

企业的制度创新受多个层面的影响。首先，企业制度受社会、经济、政治制度的制约，企业制度创新必须符合国家的根本制度，必须依照社会发展要求来进行。其次，企业作为经济实体，其制度创新必须反映企业和行业的特点。企业制度以各方面的经济利益为基础，依照产权关系把各方面联系在一起，通过生产经营活动使各方面达到自己的经济目的。企业制度建立在生产方式基础上，行业性质对具体管理制度有重要影响。再次，企业制度还受其他社会部门和相关制度的影响，制度创新要与诸如货币制度、财政制度、税收制度、国际贸易制度相一致。

制度创新分为基本制度创新和内部管理制度创新两个层次。基本制度创新是指企业在产权制度、组织制度和管理制度方面的变革。20 世纪 90 年代，我国开始推行现代企业制度，这是对我国企业基本制度的重大变革。现代企业制度强调产权明晰、责任明确、政企分开、管理科学,为企业成为现代市场经济的主体提供了制度保证。内部管理制度创新是针对企业生产经营的规章、制度进行的,是旨在提高各个环节管理效果的改进,例如经营制度、财务制度、人事制度、生产制度和企业各种内部管理措施。

(3)企业制度创新的主要工作

①产权制度创新。产权制度是指具有一定法律约束的财产关系,它通过确立一种共同遵循的准则来界定人们对稀缺性资源的配置权利,从而促进人们更有效地运营其资本。产权制度规定了财产各种权能的分解、组合、转让的确认、确定和界定,是企业生产经营活动中财产所有者、经营者和使用者之间有关财产、利益、权利、责任和义务的基本制度。

现行的企业产权制度以企业法人制度为核心,以有限责任制度为重要特点。所谓企业法人制度,是指投资人为了进入市场,参与竞争,获取利润,出资构造的一种经营组织并使其人格化,具有独立的法律地位,能够享有民事权利和承担民事责任。有限责任制度是指企业只以全部法人财产为限,对债务承担有限责任;当企业破产清盘时,出资者只以投入企业的资本额为限,对企业承担有限责任。

企业产权制度创新的任务是按照法律化、市场化、规范化的要求,明确企业产权归属关系,建立完整的产权结构,有效地运用企业财产,完善产权监督与保护制度;同时结合企业组织制度、管理制度建设,推进股份制改造。

②组织制度创新。组织制度是组织的基本构成要素,它规定了组织的指挥系统,明确了人员的分工与协作关系,确定了组织成员的行为规范。组织系统中存在不同管理层次、不同业务部门和不同工作岗位,组织成员的素质和利益基点也有很大差异。这就需要组织制定科学的工作、管理方式,以纪律约束组织成员的行为,使组织系统有序地、协调地运行。

与现行产权制度相适应的企业组织制度是公司制。公司的组织结构主要由股东会、董事会、监事会和总经理构成。公司通过规范的企业组织制度,使权力机构、监督机构、决策和执行机构之间相互独立、权责明确,在公司内部形成激励、约束和制衡的机制。这种机制可以充分调动出资者、经营管理者和员工的积极性,约束各方的行为,保障各方的权益。

企业组织制度创新需要按照公司制设计企业组织结构,科学地制订企业中各职能部门、各层次及各环节的联系、协调方式,明确各层次、各环节管理部门的行为准则、工作要求以及协调、检查和反馈制度,并根据企业岗位需要选拔、任用管理人员。

③管理制度创新。管理制度是为了达到企业发展目标,针对企业生产经营各个环节所作的工作规范,是企业的基础性制度。管理制度涉及范围广泛,包括人、财、物、供、产、销以及安全、质量、信息等方面。管理制度是企业工作的方法指导,它协调着各个方面的工作关系,为企业生产经营活动的正常进行提供了保证。

管理制度创新的核心是按照企业产权制度、组织制度的要求,建立科学的管理体系。管理制度创新是以生产要素和生产经营活动为对象,寻找有效管理方法的过程。合理的管理制度要符合生产技术、组织管理和人的行为特点,能够使企业资源有效利用,保证企业目标的实现。

8.4.3 组织创新

20世纪60年代以后,世界经济、文化、政治,特别是科学技术的迅猛发展使企业的经营思想、经营环境发生了巨大变化,这为企业的组织创新提供了条件。当今的组织创新正朝着人性化、科学化、柔性化方向发展，新型组织突出人的自主性，认为人具有学习能力和创新精神，组织目标必须与个人目标相结合。新型组织常常以高新技术为手段，特别注重信息、计算机和网络技术。新型组织趋向于打破传统的组织结构，使组织更加适应市场需要和业务特点，组织结构呈现出扁平化、动态化、边界模糊化。正如在本书第 4 章里所提到的那样，20 世纪末出现了许多新型的组织模式和观点，例如企业再造、学习型组织、虚拟企业、扁平化组织、商业生态系统组织、网络组织等，其中企业再造、学习型组织和虚拟企业等的思想对当今组织创新影响最大，下面从不同的角度对 3 个重要观点进行简单梳理。

(1)企业再造

1990 年，美国麻省理工学院的迈克尔·哈默(M. Hammer)在《哈佛商业评论》上撰文，首次提出了公司工作的重新设计问题。1993 年，哈默又与詹姆斯·钱皮(J. Champy)共同出版了《再造企业——工商业革命宣言》一书，在该书中阐述"企业再造"(Enterprise Reshaping, or Business Process Reengineering)思想。"企业再造"对组织创新，以至于 20 世纪末的管理思想都有一定影响。

哈默和钱皮指出"企业再造是为了飞越性地改善成本、质量、服务、速度等重大的现代企业的经营基准，对工作流程进行根本性重新思考并彻底改革"。换句话说，企业再造就是通过重新设计和整合工作程序，建立起能够体现个人价值的团体式组织，并使这种组织形式在公司中不断扩大，直至形成新型公司组织的创新过程。

企业再造可以说是西方发达国家步入信息社会后的必然结果。20 世纪 70 年代，信息革命开始席卷西方发达国家，这使得市场和企业经营条件发生巨大变化。人们的需求开始走向多样化、个性化，企业间竞争不仅仅局限在规模和成本上，而是要面对快速的市场变化和技术进步。人们发现工业革命以来一直遵循的劳动分工原则已经不能完全适应当今的情况。劳动分工原则要求企业把一项工作分成若干部分，不同人员专门负责不同的工作。这种分工虽然提高了劳动生产率，但使人们固守于单一技能；人们难以交流，更难以适应变化。因此，企业必须对工作程序和组织结构进行重新设计，以建立一种没有部门界限、工作可以齐头并进的组织形式。

哈默和钱皮认为，进行企业再造必须建立在企业拥有大量信息和先进信息工具基础上，组织成员必须具备较高的沟通能力和协作意识。如果一个企业信息化程度不高，人们的知识结构不对应、地位差异较大，那么企业再造是很难实行的。

实行企业再造，首先要对原有工作过程进行全面的功能和效率分析，发现其存在的问题；然后对工作过程进行改进，设计新的工作方案；企业依照新的工作方案对相关的组织结构、人力资源配置和业务规范等进行改进，制订出整个企业再造方案；最后组织实施企业再造方案并对这些方案不断地改进。

传统企业往往以工作流程构造组织形式，这种形式注重企业的专业化和生产力水平，管理目标是提高企业的劳动生产率。企业再造则以顾客为中心，强调工作的最终结果，谋求企业的经济效益。传统企业常常采用金字塔型的组织结构，组织内部进行职能分工和建立责任体系，强调管理者的命令、控制。企业再造多采用扁平化组织，以流程小组为主，小组成员需要具备全面知识、工作主动、善于合作。经过企业再造，人们需要负责多方面的工作，从单纯执行任务变为拥有一定权限、主动开拓业务，人们的业绩以实际成果衡量。

企业再造被提出后，在欧美企业中得到了迅速推广，虽然它在实施中有不少失败案例，但总的来说所带来的经济效益是显著的。企业再造通过重新设计业务流程建立一种扁平化的新型组织,这对信息化社会的组织创新有重要意义。

(2)学习型组织

彼得·圣吉(Peter Senge)是美国麻省理工学院斯隆管理学院教授,他于1990年出版了《第五项修炼——学习型组织的艺术与实务》一书。在该书中,圣吉提出了"学习型组织"(Learning Organization)理论,这一理论后在企业界得到广泛传播,圣吉本人也因此被人推崇为当代杰出的新管理大师。

学习型组织是指通过培养弥漫于整个组织的学习气氛而建立起来的一种符合人性的、有机的、扁平化的组织。这种组织具有持续学习的精神,可以通过不断的学习来改革组织本身。彼得·圣吉指出"在其中,大家得以不断突破自己的能力上限,创造真心向往的结果,培养全新、前瞻而开阔的思考方式,全力实现共同的抱负,以及不断一起学习如何共同学习"。

学习型组织具有的共同愿景,它是组织成员的共同理想和长远规划,来源于成员的个人愿景而又高于个人愿景;它把不同个性的人凝聚在一起,朝着共同目标前进。在学习型组织中,团体是最基本的学习单位,人们借助团体与他人配合,组织的所有目标都是直接或间接地通过团体的努力来达到的。学习型组织的本质特征是不断学习,它要求组织成员要终身学习、全员学习、全过程学习和团体学习。学习型组织采用扁平的组织结构,它尽最大可能将决策权向组织结构的下层移动,让最下层单位拥有充分的自主权,并对产生的结果负责。学习型组织认为"自主管理"有利于组织成员边工作边学习,并使工作和学习紧密结合起来。自主管理把确定工作目标、选择团队伙伴、实施工作计划、评价工作成果的权力赋予组织成员,从而使组织成员不断学习、不断创新,增加组织的适应力、创造力。学习型组织建立在组织要素与外部环境要素互动关系的基础上,其边界超越了传统的根据职能或部门划分的边界。学习型组织努力使员工的家庭生活与工作生活相得益彰。学习型组织支持每位员工充分地自我发展,而员工也对组织的发展尽心尽力,这样个人与组织的界限将消逝,使家庭与事业之间取得平衡。在学习型组织中,领导者的工作是整合组织要素,他对实现组织愿景具有使命感,通过协助下属对真实情况的把握,提高他们的学习和工作能力。

建立学习型组织,需要进行5项修炼,即自我超越、改进心智模式、建立共同愿景、团体学习和系统思考。自我超越是指组织成员将全部身心投入工作,在工作中获得纯熟的技艺。改进心智是组织成员打破既成的思维定势,解放思想,进行创造性思维的过程。建立共同愿景是组织成员在努力方向上求得一致,树立共同的理想和规划。团队学习是透过集体的思考和分析,做出正确的组织决策。系统思考是要人们运用系统的观点来看待组织,力求综观全局、看清楚问题的本质,了解事物的因果关系。

学习型组织思想的重要意义在于阐明了学习和组织发展的联系。学习是发展动力最根本的源泉,在当今迅速变化的环境中,只有不断学习,组织才能不断改进以确保自身的持续发展。

(3)虚拟企业

20世纪90年代初,一些研究者提出,公司应把经营重点放在核心能力上,把外围业务通过合作形式转移出去,这种观点引发出后来的虚拟企业(Virtual Enterprise)。1991年,美国利海大学的艾科卡研究所在《21世纪制造企业战略》中提出了以动态联盟为基础的灵捷制造模式,即虚拟企业。虚拟企业作为一种全新的组织形式,对传统企业产生了很大影响,目前它在发达国家已十分普遍。

虚拟企业与传统企业不同,它是由一些独立的厂商、顾客、甚至竞争对手,利用计算机信息技术、网络技术及通信技术联成临时的网络组织;虚拟企业是一种开放性组织,在合作伙伴之间共享技术、分摊费用、共同开拓市场;虚拟企业内部虽有生产、行销、设计、财务等职能,但没有完整的执行这些职能的组织,更不像传统组织那样具有多层次的组织结构;虚拟企业基于企业的核心能力,将其他职能虚拟化;虚拟企业是一种动态联盟,当合作任务完成后关系随即解散。

虚拟企业的出现得益于科学技术的进步、信息网络技术的发展和世界经济的全球化进程。全球化、信息化、网络化使全球市场成为一体,企业竞争从掌握自然资源和市场转向掌握信息资源和知识,企业间在国际范围内的相互学习与合作成为必然。与此同时,市场需求的多样化、个性化,产品的高技术化和复杂化也使企业仅仅依赖自己的力量难以进行市场竞争。可以说虚拟企业是人类进入信息化时代的重要组织形式。

从组织方式看,虚拟企业有一些重要特点。①虚拟企业建立在信息网络技术基础之上。虚拟企业需要信息共享和快捷的信息数据交换,这样才能使生产经营活动协调、同步。现代信息技术、通讯手段,特别是网络技术是虚拟企业运作的必要条件。②虚拟企业成立的前提是成员各自具有核心能力。虚拟企业通过整合各成员的核心能力和资源来达到增强竞争力,缺乏核心能力的企业既不能控制虚拟结构,也难以加入虚拟结构。③虚拟企业的成员是一种协同关系。在虚拟企业中,成员之间注重建立一种双赢的合作关系,通过协作共享资源、共担风险。④虚拟企业的组织结构扁平化。信息技术改变了企业信息的沟通方式,虚拟企业通过社会化协作和契约关系外包非核心业务,削减了中间层次,使得企业的管理组织呈现扁平化。⑤虚拟企业的界限模糊。虚拟企业不是法律意义上的完整的经济实体,而是一个由不同企业构成的共同利益联盟,这种企业组织模式打破了传统的企业组织界限,使企业界限变得模糊。⑥虚拟企业成员必须采用相互信任的行动方式。虚拟企业没有传统企业的内部组织制度,成员可以保持各自的风格,但成员之间必须相互信任、相互依赖,这样才能使虚拟企业顺利运行。⑦虚拟企业具有流动性。企业出于共同的需要、共同的目标走到一起,一旦达到合作目的,这种联盟便可能宣告结束,虚拟企业便随之消失,因此,虚拟企业的存续期限不定。

虚拟企业是一种先进的组织形式,从它在西方发达国家的实践来看,虚拟企业确实具有巨大生命力和广阔的应用前景。

8.5 中国鼓励创业创新

创业创新是人类文明进步的不熄引擎,是植根于每个人心中具有顽强生命力的"种子"。推动发展,不仅要解放社会生产力,更要解放社会创造力。双创成为中国经济、社会、科技、政治领域高频使用的词之一。

8.5.1 创业创新的意义

推进大众创业、万众创新,是发展的动力之源,也是富民之道、公平之计、强国之策。创新是社会进步的灵魂,创业是推动经济社会发展、改善民生的重要途径。国家着力把"大众创业、万众创新”打造成经济发展的新引擎,鼓励创业创新已成为稳增长、保就业、促转型的重要抓手。

“双创”战略看似是个经济政策,其影响和意义却绝不止于经济领域。

鼓励创新创业将倒逼一些地方政府转变管理观念。鼓励“大众创业、万众创新”,则是要让大众唱主角,给中小微企业以重要舞台。政府不能再将目光仅仅盯在少数几个大企业、大项目身上,必须彻底转变理念,思考如何更好提供公共产品,更加科学地开展市场监管。只有破除了不合理的行政审批门槛,创业者才能顺利走进市场;只有提供相对完善的社保医疗,创业者才能减少后顾之忧;只有搭建起科技、人才、融资等公共平台,创业创新的社会成本才能降低;只有科学履行市场监管、加强产权保护,创业创新的价值才能得到体现……可以预见,创业创新的大潮有望倒逼政府转变经济工作思路,转变社会事务管理方式,这种作用显然具有更加长远的管理学意义。

推进大众创业、万众创新,还将有助于加快不同群体和阶层间的流动融合,形成更加良性和谐的社会互动。从政府治理的角度看,经济社会发展过程中,必须防止不同群体的相对固化和阶层割裂。政府通过鼓励创业创新,要打破这样的固化与割裂,给一切有才能、肯拼搏、愿奋斗的人搭建公平的竞争平台和上升通道,给他们人生出彩的机会,这样的机会公平是最大的公平,将在全社会发挥巨大的示范引领意义和精神凝聚力量。

8.5.2 创新创业理论的科学内涵和本质要求

前面已经阐述,创新是企业家对生产要素的重新组合。相对于创新理论,创业研究起步较晚,目前尚未形成统一的分析框架,一般认为,创业是指一个人发现和捕捉机会并由此创造出新产品或服务的过程,主要标志和特征是创建新企业或新的组织。创业不仅仅局限于创办新企业的活动,在现有企业中也存在创业行为。创业者既可以指新创企业的创办人,也包括现有企业中的具有创新精神的企业家。

在经济学界,创新和创业是两个既有紧密联系又有区别的概念。二者在某种程度上具有互补和替代关系,创新是创业的基础和灵魂,而创业在本质上是一种创新活动的具体体现。但创业和创新也是有所区别的,从现有的经济理论和研究看,创新更加强调其与经济增长的关系,比较著名的是经济学家索罗对经济增长中技术进步贡献的定量测算。而创业的内涵更丰富,不仅有创新的内容,还涉及就业和社会发展以及公平正义。

影响创新创业的因素有很多,包括国民素质、基础研究水平、科研基础设施条件、体制政策环境等方面,但核心是人的因素,从某种程度上讲,推动创新发展,就是坚持以人为本推进创新,要提高国民的教育水平,充分调动和激发人的创业创新基因。就是坚持以企业为主体推进创新,要大力推动创业企业发展,强化企业作为创新发动机的作用。

大众创业、万众创新的提出把创新、创业与人、企业这几个关键要素紧密结合在一起,不仅突出要打造经济增长的引擎,而且突出要打造就业和社会发展的引擎,不仅突出精英创业,而且突出草根创业、实用性创新,体现了创业、创新、人和企业“四位一体”的创新发展总要求,揭示了创新创业理论的科学内涵和本质要求,为创新创业理论和实践研究开辟了新天地。创业精神的核心就是允许失败,在失败中寻找成功的源泉。通过现代的金融体系和市场体系,使最优秀的人才和最好的资源用于创新型活动,从而不断推进经济全面发展,这才是大众创业、万众创新的核心精髓。

双创并非要求人人创业。鼓励和支持有条件、有能力、有意愿的人创业，才会有较高的成功率和可持续性。

依托"互联网＋"平台，集众智搞创新，厚植科技进步的社会土壤，打通科技成果转化通道，实现创新链与产业链有效对接，塑造竞争新优势。

8.5.3 如何激发大众创业、万众创新的活力

(1)以产权制度改革调动创业创新主体积极性

要靠产权改革进一步盘活土地、资本等要素，尤其是科技和人力资本。近些年来我国科技成果丰硕，发明专利申请量连续几年居世界第一，但没有很好转化为现实生产力。这中间有两个障碍：一个是科技成果产权制度不合理，我国中高端科技资源70%集中在科研院所和大学里，转化率却不到10%。中关村等地开展了将成果处置权、收益权赋予承担单位、股权激励等改革，取得了明显成效。这些制度设计体现了"谁创新、谁受益"的原则，进一步明晰了科技成果作为技术类无形资产的产权归属，目的是让创新者获得与其成果价值相应的收益，有利于成果权能实现，有利于价值最大化。另一个障碍是转化不畅通，技术和产权市场不完善，缺乏知识和技术资本可交易可标准化的评价体系，使成果在上游形成"堰塞湖"。破解这一难题，必须加快建立市场转化机制，虽然做了一些探索，仍然存在不少障碍。

(2)以需求引领市场主体创业创新活动

让市场选择和配置创新要素，让市场主体面向需求开发新产品。我国引进模仿时代将要过去，发展碰到瓶颈，学习别国的技术的可能性越来越小，各行业各领域迫切需要更多的原创性创新，企业应以新思维、新发现、新原理，引领新创意、新产品、新技术。因此，必须把创新的主导权交给市场，建立企业牵头、市场导向的协同创新机制。

(3)营造公平诚信的法治环境

公平的环境对创业创新至关重要。要加大公平有效保护知识产权、商业秘密等的力度，让违法者付出难以承受的代价。要加强社会诚信体系建设，建立失信惩戒机制，让失信者寸步难行，守信者一路畅通。要大力反对行业垄断、技术垄断、行政垄断等限制竞争、打压创新的行为，从而保护好创业创新的火种，形成全社会的正向激励机制。

(4)构建开放式人才体系

人才是创业创新的根本，要破除一切禁锢人才发展的藩篱，用改革红利释放人才红利，让更多的"千里马"奔腾驰骋。人才最期盼的是自由创造的空间、自主发展的权利和自我价值实现的环境，要改革科研项目经费管理体制，在项目经费使用等方面给他们更大的自主支配权，把更多资源投到"人"身上而不是"物"上面。要实施更加积极全面的人才开放政策，降低外国人才引进门槛，简化投资兴业、出入境等手续，营造良好环境，吸引全世界人才来华。推动高校普及创业教育，支持各类培训机构开展创业培训，运用社会各类资源建设创业孵化基地，健全创业服务体系，加强跟踪扶持，使更多的劳动者敢创业、能创业、创成业。

(5)完善创业创新政策和资金支持方式

中小企业占全社会就业的80%以上和创新成果的70%以上，是创业创新的主力军，并具有打破既有格局的"鲶鱼效应"，但总体上处于弱势地位，应当成为政策支持的重点。首先要降

低门槛,对中小微企业和个人创业者,在放宽市场准入、注册和经营便利化、简化创新产品审批等方面加大力度,扩大创业创新空间。其次,要继续加大面向中小微企业的税费减免力度。今后创新支持政策要向普惠式、引领式转变,完善研发费用加计扣除、职工教育经费税前扣除等政策。国家可根据情况考虑设立面向高校毕业生创业、科研人员创业、农民工返乡创业等相关基金。此外,还要完善社会投融资机制,大力发展风险投资、天使投资,发展科技中介服务业,为创业创新融资搭建起四通八达的通道。

(6)健全创业创新公共服务和社会保障

搭建创业创新公共平台,不仅要发展科技园区、高新技术开发区等"传统孵化器",更要对创新工厂、车库咖啡、众创空间、网络空间等"新型孵化器"给予大力支持,发展一批创业特色小镇、社区等,鼓励发展创客实验基地、创业者加速器等多形式平台。企业也要由传统的管控型组织转变为新型创业平台,让员工成为平台上的创业者,从而形成市场主导、风投参与、企业孵化的创业生态系统。政府可以购买服务等方式鼓励社会举办公益性或非公益性的平台、中介机构等,重点帮助缺乏经验的创业者和中小企业进行市场分析、制订计划、法律服务等。与此同时,还要完善"一站式"行政服务甚至网上服务、上门服务,而且,针对创业创新者的社会保障也要跟上,以解除后顾之忧。

希望目前推进的双创工作对中国的企业数量发展和质量提升、对管理理念的更新、对企业家的观念、对政府与企业的互动关系、对实现创新型国家的目标产生积极的影响。

复习思考题

1. 什么是管理创新,管理创新在管理活动中居什么地位?
2. 管理创新的基本类型和一般特点是什么?
3. 创新活动的基本过程是什么?
4. 在创新活动的组织管理中应注意哪些问题?
5. 企业如何搞好技术创新管理?
6. 企业产品创新、生产技术创新和市场创新的相互关系是什么?
7. 企业观念创新、制度创新和组织创新的发展方向是什么?

【案例 8-1】

甲公司的创新

甲公司是一个富有竞争力的电子产品公司,随着时间的推移,甲公司的产品已经不再像以前一样在市场上独领鳌头,产品创新势在必行。为此,甲公司董事会下定决心,投入大量资金,派遣技术人员去国外学习高新技术,并大力引入先进设备、高级人才,对产品进行革新,使该产品不论在外形上,还是功能上均与发达国家接轨。

终于,花费了巨额资金进行产品革新的甲公司将其引以为傲的高新科技产品投入市场,并满怀期待。但是意想不到的是,消费者似乎对其高新产品并不"感冒"。随着时间推移,甚至出现了企业经营状况的进一步下滑。为什么风靡国外的产品在我国无人喝彩呢?通过市场调查,该公司发现:产品的许多新功能很受欢迎,但是有众多替代品,使新产品并非必不可缺,产品核心技术优势没有凸显；产品价格过高，市场上的同类产品要便宜许多，造成“曲高和寡”的情形；功能众多，却有许多鸡肋功能，无法对消费者形成真正的吸引。产品创新本无可厚非，大胆引进国外先进技术似乎也是通用做法，但为什么国外的“移植嫁接”到国内会出现水土不服呢？

思考题：

1. 该公司的创新犯了哪些致命错误，而得不到消费者的青睐？
2. 你认为创新的本质是什么？创新的基础何在？

【案例 8-2】

管理需要“动脑筋”

某村新建了一个活动中心，而全村只有甲愿意打理，于是村长决定交由甲进行活动中心的日常管理工作，并每月给予其一定的酬劳。虽然很辛苦，但是甲将活动中心打理得井井有条。

一年后，村里为了缓解甲的工作压力，从外村招来一个愿意进行相同工作的乙，并决定由甲乙共同完成管理任务，并将起先甲的酬劳一分为二，由两人平摊。但是，由于甲、乙二人互不相熟，缺乏沟通，一种想法不约而同地出现在两人脑海中：如果我尽心尽力地工作，而他却坐享其成，最后反而平均分配所有酬劳，我为何不当那个坐享其成的人呢？于是，活动中心的卫生等管理工作慢慢地出现了一系列的问题，甲、乙二人面对问责却互相推诿。

针对这种情况，该村完善了承包条件，并设定了以下工作模式。

1. 活动中心的维护由甲、乙二人轮流进行。
2. 将给予二人额外的奖励机制，一段时间对活动中心进行管理评比，管理得更好的将获得额外补贴。
3. 甲乙二人互相监督，发现问题可上报村里。

思考题：

1. 重新设立的工作模式体现了哪些创新思维？
2. 需要遵守哪些管理创新原则？

9 管理信息系统

◈本章学习要点：

1. 掌握管理信息系统的概念、分类。
2. 了解管理信息系统的演进。
3. 掌握管理信息系统的设计思想。
4. 关注管理信息系统的应用。

随着信息技术发展以及 Internet 的广泛应用，信息收集、处理和传输突破了时间和空间的局限，它不仅改变着人们的思维和生活方式，也改变着企业经营管理模式，对经济增长和社会演变产生了深刻而广泛的影响。信息时代企业赖以生存的外部环境发生了很大变化：在消费者需求方面，消费者对企业提供的产品或服务提出了越来越高的要求；在市场方面，竞争日益激烈，企业竞争的范围和力度都在迅速扩展，市场机遇转瞬即逝……而在日常生活中，信息已成为家喻户晓的词汇。管理信息系统作为一个蓬勃发展的信息实用技术，已经为现代社会所接受。随着信息经济发展，信息已成为决策、管理、控制、执行等各个环节不可或缺，甚至起决定性作用的因素。这就从社会环境、经济环境、技术环境等各个方面促进了管理信息系统的理论探索和开发研制，使管理信息系统在管理学中占据越来越重要的地位。

9.1 信息时代的管理

9.1.1 信息成为管理的核心内容之一

自 20 世纪 40 年代，伴随着电子计算机的出现，信息逐渐成为现代企业必不可少的基础性资源，并成为继劳动力、资本、土地和企业家才能之后的第五大生产要素，使社会生产方式从传统的以物质生产为中心向以信息技术为载体的知识经济转变。计算机以其惊人的数据处理能力将人们从程序化的、繁杂的劳动中解脱出来，提高了工作效率和经济效益。计算机技术与通讯技术的日益融合实现了“海内存知己，天涯若比邻”的远距离异地传递信息，促进了企业内部和企业之间的信息交换与共享，跨越企业边界，在企业与市场、企业与政府等之间架起了“网络桥梁”，构成了一个无垠的虚拟空间，它囊括了几乎所有的商业活动，宣告了一个新的经济形态——网络经济的诞生。

社会发展已经进入知识经济，越来越多的人从事与信息和知识有关的工作。以世界经济中心美国为例，据有关劳动人口统计显示：20 世纪 60 年代以前，从事传统产业工作的劳动者占从业人数的近 80%，随着计算机技术发展，1976 年美国白领阶层的人口首次超过了蓝领阶层，目前，美国 60%的 GNP 和 55%的劳动力都与信息和知识工作有关，而美国农业人口已降低到全部劳动人口的4%以下。就我国而言，20年前，人们对计算机还存在陌生感，一般只有在大专院校和科研院所才应用计算机，现在，社会几乎已经达成共识：在信息社会，信息已成为重要竞争资源，在人类的生产活动和经济活动中发挥着越来越重要的作用。

管理者也逐渐意识到信息技术在管理中的重要作用，并开始致力于实现组织内部信息化。所有的管理者都将目光积聚到信息、信息管理、信息系统以及相关的信息产业，据调查，85%以上的管理者认为：信息及信息管理对于提高工作效率至关重要，这也是保持企业竞争优势的重要内容。

第三次科技浪潮，使信息产业一直以高于世界经济增长的速度增长，不容置疑，信息产业已成为仅次于石油、汽车产业的世界第三大产业，而21世纪信息产业就几乎成为第一大产业。以信息经济为主体的知识经济成为拉动国民经济增长的原动力，已经引起全世界各国的极大关注。

综上所述，信息社会主要特征是信息的产业化和企业的信息化。站在学习管理信息系统角度，我们对后者更为关切。企业信息化是对企业中信息进行系统化、集成化的过程，也就是通过对信息系统的规划、开发、运行、维护等过程，将管理理念、组织行为、战略制定、计划实施与控制等通过信息流的产生、控制与反馈形成一个借助于信息技术的有机整体，这不仅牵涉到计算机、网络、软件开发等信息技术，也牵涉到企业管理。将信息技术和企业管理二者有机地结合，揭示其内在的运行规律是管理信息系统理论的价值体现。

9.1.2 管理信息系统的演进①

管理信息系统的发展与管理理念、管理理论的发展是息息相关的。一般来讲，管理信息系统主要经历了以下几个阶段。

(1)电子数据处理(Electronic Data Processing, EDP)阶段

1946年，计算机诞生了，由于它在数据处理方面具有独特功能，人们开始尝试在企业管理中使用计算机来协助人们进行数据处理。随着企业生产自动化水平的不断提高，生产管理工作日益繁重，对数据处理的精度和速度要求也越来越高。电子数据处理(EDP)被认为是管理信息系统的雏形，这段时期计算机技术发展很快，从晶体管计算机发展到大规模集成电路计算机，与之相配套的打印机等外部设备也得到快速发展。同时作为计算机应用重要支持的软件也从机器语言发展到汇编语言和高级语言，甚至出现了通用商业数据处理语言(COBOL)。

这类系统的特点是处理结构化问题，其运行几乎是程序化的，功能较为简单，主要侧重处理实时性信息。较为典型的应用有：订票系统、库存管理系统以及商业实时零售POS系统等，其目的在于提高基层管理人员工作效率。

(2)管理信息系统(Management Information Systems, MIS)阶段

20世纪60年代，美国学者戴维斯(G. B. Davis)等对管理信息系统进行了较为深入和系统的研究，认为计算机数据处理技术应该进一步深化，逐步形成对企业进行全面的、系统的信息化管理。许多研究机构开始致力于开发研制管理信息系统，旨在全面改善企业运作效率，比较典型的应用是制造资源计划系统，简称MRP。它主要包括：销售管理、生产管理、财务管理、

① 李东.管理信息系统的理论与应用(第二版).北京：北京大学出版社，2001，4：7-11.

物流管理、客户管理等一系列子系统所构成的全面管理信息系统。

管理信息系统所处理的信息一般局限在企业内部,信息流一般较为明确,它不仅具备了EDP的功能,而且可以应用系统所具备的数据库和一些经济管理模型进行企业内部管理。

(3)决策支持系统(Decision Support Systems, DSS)阶段

诺贝尔经济学奖得主西蒙认为:管理就是决策,决策贯穿于管理的全过程。这一思想也促使信息系统从"事务处理"向"决策辅助"发展。20世纪70年代,美国学者莫顿(Scott Morton)提出了"管理决策系统"的思想,奥特尔(Alter)、米勒(Miller)等学者进一步研究认为:管理方面应用新的信息系统模式,应注重对于决策的支持,应是一种能够对决策者提供决策信息支持、具有友好用户界面的系统,从而确定了决策支持系统的体系结构。

决策支持系统主要解决诸如市场预测、销售分析等半结构化或非结构化问题,到了20世纪80年代中期,人们进一步开发了专家系统(Expert System,ES)、自然语言处理等一系列人工智能技术,结合大型数据库、模型库和知识库等使决策支持系统应用得到了管理界的普遍关注。20世纪80年代,针对高层管理人员个人决策活动需求,开发出了高层主管信息系统(ESS)。严格意义上讲,这是一种决策支持系统,它具有友好的界面以及快速获得关键数据的能力。

(4)网络应用系统阶段

自20世纪80年代末,计算机网络得到迅速普及。借助于网络技术,信息传递、交易形式等许多方面发生了根本性改变。学者怀斯曼(Wiseman)等认为:信息系统对企业内部和外部都产生了深远影响,对内而言,它极大地改进了信息处理方式和方法,提高了企业内部管理效率;对外而言,不仅强化了企业与消费者联系,同时也进一步加强了市场信息分析、获取和应用的能力,从而更好地寻求市场,争取竞争优势。借助互联网产生许多新的交易方式如:电子数据交换(Electronic Data Interchange,EDI)、电子商务(E-Business 或 E-Commerce)等。

从管理信息系统发展进程看,信息技术与管理理论创新的有机融合开创了管理的新纪元。

9.1.3 基于信息技术的组织创新

在信息时代,鲜明特点之一就在于充分利用信息技术进行组织创新,尤其体现在组织结构方面。传统的组织结构是金字塔式的,它符合层级管理要求,具有垂直领导关系,这种组织结构在社会化生产中起到积极作用。然而,随着经济全球化发展,以信息技术为基础的知识经济逐渐成为发达国家主流经济,通过信息共享、降低交易成本、整合资源、形成竞争联盟,共同开拓国内外市场。这就要求打破原有的组织结构,对组织内部职能部门以及组织边界进行调整和重新界定,促使组织结构扁平化,减少中间层级管理,扩大高层领导管理幅度,使信息更为流畅,提高组织快速、有效地响应能力以及信息在组织内部和组织之间的运作效率。基于信息技术的组织创新主要存在以下几种形式:虚拟组织、学习型组织、准时生产、组织团队、信息伙伴、不限时间和不限地点的运作以及跨国公司等。其中关于虚拟组织和学习型组织在本书的第4章组织中有所介绍,本小节为了保持组织创新形式的完整性,从其他角度加以简单介绍。

(1)虚拟组织

为了一个共同的目的,打破传统企业边界,形成一个联盟。它不是一个法律意义上完整的

经济实体，不具备独立的法人资格，因此，它具有松散性特征，加盟组织形式多样、灵活，是一种动态结构。这一组织形式的突出优点在于它可以保持联盟中各个组织的核心竞争优势，并主要针对企业核心能力资源进行外部整合，对于企业来讲，其目的在于迎合快速多变的市场。

(2)准时生产(Just-in-time,JIT)

在市场营销中有一个非常重要的概念“顾客让渡价值”，其中在介绍顾客总成本时提到顾客时间成本。可见，时间已经成为顾客衡量一个组织服务的指标之一，因为等待总是一件令人焦虑的事情。在激烈的市场竞争中，有效地降低时间成本是企业赢得顾客的重要手段。准时生产就是在客户需要时能够及时提供所需产品或服务，JIT 可以通过远程通信和日程安排系统，对客户需求做出快速响应，及时做出物流仓储安排。准时生产的主要作用在于能有效地减少库存，提高库存管理效率；可以增强生产柔性，提高产品和服务质量。目前，JIT 生产方式已经应用到娱乐、出版、医疗等许多领域。

(3)组织团队

在信息技术中有一个网络软件概念“群件”(Group Ware)，作为实现知识管理的重要支撑，它可以为组织搭建一个信息共享、业务流转的平台。组织团队就是这样一个团队，他们具有共同目标，工作方面具有一定的依存度，通过这个平台可以进一步拓展其生存空间，从而产生强大的组织力量。

(4)信息伙伴

信息社会中，信息不仅是一种战略资源，也包含许多市场机会。信息伙伴是指合作组织之间通过某种协议达到信息共享的目的，其方式可以借助电子数据交换(EDI)或组织互连系统(IOS)来寻求组织间的信息合作。

(5)不限时间和不限地点地运作

不限时间是指企业运作不受时间的限制，信息技术可以做到每天 24 小时“全天候”地对信息进行收集、处理和输出结果，这样可以保证组织在任何时候都能及时地对事物作出响应，提高响应速度。不限地点运作指的是企业运作不受地域限制，借助于信息技术，特别是互联网，使组织的办公地点不局限于办公室，而是在任何地方都可以及时地处理相关信息，这种随时随地的运作方式能让组织更为有效地工作。在现实生活中“电子购书”就是一例：客户可以通过互联网，利用电子邮件的方式向“电子商店”(电子商务公司)发送电子订单，而公司可以利用开发的自动订购系统，每天 24 小时自动接受订单，并对订单进行及时处理，再通过“送货上门”的服务形式，将所订商品按照客户要求送达，这种方式极大地方便了顾客，从而为公司赢得了市场。目前，移动互联为随时随地交易提供了条件。

(6)跨国公司

跨国公司是指在世界范围内，以协调合作的方式进行生产、制造、销售产品和服务的集团化组织。通过信息技术，尤其是网络技术来实现集团内部企业之间的信息与资源共享。其重要作用在于促使公司业务从本土向外疆延伸，进而有力地开拓国际市场，扩展公司业务范围，便于把市场做大、企业做强。

经济全球化发展使国际市场国内化、国内市场国际化，跨国化的公司结构已经成为跨国经营战略的具体体现。这在客观上也对管理信息系统提出较高要求：要建立一个集计算机硬件、软件和远程通信网络于一体的决策支持系统(DSS)、管理信息系统(MIS)以及工作组支持系统(WSS)。

(7)学习型组织

知识经济是以知识生产、传播和应用为基础的,学习已经成为人们自觉的习惯,当今社会已经发展为学习型社会,个人成长为学习型个人,同样,组织也演变为学习型组织。通过学习,可以改善组织的发展战略、社会或市场定位,从而挖掘组织潜能。学习型组织要借助于群件、人工智能系统和网络等信息技术来实现信息共享,只有组织成员共同学习,并不断改进组织时,学习型组织才能成为现实。

总之,信息技术使人们的生活、工作环境发生了巨大变化,经营理念和经营方式也随之演变,企业发展已经进入一个信息化和国际化的时代,与之相适应的组织创新也自然而然的成为当今世界一大潮流。

9.2 管理信息系统的构建

9.2.1 信息与管理层次的关系

在管理信息系统中,一般将信息定义为:信息是经过加工的,能对信息接受者的决策或行为产生影响的数据。这个定义简单地对"信息"和我们日常生活中所提到的"数据"进行了区分,"数据"的外延和内涵要大得多,信息实际上是经过人们头脑加工的、有用的数据,具有主观性。

企业每天要面临来自内部和外部众多的数据,信息是企业在经营管理过程中生成对于企业运作产生影响的数据。不同的管理层次对所需信息具有不同的要求,所以,从某种意义上说,管理层次与相应的信息之间存在一一对应关系。

企业中的管理信息一般具有如下特性。

(1)信息量大

企业是一个严密的组织,以制造业企业为例,从原材料供应到产品生产、销售等环节涉及人、财、物、技术、市场等各式各样的信息,如:原料供给信息、生产信息、库存信息、销售信息、市场信息、财务信息、人事信息、国家宏观管理信息等,伴随着物质流,信息流无处不在,企业管理就是通过信息流来进行物质流调整,使之按照一定的企业目标运动,以达到企业目的(图9-1)。

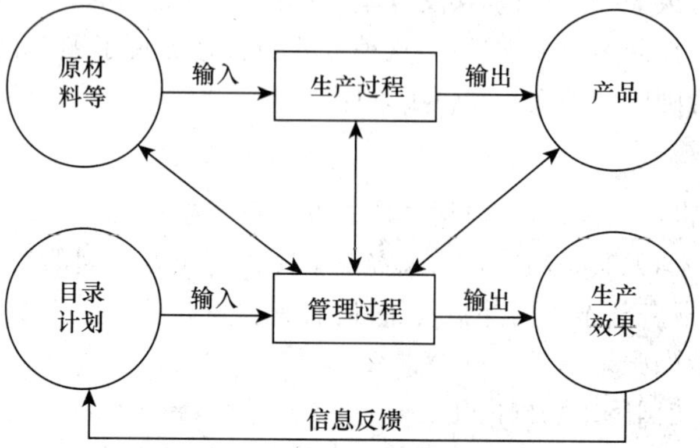

图9-1 企业物质流和信息流示意图

从图 9-1 可以看出企业系统中的物质流是单向的，从原材料输入，经过生产过程加工，到输出产品，其过程显然不可逆，这也表明产品一旦生产出来就要想方设法销售出去，因为在产品的生产过程中投入了大量的人力、物力、财力以及时间成本，加之物质流的不可逆性，如果不能很好地满足市场，将造成产品滞销，不仅对库存造成压力，也造成很大的资源浪费，影响企业经济效益，可见，市场信息成为企业在竞争中取胜的关键因素。在企业经营管理过程中，几乎各个职能部门都产生信息流，它具有双向性，信息输出的同时也提出了反馈的要求，通过反馈信息来进行控制，使各项工作按照既定的目标有条不紊地进行，企业管理人员主要通过信息流来协调各部门工作。

(2)来源众多

由于事务繁杂，职能交叉，各部门之间都有一定的关联度。所以，企业内部各职能部门之间、生产与流通的各个环节之间以及企业与政府、企业与顾客、企业与企业之间都无时无刻不在进行着或物流、或信息流等的流动与交换，使企业面对的数据既数量庞大又无序。如何从众多数据中进行精选、加工和应用，成为企业不得不着力解决的问题之一，这就要求企业对数据进行系统管理，从数据中提炼信息，“抓大放小”，把握重要信息、主要信息、关键点信息，借助管理信息系统等现代化手段使信息流管理科学化。

(3)信息对处理要求多样化

由于各职能部门对信息需求各异，对信息载体也存在不同要求，所以，在信息处理技术手段上就存在多样化，如：记录、核对、分类、统计、计算、存储、输出等。

(4)管理层与相应的信息特性存在一定内在联系

组织一般分为三个层级，即执行层(基层)、战术层(管理层)和战略层(决策层)。从信息来源看，执行层信息主要来源于组织内部，比如企业基本业务信息、财务信息等；战略层信息主要来源于组织外部，特别是那些相关于组织全局和长远发展的信息，比如企业市场信息、竞争对手战略调整信息、国家或行业相关政策或行规等；战术层所涉及信息既有来自内部的，也有来自外部的，因为它除了对执行层具有日常管理职能之外，根据管理的例外原则，在一定情况下也有一定程度的决策权。

由于执行层解决的是结构化问题(即处理过程程序化、处理技术要求相对简单、处理结果可以预知的基础性问题)，面对的是十分具体和明确的基础业务信息，因此，其范围比较狭小，局限于企业基本信息；而战略层要解决的主要是非结构化问题，其结果由于存在未可知因素的干扰而表现为一定程度的不确定性，特别是决策层所要解决的是关乎战略性的问题，涉及面很广，其信息也必然是多方面、多渠道和多角度的。见表 9-1，图 9-2。

表 9-1 信息与管理层次关系

信息的特征	执行层	战术层	战略层
来源	主要是来自内部	—	主要是来自外部
范围	规定明确的、范围窄的	—	范围较宽的
概括性	具体、详细的	—	概括的
时间性	历史性的	—	预测性的
流通性	流通、更新快	—	陈旧的

续表 9-1

信息的特征	执行层	战术层	战略层
精度	精度高	—	模糊的
频度	经常发生的	—	不经常发生的
期待性	可预期的	—	偶发的
结构性	结构化的	—	非结构化的

资料来源:王治宇.管理信息系统工程.北京:科学技术文献出版社,1996. 第 2 页,表 1-1 改编.

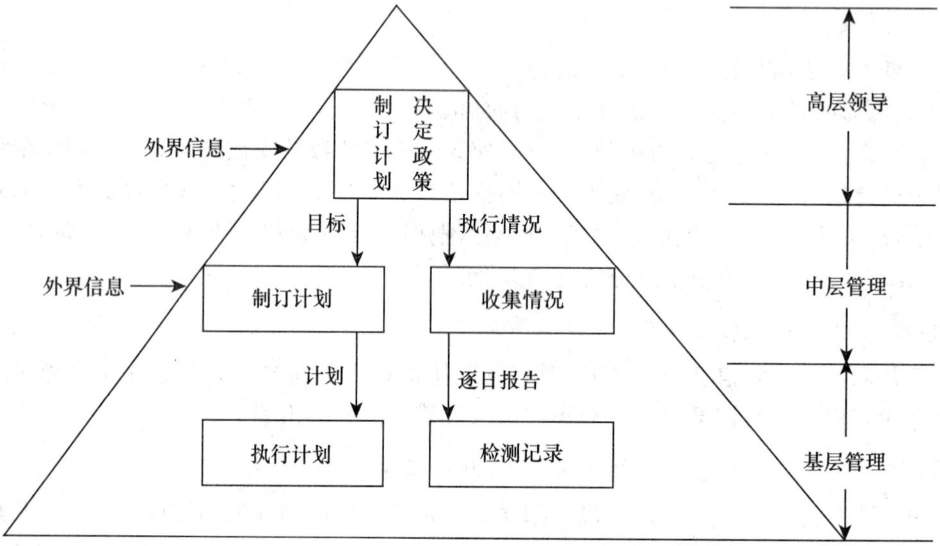

图 9-2 管理层次与信息来源

资料来源:王治宇.管理信息系统工程.北京:科学技术文献出版社,1996.第 3 页,图 1-1.

9.2.2 管理信息系统的基本内涵

9.2.2.1 管理信息系统的概念

管理信息系统的概念是逐渐演化的,随着管理与信息技术发展,管理信息系统已经超越了计算机应用范畴,成为管理的有机组成。1985 年美国明尼苏达大学教授戴维斯(Gordon B. Davis)给出了管理信息系统一个较完整的定义:它是一个利用计算机硬件和软件,手工作业,分析、计划、控制和决策模型,以及数据库的用户一机器系统。它能提供信息,支持企业或组织的运行、管理和决策功能。《中国企业管理百科全书》中将管理信息系统定义为:一个由人、计算机等组成的能进行信息的收集、传递、储存、加工、维护和使用的系统。管理信息系统能实测企业的各种运行情况;利用过去的数据预测未来;从企业全局出发辅助企业进行决策;利用信息控制企业的行为;帮助企业实现其规划目标。朱镕基在《管理现代化》一书中将管理信息系统定义为:管理信息系统是一个由人、机械(计算机等)组成的系统,它能从全局出发辅助企业进行决策,它利用过去的数据预测未来,它实测企业的各种功能情况,它利用信息控制企业行为,以期达到企业的长远目的。但目前国外有一种趋势,即将管理信息系统等同于信息系统，例如：1996 年著名的 Laudon 教授在其所著《管理信息系统》(第 4 版)一书中写道："信息系统技术上可以定义为支持组织中决策和控制的，进行信息收集、处理、存储和分配的相互关联部件的一个集合。"这里的信息系统就是指管理信息系统，而且从理解上更偏重于管理。

本章对管理信息系统的定义引用薛华成教授在其《管理信息系统》(第 3 版)中的阐述：管理信息系统是一个以人为主导，利用计算机硬件、软件、网络通信设备以及其他办公设备，进行信息的收集、传输、加工、储存、更新和维护，以企业战略竞优、提高效益和效率为目的，支持企业高层决策、中层控制、基层运作的集成化人机系统。从这个定义我们可以看出，管理信息系统是一个集成化的人机系统，其目的是在管理上提高效率，在经济上提高效益，在战略上实现竞争优势，在应用上分别对应高层决策、中层控制、基层运作 3 个层次，所起作用是"支持"，而非"替代"。可见，管理信息系统实际上是一个管理系统(图 9-3)。

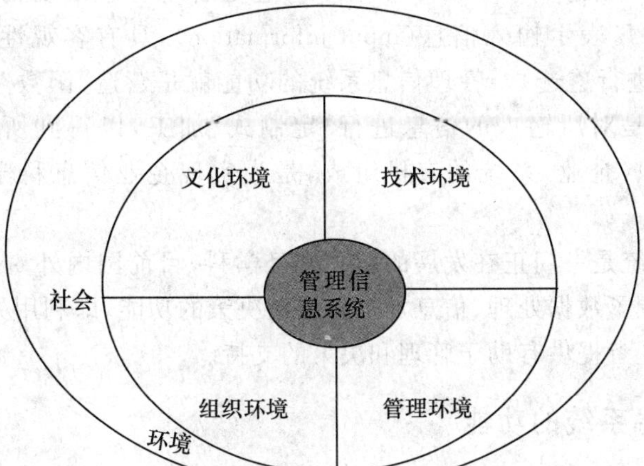

图 9-3 管理信息系统概念示意图

如果把一个企业看作一个大系统，则管理信息系统是其中一个子系统，其输入信息是企业内部和外部环境中信息流的集合。按照不同的管理要求进行处理，输出企业所需要的各种信息，如图 9-4 所示。

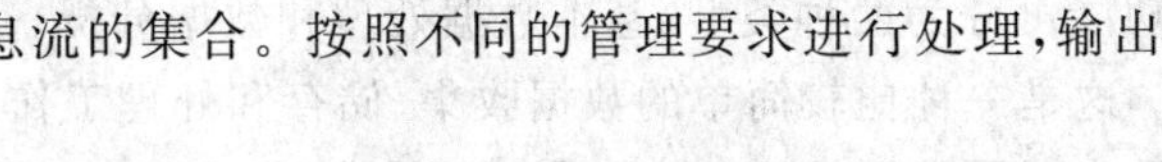

图 9-4 MIS 基本模式

从逻辑上讲，管理信息系统可以由信息源(信息的发布者)、信息处理机(信息处理者，包括数据采集、转换、传输、存储和运行等)以及信息接收机(信息接收者)所组成，由于信息是双向的，具有反馈要求，所以需要一个信息管理者来从事信息处理及反馈控制，也包括对信息的遴选(图 9-5)。

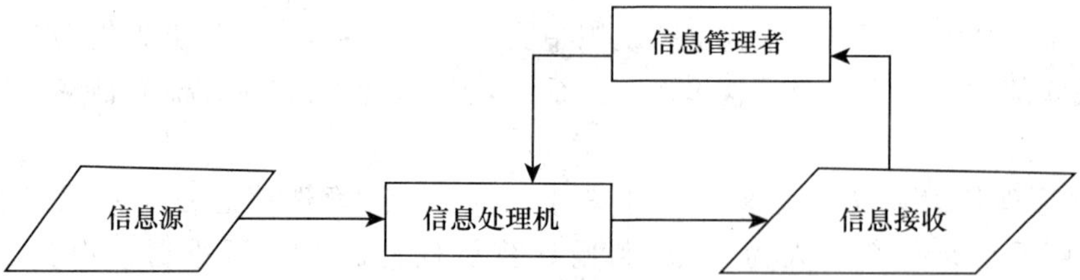

图 9-5　MIS 的逻辑结构

资料来源:王治宇.管理信息系统工程.北京:科学技术文献出版社,1996.第10页.图1-10改编.

应用函数关系可以表示为。

$$Oi = f(Ii)$$

式中:Oi 表示输出信息(output information),它是各个管理层所需要的信息,是管理信息系统处理的结果。Ii 表示输入信息(input information),具有客观性,同时也具有一定的主观性(对输入数据进行遴选)。管理信息系统的功能就是营造"函数"$f(Ii)$,$f(Ii)$可视为信息处理器,其功能就是对所输入的信息进行"定制式"加工,以得到所预期的信息。所以,管理信息系统是组织(企业)系统的有机组成,是为实现企业信息科学化管理这一目标服务的。

由于管理信息系统是一门正在发展的新兴交叉学科,目前国内外对它的界定虽有一定的差异,但基本上都强调了数据处理、信息加工和辅助决策的功能,即利用先进技术、方法和工具处理数据,向各级管理者提供有助于管理和决策的支持。

9.2.2.2　管理信息系统的功能

管理信息系统的功能主要体现在两个方面,一是数据处理功能,这是最基本的功能;另一个是辅助管理与决策,我们可以简单称之为管理功能。

(1)数据处理功能

MIS 的数据处理功能可分为两种类型:基本数据处理和数据分析。

①基本数据处理。这是一种比较简单的数据收集、储存和处理工作。

收集数据——就是将所需数据按照一定的要求进行集中的过程。这里所讲的数据是指有待管理信息系统加工的尚未成形的原始数据,即待加工的初始对象。例如,企业各级职能管理部门根据工作要求按日、或按月、或按旬、或按年度以报表等形式上报的生产经营情况,在管理信息系统中,我们将这些报表等用以收集原始数据的载体称之为源文件。

数据准备——就是形成正式原始数据的过程。由于所收集的数据尽管是"有用"的,但一般情况下比较庞杂、无序。为了有效地提高数据质量,将数据整理为有序的、易输入的数据形式,形成正式的原始数据。

数据输入——将原始数据输入到计算机进行处理的过程。在这个过程中首先要进行正确性校验,减少由于"不合格"数据的存在所造成的信息失真。

数据处理——根据需要对所输入数据进行必要的加工,使之成为有效的信息,这些加工可能包括分类、计算、检索、合并等。

数据输出——将数据处理结果从计算机中输出来的过程。为了便于管理者对数据处理结果进行统计和分析，在输出形式方面可以有多种选择，一般应尽可能采用简明易懂的形式。如：表格、柱状图、圆饼图、模型公式、文字、音像等。

②数据分析。是一种较为深入的、系统的数据处理，通过较为复杂的数据变换，使数据分析结果具有更高的价值。一般包括累计、分析和推演等。

累计——将所收集数据按照时间序列进行分类和汇总，主要形成有序的历史数据，从中可以发现内在规律，有助于预测。

分析与推演——通过 SPSS 等统计或计量软件进行统计或计量分析，建立统计模型或计量模型，进行针对性的经济分析，透过现象挖掘本质。

(2)管理功能

管理信息系统的管理功能主要包括计划、控制、预测和辅助决策功能。

①计划功能。根据组织管理目标和任务，运用软件对管理活动编制计划。如企业所涉及的生产计划、财务计划、销售计划、人事计划等。

②控制功能。根据各职能部门提供的工作进程与工作质量数据，对计划执行情况进行监督、检查，通过执行结果与计划的差异分析，探究实质性偏差的原因，辅助管理人员及时加以纠正。

③预测功能。在数据收集与分析基础上，根据历史数据和现时数据，运用现代数学方法、统计方法或计量方法，对事物发展未来趋势作出估计，减少未来不确定性所造成的损失。

④ 决策功能。运用决策支持系统的分析结论，通过系统分析，在若干备选方案中寻求有关问题的最优解或满意解，辅助高层管理人员进行科学决策。

9.2.2.3 管理信息系统的基本结构

管理的层次可以用安东尼(R. N. Anthony)模型来描述。安东尼认为管理活动可分成为 3 个主要层次。

①战略计划层(简称战略层)

②管理控制和战术计划层(简称管理层)

③作业计划与控制层(简称作业层或执行层)

管理信息系统基本结构是与组织职能划分和相应的管理层次相对应的。由于组织管理机构总体上是一个三层金字塔结构，最高层即董事长、总经理等决策层，中间层即中级管理人员如部门经理等，基层即实际操作控制如基本业务执行机构等。相应地，管理信息系统也有 3 个子系统与之构成一一对应关系：决策支持系统——提供决策支持，管理信息系统——提供管理支持，业务处理系统——提供操作支持(图 9-6)。

(1) 业务处理系统也可称之为执行控制子系统，它与组织管理结构的基层管理相对应。以学校为例，该子系统主要涉及具体事务管理，如：选课管理、成绩管理、学籍管理、人事管理、财务管理等子系统。执行控制子系统主要任务如下。

①贯彻执行由上级逐层下达的指令和任务。

②处理原始业务数据，包括：数据录入、数据存储、数据计算、数据分类、数据汇总等。

③将业务数据处理结果及任务执行情况上报。

④提供基本业务查询功能，如成绩查询、课表查询等。

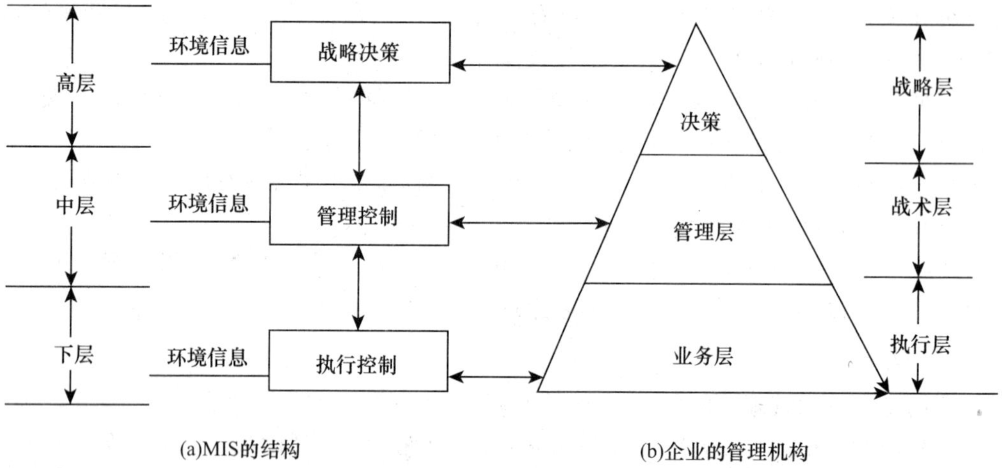

图 9-6 管理信息系统结构与组织管理结构对应图

(2)管理信息系统也可称之为管理控制子系统,它主要为组织中中层管理人员提供控制等管理职能所需信息。该子系统在整个管理信息系统中具有承上启下的作用。其主要任务如下。

①根据基层所提供或反馈的业务数据,与原有计划相比较,对基层业务运作进行控制,确保组织计划实施和任务落实。

②对中层管理信息进行处理,上传给高层领导者,并贯彻高层下达的指示。

(3)决策支持系统也称之为决策控制子系统,主要是为决策层提供辅助决策支持。其主要任务如下。

①收集组织内部与外部的关键性信息,通过模型库、专家库、知识库以及大型数据库的支持,为决策提供研究报告,辅助高层决策。

②对管理层所上传的信息进行实时处理。

③对组织外部信息进行系统分析,为协调外部关系提供方案。

9.2.2.4 管理信息系统的基本元素

管理信息系统一般由6种基本元素所组成:人员、计算机硬件、计算机软件、网络、数据库和工作规程(表9-2)。信息系统最终是为人服务的,为组织各级管理者所使用,同时也必须由人来控制。管理信息系统中的“人员”可以分为两大类:系统最终用户和系统专业技术人员,根据组织结构和需要,前者主要分为高层领导、中层管理人员和基层事务人员等,后者包括系统分析员、系统设计员、程序员、硬件工程师、网络工程师、系统管理员等。硬件设备包括计算机、服务器、数据显示设备、数据存储设备以及必要的外部设备等。软件主要分为操作系统软件、软件包和针对某项工作而编制的应用程序。网络包括各种网络设备和媒介。数据库是数据和数据库管理的集合,是管理信息系统的必要组成。工作规程包括:系统使用说明、安全保证措施、系统控制方法以及相关人员职责等。

表 9-2 管理信息系统基本的元素组成

基本组成	描述
硬件	指计算机及有关物理设备，其具备基本功能： 1.输入 2.输出 3.中央处理机 4.足够大的外部存储器 5.通信
软件	是协调硬件资源和数据资源完成控制的管理任务的程序。分两大类： 1.系统软件：面向硬件 2.应用软件：面向应用
网络	包括网络设备和媒介
数据库	一个高效率组织系统内数据资源的软件系统
规程	系统的操作规程，主要是： 1.用户手册 2.输入准备手册 3.操作员的操作手册
运行人员	计算机操作员、系统分析员、程序员、数据准备人员、系统管理人员、数据库管理员、软硬件维护人员等

资料来源：王治宇.管理信息系统工程.北京：科学技术文献出版社，1996.第 11 页，表 1-2 改编.

根据管理信息系统各种成分有机组合，可以构成不同的子系统。

①管理信息系统的硬件结构。计算机硬件系统是一切软件运行和信息处理的载体。从技术层面讲，管理信息系统的技术基础包括：计算机系统技术、数据通信技术、计算机网络技术、数字式程控交换技术、文字信息处理技术、数据库技术等。计算机系统硬件结构可以参见图 9-7。

- 计算机硬件系统
  - 主机
    - 中央处理单元
      - 运算器
      - 控制器
    - 内存储器
  - 外设
    - 外存储器
    - 输入设备
    - 输出设备
    - 总线
    - 接口设备

图 9-7 计算机系统硬件结构示意图

由图 9-7 可知，中央处理单元，即 CPU，它是计算机系统的"大脑"，包括运算器和控制器，它与内存储器构成主机的主要部件。

内存储器也叫主存，主要存放当前运行程序或处理的数据，常分为随机存储器(RAM)和只读存储器(ROM)。

外存储器又叫外存，它是主存的有益补充，其特点是容量大、速度慢、价格低等，常用的有软磁盘、硬磁盘和光盘等。

I/O 设备中的输入设备主要有键盘、鼠标、扫描仪、光笔、触摸屏、数码相机等；输出设备主要有显示器、打印机和绘图仪等。

总线是一组连接计算机内各部件的信号线，是信息传输的公用通道。一般可以依据传递信息的性质划分为地址总线 AB、控制总线 CB 和数据总线 DB。从系统结构与机器的连接情况看，常常可以构成单机系统、并机系统、联机系统及微型计算机系统等。从系统对信息处理情况看，常常可以划分为批处理系统、实时处理系统和分布处理系统等。

②管理信息系统的软件结构。管理信息系统是一个复杂的系统工程,硬件是系统的载体,但仅有硬件设备,显然不能运行,必须有相应的软件支撑。从系统软件角度讲,有操作系统软件,比如 windows 操作系统;从应用角度讲,根据不同的管理层次、管理内容和管理目的针对性地开发应用软件,以支持日常的业务处理、管理控制和决策支持,见图 9-8。

- 管理信息系统软件
  - 公用软件
    - 数据库及其管理系统
    - 模型库及其管理系统
    - 公用应用程序
    - 操作系统软件
  - 专用软件
    - 业务处理系统
      - 专用数据库
      - 业务应用软件
    - 管理控制系统
      - 专用数据库
      - 专用模型库
      - 管理应用软件
    - 决策系统
      - 专用数据库
      - 专用模型库
      - 专用方法库
      - 决策应用软件
    - 系统运行软件

图 9-8 管理信息系统软件结构示意图

9.2.3 管理信息系统的开发

9.2.3.1 管理信息系统开发原则与条件

管理信息系统是以组织决策层和职能部门管理应用为目的,按照管理要求所建立的新的管理体系,我们称这一体系的建设过程为管理信息系统开发。管理信息系统开发是以新系统替代老系统的过程,在开发过程中应遵守以下原则。

(1)系统性

开发管理信息系统是组织信息化管理的重要举措,在一定程度上是对组织管理的一次革命,由于管理信息系统及其子系统与组织及其各组织职能之间具有对应关系,这就构成了一个既具有相对独立性、又具有整体性的有序集合,形成一个完整的数据体系。因此,管理信息系统开发首先要强调其系统性,这是保持组织完整性与有序性的基础。

(2)实用性

管理信息系统是建立在信息技术基础上的人机系统,目前,信息技术发展很快,所建信息系统的先进性几乎具有无限的发展空间。但是由于组织所能够支持资金有限、对信息技术消化有限、相关技术人才有限,诸多制约因素使管理信息系统必须遵循实用性原则,满足组织的现实要求,确保系统功能正确、操作简便、维护方便、技术成熟。

(3)循序渐进

管理信息系统建设是一个不断完善的过程,技术发展、人才培养以及对信息系统的认识都是一个逐步发展的过程,任何求全心理和一步到位心理都有悖事物发展规律,所以,完善管理信息系统是一个循序渐进的过程。

管理信息系统开发是一项系统工程，必须具备一定的条件和基础，任何打着企业信息化旗号盲目开发，都可能导致事倍功半，浪费大量的人力、物力与财力。因此，要具备一定的条件。

(1)思想统一

由于管理信息系统开发与组织改革相适应，特别是涉及对原有信息系统的完善，必然会触及到一部分组织或个人的既得利益，可能会受到来自不同层面的异议，影响信息系统顺利开发。国内外经验表明，领导重视、上下同心是建立信息系统的首要基础，要通过耐心的、细致的沟通工作，使组织内部达成或基本达成比较一致的意见，形成管理信息系统是为组织管理服务的共识，各个职能部门积极配合信息系统开发，并成为重要的参与者。

(2)资金保证

管理信息系统开发涉及计算机硬件、软件、网络技术、人员培训、系统开发、系统安装、系统调试、系统维护等一系列工作，每一项工作都需要较大数量的资金投入，所以，资金保证成为系统开发的硬性条件之一。

(3)组织管理科学化

管理信息系统是建立在组织内部科学管理基础之上的，它要求组织运行具有一套完整的、规范的管理体系，合理的规章制度、管理工作程序化、业务流程标准化、基础数据完整化、存档文件统一化，使管理信息系统有章可循、有法可依、有数可用。

(4)专业化人才

管理信息系统开发不仅需要组织职能部门配合，而且，在其运行与维护中同样需要专门人才，所以，引进、培养专业人员成为管理信息系统开发与应用的"软件"要求。

9.2.3.2 管理信息系统开发方式

管理信息系统开发方式主要有自主开发、委托开发、合作开发、软件包开发等方式，这几种方式各有千秋、又各有不足，需要根据组织实际情况进行综合考虑加以选择。

(1)自主开发

组织依靠自己力量独立完成管理信息系统的开发工作，这要求组织具有一支专业技能较强的系统分析、系统设计、程序设计、系统维护的专门人才队伍，因为专业人员是信息系统中不可或缺又不能替代的角色。

自主开发可以根据自己情况和需要，有针对性地进行研制，具有可操作性较强、开发费用较低、较好的满足现实需要、有利于培养信息系统骨干人员等优点。其不足在于由于开发人员精力和专业素质的局限性，信息系统开发的严谨性和前瞻性不够，开发水平较低，从长远看也不利于系统的运行和维护。

(2)委托开发

组织委托专业人士或专业机构进行系统开发，这种开发方式适于那些具有较强资金实力而信息系统专业能力较弱的组织。委托开发作为一个项目需要双方认真的签署管理信息系统开发协议，明确系统实现的目标、系统应具备的功能、开发周期、开发成本、开发标准、验收标准及方式，以及相关人员培训等一系列内容。

这种方式的优点在于可以确保信息系统专业化水准,对于组织而言省时、省力、培养了相关技术人员。不足在于开发、运行和维护费用较高,由于管理信息系统是一个长期渐至完善的过程,在一定程度上难免受制于人(依赖开发商)。

(3)合作开发

这种方式是一种"联合"开发的方式,组织与有关专业机构(可以是高校或科研机构或专业公司)进行部分开发合作,将管理信息系统中的难点交予合作方进行研制。它比较适于组织具有一定的信息系统技术力量,但对于开发还实力有限的情况。其优点在于可以进一步培养自己的技术骨干、节约开发成本、系统技术含量较高、便于系统维护;不足在于合作需要充分地沟通,但可能涉及组织一些核心问题,导致沟通存在障碍,这样也不利于系统的开发。

(4)软件包开发

软件包是由专门从事管理信息系统开发研究的公司所研制的具有使用方便、功能强大的、成套的应用软件系统,由于软件包已经完成了系统开发程序,其内容比较完整和充实,应用软件包开发可以大大缩短开发时间、节省开发费用、技术水准较高,其不足在于由于软件包具有商业特点,大多具有通用性功能,比如财务管理软件等,其专门性较差,在满足组织需要方面缺乏一定的针对性,另外软件包对其运行环境也有一定要求。

9.2.3.3 管理信息系统开发方法

管理信息系统是一个特殊的产品,它不仅涉及组织管理,而且是一个不断完善的动态过程,其开发过程与运行是十分复杂的,因此,必须较为严格的按照科学规律办事,遵循一定的科学方法。管理信息系统开发既从属管理范畴,又从属工程领域。一般来讲,常用的开发方法有以下几种:生命周期法、原型法、利用软件包开发等,这里只介绍前两种方法。

(1)生命周期法

自然界法则具有通用性,任何事物都存在一个生命周期,有一个孕育、诞生、成长、成熟、衰老和死亡(被淘汰)的过程,管理信息系统也是如此。基于这种认识,在管理信息系统开发中较早采用的一种方法即为生命周期法(图9-9)。生命周期法主要思想是将开发过程视为一个生命周期(life cycle),包括调查、准备、立项、分析、设计、构建、实现、运行和维护等相互承接的阶段,每个阶段具有明确的任务,上一个阶段的任务结果即是下一个阶段工作的初始依据。通常认为一个信息系统的开发过程分为5个阶段:系统规划、系统分析、系统设计、系统实施、系统运行和维护。

①系统规划。其中心任务是论证建设一个管理信息系统的必要性与可能性,并提出一个初步构想:是对原有信息系统进行改进,还是设计一个全新的信息系统取而代之。这个阶段要通过对组织结构、组织管理以及现有信息系统的调查,系统分析组织及系统中所存在的问题,根据调查情况,结合组织现有条件和约束,得出定量和定性分析结论,编撰管理信息系统开发的可行性报告,提出新系统或改造后系统的功能定位,以及系统建设的几种开发方案以供选择。

②系统分析。系统分析阶段也称之为逻辑设计阶段,其任务是通过对原有系统存在问题的系统研究,找出解决这些问题的方案,以数据流图和数据字典等系统开发工具,根据新系统的目标构思其逻辑模型。

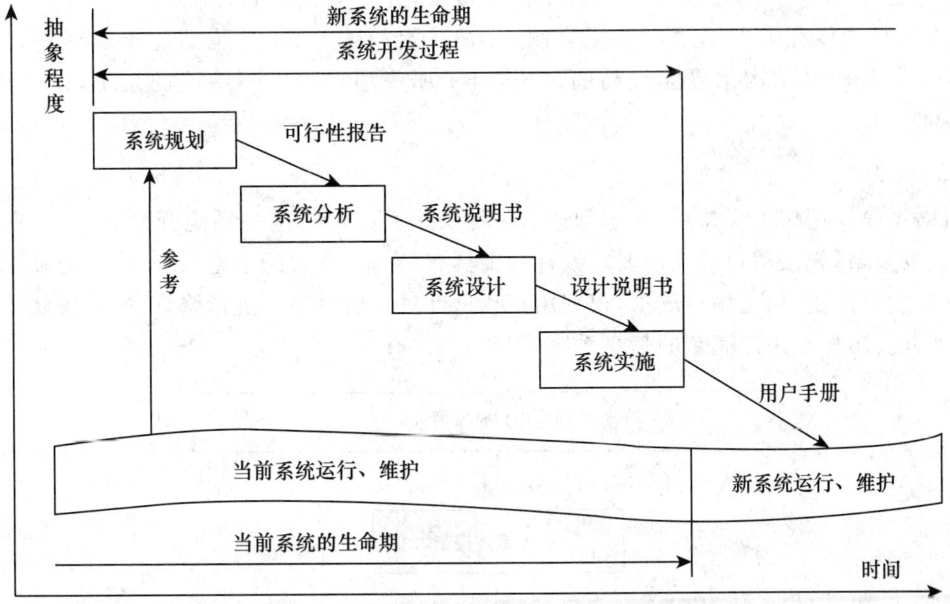

图 9-9 管理信息系统生命周期模型

（王治宇.管理信息系统工程.北京:科学技术文献出版社,1996.第 21 页.图 2-1.）

这个阶段主要包括以下内容。

详细调查——即对原系统进行详细调查,通过访谈、发调查问卷等多种形式与组织成员充分沟通,收集有关组织运行的各种文件、报表和文档,弄清原系统运行过程,分析并确定原系统的优点、缺点和待解决问题,以及系统最终用户的信息需求。

原系统逻辑模型还原——从数据流角度,运用数据流图等系统描述原系统的逻辑模型,意在了解信息输入与输出情况,进一步明确组织边界和核心职能,这是一个对原系统倒推的过程,是建立新信息系统的基础。

新系统逻辑模型的确立——这是系统分析的核心任务,在前两项工作基础上,运用一系列图表包括数据流图、系统结构图、系统流程图和数据字典等规范性表达工具构建、确立新的管理信息系统逻辑模型,并提供逻辑模型说明书。

③系统设计。系统设计阶段主要根据新系统的逻辑设计来进行物理设计,即确立如何运用计算机系统来实现逻辑设计功能。包括计算机硬件、软件、输入输出设计、代码设计、数据库设计、模块及其接口设计等,并由此生成系统设计说明书。

④系统实施。这一阶段是新系统设计具体落实阶段,其主要工作包括:购置与安装各种设备、编写相关程序、调试程序、培训操作人员、编纂操作说明书等。各部门和相应管理人员需要相互协调、密切配合,有步骤、分阶段地进行调试与验收。

⑤系统运行和维护。这一阶段包括使用、评价和维护等项内容,新系统正式替代旧系统,开始发挥设计功效。此时,用户与系统技术专家要对系统进行全面的评价,以确定新系统是否达到了开发目的。同时,在系统使用过程中,为完善系统,需要不断对系统进行维护。

生命周期法的 5 个阶段在开发时间和流程上基本上是顺序进行的,相互衔接较为紧密,这种方法从理论上已经比较完善,现实应用也较为普遍,但也存在不尽人意的地方,比如:过于耗费资源,其搜集资料和编写各种文档的工作量极大,开发周期较长;新系统最终用户介入较少,开发人员难以充分理解用户真正意图,存在一定的偏差,使系统功能难以准确定位;开发对象一般局限在结构化程度较高的系统,对于那些用户需求不明确的系统,该方法显得力不从心。

(2)原型法

针对生命周期法主要缺点,人们创造出一种快速而廉价的信息系统开发方法,它采取"渐进式"开发策略,先按用户最基本要求设计一个具有"实验"意义的小型系统,称之为"原型",将原型交给用户使用,通过用户反馈,根据用户意见针对性地对原型进行修订,如此往复,不断完善,直至开发出一个用户满意的信息系统(图9-10)。

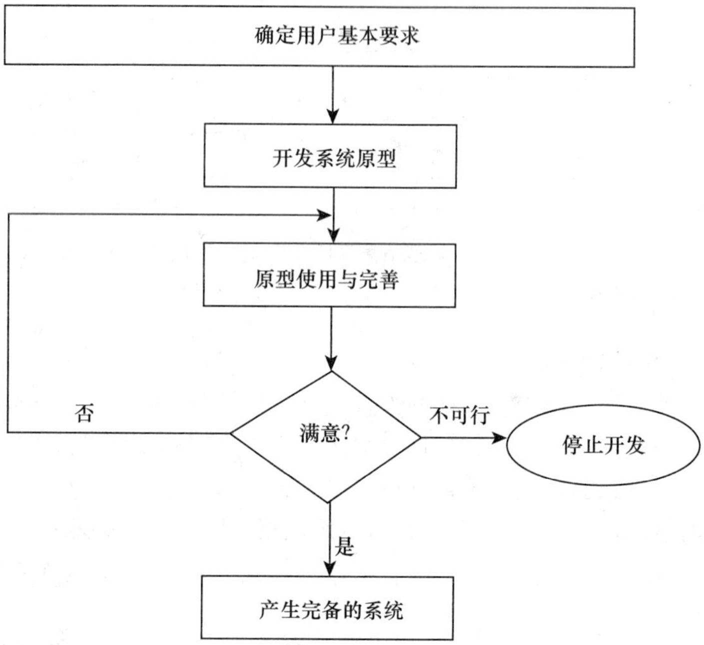

图9-10　原型法基本模型

与生命周期法相比,原型法优势就在于它是一个不断完善的动态过程,由于系统的目的是满足用户需求,而用户需求往往存在变化和不确定性,特别是对于非结构化或半结构化问题,从系统分析、系统设计与实现等环节均是一个不断摸索和逐步明朗化的过程,其各个"阶段"之间没有明确界限,几乎是在不断修改中并行执行的。所谓"原型"是新系统可以运行的最早的"脚本",可以反映系统主要特征,具备基本功能,它同样包括数据文件、系统模块、输入输出、接口与界面等基本内容。

原型法大体可以归纳为以下4个步骤。

①确定用户最基本的需求,对系统进行初步界定。所谓"最基本需求"是指用户对新系统功能的基本要求,包括数据结构、格式、界面等方面。

②设计一个原型系统。一般应采用第四代生成工具,要求达到用户的基本要求。

③将原型交用户试用,倾听用户反馈——提出新的要求或修改建议。

④完善原型,然后再交给用户使用。

⑤反复迭代第三、第四两个步骤,直到用户比较满意为止(当然,这是相对而言)。

在应用原型法时要注意以下两点:一是尽可能考虑现成的软件加以实现,一方面是技术上比较成熟,可以确保系统稳定性;另一方面可以大大地节省成本,缩短开发时间。二是原型要尽可能小,能够满足用户最基本要求即可,要反映系统的主要特征,切忌面面俱到,如果各个方面均要照顾,反而会无从下手,或把原型做得过大,给完善工作带来不必要的麻烦。

原型法突出优点在于有助于解决"不明确"的问题,随着系统原型与用户反复交流,最终会得到一个较为明确的解决方案,从而使用户满意度不断提高。另外,与生命周期法相比,它还具有开发成本较低、周期较短的优点。

9.3 MIS 的主要应用模式

9.3.1 事务处理系统

事务处理系统 (Transaction Processing System, TPS)是为组织基层服务的管理信息系统,是执行和记录日常事务的计算机化系统。这是管理信息系统在现实中应用的早期形式,它可以对日常事务做记录、分类、统计、汇总等一系列工作(表 9-3)。

表 9-3 TPS 的应用类型

	销售/市场系统	市场制造系统	财务会计系统	人力资源系统	其他类型
系统主要功能	销售管理	日程计划	工资	人事记录	住宿管理
	市场调研	购买原材料计划	应收款	训练	学籍管理
	新产品		应付款		教务管理
	订单处理	发运/收货质量控制	成本核算		

资料来源:李东. 管理信息系统的理论与应用. 北京:北京大学出版社,2001. 第 188 页. 表 11-1.

在作业层内,任务、资源和目标是预先确定和高度结构化的。例如,为某客户授予信用的决定是由较低层的管理人员根据既定标准做出的。在这种意义下,可以说决策已经被"编制好"了,全部需要决定的只是看客户是否符合标准。事务处理系统是面向数据的,对日常往来数据进行常规的处理。它充分利用了计算机对数据进行快速运算和大量存储的能力,因此它是基层雇员的得力助手(王众托,1994)。

业务处理过程被称之为业务处理周期(或事务处理周期),一般情况下包括数据录入、业务处理、数据库更新、生成报告和查询等活动(图 9-11)。

事务处理系统可以将一项业务中牵涉到人(如财务人员)、数据文件(如应付账款文件)和相应行为(如核对账目)等一一对应地链接起来,提高工作自动化程度,进而提高工作效率,减少失误。

一个较为典型的应用是订票系统,我们以一个实例来印证 TPS 应用所带来的巨大价值:美国航空公司和联合航空公司的计算机订座系统[①]。

美国航空公司和联合航空公司通过它们的 Sabre 和 Apollo 计算机系统,在 20 世纪 80 年

① 张国锋. 管理信息系统. 北京:机械工业出版社,2001. 第 259 页. 案例 1.

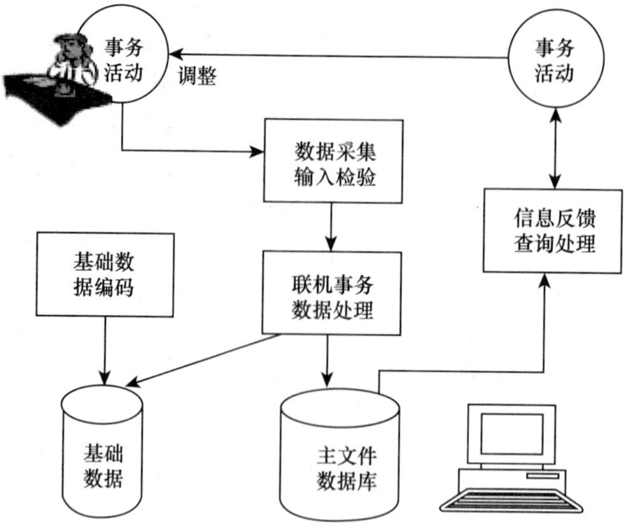

图 9-11　事务处理周期示意图

资料来源:李东.管理信息系统的理论与应用.北京:北京大学出版社,2001.第 190 页.图 11-1.

代初几乎垄断了所有主要机票销售系统,分别占有 41%和 39%的市场份额。系统设计为自家航班着想,保证美国航空公司和联合航空公司的航班总是最先出现在计算机屏幕上供旅客选择。这一优先程序设置在航班比较密集的航线上,可以给公司带来比平时高出 20%以上的收入。其他航空公司不得不承认这一现实威胁,从而加快订票系统的计算机化。

20 世纪 80 年代中期,美国 2 万家旅行社(约占有 90%机票销售市场)中的 80%已实现了订票计算机化。计算机订票系统不仅促进了航空公司的航运业务,它自身也成为经济效益的创造者。以 Sabre 系统为例,1985 年系统本身给公司带来 1.43 亿美元的利润,而公司当年的总利润为 3.36 亿美元。它的财源来自:其他航空公司每通过 Sabre 系统订出一张机票需交纳 1.75 美元系统使用费;宾馆和出租车公司等利用该系统开展预订业务;旅行社租用系统终端;向其他航空公司提供数据处理服务,如货物跟踪、预订、财务、气象分析、旅客安置、航班计划和库存控制等。

美国航空公司还为旅客设计了热线问询和电脑查询服务,以及通过数据通信网络利用个人计算机直接预订机票、宾馆和出租车等。Sabre 系统还支持该公司的“飞行里程奖励计划”,每个旅客一旦乘美国航空公司的航班飞行达 6 万英里,则可免费获得两张经济仓机票,在淡季从欧洲往返美国任何城市。这些举措为航空公司带来了空前的“顾客忠诚”。Sabre 系统从一个常规的订票系统发展成为创造竞争优势的战略信息系统,在改变产业结构、产品和生产过程,以及竞争本身方面具有非常重要的作用。

TPS 对企业来说具有重要的作用。首先,TPS 对增强企业数据的准确性有重要价值,避免由于人工处理所造成的疏漏,从而确保数据和信息的完整性;通过降低响应时间,快速、及时地产生所需数据报表,提高数据处理效率;有助于改善企业服务和形象,由于 TPS 处于信息系统与组织外部的边界,帮助提高顾客满意度成为 TPS 目标之一,如订票处理系统可以大大减少旅客的购票成本(主要是时间成本和体力成本,对于预订飞机票来讲,提前时间越早,打折越低,也可节约货币成本),从某种意义上来说 TPS 是企业形象的代表,更为重要的是 TPS 还是较高层级管理信息系统(如:决策支持系统)的基础数据来源。

9.3.2 管理信息系统

这里所介绍的是狭义的管理信息系统,所谓狭义的管理信息系统是相对于广义的管理信息系统而言的,广义的管理信息系统包括事务处理系统、管理信息系统和决策支持系统,狭义的特指与中层管理职能相对应的信息系统,执行组织管理层的相关职能。

管理信息系统与事务处理系统之间具有必然联系,它是由事务处理系统发展而来,通常包含了事务处理系统功能。相比之下,管理信息系统可以处理半结构化问题,即可以提供分析、计划和在一定程度上辅助决策(表 9-4)。

表 9-4 管理信息系统的特征

序号	特 征
1	管理信息系统支持结构化或半结构化决策功能。结构化决策主要是一般的管理人员执行的决策,半结构化决策所对应的是中层管理者。
2	管理信息系统主要是面向报告和控制,即提供当前企业经营活动的报告,帮助管理人员执行日常的控制和反馈功能。
3	管理信息系统依赖于组织中现有的数据和业务流程。
4	管理信息系统几乎没有深入分析数据的功能,换言之只具有简单的统计分析功能。
5	在决策支持方面,管理信息系统只是使用过去的和现有的数据支持决策。
6	与决策支持系统相比,管理信息系统灵活性较差。
7	从使用者的角度看,管理信息系统主要是面向企业或组织内部,而不是面向外部。

资料来源:罗超理,李万红.管理信息系统原理与应用.北京:清华大学出版社,2002.9.第 38 页.表 2-3.

管理信息系统在现实工作中得到了广泛应用,例如:制造资源计划 MRPⅡ,该系统始创于20 世纪 70 年代,它广泛应用于市场预测、生产计划、物料管理、库存管理、现场管理以及产品销售等一系列生产经营过程,从而将企业的各个环节及相应的各个子系统有机地联系起来。一个功能较为完整的 MRPⅡ应包括以下一些功能:业务计划、生产计划、生产总调度计划、材料需求计划、生产能力要求计划、财务计划、车间作业控制、输入输出控制、采购系统和性能测量等,它可以将工作进行有效地统一管理。

随着 IT 产业飞速发展,“电子政务”已经出现。在美国,克林顿政府曾是建设电子政务的“积极倡导者和推动者”,其目的是减少“橡皮图章”,加速政府对国民需要的回应,让美国人能更快捷、更方便地了解政府,并能一站解决向政府申请贷款和竞标合同的机会。根据《政府纸张消除法案》,美国在 2003 年 10 月以前实现政府办公无纸作业,让公民与政府的互动关系电子化①。

从“无纸化办公”到“电子政务”,无非是管理信息系统概念的扩展和应用,是在传统的管理信息系统基础上所进行的整合,是将管理信息系统外延和内涵深化的结果。

综上所述,管理信息系统是按一定的规则将信息、信息技术与人员配置集合成一个有机整体,是人们应用信息技术开发和利用信息资源的信息化手段,从而使信息得以真正的改变社会

① 王如君.美国将在 2003 年实现政府办公无纸化.人民日报,2001-01-11.

经济结构,产生新的经济增长点,促使信息经济与信息社会的形成与发展。

9.3.3 决策支持系统

决策支持系统(Design-Support Systems,简称DSS)是通过人机对话,借助复杂的分析模型和友好界面,支持半结构化和非结构化决策的信息系统,其目的是辅助管理决策,以提高决策有效性。

决策支持系统结构一般包括数据库、知识库、方法库、模型库以及各部分相对应的管理系统、问题处理系统、交互语言系统和友好的人机界面。DSS可以根据系统分析向决策者提供一系列的满意解,让决策者自己做最终选择,所以它只能辅助决策,而不能替代决策(图9-12)。

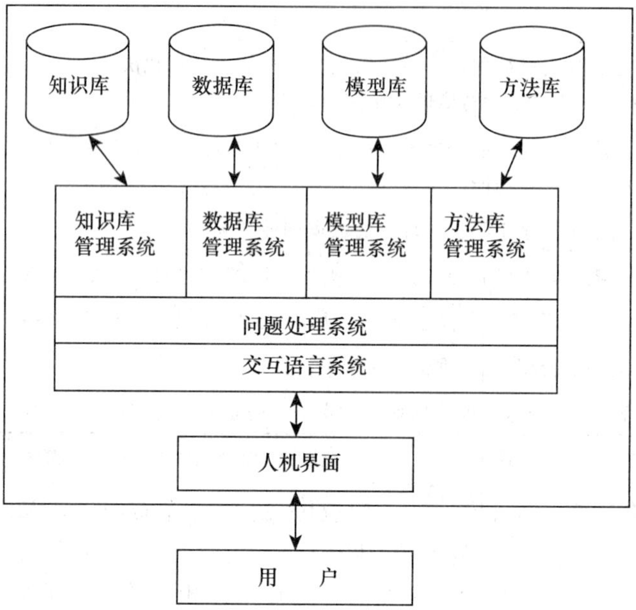

图9-12　决策支持系统结构示意图

资料来源:王治宇.管理信息系统工程.北京:科学技术文献出版社,1996.1.第15页.图1-13.

DSS与MIS相比,具有很大差异①。

首先,MIS系统是面对组织中的中层管理人员,处理的是结构化信息流;而DSS系统则是面向组织中的高层和中层管理人员,支持半结构化和非结构信息流,进行决策或辅助管理决策。

其次,就系统目标而言,DSS系统目标更明确,MIS系统在组织总的控制下为管理者提供日常的数据和帮助,而DSS是为终端用户来控制数据、分析模型和对话,针对同一问题,使用者选取不同的分析模型,采集不同的数据,将得到不同的方案,并可以产生多个可供选择的行动方案。可见,DSS系统运行是为它的使用者所控制;而MIS系统则主要是基于固定的信息需求,由专门人员如系统分析员、系统设计员和系统程序员等所控制。

① 仲秋雁,刘友德.管理信息系统.2版.大连:大连理工大学出版社,1998:371-372.

第三，DSS更强调灵活性、多变性和快速响应，由于DSS很少与用户的结构化信息流相联系，因而DSS系统相对于MIS系统更多地用到模型、假设和图形等。尽管DSS和MIS都要进行专门的系统分析和系统设计，但MIS通常遵循的是传统的系统分析方法，在整个系统生命周期中，先进行系统分析，再进行系统设计。而DSS系统开发过程不是固定的，其系统分析和系统设计需要自觉地不断地反复进行，从这一点来看，DSS系统的开发过程是无终止的。

决策支持系统能够利用计算机将定性分析与定量分析有机结合起来，较之管理信息系统具有更强的支持决策功能，而且具有很好的适应性，由于所要解决的问题不同，尽管决策支持系统的层级高于管理信息系统，但不能取代它。随着计算机技术发展，决策者对所需信息提出越来越高的要求，促使决策支持系统进一步发展为高层支持系统。

下面我们来看一个决策支持系统实际应用的框架结构(图9-13)。

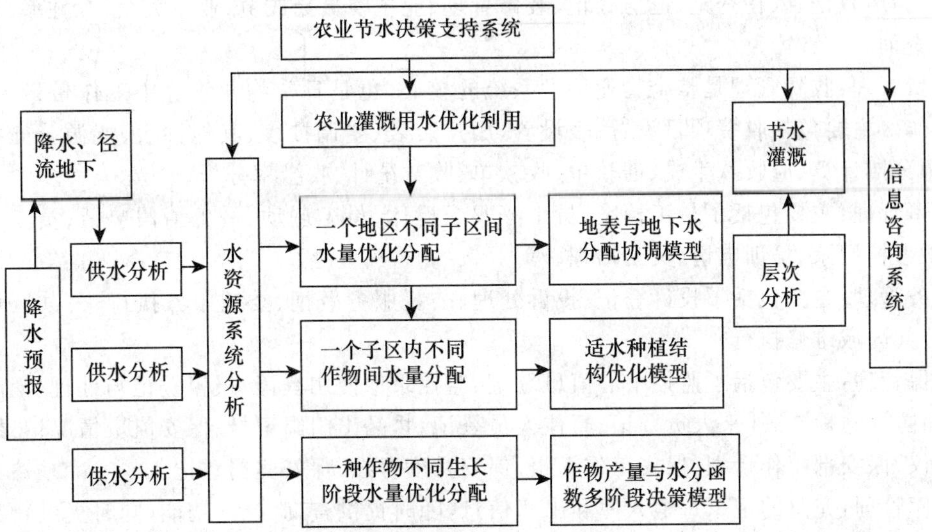

图9-13　农业节水决策支持系统结构示意图

资料来源：中国农业大学管理工程学院研究生《管理信息系统》课程教案

通过本章学习，我们可以看到：管理信息系统正在改变着人们生活及工作方式，对社会格局演变、管理理念、管理技术和管理模式的发展、甚至习俗、习惯和心理等诸多方面都带来深刻而长远的影响。

复习思考题

1. 什么是管理信息系统？
2. 管理信息系统与组织结构之间有哪些对应关系？
3. 管理信息系统的应用有哪些？试对其进行比较。
4. 试论管理信息系统的演进。
5. 管理信息系统开发方法有哪些？

【案例 9-1】

一个成功的物业管理信息系统

随着物业管理的信息化,其对准确性、客户数据库、管理效率等诸多方面的要求日益提高,全面实现物业管理公司的数字化管理,降低物业公司成本,提高物业管理效率和质量,使物业管理信息系统的应用日益普遍。

本案例只是介绍一个管理信息系统所应具备的具体功能。包括物业资料、收费管理、人事管理、服务管理、安保管理、仓库管理、工程管理、商务管理、停车管理、文件管理、保洁绿化管理和系统维护等 12 大模块。

物业资料:提供对物业资料的全面管理功能。包括楼盘简介、相关单位、单元资料、物业钥匙交接、验房登记、入住登记、退房登记、装修管理、业主委员会成员、业主大会、入住率分析、单元信息查询。

收费管理:收费管理是整个物业管理系统的核心,也是日常物业管理中工作量最大、最繁琐的操作。主要包括收费项目设置、表设置、用户装表、空调抄表、其他抄表、能源分摊客户设置、能源分摊计算、应收款生成、催款单、收款单、收款统计、收缴率分析。

人事管理:主要包括了员工档案、员工辞职或退休、员工调动、员工请假申请、员工考勤记录、员工考核记录、培训申请、员工培训。

服务管理:主要包括了投诉登记、投诉处理、委托服务登记、委托服务执行、公共区域维修申请、公共区域维修执行。

安保管理:主要包括了监控中心值班登记、监控录像使用登记、报警登记与处理、消防设施档案、消防设施检查、外来人员登记、暂住人员登记、物品出门岗记录、保安值班情况记录、安保工作会议、保安部工作计划、保安工作汇报、保安月度考核、保安奖罚登记。

仓库管理:完整的记录每笔入库和出库信息,随时提供查询、统计功能,同时提供物品短缺分析、超储分析等功能,库存数据以直观、明确的方式反映给用户,使管理者对库存情况了如指掌。主要包括了物品资料、仓库资料、供应厂商、库存初始化、采购单、入库单、出库单、报损单、仓库盘点、库存信息、超储分析、短缺分析、物品出入库查询、物品出入库流水账。

设备管理:主要包括了设备资料、设备检查保养项目、设备保养计划、设备保养记录、设备保养提醒、设备委托维修、设备自行维修、设备报废处理。

商务管理:主要包括了报刊订阅、报刊接收、娱乐活动、车票预订、信件收发、有偿服务。

停车管理:主要包括了停车场定义、车位定义、楼盘车辆资料、固定车位使用、内部车辆出入、外来车辆出入。

文件管理:主要包括了收发单位、受控文件资料、收发文件登记、文件借用登记、文件更改申请、过期文件处置、文件销毁申请。

保洁绿化:主要包括了植被资料、绿化工程、绿化检查、清洁安排、清洁检查。

系统管理:主要包括了操作员及权限定义、系统日志、系统锁定、修改密码、数据备份和恢复、服务器程序。

这个系统是一个比较完善的管理信息系统,适用范围为住宅小区、商住、写字楼、别墅、商场、市场、综合园区等多种物业管理类型。

思考题：

1. 该系统包括哪些物业管理业务？

2. 物业管理信息化趋势对物业管理行业有哪些影响？

【案例 9-2】

某学院管理信息系统

管理信息系统已经得到普遍的应用，本系统介绍的是某大学二级学院的管理信息系统，具有一定的共性。

在该学院的管理信息系统中，主要包括以下几个子系统。

学院概况：主要涉及学院简介和学院领导，包括该学院的特色、发展历程及现状和领导机构的人员构成，主要领导介绍等基础信息。

机构设置：主要包括管理机构及成员和专门委员会，涉及学院学术委员会和教学指导委员会、学生管理委员会等一系列管理专委会。

招生信息：主要涉及专科、本科和硕士 3 个办学层次。主要介绍了专科、本科及硕士的专业设置，往年的招生数量及录取线，今年招生计划等信息。

师资队伍：按照职称及岗位分类，设定为：特聘岗位教授、教授、副教授、讲师、实验系列和兼课老师等 6 个部分。详细介绍了该学院的师资力量。

学工动态：包括规章制度、学生社团、学生活动、光荣榜、学生党建、学生事务管理和发展中心 6 个部分。介绍了学院中学生课上课下的动态及学生风采。

党群工作：包括学习园地、党建工作、共青团和特色活动 4 个部分。主要介绍了该学院的组织活动。

就业指导：包括招聘信息和毕业生通知两个部分。主要发布一些相关企业的招聘信息，和毕业生的就业信息。

教学科研：主要涉及规章制度、教学工作、科研工作、教学信息和科研信息 5 个部分。具体介绍了学院教学特色、科研水平以及相关教改和科研项目及奖励。

对外交流：主要介绍了该学院与国外合作办学的情况，包括：国外大学简介、学生留学信息以及留学申报程序等诸多内容。

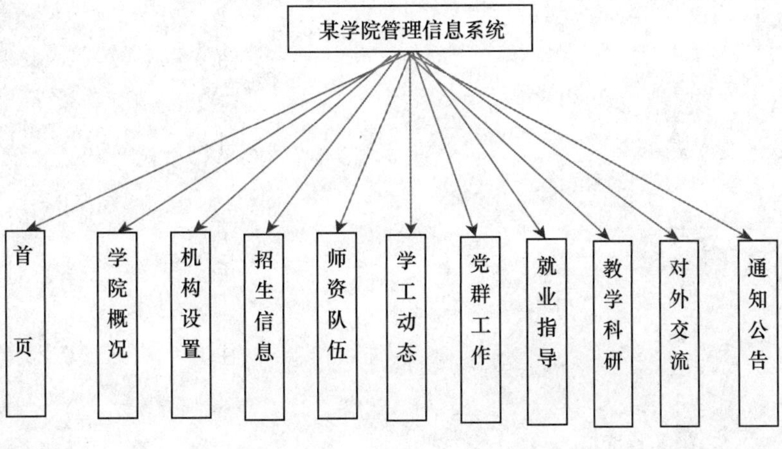

思考题:

1. 作为二级教学单位,学院管理信息系统有何特点?

2. 如何完善此系统以更好地适应未来发展?

参考文献

[1] 弗雷德里克·温斯洛·泰罗. 科学管理原理. 冯风才,译. 北京:中国社会科学出版社,1984.
[2] W·H 纽曼,等. 管理过程:概念、行为和实践. 李柱流,译. 北京:中国社会科学出版社,1995.
[3] 彼得·德鲁克. 管理:任务、责任、实践. 孙耀君,等译. 北京:中国社会科学出版社,1987.
[4] 彼得·圣吉. 第五项修炼. 2 版. 郭进隆,译. 上海:上海三联书店,1998.
[5] 陈文安,胡焕绩. 新编企业管理纲要与题库. 上海:立信会计出版社,2000.
[6] 丹尼尔·雷思. 管理思想的演变. 孔令济,译. 北京:中国社会科学出版社,2000.
[7] 罗伯特·布莱克,等. 新管理方格. 孔令济,译. 北京:中国社会科学出版社,1986.
[8] 米尔顿·弗里德曼. 资本主义与自由. 张瑞玉,译. 北京:商务印书馆,1986.
[9] 郭灿章,张正河. 企业管理学原理. 北京:中国农业出版社,1995.
[10] 哈罗德·孔茨. 管理学. 7 版. 黄砥石,等译. 北京:中国社会科学出版社,1987.
[11] 赫伯特·西蒙. 管理决策新科学. 李柱流,等译. 北京:中国社会科学出版社,1982.
[12] 亨利·法约尔. 工业管理与一般管理. 周安华,等译. 北京:中国社会科学出版社,1982.
[13] 杰克·韦尔奇. 杰克·韦尔奇自传. 曹彦博,等译. 北京:中信出版社,2001.
[14] 杰西卡·利普耐克,等. 虚拟团队管理. 何瑛,译. 北京:经济管理出版社,2002.
[15] 劳伦斯·彼得. 彼得原理. 阎佳,等译. 北京:机械工业出版社,2013.
[16] 李东. 管理信息系统的理论与应用. 2 版. 北京:北京大学出版社,2001.
[17] 理查德·达夫特. 管理学. 杨宇,等译. 北京:机械工业出版社,2003.
[18] 厉以宁. 经济学的伦理问题. 上海:生活·读书·新知三联书店,1995.
[19] 迈克尔·波特. 竞争战略. 陈小悦,译. 北京:华夏出版社,1997.
[20] 乔忠. 管理学. 2 版. 北京:机械工业出版社,2007.
[21] 芮明杰. 管理学:现代的观点. 2 版. 上海:上海人民出版社,2005.
[22] 斯蒂芬·P·罗宾斯. 管理学. 13 版,刘刚,等译. 北京:中国人民大学出版社,2017.
[23] 孙耀君. 西方管理学名著提要. 南昌:江西人民出版社,1995.
[24] 王方华. 现代企业管理. 上海:复旦大学出版社,1996
[25] 王凤彬,张玉利. 管理学卷. 北京:中国人民大学出版社,1999.
[26] 王以华. 工业企业管理咨询. 北京:中国人民大学出版社,1992.
[27] 王治宇. 管理信息系统工程. 北京:科学技术文献出版社. 1996.
[28] 斯蒂芬·P·罗宾斯,等. 管理学管理与实践. 9 版. 毛蕴诗,等译. 北京:机械工业出版社,2015.
[29] 席酉民. 管理研究. 北京:机械工业出版社,2000.
[30] 徐二明. 企业战略管理. 北京:中国经济出版社,2002.

[31] 徐国华,等.管理学.北京:清华大学出版社,2005.
[32] 薛华成.管理信息系统.3版.北京:清华大学出版社,1999.
[33] 薛澜,等.危机管理.北京:清华大学出版社,2003.
[34] 杨文士,焦叔斌.管理学原理.2版.北京:中国人民大学出版社,2004.
[35] 约瑟夫·熊彼特.资本主义、社会主义与民主.吴良健,译.北京:商务印书馆,1999.
[36] 詹姆斯·柯林斯,等.企业不败.刘国远,等译.北京:新华出版社,1998.
[37] 张维迎.博弈论与信息经济学.北京:三联书店,1996.
[38] 张正河,陆娟.管理学.北京:中国农业大学出版社,2003.
[39] 钟书华,等.中国企业技术联盟.武汉:华中科技大学出版社,2003.
[40] 仲秋雁,刘友德.管理信息系统.大连:大连理工大学出版社,2001.
[41] 周三多,等.管理学——原理与方法.2版.上海:复旦大学出版社,2006.
[42] 韩瑞.管理学原理.北京:中国市场出版社,2013.
[43] 乔忠.管理学.北京:机械工业出版社,2003.